西安电子科技大学研究生精品教材建设项目

公司财务与资本市场

GONGSI CAIWU YU ZIBEN SHICHANG

主编 王 涛

西安电子科技大学出版社

内 容 简 介

本书以动态的资本市场作为研究背景，以变化的风险条件建立公司财务决策及控制活动的研究框架，引入行为学理论，分析公司的财务运营活动。本书与传统教材的不同之处在于，以市场作为研究本体，分析变动市场环境中公司的风险和价值变化。本书将公司财务管理置于变化的市场环境中分析，致力于帮助读者理解市场中公司价值创造的全部过程，提升其在宏观市场条件下进行公司财务战略管理的能力，深化其对资本市场的认识，并指导其对变动环境下的财务管理业务进行实践。

本书的读者对象为高校经济学、管理学、金融学等专业的本科生、研究生(包括 MBA)，以及从事公司财务管理和资本市场运作的专业人士，也可供广大投资者和潜在投资者参考阅读。

图书在版编目（CIP）数据

公司财务与资本市场 / 王涛主编. -- 西安 ：西安电子科技大学
出版社, 2025. 8. -- ISBN 978-7-5606-7673-9

Ⅰ. F276.6; F830.9

中国国家版本馆 CIP 数据核字第 2025P0H995 号

策　　划　刘芳芳
责任编辑　许青青
出版发行　西安电子科技大学出版社（西安市太白南路 2 号）
电　　话　（029）88202421　88201467　　　邮　　编　710071
网　　址　www.xduph.com　　　　　　电子邮箱　xdupfxb001@163.com
经　　销　新华书店
印刷单位　西安创维印务有限公司
版　　次　2025 年 8 月第 1 版　　　2025 年 8 月第 1 次印刷
开　　本　787 毫米×1092 毫米　1/16　　　印　张　19
字　　数　450 千字
定　　价　49.00 元
ISBN 978-7-5606-7673-9
XDUP 7974001-1
*** 如有印装问题可调换 ***

前　言

自 20 世纪中叶以来，公司财务理论得到了蓬勃的发展，MM 定理(莫迪格莱尼与米勒关于资本结构的理论)的诞生，奠定了现代公司财务理论的学科基石。公司财务来源于英文 Corporate Finance，也称为公司理财或公司金融，以研究公司的价值活动(包括投资、融资、分配、营运资金管理)以及与之有关的行为管理活动(包括公司治理、决策规划等)为主要内容，研究领域横跨经济与管理两大学科，是金融学、财务学、会计学、工商管理等应用学科的核心内容。随着 21 世纪以来金融财务理论的研究深入、金融市场中创新工具不断涌现，公司财务管理的手段更加多样化，内容更加丰富，范围也更加广泛，公司财务理论和方法日益成为现代企业筹资、投资、资本运作和企业价值提升的重要手段，成为企业决策的重要依据。

随着经济业务的复杂多样化和金融市场及金融工具的不断创新，公司财务的研究和实践越来越具有挑战性。一方面，公司财务的理论框架日趋成熟，内容体系不断完善；另一方面，实践与理论的差异越来越令人难以把握，专业学生毕业后如何把严谨完美的理论应用于为公司创造价值的实践，成为公司财务理论研究和教学必须解决的重要问题。本书立足于目前资本市场的发展和公司财务的具体现实，在构建公司财务管理理论和知识框架的基础上，以变动的资本市场环境下公司的财务决策作为主线，将公司的财务管理内容置于变化的市场环境中进行研究，帮助学生理解市场中公司价值创造的全部过程。本书以经典公司财务理论为基础，引入行为财务理论，使公司的价值管理和行为管理有效地统一起来，并在此基础上，建立以实践为导向的公司财务学习体系，使学习内容更加符合现实实践。

本书强调基于问题的学习方法，使学生在公司财务现实问题的引导下，在分析问题和解决问题目标的驱动下，进行理论与方法的学习，提升学习效果。为了方便教师教学和学生自学，本书各章都给出了学习目标、案例导读、本章小结、思考与练习。

本书获得了西安电子科技大学研究生精品教材建设项目的资助，并得到了西安电子科技大学经济与管理学院的大力支持。编者研究团队的硕士研究生邹坤、吴思思、刘洋、檀庆、车馨怡、王奕涵、董聪懿、张媛媛、彭人杰、李媛媛、焦潼关、罗晓璇、艾璀星等参与了本书的编写工作。

本书在编写过程中参阅、借鉴了大量国内外相关文献资料和同类教材，在此向所有相关的作者表示感谢。

本书是编者多年来从事研究教学和实践工作的成果。由于编者个人能力有限，书中不妥之处在所难免，恳请各位专家、学者以及其他读者将宝贵的批评、意见和建议及时反馈给我们。编者的电子邮箱为 wangtao5999@163.com。

编　者

2025 年 4 月

CONTENTS ‖ 目 录

1

第一章 总 论

📋 **学习目标**

(1) 了解公司财务的基本内容；

(2) 学习公司财务理论的基本前提假设；

(3) 学习有效市场假说的基本原理；

(4) 熟悉资本市场的作用；

(5) 理解公司财务的原则；

(6) 学习财务决策的法则和费雪分离定律；

(7) 学习企业的组织形式和双层股权结构的特征。

◁ **案例导读**

腾讯公司的上市之路

腾讯公司，作为中国互联网行业的巨头之一，其上市之路充满了挑战与机遇。下面将通过分析腾讯公司上市的背景、过程和影响，探讨公司上市的利弊权衡与决策分析。

腾讯公司成立于 1998 年，最初以即时通信软件 QQ 起家，随后逐步拓展至社交、游戏、广告等多个领域。随着公司业务的不断壮大，腾讯面临着资金需求、品牌推广和股东回报等多重压力。因此，上市成为腾讯公司发展的必经之路。

腾讯公司的上市之路并非一帆风顺。在筹备上市的过程中，腾讯公司面临着国内外资本市场的复杂环境，以及公司内部的股权结构调整等问题。经过多轮融资和股权调整，腾讯公司最终于 2004 年在香港联交所上市，发行价为每股 3.7 港元。

腾讯公司的上市对其自身及整个互联网行业产生了深远的影响。首先，上市为腾讯提供了资金支持，加速了公司的业务扩张和技术创新。其次，上市提升了腾讯的品牌知名度和市场影响力，为其在国内外市场的竞争提供了有力支持。最后，上市还为腾讯的股东和员工提供了更好的回报与激励。

然而，上市也给腾讯带来了一定的挑战。作为上市公司，腾讯需要面对更多的监管压力和信息披露要求，这给其经营带来了一定的不便。同时，市场竞争的加剧和业务风险的增加也给腾讯的发展带来了挑战。

对于像腾讯这样的成长型企业而言，上市可以为其提供资金支持、品牌推广和股东回报等方面的优势。然而，上市也意味着需要面对更多的监管压力和业务风险。因此，企业在决定是否上市时需要充分考虑自身的发展战略和市场环境，权衡利弊得失，做出明智的决策。

1.1　公司财务的内容

公司财务的内容是由公司资金运动的内容决定的。公司投入资金，用来进行产品生产和经营，要考虑投资的效益；公司投入的资金以一定的方式从各种来源获得，必须注意资金的成本；产品售出收回货币资金，产生利润，需确定资金增值的分配方案。以上组成了公司财务的主要内容，包括公司资金的投资决策、融资决策和股利分配决策。

1.1.1　投资决策

投资是指以收回现金并取得收益为目的而发生的现金流出。例如，购买政府公债、购买企业股票和债券、购置设备、建造厂房、开办商店、增加新产品等，企业都要发生现金流出，并期望取得更多的现金流入。

企业的投资决策，按不同的标准可以分为以下类型。

1. 项目投资和证券投资

项目投资是指把资金直接投放于生产经营性资产，以便获取营业利润的投资，如购置设备、建造厂房、开办商店等。

证券投资是指把资金投放于金融性资产，以便获取股利或者利息收入的投资，如购买政府公债、购买企业债券和公司股票等。

这两种投资决策所使用的一般性概念虽然相同，但决策的具体方法很不一样。证券投资只能通过证券分析与评价，从证券市场中选择企业需要的股票和债券，并组成投资组合；作为行动方案的投资组合，不是事先创造的，而是通过证券分析得出的。项目投资要事先准备一个或几个备选方案，通过对这些方案进行分析和评价，从中选择一个足够满意的行动方案。

2. 长期投资和短期投资

长期投资是指影响所及超过一年的投资，如购买设备、建造厂房等。长期投资又称为资本性投资。用于股票和债券的长期投资，在必要时可以出售变现。较难以改变的是生产经营性的固定资产投资。长期投资有时专指固定资产投资。

短期投资是指影响所及不超过一年的投资，如对应收账款、存货、短期有价证券的投资。短期投资又称为流动资产投资或营运资产投资。

长期投资和短期投资的决策方法有所区别。由于长期投资涉及的时间长、风险大，因此进行决策分析时更重视货币时间价值和投资风险价值的计量。

1.1.2　融资决策

融资是指筹集资金。例如，企业发行股票、发行债券、取得借款、赊购、租赁等都属于融资。

融资决策要解决的问题是如何取得企业所需要的资金，包括向谁、在什么时候、筹集多少资金。融资决策和投资、股利分配有密切关系，融资的数量多少要考虑投资需要，在利润分配时加大保留盈余可减少外部融资。融资决策的关键是决定各种资金来源在总资金中所占的比重，即确定资本结构，使融资风险和融资成本相配合。

可供企业选择的资金来源有许多，我国习惯上称之为资金渠道。按不同的标准，资金渠道的分类如下所述。

1. 权益资金和借入资金

权益资金是指企业股东提供的资金。它不需要归还，融资的风险小，但其期望的报酬率高。

借入资金是指债权人提供的资金。它要按期归还，有一定的风险，但其要求的报酬率比权益资金低。

所谓资本结构，主要是指权益资金和借入资金的比例关系。一般来说，完全通过权益资金融资是不明智的，不能得到负债经营的好处；但负债的比例大，则风险也大，企业随时可能陷入财务危机。融资决策的一个重要内容就是确定最佳资本结构。

2. 长期资金和短期资金

长期资金是指企业可长期使用的资金，包括权益资金和长期负债。权益资金不需要归还，企业可以长期使用，属于长期资金。此外，长期借款也属于长期资金。有时习惯上把一年以上至五年以内的借款称为中期资金，而把五年以上的借款称为长期资金。

短期资金一般是指一年内要归还的短期借款。一般来说，短期资金的筹集应主要解决临时的资金需要。例如，在生产经营旺季需要的资金比较多，可借入短期借款，度过生产经营旺季则归还。

长期资金和短期资金的融资速度、融资成本、融资风险以及借款时企业所受的限制均有所不同。如何安排长期融资和短期融资的相对比重，是融资决策要解决的另一个重要问题。

1.1.3　股利分配决策

股利分配是指在公司赚得的利润中，有多少作为股利发放给股东，有多少留在公司进行再投资。过高的股利支付率，影响企业再投资的能力，会使未来收益减少，导致股价下跌；过低的股利支付率，可能引起股东不满，也会导致股价下跌。

股利分配决策受多种因素的影响，包括税法对股利和出售股票收益的不同处理、未来公司的投资机会、各种资金来源及其成本、股东对当期收入和未来收入的相对偏好等。公司根据具体情况确定最佳的股利政策，是财务决策的一项重要内容。

股利分配决策，从另一个角度看也是保留盈余决策，是企业内部融资问题。因此，有人认为股利决策属于融资的范畴，而并非一项独立的公司财务内容。

1.2 有效的资本市场假说

自从萨缪尔森(Samuelson)(1965 年)、法玛(Fama)(1965 年)和曼德布洛特(Mandelbrot)(1966 年)提出有效资本市场假说(Efficient Market Hypothesis，EMH)以来，EMH 就很好地融入金融经济学。EMH 的出现深刻地改变了人们对资本市场的认识和投资实践。

1.2.1 有效市场的概念

法玛曾说："一个'有效率'的市场是指一个大量理性参与者活跃竞争的市场，在这个市场上，每位参与者都尽力预测未来证券的市场价值，并且当前重要的信息几乎是免费地被所有的参与者获得。在有效市场中，参与者的竞争导致这样一个状况——在任何时点上证券的实际价格已经反映了已发生事件和市场预计将来会发生事件的信息。换句话说，在一个有效市场上，证券在任何时点的价格都是它内在价值的最好估计。"可见，有效市场假说是指：如果在一个资本市场中，价格完全反映了所有可获得的信息，那么这个市场就是有效市场；证券价格对有关信息的反应速度越快、越全面，资本市场就越有效率。

资本市场的有效性主要表现为资本市场的效率，包括资本市场的运行效率(Run Efficiency)与资本市场的配置效率(Allocative Efficiency)。前者指市场本身的运作效率，包含证券交易的畅通程度及信息完整性，以及价格能否反映证券的内在价值；后者指资本市场运行对社会经济资源优化配置的能力，以及对国民经济总体发展的推动作用。

资本市场的有效性，最终应看它能否将资金分配到最能有效使用资金的企业和行业。如果资本市场能够迅速准确地把资金分配到资金使用最有效的企业和行业，那么这个资本市场就具有资源配置功能，是有效的。

从资本市场的角度看，价格是资本市场资金配置的信号和内在机制，资本市场能否有效地调节和分配资金，核心在于价格是否有效。而价格是否有效，关键是看市场价格是否在任何时间点上都收敛于或等于其均衡价格，即证券的内在价值。

1.2.2 有效市场的分类

在资本市场上，影响证券价格的相关信息多种多样。从信息的时间分布和来源看，与证券价格形成相关的信息可分为三个递进的层次：一是历史信息；二是公开信息，包括企业外部环境、内部经营管理中能够影响证券价格的所有公开可用信息，当然也包括历史信息；三是所有信息，即所能得到的所有信息，包括私人的、内部的信息。依据证券价格对三个层次信息的反应能力与水平，资本市场分为三种类型，即弱式有效市场、半强式有效市场和强式有效市场。

1. 弱式有效市场

弱式有效市场(Weak Form Efficiency)代表了资本市场有效性的最低形态。在这种市场下，市场价格只能充分反映所有过去的信息，包括证券的成交价、成交量、卖空金额、融资金额等，不能反映未来市场信息，而历史信息已经完全公开，因此，投资者不能根据证券的以往价格推导出未来价格，也不能因此而获得超额利润。在弱式有效市场下，投资者无法依靠对证券价格历史趋势的分析来获得超额利润，即股票价格的技术分析失去了作用。

2. 半强式有效市场

在半强式有效市场(Semi-Strong Form Efficiency)中，市场价格能充分反映出所有已公开信息，包括成交价、成交量、盈利资料、盈利预测值、公司管理状况及其他公开披露的财务信息等。证券价格不但完全反映了所有历史信息，而且反映了所有公开信息。在半强式有效市场下，在新的资料尚未公布前，证券价格基本上处于均衡状态。一旦新的信息出现，价格将根据新的信息而调整。信息公开的速度越快、越均匀，证券价格调整越迅速；反之则越慢。如果每个投资者都掌握和使用公开信息进行投资决策，那么在市场中技术分析和基本面分析将失效，利用内部信息才可能获得超额利润。

3. 强式有效市场

强式有效市场(Strong-Form Efficiency)代表了资本市场有效性的最高形态。在这种市场状态下，市场价格能充分反映所有信息，这些信息包括历史的、已公开的、尚未公开但已经发生的信息，或者说，这种市场根本就不存在内部信息。但是，在资本市场上，总是有少数人掌握公司尚未公开的信息。如果有人利用内部信息买卖证券而获利，则至少说明资本市场尚未达到强式效率。需要说明的是，哪怕在强式有效市场上，并不意味着投资者不能获取一定的收益。但是，平均而言，其获得的收益只和其承担的风险一致，不可能获得额外的或超额的收益。

1.2.3 有效市场假说的意义

在金融学领域，也许很难再有其他理论像有效市场假说这样引起人们如此多的关注，并引发广泛而持久的争论。其原因就在于，有效市场假说探讨的是金融资产价格对信息的反应效率，即金融市场价格形成机制问题，这无论对理论研究还是对实际应用都具有不可替代的重要作用。从理论意义上讲，20 世纪 50 年代以来，投资组合选择理论、有效市场假说、资本资产定价模型、套利定价定理以及期权定价理论逐渐形成了现代金融学的整个分析框架。在这样一个分析框架中，有效市场假说无疑是整个体系的基础性理论。

从实际应用来看，在宏观层面上，资本市场的效率状况是政府政策干预的基础。资本市场的非效率意味着"市场失灵"，因而政府利用"有形之手"就具备了合理的经济学基础。同时，资本市场效率不断提高的过程，也是政府"有形之手"不断"归位"的过程，即干预程度不断弱化的过程。在微观层面上，资本市场的效率状况也是市场投资者制订投资策略的基础。因为如果资本市场的证券价格对市场信息没有反应或者反应过当，将使得投资者无所适从，也最终使得投资决策及其行为"失灵"。

行为金融学认为，有效市场假说体现的是经济学家们梦寐以求的完全竞争均衡，该理论实际上是一个在完全理性预期基础之上的完全竞争模型。因此，行为金融学主要从两个方面抨击有效资本市场假说。首先，完全竞争市场一般需要满足四个条件：第一，交易的商品是同质的、无差别的；第二，交易双方均可以自由进出市场；第三，市场上有无数个买者和卖者，每个买者和卖者都是价格的接受者，不存在操纵价格的行为；第四，市场的信息是完全畅通的。在现代发达的资本市场中，证券基本是同质的，合法的交易者也没有进出市场的限制，前两个条件在现实中基本是满足的，但是后两个条件在现实中难以有效成立。其次，完全竞争市场还需以投资者的完全理性为基础，而完全理性是要以确定性为前提的。在资本市场信息和知识都不完全的情况下，对证券收益无法做出准确的预测，即投资者面临的是一种不确定性环境，因此，不确定性是造成资本市场上主体行为异化(即有限理性)的主要原因。

对于公司选择股票融资和债券融资，有效市场假说也有重大的指导意义。一般来说，如果市场是有效的，那么就没有必要为了等待一个更佳的融资环境而故意延迟实物投资。同样，在有效市场假说下，资本成本不会因某一特定的资产负债率而变小。另外，由于长短期的公司债券都反映了所有可得到的信息，因此长短期债务的比例不会影响资本成本。例如，在预期假说下，低的长期利率和高的短期利率只是反映了市场对于更低的远期利率的预期，因而预先发行长期债务并不比不断申请短期融资更有优势。按照上面的讨论，在有效市场假说下，作为"主动管理者"的公司财务主管，不管是在选择合适的资产负债比例方面还是在最优的新股和债券的发放时机方面都无法发挥作用。当然，如果市场是非有效的，公司财务主管就会试图去"打败市场"，它也可以利用股息政策或股票再回购计划来改变自己公司股票的市值。对于经济学家来说，困难在于分析市场并非完全有效的情况下的公共政策和公司的行为。市场有效假定意味着政府的干预是不必要的，而市场无效则意味着需要政府的干预。然而，考虑到任何政府干预对经济主体行为影响的不确定性，政府只有在其干预的预期收益高于它所带来的风险成本时才会干预市场。

1.3　资本市场的作用及价值决定

1.3.1　资本市场的作用

从公司财务的角度看，资本市场的作用主要表现在以下几个方面。

(1) 资本的筹措与投放。公司在资本市场上既可以发售不同性质的金融资产或金融工具(股票、债券、短期债券等)，以吸收不同期限的资本，也可以通过购买金融工具进行投资，以获取额外收益。

(2) 分散风险。在资本市场的初级交易过程中，资本使用权的出售者在获得资本使用权购买者(生产性投资者)一部分收益的同时，也有条件地分担了生产性投资者所面临的部分风险。这样，资本使用权出售者本身也变成了风险投资者，使经济活动中风险承担者的数量大大增加，从而减小了每个投资者所承担的风险量。在期货市场和期权市场，资本市场参加者还可以通过期货、期权交易进行融资、投资的风险防范与控制。

(3) 转售市场。资本使用权出售者可根据需要在资本市场上将尚未到期的金融资产转售给其他投资者，或用其交换其他金融资产。如果没有金融资产的转售市场，则公司几乎不可能筹集巨额资本。此外，由于公司股票没有到期日，即股票持有者无法从其发行者处收回购买股票的资本(除非股票发行者想收回已发行的股票)，因此股票转售市场的存在显得格外重要。

(4) 降低交易成本。资本市场减少了交易的搜索成本和信息成本。资本市场各种中介机构可为潜在的和实际的金融交易双方创造交易条件，沟通买卖双方的信息往来，从而使潜在的金融交易变为现实。金融中介机构的专业活动降低了公司的交易成本和信息成本。

(5) 确定金融资产价格。资本市场上买方与卖方的相互作用决定了交易资产的价格，或者说确定了金融资产要求的收益率，资本市场这一定价功能指示着资本流动的方向与性质。此外，在资本市场交易中形成的各种参数，如市场利率、汇率、证券价格和证券指数等，是进行财务决策的前提和基础。

1.3.2 资本市场的价值决定

1. 资产价值的构成

金融资产是对未来现金流入量的索取权，其价值取决于它所能带来的现金流入量。由于这个现金流入量是未来的、尚未实现的，因此它具有时间性和不确定性两个特性。

从时间性分析，金融资产是一种特殊的资产形态，其特殊性在于：对于购买人来说，获得金融资产时支付的是现金，而持有金融资产后获得的收入流量仍然是现金。因此，购买金融资产，实质上购买人把今天的现金收入变成未来的现金收入，把自己今天的现金使用权在一段时间内让渡给他人，然后按商定的条件逐渐收回。在商品经济条件下，金融资产的购买人通常要求所购买的金融资产能够带来比其价款多的现金流入量，多出的部分即为让渡现金时资本使用权的补偿，这个补偿额的高低通常按让渡时间的长短计算。金融资产的期限越长，购买人要求的时间补偿就越大，这就是金融资产现金流入量的时间性因素特征。

金融资产的现金流入量还具有不确定性。当金融资产被购买后，购买人今天的现金流入量便转移到金融资产出售人手中。出售人用这笔现金流入量购买有形资产，通过生产过程使其增值，再从这些有形资产创造的收入流量中分出一部分，变成现金支付给金融资产购买人。

在商品经济下，由于未来的各种因素(经济因素、政治因素、社会因素等)是不确定的，因此，金融资产出售人所进行生产性投资的未来现金流量也是不确定的，这就是所谓的投资风险。在金融资产的买卖中，一方面，社会中暂时闲置的资本从金融资产购买人手中转移到金融资产出售人手中；另一方面，一部分生产性投资风险也从金融资产出售人那里转移到金融资产购买人那里，使后者也变成了风险投资人，他购买的金融资产的未来现金流入量就变成了一个不确定的量。

金融资产购买人承担生产性风险并不是无条件的，他要求生产性投资人支付一定的报酬作为承担风险的补偿。这个补偿额的大小与投资风险成正比，金融资产的风险越大，购买人要求的风险补偿也越大，这就是金融资产现金流入量的风险性因素特征。

2. 利率的决定因素

货币的时间价值和风险价值通常是以利率(就广义而言)的形式表现出来的。从资本借贷关系看，利率既是借款者(资本使用权购买者)所支付的代价，也是贷款者(资本使用权出售者)所取得的收益。利率作为资本使用权的转移价格，一般受以下四个因素的影响。

1) 资本预期收益能力

资本预期收益能力是股票、债券及其他所有金融资产收益的根本来源。资本预期收益的大小受制于技术进步状况和其他一些资源因素(如自然资源、劳动力)与市场对资本所生产的货物和服务的需求情况，但这些都会随时间和地点的不同而变化。对资本的预期收益越高，市场利率水平就越高；反之亦然。

2) 资本供求关系

在其他因素不变的条件下，资本求大于供(银根紧缩)则利率趋于上升，资本供大于求(银根放松)则利率趋于下降。资本供求是影响利率高低的最重要因素，除此之外，经济周期、通货膨胀、国家货币政策和财政政策、国际关系、国家利率管制等对利率的变动均有不同程度的影响。这些因素有些也是通过影响资本供求来影响利率的。

3) 消费者的时间偏好

任何人进行投资都是牺牲目前的消费来换取未来的消费。由于未来消费具有不确定性，因此，人们看重于现在消费甚于未来消费，即人们具有消费的时间偏好。这种时间偏好越强，对推迟消费要求的补偿就越大，市场利率水平就越高；反之亦然。

4) 投资者的风险厌恶程度

理性的市场参加者总是厌恶风险的。资本市场提供了这样一种机制：市场参与者要想投资于无风险资产，他们就必须放弃部分收益，而接受风险的市场参与者将因此获得风险补偿。整个市场对风险的厌恶程度越大，接受风险投资者要求的风险补偿就越大。

在资本市场中，各种不同的金融工具具有不同的风险特性，对它们所要求的风险补偿率各不相同，因此需要有一类利率作为基准，这就是无风险利率。由于通货膨胀会影响货币资本的实际购买力，因此，在市场上表现的利率通常包含了通货膨胀的影响，这一利率一般称作名义利率。扣除通货膨胀影响后的利率为真实利率。名义利率和真实利率之间的关系如图 1-1 所示。

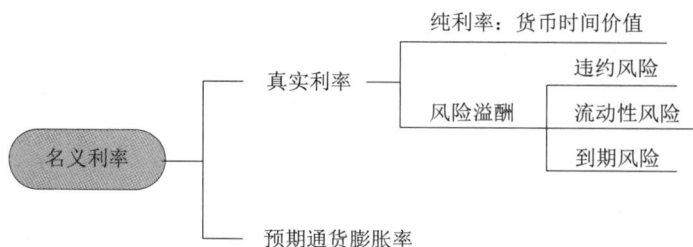

图 1-1　名义利率与真实利率的关系

1.4 公司财务的原则

公司财务的原则，也称理财原则，是指人们对财务活动的共同的、理性的认识。它是联系理论与实务的纽带。公司财务理论是从科学角度对公司财务进行研究的成果，通常包括假设、概念、原理和原则等。公司财务实务是指人们在公司财务工作中使用的原则、程序和方法。公司财务的原则是公司财务理论和实务的结合部分，如图 1-2 所示。

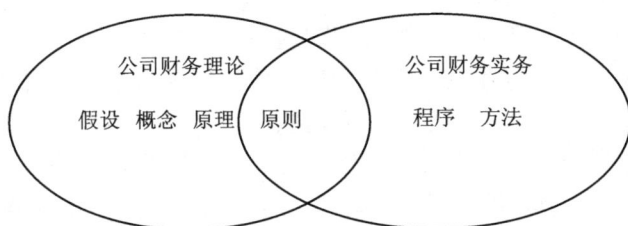

图 1-2 公司财务的原则

公司财务的原则具有以下特征：

(1) 公司财务的原则是财务假设、概念和原理的推论。它们是经过论证的、合乎逻辑的结论，具有理性认识的特征。

(2) 公司财务的原则必须符合大量观察和事实，被多数人所接受。财务理论有不同的流派和争论，甚至存在完全相反的理论，而原则不同，它们被现实反复证明并被多数人接受，具有共同认识的特征。

(3) 公司财务的原则是财务交易和财务决策的基础。公司财务实务是应用性的，"应用"是指公司财务的原则的应用。各种公司财务程序和方法，是根据公司财务的原则建立的。

(4) 公司财务的原则为解决新的问题提供指引。已经开发出来的、被广泛应用的程序和方法，只能解决常规问题，当问题不符合任何既定程序和方法时，原则为解决新问题提供预先的感性认识，指导人们寻找解决问题的方法。

(5) 公司财务的原则不一定在任何情况下都绝对正确。原则的正确性与应用环境有关，在一般情况下它是正确的，而在特殊情况下不一定正确。

对于如何概括公司财务的原则，人们的认识不完全相同。道格拉斯·R.爱默瑞和约翰·D.芬尼特的观点具有代表性，他们将公司财务的原则概括为三类，共十二条。

1.4.1 有关竞争环境的原则

有关竞争环境的原则是对资本市场中人的行为规律的基本认识。

1. 自利行为原则

自利行为原则是指人们在进行决策时按照自己的财务利益行事，在其他条件相同的情况下人们会选择对自己经济利益最大的行动。

自利行为原则的依据是理性的经济人假设。该假设认为，人们对每一项交易都会衡量其代价和利益，并且会选择对自己最有利的方案来行动。自利行为原则假设企业决策人对企业目标具有合理的认识程度，并且对如何达到目标具有合理的理解。在这种假设情况下，企业会采取对自己最有利的行动。自利行为原则并不认为钱是任何人生活中最重要的东西，或者说钱可以代表一切。问题在于商业交易的目的是获利，在从事商业交易时人们总是为了自身的利益做出选择和决定，否则他们就不必从事商业交易。自利行为原则也并不认为钱以外的东西都是不重要的，而是说在"其他条件都相同时"，所有财务交易集团都会选择对自己经济利益最大的行动。

自利行为原则的一个重要应用是委托代理理论。根据该理论，应当把企业看成各种自利的人的集合。如果企业只有业主一个人，那么他的行为将十分明确和统一。如果企业是一个大型公司，情况就变得非常复杂，因为这些关系人之间存在利益冲突。一个公司涉及的利益关系人包括普通股东、优先股东、债券持有者、银行、短期债权人、政府、社会公众、经理人员、员工、客户、供应商、社区等。这些人或集团都是按自利行为原则行事的。企业和各种利益关系人之间的关系，大部分属于委托代理关系。这种相互依赖又相互冲突的利益关系，需要通过"契约"来协调。因此，委托代理理论是以自利行为原则为基础的。有人主张，把"委托代理关系"单独作为一条公司财务的原则，可见其重要性。

自利行为原则的另一个应用是机会成本。当一个人采取某个行动时，就等于取消了其他可能的行动，因此他必然要用这个行动与其他的可能行动相比，看该行动是否对自己最有利。采用一个方案而放弃另一个方案时，被放弃方案的收益是被采用方案的机会成本，也称择机代价。尽管人们对机会成本或择机代价的概念有分歧，它们的计算也经常会遇到困难，但是人们都不否认机会成本是一个在决策时不能不考虑的重要问题。

2. 双方交易原则

双方交易原则是指每一项交易都至少存在两方，在一方根据自己的经济利益决策时，另一方也会按照自己的经济利益决策行动，并且对方和你一样聪明、勤奋和富有创造力，因此你在决策时要正确预见对方的反应。

双方交易原则的建立依据是：商业交易至少有两方，交易是"零和博弈"，各方都是自利的。每一项交易都有一个买方和一个卖方，这是不争的事实。无论是买方市场还是卖方市场，在已经成为事实的交易中，买进的资产和卖出的资产总是一样多。例如，在证券市场上卖出一股就一定有一股买入。既然买入的总量与卖出的总量永远一样多，那么一个人的获利只能以另一个人的付出为基础。一个高的价格使购买人受损而卖方受益，一个低的价格使购买人受益而卖方受损，一方得到的与另一方失去的一样多，从总体上看双方收益之和等于零，故称为"零和博弈"。在"零和博弈"中，双方都按自利行为原则行事，谁都想获利而不是吃亏。那么，为什么还会成交呢？这与事实上人们的信息不对称有关。买卖双方由于信息不对称，因而对金融证券产生不同的预期。不同的预期导致了证券买卖，高估股票价值的人买进，低估股票价值的人卖出，直到市场价格达到他们一致的预期时交易停止。如果对方不认为对自己有利，那么他就不会和你成交。因此，在决策时不仅要考虑自利行为原则，还要使对方有利，否则交易就无法实现。除非对方不自利或者很愚蠢，不知道自己的利益是什么，然而，这样的商业对手本身就不明智。

双方交易原则要求在理解财务交易时不能"以我为中心"，在谋求自身利益的同时，要注意对方的存在，并且对方也在遵循自利原则行事。这条原则要求我们不要总是"自以为是"，错误地认为自己优于对手。例如，收购公司的经理经常声称他们可以更好地管理目标公司，从而提高它的价值，因此出高价购进目标公司。实际上，他们不仅低估了目标公司管理当局的能力，更重要的是他们低估了市场的评价能力。这些人以为自己比市场高明，发现了被市场低估的公司。但实际经验表明，一家公司决定收购另一家公司的时候，多数情况下收购公司的股价不是提高，而是降低了，这说明收购公司的出价过高，降低了本公司的价值。

双方交易原则还要求在理解财务交易时注意税收的影响。税收的存在，主要是利息的税前扣除，使得一些交易表现为"非零和博弈"。政府是交易的第三方，凡是交易，政府都要从中收取税金。避税就是寻求减少政府税收的合法交易形式。避税的结果使交易双方受益但其他纳税人会承担更大的税收份额，从更大范围来看并没有改变"零和博弈"的性质。有的人主张，把"税收影响决策"单独作为一条公司财务的原则，因为税收会影响所有的交易。

3. 信号传递原则

信号传递原则是指行动可以传递信息，并且比公司的声明更有说服力。

信号传递原则是自利行为原则的延伸。由于人们或公司是遵循自利行为原则的，所以一项资产的买进能暗示出该资产"物有所值"，买进的行为提供了有关决策者对未来的预期或计划的信息。例如，一个公司决定进入一个新领域，反映出管理者对自己公司的实力以及新领域的未来前景充满信心。

信号传递原则要求根据公司的行为判断它未来的收益状况。例如，一个经常用配股的办法找股东要钱的公司，很可能自身产生现金的能力较差；一个大量购买国库券的公司，很可能缺少净现值为正数的投资机会；内部持股人出售股份，常常是公司盈利能力恶化的重要信号。例如，安然公司在破产前报告的利润一直不断上升，但是其内部人士在1年前就开始陆续抛售股票，并且没有任何内部人士购进安然股票的记录(在美国上市公司的董事、高级经理人员和持股10%以上的股东，在买卖本公司股票时必须向证监会申报，并且会被证监会在其网站上公告，使得内部人士的交易成为公开信息)。这一行动表明，安然公司的管理层已经知道公司遇到了麻烦。特别是在公司的宣告(包括它的财务报表)与其行动不一致时，行动通常比语言更具说服力。这就是通常所说的"不但要听其言，更要观其行"。

信号传递原则还要求公司在决策时不仅要考虑行动方案本身，还要考虑该项行动可能给人们传达的信息。在资本市场上，每个人都在利用他人交易的信息，自己交易的信息也会被别人所利用，因此应考虑交易的信息效应。例如，当把一件商品的价格降至难以置信的程度时，人们就会认为它的质量不好，它本来就不值钱。又如，一家会计师事务所从简陋的办公室迁入豪华的写字楼，会向客户传达收费高、服务质量高、值得信赖的信息。在决定降价或迁址时，不仅要考虑决策本身的收益和成本，还要考虑信息效应的收益和成本。

4. 引导原则

引导原则是指当所有办法都失败时，寻找一个可以信赖的榜样作为自己的引导。所谓"当所有办法都失败"，是指我们的理解力存在局限性，不知道如何做对自己更有利，或者寻找最准确答案的成本过高以至于不值得把问题完全搞清楚。在这种情况下，不要继续坚持采用正式的决策分析程序，包括收集信息、建立备选方案、采用模型评价方案等，而是直接模仿成功榜样或者大多数人的做法。

引导原则是行动传递信号原则的一种运用。很多人去一家饭馆就餐，意味着很多人对它的评价不错。承认行动传递信号，就必然承认引导原则。

不要把引导原则混同于"盲目模仿"。它只在两种情况下适用：一是理解存在局限性，认识能力有限，找不到最优的解决办法；二是寻找最优方案的成本过高。在这种情况下，跟随值得信任的人或者大多数人才是有利的。引导原则不会帮你找到最好的方案，却常常可以使你避免采取最差的行动。它是一个次优化准则，其最好结果是得出近似最优的结论，最差的结果是模仿了别人的错误。这一原则虽然有潜在的问题，但是我们经常会遇到理解力、成本或信息受到限制的情况，无法找到最优方案，这时采用引导原则可解决问题。

引导原则的一个重要应用，是行业标准的概念。例如，对于资本结构的选择问题，理论不能提供给公司最优资本结构的实用化模型，而观察本行业成功企业的资本结构，或者多数企业的资本结构，不与它们的水平偏离太远，就成了资本结构决策的一种简便、有效的方法。再如，对一项房地产进行估价时，如果系统的估价方法成本过高，不如观察一下近期类似房地产的成交价格。

引导原则的另一个重要应用就是"免费跟庄(搭便车)"的概念。一个"领头人"花费资源得出一个最佳的行动方案，其他"追随者"通过模仿节约了信息处理成本。有时领头人甚至成了"烈士"，而追随者却成了"成功人士"。《中华人民共和国专利法》和《中华人民共和国著作权法》是在知识产权领域中保护领头人的法律，强制追随者向领头人付费，以避免自由跟庄问题的影响。在财务领域中并不存在这种限制。许多小股民经常跟随"庄家"或机构投资者，以节约信息成本。当然，"庄家"也会利用免费跟庄(搭便车)现象，进行恶意炒作，损害小股民的利益。因此，各国的证券监管机构都禁止操纵股价的恶意炒作，以维持证券市场的公平性。

1.4.2 有关创造价值的原则

有关创造价值的原则是人们对增加企业财富基本规律的认识。

1. 有价值的创意原则

有价值的创意原则是指新创意能获得额外报酬。

竞争理论认为，企业的竞争优势可以分为经营奇异和成本领先两方面。经营奇异，是指产品本身、销售交货、营销渠道等客户广泛重视的方面在产业内独树一帜。任何独树一帜都来源于新的创意。创造和保持经营奇异性的企业，如果其产品溢价超过了为产品的独特性而附加的成本，它就能获得高于平均水平的利润。正是许多新产品的发明，使得发明人和生产企业变得非常富有。

有价值的创意原则主要应用于直接投资项目。一个项目依靠什么取得正的净现值？它必须是一个有创意的投资项目。重复过去的投资项目或者别人的已有做法，最多只能取得平均的报酬率，维持而不是增加股东财富。新的创意迟早要被别人效仿，失去原有的优势，因此创新的优势都是暂时的。企业长期的竞争优势，只有通过一系列短期优势才能维持。只有不断创新，才能维持经营的奇异性并不断增加股东财富。

该项原则还应用于经营和销售活动。例如，连锁经营这一创意使得麦当劳的投资人变得非常富有。

2. 比较优势原则

比较优势原则是指专长能创造价值。在市场上要想赚钱，必须发挥你的专长。大家都想赚钱，你凭什么能赚到钱？你必须在某一方面比别人强，并依靠你的强项来赚钱。迈克尔·乔丹的专长是打篮球，若他改行去打棒球就违背了比较优势原则。没有比较优势的人，很难取得超出平均水平的收入；没有比较优势的企业，很难增加股东财富。

比较优势原则的依据是分工理论。让每一个人去做最适合他做的工作，让每一个企业生产最适合它生产的产品，社会的经济效率才会提高。

比较优势原则的一个应用是"人尽其才，物尽其用"。在有效的市场中，你不必要求自己什么都能做得最好，但要知道谁能做得最好。对于某一件事情，如果有人比你自己做得更好，就支付报酬让他代你去做。同时，你去做比别人做得更好的事情，让别人给你支付报酬。如果每个人都去做能够做得最好的事情，每项工作就找到了最称职的人，就会产生经济效率。每个企业要做自己能做得最好的事情，一个国家的效率就提高了。国际贸易的基础，就是每个国家生产它最能有效生产的产品和劳务，这样可以使每个国家都受益。

比较优势原则的另一个应用是优势互补。合资、合并、收购等都出于优势互补原则。一方有某种优势，如独特的生产技术，另一方有其他优势，如杰出的销售网络，两者结合可以使各自的优势快速融合，并形成新的优势。

比较优势原则要求企业把主要精力放在自己的比较优势上，而不是日常的运行上。建立和维持自己的比较优势，是企业长期获利的根本。

3. 期权原则

期权是指不附带义务的权利，它是有经济价值的。期权原则是指在估价时要考虑期权的价值。

期权的概念最初产生于金融期权交易，它是指所有者(期权购买人)能够要求出票人(期权出售者)履行期权合同上载明的交易，而出票人不能要求所有者去做任何事情。在财务上，一个明确的期权合约通常是指按照预先约定的价格买卖一项资产的权利。

广义的期权不限于财务合约，任何不附带义务的权利都属于期权。许多资产都存在隐含的期权。例如，一个企业可以决定某个资产出售或者不出售，如果价格不令人满意就什么都不做，如果价格令人满意就出售。这种选择权是广泛存在的。一个投资项目，本来预期有正的净现值，因此被采纳并实施了，上马以后发现它并没有原来设想的那么好。此时，决策人不会让事情按原计划一直发展下去，而会决定方案下马或者修改方案，以使损失减少到最低。这种后续的选择权是有价值的，它增加了项目的净现值。在评价项目时就应考虑到后续选择权是否存在以及它的价值有多大。有时一项资产附带的期权比该资产本身更有价值。

4. 净增效益原则

净增效益原则是指财务决策建立在净增效益的基础上，一项决策的价值取决于它和替代方案相比所增加的净收益。

一项决策的优劣是与其他可替代方案(包括维持现状而不采取行动)相比较而言的。如果一个方案的净收益大于替代方案，我们就认为它是一个比替代方案好的决策，其价值是增加的净收益。在财务决策中净收益通常用现金流量计量，一个方案的净收益是指该方案现金流入减去现金流出的差额，也称为现金流量净额。一个方案的现金流入是指该方案引起的现金流入量的增加额；一个方案的现金流出是指该方案引起的现金流出量的增加额。"方案引起"，是指这些现金流量依存于特定方案，如果不采纳该方案就不会发生这些现金流入和流出。

净增效益原则的应用领域之一是差额分析法，也就是在分析投资方案时只分析它们有区别的部分，而省略其相同的部分。净增效益原则初看似乎很容易理解，但实际贯彻起来需要非常清醒的头脑，需要周密地考察方案对企业现金流量总额的直接和间接影响。例如，一项新产品投产的决策引起的现金流量，不仅包括新设备投资，还包括动用企业现有非货币资源对现金流量的影响；不仅包括固定资产投资，还包括需要追加的营运资金；不仅包括新产品的销售收入，还包括对现有产品销售积极或消极的影响；不仅包括产品直接引起的现金流入和流出，还包括对公司税务负担的影响；等等。

净增效益原则的另一个应用是沉没成本。沉没成本是指已经发生、不会被以后的决策改变的成本。沉没成本与将要采纳的决策无关，因此在分析决策方案时应将其排除。

1.4.3　有关财务交易的原则

有关财务交易的原则，是人们对于财务交易基本规律的认识。

1. 风险-报酬权衡原则

风险-报酬权衡原则是指风险和报酬之间存在一个对等关系，投资人必须对报酬和风险做出权衡，为追求较高报酬而承担较大风险，或者为减少风险而接受较低的报酬。所谓对等关系，是指高收益的投资机会必然伴随巨大风险，风险小的投资机会必然只有较低的收益。

在财务交易中，当其他一切条件相同时，人们倾向于高报酬和低风险。如果两个投资机会除了报酬不同以外，其他条件(包括风险)都相同，则人们会选择报酬较高的投资机会，这是自利行为原则所决定的。如果两个投资机会除了风险不同以外，其他条件(包括报酬)都相同，那么人们会选择风险小的投资机会，这是风险反感决定的。所谓风险反感，是指人们普遍对风险有反感，认为风险是不利的事情。肯定的 1 元钱其经济价值要大于不肯定的 1 元钱。

如果人们都倾向于高报酬和低风险，而且都按照他们自己的经济利益行事，那么竞争结果是产生风险和报酬之间的权衡。人们不可能在低风险的同时获取高报酬，因为这是每个人都想得到的。即使某个人最先发现了这样的机会并率先行动，别人也会迅速跟进，竞争会使报酬率降至与风险相当的水平。因此，现实的市场中只有高风险同时高报酬和低风险同时低报酬的投资机会。

如果你想有一个获得巨大收益的机会，你就必须冒可能遭受巨大损失的风险，每一个市场参与者都在他的风险和报酬之间进行权衡。有的人偏好高风险、高报酬，有的人偏好低风险、低报酬，但是每个人都要求风险与报酬对等，不会去冒没有价值的风险。

2. 投资分散化原则

投资分散化原则是指不要把全部财富投资于一个公司，而要分散投资。

投资分散化原则的理论依据是投资组合理论。马克·维茨的投资组合理论认为，若干种股票组成的投资组合，其收益是这些股票收益的加权平均数，但其风险要小于这些股票的加权平均风险，所以投资组合能降低风险。

如果一个人把他的全部财富投资于一个公司，那么一旦这个公司破产了，他就失去了全部财富。如果他投资于 10 个公司，那么只有 10 个公司全部破产，他才会失去全部财富。10 个公司全部破产的概率比一个公司破产的概率要小得多，所以投资分散化可以降低风险。

分散化原则具有普遍意义，不仅仅适用于证券投资，公司各项决策都应注意分散化原则。不应当把公司的全部投资集中于个别项目、个别产品和个别行业；不应当把销售集中于少数客户；不应当使资源供应集中于个别供应商；重要的事情不要依赖一个人完成；重要的决策不要由一个人做出。凡是有风险的事项，都要贯彻分散化原则，以降低风险。

3. 资本市场有效原则

资本市场是指证券买卖的市场。资本市场有效原则是指在资本市场上频繁交易的金融资产的市场价格反映了所有可获得的信息，而且面对新信息完全能迅速地做出调整。

资本市场有效原则要求理财时重视市场对企业的估价。资本市场是企业的一面镜子，又是企业行为的校正器。股价可以综合反映公司的业绩，弄虚作假、人为地改变会计方法对于企业价值的提高毫无用处。一些公司把巨大的精力和智慧放在报告信息的操纵上，通过"创造性会计处理"来提高报告利润，企图用财务报表给使用人制造幻觉，这在有效市场中是无济于事的。用资产置换、关联交易操纵利润，只能得逞于一时，最终会付出代价，甚至导致公司破产。当市场对公司的评价降低时，应分析公司的行为是否出了问题并设法改进，而不应设法欺骗市场。妄图欺骗市场的人，最终会被市场所抛弃。

资本市场有效原则要求理财时慎重使用金融工具。如果资本市场是有效的，那么购买或出售金融工具的交易的净现值就为零。公司作为从资本市场上取得资金的一方，很难通过融资获取正的净现值(增加股东财富)。公司的生产经营性投资带来的竞争，是在少数公司之间展开的，竞争不充分。一个公司因为它有专利权、专有技术、良好的商誉、较大的市场份额等相对优势，可以在某些直接投资中取得正的净现值。资本市场与商品市场不同，其竞争程度高，交易规模大，交易费用低，资产具有同质性，这些特点使得其有效性比商品市场要高得多。所有需要资本的公司都在寻找资本成本低的资金来源，大家都平起平坐。机会均等的竞争，使财务交易基本上是公平交易。在资本市场上，只获得与投资风险相称的报酬，也就是与资本成本相同的报酬，很难增加股东财富。

4. 货币时间价值原则

货币时间价值原则是指在进行财务计量时要考虑货币时间价值因素。货币的时间价值是指货币在经过一定时间的投资和再投资所增加的价值。

货币具有时间价值的依据是货币投入市场后其数额会随着时间的延续而不断增加。这是一种普遍的客观经济现象。要想让投资人把钱拿出来，市场必须给他们一定的报酬。

货币时间价值原则的首要应用是现值概念。由于现在的 1 元货币比将来的 1 元货币经济价值大，不同时间的货币价值不能直接加减运算，需要进行折算。通常，要把不同时间的货币价值折算到"现在"时点，然后进行运算或比较。把不同时点的货币折算为"现在"时点的过程，称为"折现"，折现使用的百分率称为"折现率"，折现后的价值称为"现值"。财务估价中，广泛使用现值计量资产的价值。

货币时间价值的另一个重要应用是"早收晚付"观念。对于不附带利息的货币收支，与其晚收不如早收，与其早付不如晚付。货币在自己手上，可以立即用于消费而不必等待将来消费，可以投资获利而无损于原来的价值，可以用于预料不到的支付，因此早收、晚付在经济上是有利的。

1.5 财务决策法则

公司在投资活动中，不论是实物资产投资，还是金融资产投资，其目的都是增加公司价值，即寻求预期未来现金流入量的现值超过初始投资成本的投资项目。假设公司进行一项房地产投资，初始投资为 35 万元，一年后现金流入量(CF_1)为 42 万元，如果预期 42 万元收入的现值(PV)高于投入的 35 万元，那么这一项投资就会增加公司的价值。在这里，一年后 42 万元的现值可根据折现率(r)折现求得

$$PV = CF_1 \times \frac{1}{1+r} \tag{1-1}$$

折现率通常是指资本机会成本或进行项目投资要求的最低收益率。

如果 $r = 10\%$，一年后的 42 万元，则现在价值为

$$PV = CF_1 \times \frac{1}{1+r} = \frac{420\,000}{1+0.1} \approx 381\,818\,元$$

一项投资预期现金流量的现值与实施这项投资的初始现金支出之间的差额称为净现值。

上例中，公司进行房地产投资的净现值为 31 818 元(381 818 − 350 000)。或者说，这项投资实施的结果使公司价值增加了 31 818 元。

如果从收益的角度分析，这一投资项目的投资收益率为

$$投资收益率 = \frac{420\,000 - 350\,000}{350\,000} \times 100\% = 20\%$$

由于这一投资项目的收益率为 20%，高于公司要求的最低收益率 10%，因此，这项投资增加了公司的价值。根据以上分析，可以得出以下两条等价的财务决策法则：

(1) 净现值法则：接受净现值大于零的投资项目。
(2) 收益率法则：接受收益率高于资本机会成本的投资项目。

上例中，公司也可将其资本投资于年利率为 10%的政府债券，一年后投资现金流入量为 385 000 元(350 000 × 1.1)。这表明如果利率为 10%，则一年后的 385 000 元与现时的 350 000 元在价值上是相等的。如果公司选择实物资产投资，必须放弃政府债券投资，则丧失了本可得到的证券投资收益率，10%即为资本机会成本，它构成了公司投资要求的最低收益率。

财务决策法则是建立在资本市场如何有效分配资源的基础之上的。其中最重要的变量是"利率"——通常指资本的机会成本。从理论上说，资本机会成本是"租用"资本的价格，它是资本使用者使用资本付出的代价，也是资本所有者提供资本要求的最低收益。为讨论方便，假设资本的所有者和使用者均可在一个资本市场中进行交易；假设仅有一个资本的机会成本——利率，是通过资本所有者和使用者之间的竞争来决定的。

1.5.1　资本市场对当前消费与未来消费偏好的协调

任何持有一定财富的经济个体面临的最基本的选择是：消费或投资。或者说，经济个体所面临的问题是今天应该消费或投资多少。这关系到怎样安排他的消费，或者说配置他现有的财富，以使他既能享有今天的消费又能通过今天的投资来增加他在未来的消费或财富。

假设王先生现在的财富为：① 现金 4 000 元；② 银行存单一张，价值 6 000 元，利率 8%，期限 1 年。如果市场允许他可以 8%的利率自由地借入或贷出资金，那么，他通过借贷可实现的所有消费可能性的组合如图 1-3 中的 $F_{10}W_1$ 线所示。

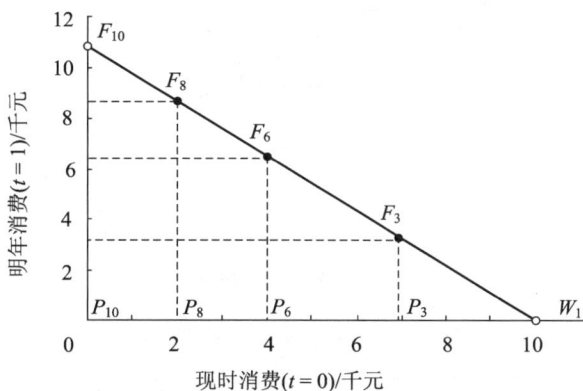

图 1-3　从现时到明年各种可能的消费组合

图 1-3 中斜线 $F_{10}W_1$ 描述了现时消费(横轴)和明年消费(纵轴)的各种可能组合。

例如，图中横轴点 W_1 表示王先生现时消费 10 000 元，这是他现时能消费的最大值。为了获得这个最大值，他必须借入 6 000 元(他已持有现金 4 000 元)。一年到期时，王先生用存款本息归还借款本息后，可供消费的财富为零。图中纵轴点 F_{10} 表示王先生明年初能消费的最大值。为了达到此点，他必须放弃现时消费，将手中持有的现金(4 000 元)贷放出去。假设利率为 8%，明年初，贷放现金的财富增加至 4 320 元，加上一年期银行存款到期本息 6 480 元，共计 10 800 元。

图中 P_3 表示王先生现时消费 7 000 元，投资 3 000 元，明年可供王先生消费的现金为 3 240 元(3 000 × 1.08)(点 F_3)；P_6 表示王先生现时消费 4 000 元，投资 6 000 元，明年可供王先生消费的现金为 6 480 元(点 F_6)；P_8 表示王先生现时消费 2 000 元，投资 8 000 元，明年可供王先生消费的现金为 8 640 元(点 F_8)。

图中斜线 $F_{10}W_1$ 是个人消费的可行线，从点 F_{10} 开始向下移动，王先生将增加现时消费，而减少明年消费。王先生在 $F_{10}W_1$ 线上选择哪一点，取决于他个人的偏好和处境。

根据经济学原理，对于同一个经济个体，如果存在由不同的跨期组合所构成的一个组合，其中每一个组合都能给他带来相同的效用，那么，就说他在这些组合(当前和未来消费总量)之间在效用上无偏好差异。这个由效用等价的组合所形成的集合可用一条效用无差异曲线表示。每一个经济个体都有自己固有的一组效用曲线，其中所有的无差异曲线都互不相交并且凸向原点(见图 1-4)。这意味着在财富有限的情况下，经济个体最多只能达到某一水平的效用曲线；如果经济个体想从一条无差异曲线过渡到更高一级的无差异曲线，就必须拥有更多的财富。如果将无差异曲线附加在个人消费可行性曲线上，就可以找出个人最佳消费点，即消费可能性曲线与无差异曲线的相切点(Y)，此时消费时间偏好的边际率等于利率。

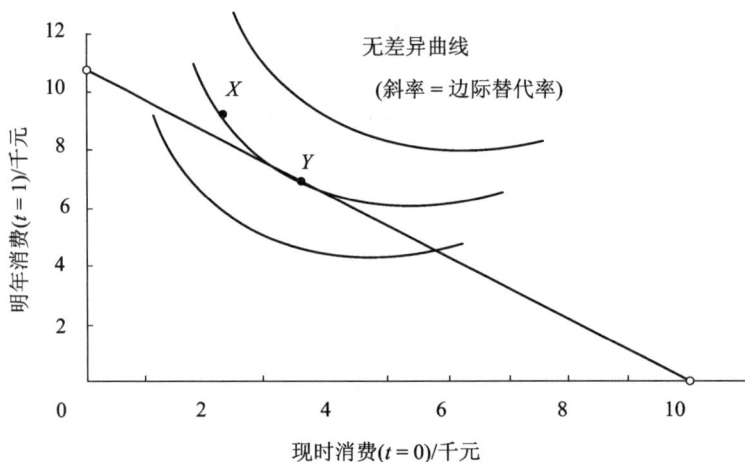

图 1-4　无差异曲线与消费行为

在无差异曲线上，经过 Y 点的切线的斜率表示在 Y 点的现时消费与未来消费之间的边际替换率 MRS，$MRS = -(1 + r)$。它表明，如果经济个体放弃 1 个单位的现时消费，那么在未来他可以得到 $1 + r$ 单位的消费，这个数量恰好是为了放弃现时消费所需得到的补偿数量。由于它测量了消费在时间上的替换率 MRS，因此 r 也被看作利率，即货币的时间价值。

在图 1-4 中，尽管经济个体(王先生)在 X 点和 Y 点上获得同样的效用，但他在这两点的时间偏好不同，即在 X 点(或在 X 情况下)表明他相对于 Y 点(或在 Y 情况下)更愿意明年消费多些，而在 Y 点时他愿意现时消费更多。或者说，如果他在现时减少了消费，作为交换他将要求在明年获得更多的消费，从而使他保持相同的效用。这样，消费选择便从 Y 点移动到 X 点。

1.5.2 利率水平变化对消费选择的影响

1.5.1 节的示例中，如果市场利率从 8%上升到 16%或下降到 0，则消费组合线的斜率也会发生变化，如图 1-5 所示。图中：

W_1Y_1 线的斜率($i = 0\%$)为 -1；

W_1F_{10} 线的斜率($i = 8\%$)为 -1.08；

W_1Y_2 线的斜率($i = 16\%$)为 -1.16。

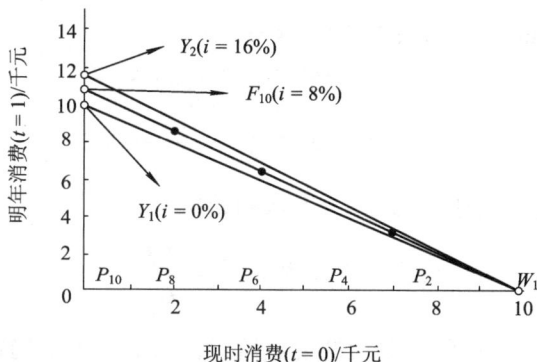

图 1-5 利率水平变化对消费选择的影响

图 1-5 描述了利率水平变化对消费选择的影响。当市场利率为 8%时，明年可供消费的现金为 10 800 元，低于利率为 16%的消费水平(11 600 元)，高于利率为零时的消费水平(10 000 元)。但代表财富的现值 W_1(10 000 元)与利率变化无关。

1.5.3 投资与收益

假设经济个体拥有一个实物资产投资项目，这个项目可以被理想化分割，这意味着它包含一系列等差数列形式的不同投资规模，即投资机会集，其中每一个投资规模都代表一个投资机会或一种投资可能。据此，他可以建立自己的投资进度计划并确定投资收益。

根据表 1-1 的资料，可描绘出王先生的实物资产投资曲线，见图 1-6。

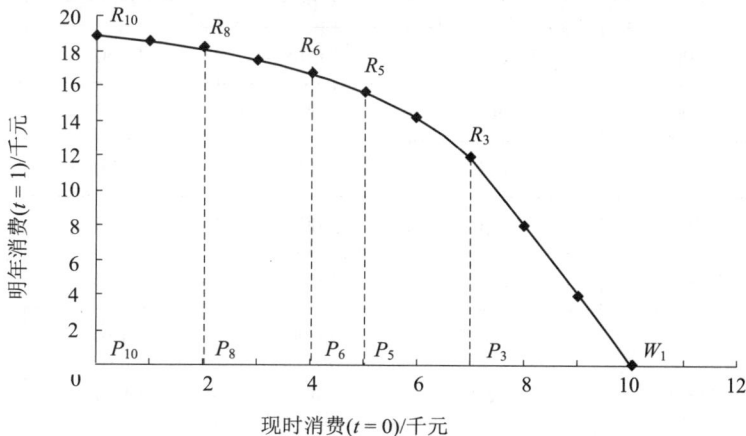

图 1-6 王先生的实物资产投资曲线

图 1-6 中横轴表示王先生的初始财富部分用于实物资产投资，部分用于当期消费。W_1 表示王先生的初始财富价值为 10 000 元；P_3 表示王先生投资 3 000 元建立了一个打印社，其余的 7 000 元用于当期消费；P_5、P_6、P_8 表示王先生用于实物资产投资，金额分别为 5 000 元、6 000 元和 8 000 元，用于当期消费的金额分别为 5 000 元、4 000 元和 2 000 元；P_{10} 表示王先生将全部财富投资于实物资产，当期消费为零。

图 1-6 中纵轴表示第 0 期实物资产投资一年后的价值。如果王先生在第 0 期投资 3 000 元，则一年后的现金流量价值为 12 000 元(R_3)；P_5、P_6、P_8、P_{10} 表示一年后现金流量价值分别为 16 000 元，17 080 元，18 180 元和 18 880 元。

表 1-1 中的投资收益率和边际收益率的计算方式如下：

$$投资收益率 = \frac{CF_1}{C_0} - 1 \tag{1-2}$$

式中：CF_1 表示一年后的现金流入量；C_0 表示初始投资。

$$边际收益率 = \frac{CF_n - CF_{n-1}}{C_n - C_{n-1}} - 1 \tag{1-3}$$

式中：CF_n 表示选择第 n 个投资方案后的现金流量；CF_{n-1} 表示选择第 $n-1$ 个投资方案后的现金流量；C_n 表示选择第 n 个投资方案的资本投资；C_{n-1} 表示选择第 $n-1$ 个投资方案的资本投资。

随着投资额增加，边际收益率呈递减趋势变化。当投资额为 6 000 元时，边际收益率(8%)等于市场利率。如果王先生将其财富分别投资于实物资产和金融资产，则各种不同投资组合方案一年后的现金流量如表 1-1 所示。

表 1-1　实物资产与金融资产投资现金流量

单位：元

投资方案	实物资产投资	实物资产投资现金流量	金融资产投资(8%)	金融资产投资现金流量	明年可供消费的现金流量
0	0	0	10 000	10 800	10 800
1	3 000	12 000	7 000	7 560	19 560
2	4 000	14 500	6 000	6 480	20 980
3	5 000	16 000	5 000	5 400	21 400
4	6 000	17 080	4 000	4 320	21 400
5	7 000	17 680	3 000	3 240	20 920
6	8 000	18 180	2 000	2 160	20 340
7	9 000	18 580	1 000	1 080	19 660
8	10 000	18 880	0	0	18 880

表 1-1 表明，如果王先生选择方案 3 或方案 4，即将初始财富中的 5 000 元(或 6 000 元)投资于实物资产，剩余的 5 000 元(或 4 000 元)进行金融资产投资，则一年后的投资现金流量均为 21 400 元。其他投资组合方案的投资收益均低于方案 3 和方案 4 的收益，或者说方案 3 和方案 4 是最佳投资。

1.5.4 投资、融资与消费组合

从理论上讲，当经济个体拥有初始财富组合并且同时面对投资机会和消费机会时，他总会用 1 元的投资边际收益率和其时间偏好边际比率(现时消费与未来消费比率)进行比较。

例如，王先生选择方案 4(见表 1-1)，投资 6 000 元建立一个打印社，如果折现率与借款利率相等，均为 8%，则一年后的现金流入量 17 080 元的现值为 15 815[即 17 080/(1 + 8%)]元，扣除初始投资 6 000 元，王先生投资的净现值为 9 815 元。进行实物资产投资使王先生的财富总额变为

$$王先生投资后的财富现值 = 初始财富现值 + 投资净现值$$
$$= 10\ 000 + 15\ 815 - 6\ 000$$
$$= 19\ 815\ 元$$

如果将图 1-3、图 1-6 组合起来，可得到图 1-7。

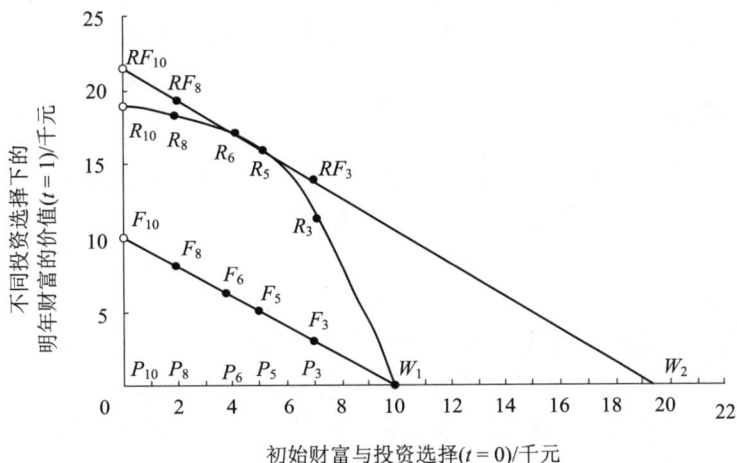

图 1-7 王先生财富与投资选择组合

图 1-7 中，横轴表示王先生的初始财富在实物投资、金融资产投资和消费之间的选择。W_1 表示王先生的初始财富为 10 000 元；P_3、P_5、P_6、P_8、P_{10} 表示王先生在现时分别投资 3 000 元、5 000 元、6 000 元、8 000 元和 10 000 元，其余用于当期消费。纵轴表示在不同的投资与消费选择下王先生明年财富的价值。

图 1-7 中，F_i 表示王先生在现时将其财富分别用于金融资产投资与消费组合，以及其不同组合下明年财富的价值；R_i 表示王先生在现时将其财富分别用于实物资产投资与消费的组合，以及不同组合下明年财富的价值；RF_i 表示王先生在现时将其财富分别用于实物资产投资、金融资产投资与消费的组合，以及不同组合下明年财富的价值。

斜线 W_2RF_{10} 与斜线 W_1F_{10} 相平行，斜线 W_2RF_{10} 与曲线 W_1R_{10} 上的点 R_6 和点 R_5 相切。在一个完善的资本市场中，投资与消费变得更加活跃。资本市场使得(在投资和消费以外)有多余资金的人能够优化其投资与消费，同时也使需要投资和消费而又缺乏资金的经济个体可以获得资金投资和消费，以便增加财富与效用。不论经济个体的消费偏好如何，都会选择最佳投资-消费组合(5 000 元)。

一般来说，偏好当期消费的经济个体会通过借入资金完成这一投资消费组合，偏好未来消费的经济个体会通过贷出资金实现这一投资消费组合。

点 W_2 表示如果王先生选择投资方案 5，即将现时财富的 5 000 元投资于实物资产，一年后现金流量的现值为 14 815 元(16 000/1.08)，净现值为 9 815 元(14 815 − 5 000)；王先生投资后财富现值为 19 815 元(初始财富 10 000 + 净现值 9 815)，W_1 与 W_2 之间的差额(9 815 元)表示王先生投资于实物资产创造的净现值。

点 RF_3 表示王先生将初始财富 10 000 元中的 7 000 元用于现时消费，5 000 元(从资本市场借入 2 000 元，再加上剩余的 3 000 元)用于实物资产投资；一年后投资价值扣除借款本息后的价值为 13 840 元(16 000 − 2 000 × 1.08)。

点 R_5 和点 R_6 的价值分别为 16 000 元和 17 080 元。

点 RF_8 表示王先生将初始财富中的 2 000 元用于现时消费，5 000 元用于实物资产投资，3 000 元用于金融资产投资，一年后的投资价值为 19 240 元(16 000 + 3 000 × 1.08)。

点 RF_{10} 表示王先生将全部财富均用于投资，即 5 000 元投资于实物资产，5 000 元投资于金融资产，一年后的投资价值为 21 400 元(16 000 + 5 000 × 1.08)。

1.5.5　费雪分离定理

美国经济学家欧文·费雪(Irving Fisher)的分离定理一般是指投资决策独立于个人消费偏好，即投资于实物资产的最佳金额与个人的消费偏好无关。

按照这一定理，在完善的资本市场条件下，整个决策过程可以分为以下两个依次连续并且彼此分开的过程：

第一步，进行最佳投资方案选择，直到投资边际收益率等于资本市场利率。在这个均衡点上，经济个体的财富(当前消费与未来消费的组合)达到最大化。面对同一条投资曲线，所有经济个体都将做出相同的最佳决策。最佳投资以财富最大化为共同准则而不考虑个人偏好。

第二步，通过借贷选择最佳消费模式，直到消费时间偏好比率等于资本市场利率，在这个平衡点上，经济个体获得最大的满足，每一个经济个体都将做出自己的最佳消费决策。

将费雪分离定理用于公司财务决策中，意味着即使股东将投资决策权交给管理者，同样可使其财富达到最大化。因此，公司经理在进行投资决策时，无须考虑股东的偏好(只要存在竞争市场，股东可以选择符合其需要的最佳消费时间模式)，只要选择净现值大于零的投资机会，就能增加每个股东所持公司股份的市场价值，就会实现股东财富最大化，这就是净现值决策法则的理论基础。

1.6 企业的组织形式与股权结构的发展

1.6.1 企业的组织形式

企业组织形式是指企业财产及其社会化大生产的组织状态，它表明一个企业的财产构成、内部分工协作与外部社会经济联系的方式，认真研究并合理选择企业的组织形式，是建立与发展企业必需的基本条件。根据市场经济的要求，现代企业的组织形式按照财产的组织形式和所承担的法律责任划分，国际上通常分为个人独资企业、合伙企业和公司制企业。

1. 个人独资企业

个人独资企业是由一个自然人投资，财产为投资人个人所有，投资人以其个人财产对企业债务承担无限责任的经营实体，也被称为业主制。

个人独资企业的优点：① 创立容易，例如，不需要与他人协商并取得一致，只需要很少的注册资本等；② 维持个人独资企业的固定成本较低，例如，政府对其监管较少，对其规模也没有什么限制，企业内部协调比较容易；③ 不需要缴纳企业所得税，只需缴纳个人所得税。

个人独资企业的缺点：① 业主对企业债务承担无限责任，有时企业的损失会超过业主最初对企业的投资，业主自己的财产也将被追索；② 企业的存续年限受制于业主的寿命，存续的时间一般比较短；③ 企业规模一般比较小，难以从外部获得大量资本用于经营。

多数个人独资企业的规模较小，抵御经济衰退和承担经营失误的能力不强，其平均存续年限较短。有一部分个人独资企业能够发展壮大，规模扩大后会发现其固有缺点日益放大，于是转变为合伙企业或公司制企业。

2. 合伙企业

合伙企业是由几个人、几十人，甚至几百人联合起来共同出资创办的企业。一般而言，合伙企业均是按照书面协议组成的非法人组织。它是由各合伙人订立合伙协议，共同出资，共享收益，共担风险，并对合伙债务承担无限连带责任的营利性组织。通常，合伙人是两个或两个以上的自然人，有时也包括法人或其他组织。

合伙企业的优点和缺点与个人独资企业类似，只是程度有些区别。这两类企业属于自然人企业，出资者对企业承担无限责任。如果一个合伙人没有能力偿还其应分担的债务，其他合伙人须承担连带责任，即有责任替其偿还债务。法律还规定合伙人转让其所有权时需要取得其他合伙人的同意，有时甚至还需要修改合伙协议，因此其所有权的转让比较困难。按照每个人的责任的区别，合伙企业又可以划分为一般合伙和有限合伙。前者中每一个合伙人都必须以自己的财产对企业负有无限的连带责任；后者只有一个合伙人负有无限责任，其他人负有有限责任，但是企业主导权在负无限责任的合伙人身上，其他人不得干预。这种形式的企业比较适合于规模刚刚起步的高科技行业，比独资企业有更大的发展空间。

3. 公司制企业

公司制企业是指所有权和管理权分离，出资者按出资额对公司承担有限责任而创办的企业。它主要包括有限责任公司和股份有限公司。

有限责任公司指不通过发行股票，而由为数不多的股东集资组建的公司(一般由 1 人以上 50 人以下股东共同出资设立)，其资本无须划分为等额股份，股东在出让股权时受到一定的限制。在有限责任公司中，董事和高层经理人员往往具有股东身份，使所有权和管理权的分离程度不如股份有限公司那样高。有限责任公司的财务状况不必向社会披露，公司的设立和解散程序比较简单，管理机构也比较简单，比较适合中小型企业。

股份有限公司全部注册资本由等额股份构成并通过发行股票(或股权证)筹集资本，公司以其全部资产对公司债务承担有限责任(应当有 1 人以上 200 以下为发起人，注册资本的最低限额为人民币 500 万元)。其主要特征是：公司的资本总额平分为金额相等的股份；股东以其所认购股份对公司承担有限责任，公司以其全部资产对公司债务承担责任；每一股有一份表决权，股东以其持有的股份，享受权利，承担义务。

公司制企业的优点：① 永久存续性。公司不会因为股东的死亡和退出而影响到企业的存在。② 容易转让所有权。公司所有权的每个份额可以单独转让，无须经过其他股东同意，流动性强于前两种企业。③ 有限责任。公司的债务与股东个人的财产无关。所有者对公司的债务以其出资额为限。

公司制企业的缺点：① 双重课税。公司作为独立的法人，其利润需缴纳企业所得税，企业利润分配给股东后，股东还需缴纳个人所得税。② 公司的设立比较复杂。其成立条件、设立程序都有着严格的要求，因此成立的成本较高，手续烦琐。③ 存在代理问题。经营者和所有者分开以后，经营者成为代理人，所有者成为委托人，代理人可能为了自身利益而伤害委托人利益。

1.6.2 市场化公司制企业股权结构的发展——双层股权结构

双层股权结构(dual-class share structure)，也被译为"双重股权结构""二元股权结构"。从狭义而典型的角度看，仅指发行 A、B 两种类别股票。广义上，公司发行的普通股具有不同投票权是本书所要探讨的实质问题，主要与单一股权结构相对应，存在如 AB 股制度、同股不同权、差异化表决权、不同投票权架构、类别股、不平等投票权等类似表述。

本书重点分析双层股权结构，相关分析也适用于限制性投票权、多层股权结构。典型的股权架构安排是按照每股附着的表决权大小，把股票划分为 A、B 两类股票：A 类股票是普通股，表决权遵循"一股一权"原则；B 类股票拥有超级表决权，表决权是 A 类股票的数倍。一般在双层股权结构安排中，对 B 类股票的超级表决权有两个限制：一是适用范围仅限于董事选举等有限事项，不适用于影响普通股东利益的重要事项，如股利分配、关联交易等；二是不可自由转让，只有转换为 A 类股票后方可进行自由转让。A 类和 B 类股票在红利分配请求权、剩余价值分配请求权等其他权利方面没有明显差异。这在学术界被称为"控制权与现金流权的分离"，目的是对公司实行有效控制。上述分离的直接后果是形成权与责任、收益与成本不再对称的"外部性"。双层股权结构也因此被学术界认为与金字塔结构一样，成为控制性股东盘剥外部分散股东权益、进行隧道挖掘的重要实现机制。

1. 双层股权结构

典型的双层股权结构即"AB股结构"，是指公司的股权结构安排包含两类具有不同投票权架构的设置。其中A类股每一股拥有一个表决权，也就是目前在股票市场中流通的普通股；B类股一般按照比例，每一股拥有多个表决权，由公司创始人或管理层持有。显而易见，双层股权结构的设计使得即使拥有相似股票数量的股东，也可能具有不同的投票权。比如，同时持有相同股票的甲乙两位投资者，如果甲持有的是A类股票，而乙持有的是B类股票，那么投资者乙拥有更多的投票权。显而易见，AB两类股票投票权规则的设置使公司创始人或管理层在拥有少量股份的情况下，依然可以掌握公司的控制权。以我国科技巨头京东为例，该公司就设计了AB两类股票，实施了双层股权结构。公司创始人刘强东持有的京东B类股票，1股拥有20票的投票权，其他股东持有A类股票，1股拥有1个表决权。根据京东2024年年报，刘强东只持有京东11.2%的股权，但是拥有70.5%的投票权。显而易见，双层股权结构的设计在显著地保障了创始股东牢牢控制所创立公司控制权的同时，也较好地满足了自身募集资金的需求，较好地解决了随着公司规模的扩大、股权的分散为创始股东控制公司所造成的困难与负面影响。

2. 多层股权结构

将公司股权分成多层次，即三层或三层以上，并且规定不同层次的股份享有不同的表决权，从而形成多层股权结构。比如，将公司股权结构分成ABC三层，即分为A层类别的股票、B层类别的股票和C层类别的股票。其中，A层类别的股票没有投票权；B层类别的股票拥有投票权，并且1股拥有1个投票权；C层类别的股票拥有投票权，并且1股拥有10个投票权。如此一来，就形成了ABC三层的股权结构。如果公司设计更多层次的股权结构，基本的逻辑思路和三层股权结构相类似。以社交游戏公司Zynga为例，根据投票权的不同，该公司的股票可以分为三个不同的层次类型，其中，第一层是CEO马克·平卡斯(Mark Pincus)，他持有的超级投票权股票每股拥有70个投票权，共控制公司36.2%的投票权；第二层为IPO前的投资人，他们持有的超级投票权股票每股拥有7个投票权；而第三层普通股股东持有的股票每股仅拥有1个投票权。显而易见，在Zynga公司内部所存在的不同层次的股票类别中，同一层次的股票类别，同股所拥有的投票权相同，而不同层次的股票类别，同股所拥有的投票权差别很大。

3. 变相的双层股权结构

目前由于《中华人民共和国公司法》(简称《公司法》)"同股同权"规定下缺乏双层股权结构安排，许多科技创新企业采取了变相方式尽量达到双层股权结构的效果。实践中采用的方式包括一致行动人协议、表决权委托以及有限合伙持股等。在一致行动人协议方式的变相双层股权结构设计中，创始人股东与其他股东签订一致行动人协议，从而使得创始股东拥有公司控制权，这是保持创始股东维持公司控制权的传统方式。不过，由于一致行动人协议可以随时解除，其内部也存在权力争夺风险，并且随着股权比例的不断稀释，一致行动方的数量本身也在增加，这进一步加剧了控制权的不稳定性。因此一致行动人协议往往仅适合被用于在一定期间内保持公司的控制权。在有限合伙持股方式的变相双层股权结构设计中，创始人股东设立有限合伙公司并担任普通合伙人(General Partner，GP)，公众投资人担任有限合伙人(Limited Partner，LP)，实际控制人以 GP 身份行使有限合伙的表决权以实现对公司的控制。在该模式下，公司有两种后续融资路径：一是通过销售有限合伙的份额进行融资，相当于发行无表决权的股票；二是公司向实际控制人发行股票，相当于发行特别表决权股。这样，实际控制人可以在控制公司表决权的情况下，进行股权融资。由于这一模式下合伙人有 50 人的人数限制，LP 既无表决权也无其他法定股东权利，较难得到投资者的认可；且该模式以少量 GP 资金撬动大量 LP 资金，存在杠杆配置之嫌。在表决权委托方式变相双层股权结构设计中，如股东之间达成合意，可通过表决权委托的方式实现"同股不同权"的安排。创始人股东用表决权委托方式维持公司控制权，即在股票发行协议中规定，将发行对象认购股票的表决权委托给公司实际控制人或其控制的机构，由后者代为行使表决权。例如，股东甲所持股票占比 30%，股东乙所持股票占比 20%，股东丙所持股票占比 17%；同时，乙、丙与甲达成一致并签署书面协议，约定由甲代为行使乙、丙所持公司股票的表决权。此时，甲实际享有的表决权为 67%，意味着甲对该公司具有绝对的控制权。实践中，不少上市公司控股股东对公司的控制权就是通过表决权委托得以实现的。显而易见，这是一种类似一致行动人协议的机制设施，当实际控制人股权不断被稀释时，其需要不断寻找表决权委托人，这将增加其维护公司控制权的成本，不宜长期采用；并且，这种代为行使表决权的委托协议也具有时间限制性，在实际控制人所持有的股权不断稀释的情况之下，越来越无法维持行使表决权的委托协议。

双层股权结构与变相的双层股权结构对比情况见表 1-2。

表 1-2　双层股权结构与变相的双层股权结构对比

对比内容	双层股权结构	一致行动人协议	有限合伙持股	表决权委托
实现方式	建立同股不同权架构，控股股东持有具有特殊表决权安排的股份，从而实现对公司的控制权	通过协议与其他股东达成一致行动约定，各方仍保持一定的独立性，但各方在做出重大决定时需事先与其他协议方充分协商并保持一致意见	控股股东能作为 GP 拥有并行使表决权，构成对公司的实际控制；其他股东以 LP 身份间接持有公司的股份但不拥有表决权	受托人接受委托人的表决权委托，双方可根据实际情况灵活协商委托授权的范围
稳定性	以公司章程约束，与其他方式相比更稳定	通过一致行动协议约束，但协议可终止或解除，存在不确定性	若有限合伙企业以无限期的方式订立，则结构相对稳定	通过表决权委托协议约束，不可撤销的协议相对稳定，但协议可终止或解除，存在不确定性
资本市场接受程度	全球前 20 大证券交易所六成允许采取双层股权结构上市	现实案例比较多	一级市场有相关案例	2024 年有超过 8 家中国 A 股上市公司发表了与表决权委托相关的公告

4. 公司章程额外规定

有限责任公司通过公司章程额外规定实现"同股不同权"，也就是说公司创始人股东或高层管理者在公司章程中直接规定公司的不同股票具有不同的表决权，有些股票具有高于其他类型股票的表决权，从而使得拥有特殊股票的公司创始人股东或高层管理者在所拥有的公司股票不断被稀释的情况之下，还能按照公司章程牢牢地控制着公司的表决权，从而控制着公司的决策以及发展方向。在利用公司章程额外规定实现"同股不同权"方面，我国的高科技企业华为公司是典型的代表。华为公司通过公司章程的形式，直接规定公司总裁拥有最终的表决权，从而保障了作为公司创始人的任正非在公司重大决策方面拥有最重要的决策权。显而易见，如果按照"同股同权"的原则，任正非所有的股权已经不能保障其在华为公司的决策中把握控制权，更不用谈及否决权了；不过，由于华为公司不是上市公司，所以，能够在公司章程中直接明确公司创始人股东所拥有的权利和义务，从而保障了在创始人股东所持有的股权在不断被稀释的情况之下对于公司所拥有的控制权。显而易见，在公司章程中进行额外规定权利和义务，尤其是创始人股东的权利和义务在事实上是一种双层股权结构制度安排。

5. 金股

金股制度起源于 20 世纪 80 年代的英国，当时撒切尔夫人推动英国推进私有化改革，国有企业数量大量减少，民营企业蓬勃发展，这一改革导致国家对控制经济命脉产业的影响力和控制力不断弱化，出现了许多危害国家利益的行为与现象。为应对新的挑战，英国电信业率先提出并开始实行金股制度。在实践中，通常是指持有 1 股或 1%的股份，持有金股的股东不享有股息分红的权利，但对特殊事项拥有一票否决权。这些事项一般涉及国家安全和重大利益，比如任命董事、收购兼并、股权结构变化、公司破产等。国有企业私有化后，国家持有的股份具有特殊事项决定权，就是所谓的"金股"。金股制度使得国家只是象征性地持有一些股份，牺牲分红等权益而换取对特定事项的决定权，保持国家对于国家安全等重大事项的影响力和控制力，同时又不对公司的日常经营管理过多干预。金股制度在不同的国家有效期是不同的，有些国家金股制度具有一定的有效期，有些国家的金股制度则没有有效期。在具有有效期金股制度的国家中，法国比较典型，有 5 年的有效期限；在不具有有效期金股制度的国家中，英国比较典型，没有期限。21 世纪初，欧盟委员会曾经以金股制度妨碍资本流通为由起诉欧洲六国，后来，比例性原则、法律确定性原则等作为金股的补充制度得到确立，金股制度也得到不断完善。

1.6.3　双层股权结构制度的优势与劣势

双层股权结构制度由于存在固有的优势与劣势，自其产生之日起就一直存在争议，该制度在美国等国家的实践中存在几起几落的现象，这也证明了其既有制度优势，也存在固有缺陷。

1. 双层股权结构制度的优势

双层股权制度之所以能够在近年来得到推崇与其固有的制度优势密切相关，主要包括有助于企业创始人或管理层抵御恶意收购、鼓励管理层投入高度匹配的人力资本、使管理层做出符合效率原则的决策等。

1) 有助于企业创始人或管理层抵御恶意收购

按抵制意图划分，收购可以分为善意收购与恶意收购两种类型。其中，善意收购的收购者事先与目标公司管理者进行协商，征得同意后，才会发出公开收购条约，最终完成收购。这种类型的收购不仅可以增加目标公司股东的财产性收入，还能够为公司发展找到更好的掌舵人，引领公司长远发展。恶意收购是遭到目标公司反对或事先未与目标公司协商，仍然强行进行收购。这种类型的收购直接导致管理层更迭，在短期内拉高公司股价，但不利于公司长期发展，更不利于公司发展文化的延续。此外，企业创始人对所创立的企业像培养"儿女"一样花费心血，拥有强烈的心理所有权。企业在发展的过程中，特别是在创业初期，需要不断地融资来充实发展所需的大量资本金。在这个过程中，创始团队的股权难免被不断稀释，同样存在最终丧失控制权的风险。

双层股权结构通过将股权和投票权分离，可以使创始团队不用担心控制权旁落他人，把更多精力放在公司经营和发展上。管理层无须为维护市值而采取急功近利的行为，为管理层进行长期目标管理提供了安全的股权环境。其中最著名的例子就是乔布斯。1980 年 12 月，苹果公司上市后，第一大股东乔布斯持股比例被稀释，仅持有约 15%的股份，第二大股东马库拉约持股 11.4%，第三大股东沃兹持股约占比 6.5%。三人股份加起来合计超过 30%，上市公司的股权比较分散。虽然一开始由于乔布斯出色的才能和强大的控制欲，一直保持着对苹果公司的控制权，但是，后来由于业绩不理想，1985 年乔布斯被董事会罢免了总经理职务，几乎等同于被逐出了苹果公司。如果采取双层股权结构，授予乔布斯、马库拉、沃兹三大创始合作伙伴拥有超级表决权的 B 类股，可能也就没有乔布斯被扫地出门的事件，苹果公司的历史可能就此改写。再如，2013 年引入私募基金后，大娘水饺创始人吴国强丧失企业控制权，不仅企业销售额连续下滑，就连参加年会都被拒之门外；创始人张兰辛苦打拼发展的餐饮企业俏江南，在引入私募基金进行融资后，不仅丧失控制权，还被董事会踢出局，企业业绩大幅下降。双层股权结构可以抵御恶意收购行为，避免企业决策权更迭威胁以及由此引起的公司决策屈服于中小投资者对短期利益的偏好，更多关注公司长远利益，使公司创始人的长远规划和企业家精神惠及包括中小股东在内的公司全体股东，最终将有利于整个社会的创新和效率的提升。

2) 鼓励管理层投入高度匹配的专用性人力资本

专用性人力资本投资容易受到外部环境和心理预期的影响。如果管理者预期与企业的雇佣关系不稳定，那么其专用性人力资本投资的意愿不足，影响企业家才能作用的发挥。如果管理层预期将长期受雇于所在公司，其对投入专用性人力资本获得长期报酬的激励就会提高。管理层为提高公司价值做的努力，最终受益的将是公司全体股东。通过双层股权结构，管理层掌握控制权，预期与公司之间的雇佣关系是长期稳定的，这将激励管理层投入时间和资源获取与经营相匹配的经营知识与经验。以采取双层股权结构的 Facebook 为例，2014 年，Facebook 斥资 190 亿美元收购了仅有 50 多名员工的 WhatsApp 智能通信应用程序。当时这场收购速度快、估值高且不被大多数市场人士看好，但是扎克伯格表示，收购 WhatsApp 看中的并不是短期利益，而是看中智能手机的未来发展。然而收购三年后，Facebook 股票收益率超过 Google 股票收益率以及纳斯达克指数。事实证明，双层股权结构的安排使得 Facebook 管理层积极投入专用性人力资本，做出了有利于企业长期发展的决策。

3) 使管理层做出符合效率原则的决策

公司作为商事主体的重要类型，其营利性属性毋庸置疑。公司营利性属性的实现程度与公司效率关系密切。公司效率可以进一步分为决策效率、执行效率以及交易效率，其中，决策效率和执行效率与公司治理水平密切相关。与单层股权结构相比，双层股权结构由于将控制权集中到公司创始人或管理层手中，使得创始人或管理层在保持较小现金流的同时把握公司的决策权。正是由于控制权的集中，公司运营中信息传递的成本降低、集体行动的弊端得到缓解，进而对提升公司决策效率起到重要的助推作用。从执行角度来看，双层股权结构的创始人、董事会、经理层成员的重合度比较高，因而有利于提高决策的执行效率。此外，双层股权结构可以保证公司创始人或股东对于决策的可控性，从而保证商业合同的优先执行，提升交易效率。通常来讲，长期投资项目往往具有比较大的风险和不确定性，管理者迫于盈利压力，倾向于采取看起来"好"、长期并未见得好的投资计划，或者为避免丧失控制权而做出有损于公司长远发展的决策，而选择短视化投资。相较于单层股权结构，双层股权结构管理者的盈利目的更为深刻，不仅注重短期盈利，更注重公司长期盈利，着眼于选择有利于企业长期发展的投资项目。采用双层股权结构的管理层可以专注于企业的长远发展，避免追求短期收益而选择一些不利于长期发展的决策，对于公司商业模式的延续、企业文化的保持以及长远发展布局具有十分重要的作用。

2. 双层股权结构制度的劣势

双层股权结构制度固然有其存在的正当性基础，但是，双层股权结构制度剥夺或稀释普通股股东投票权的特点使得许多人对其持怀疑态度。

1) 不同程度剥削了普通股股东的权利

股东平等原则是《公司法》防范利益冲突的基本原则，在传统的公司治理结构中，所有股东的地位是平等的，持有股份的性质是一样的，同样数额股票的权益也是没有差别的。即便在公司的实际运营当中，股东的权利行使可能存在状态上的差别，但是这种差别可以通过股东自愿增持减持以及股票自由流动而随之调整。而双层股权结构使得超级表决权股东持有的投票权数量远远高于普通股股东所持有的投票权数量，导致超级投票权股东与普通股股东之间地位严重失衡，从而影响普通股股东对企业有效监督作用的发挥。具体来讲，普通股股东的投票权远远低于创始人或管理层，从而无法通过投票有效监督其决策。不仅如此，超级表决权股东与普通股股东之间的地位失衡还影响到股东会和董事会作用的发挥。创始人或管理层掌握公司控制权，股东会的决策基本上体现的是创始人或管理层的意志，其他股东只能被动接受或者抛售股票，以影响股东会决策机制。同样地，董事、经理层的任命基本由创始人或管理层决定，股东会只不过是走形式而已。双层股权结构下，公司的创始人往往同时兼任公司的董事长或总经理，更是加剧了超级投票权股东与普通股股东之间的地位差距，公司治理面临个人独断问题的挑战。双层股权结构违反股权平等原则，使高投票权管理层成为一个特权阶层，普通投资者在情感上很难接受。双层股权结构形成了实质上的投票权垄断，可能使得处于投票权垄断地位的内部股东权利增大，提高经理人的控制权私利，如更高的薪酬，增加做出牺牲外部股东利益战略决策的风险。

2) 使基于并购的外部公司治理监督机制失灵

资本市场存在着惩罚机制，并购是最重要的外部治理机制之一。新制度经济学的代表人德穆塞茨提出团队生产理论，认为股份公司成功的关键就是赋予股东投票权，可以解决监督成本的问题。威廉姆森将公司视为一系列契约的联结，认为公司的各利益相关方可以通过详细的条款来杜绝机会主义行为。以投票权为核心的公司治理机制正是让股东有权监督公司的运营管理，在遭遇危机时可以替换经营者，才可以有理由从投资人那里取得相应的投资。一般来说，当公司业绩表现不佳时，股价走低致使公司很有可能成为被收购对象，这对管理层形成一定的约束作用。而双层股权结构使得超级表决权股东出现，由于收购的下一步往往是对管理层的更换，因而持有超级表决权的股东不会同意这种基于收购的外部监督机制，以往的市场化调节手段进而失效。不仅如此，管理层的"道德风险"将会进一步提高代理成本。比如管理层会利用自己的信息优势，做出不利于企业发展的决策，向关联企业输送利益等，从而造成企业价值的降低。从一定程度上说，双层股权结构使非控股股东的监督形同虚设，把监督责任留给了政府、法院和社会，这实际上将影响范围扩大到企业之外。

3) 过于依赖某个人或某个家族

双层股权结构使控制权集中到某个人或某些人手中，一旦这些股东决策失误或者其他原因导致经营失败，这种损失将是非常惨重的。此外，双层股权结构制度使围绕在创始人周围的个人崇拜文化的副作用更加明显。一旦创始人离开，根本无人接手公司。不仅如此，这种控制权让创始人信心过度倍增，倾向于冒更大风险，也更加自恋。直白地说，在别人赞誉他们有多伟大中，这些人很可能会迷失方向，做出风险过大或不理性的决策。

本 章 小 结

首先，本章介绍了公司财务的内容，包括投资、融资和股利分配相关决策。投资是指以收回现金并取得收益为目的而发生的现金流出，包括项目投资和证券投资、长期投资和短期投资。融资是指筹集资金。融资来源包括权益资金和借入资金、长期资金和短期资金。分配是指在公司赚得的利润中，有多少作为股利发放给股东，有多少留在公司作为再投资。股利分配决策，从另一个角度看也是保留盈余决策，是企业内部融资问题。

其次，本章引入有效资本市场假说，分别介绍了弱式有效市场、半强式有效市场和强式有效市场的定义。弱式有效市场是资本市场有效性的最低层次。在这种市场有效性下，市场价格只能充分反映所有过去的信息，不能反映未来市场信息，投资者无法依靠对证券价格历史趋势的分析来获得超额利润，即股票价格的技术分析失去了作用。半强式有效市场中，市场价格能充分反映出所有已公开信息，如果每个投资者都掌握和使用公开信息进行投资决策，利用技术分析和基本分析都失去作用，只有利用内部信息才可能获得超额利润。强式有效市场是资本市场有效性的最高层次。在这种市场状态下，市场价格能充分反映所有信息，这些信息包括历史的、已公开的、尚未公开但已经发生的信息，不存在内部信息。平均而言，投资者获得的收益只和其承担的风险一致，不可能获得额外的或超额的收益。

再次，本章介绍了资本市场的作用以及公司财务有关竞争环境、创造价值和财务交易的三大原则。资本市场的作用主要包括资本的筹措与投放、分散风险、转售市场、降低交易成本和确定金融资产价格。

接着，本章从收益视角介绍了与投资、融资、消费有关的财务决策法则。公司在投资活动中，不论是实物资产投资，还是金融资产投资，其目的都是为了增加公司价值，即寻求预期未来现金流入量的现值超过初始投资成本的投资项目。得出以下两条等价的财务决策法则来判断财务决策是否有效：

(1) 净现值法则：接受净现值大于零的投资项目。

(2) 收益率法则：接受收益率高于资本机会成本的投资项目。

最后，本章介绍了企业的组织形式和股权结构的发展，并对不同股权结构进行对比。企业的组织形式包括个人独资企业、合伙企业、公司制企业。双层股权结构即"AB 股结构"，是指公司的股权结构安排包含两类具有不同投票权架构的设置。其中 A 类股每一股拥有一个表决权，也就是目前在股票市场中流通的普通股；B 类股一般按照比例，每一股拥有多个表决权，由公司创始人或管理层持有。AB 两类股票投票权规则的设置使公司创始人或管理层在拥有少量股份的情况下，依然可以掌握公司的控制权。

变相的双层股权结构在实践中采用的方式包括一致行动人协议、表决权委托以及有限合伙持股等。双层股权结构和变相的双层股权结构在实现方式、稳定性和资本市场接受程度上有所区别。

双层股权结构制度有助于企业创始人或管理层抵御恶意收购，鼓励管理层投入高度匹配的专用性人力资本，使管理层按照符合长期效率原则做出决策，但双层股权结构制度也在不同程度剥削了普通股股东的权利，使基于并购的外部公司治理监督机制失灵，过于依赖某个人或某个家族。

思考与练习

1. 有效资本市场假说的理论含义是什么？
2. 有效资本市场假说对于公司财务决策有什么影响？
3. 资本市场对于公司财务决策的影响体现在哪些方面？
4. 公司财务原则中，资本市场与公司财务的关系是什么？
5. 费雪分离定理在公司财务中的理论含义是什么？
6. 在资本市场中，什么公司适合应用双层股权结构？

第二章　企业与资本市场

📋 学习目标

(1) 认识资本的性质与构成;

(2) 学习资本的不同形态和资本概念的新发展;

(3) 了解资本市场的功能;

(4) 认识企业与资本市场的关系。

◀ 案例导读

企业与资本市场：京东的扩张之路

京东，作为中国电商行业的巨头之一，其发展历程充满了传奇色彩。从 1998 年刘强东在中关村创立京东公司开始，到如今的全球知名电商平台，京东的每一步都与资本市场密不可分，而京东的融资与上市过程，更是其发展历程中的重要里程碑。

京东的融资之路始于 2007 年的 A 轮融资，获得了今日资本的 1 000 万美元投资，京东规模开始迅速扩展。此后，京东在 B 轮、C 轮、D 轮和 E 轮分别获得了不同规模的投资，投资方包括今日资本、雄牛资本、凯鹏华盈中国基金、高瓴资本、红杉中国等知名投资机构。这些融资为京东的快速发展提供了充足的资金支持。2014 年，京东再次获得巨额融资，其中腾讯投资了 2.15 亿美元，成为京东的重要股东之一。这次融资不仅为京东带来了资金，更重要的是，它与腾讯达成了电商总体战略合作协议，将腾讯旗下的拍拍 C2C、QQ 网购等附属关联公司的注册资本、资产、业务转移予京东，为京东的快速发展提供了强有力的支持。

在资本市场的推动下，京东的业务规模不断扩大，品牌影响力不断提升。2014 年 5 月，京东集团在美国纳斯达克挂牌上市，成为中国电商行业赴美上市的第一股。上市当天，京东的市值达到了近 300 亿美元，成为仅次于腾讯、百度的中国第三大互联网上市公司。这次上市不仅为京东带来了大量的资金，更重要的是，它向国际市场展示了中国电商行业的实力和潜力。

除了在美国上市外，京东还在香港进行了二次上市。2020 年 6 月，京东在港交所挂牌上市，此次上市进一步拓宽了京东的融资渠道，并为其在亚洲市场的业务拓展提供了更多便利。

值得一提的是，京东在资本市场的创新尝试也不断涌现。例如，2023 年 2 月，京东仓储 REIT 在上海证券交易所上市，成为首只民企仓储物流 REIT，也是市场上首单由民营 500 强企业作为原始权益人申报的仓储物流类公募 REIT。这一创新融资方式不仅为京东的仓储物流业务提供了资金支持，也为资本市场支持平台经济和民营经济发展树立了积极的示范效应。

2.1　资本的性质、构成、形态及概念的新发展

2.1.1　资本的性质

古典经济学派代表亚当·斯密在其著名的《国富论》中提出："资本是人们为了生产而积蓄起来的财富，其按周转方式分为固定资本和流动资本；按形态分为工业资本、商业资本以及借贷资本。"D.格林沃尔德所编的《现代经济词典》中将资本解释为"资本是一家公司的总财富或总资产，不仅包括有形资产，而且包括商标、商誉和专利权等无形资产"。

资本具有二重属性，一是自然属性，二是社会属性。其自然属性是指资本一定要实现增值的问题，其社会属性是指资本归谁所有的问题。资本的存在是由其自然属性决定的，资本的社会属性也是由其自然属性决定的。资本的自然属性存在于资本的使用价值之中，属于生产要素方面的关系，是构成企业生产力的重要组成部分。资本的自然属性是通过资本本身的周转使资本得到增值，取得收益；而其社会属性则是为了通过资本的所有权获得资本收益的分配权。资本的自然属性决定了资本内在的逐利性，资本总是要向那些能够获得最高额利润的产业或产品集中；资本总是要通过竞争表现自己的活跃，并在社会经济生活中的各个领域都具有强大的渗透力；资本总是要通过形态的变化使自己规避风险，获得最大的收益；资本通常喜欢不断地扩张；等等。

除此之外，资本还具有以下特点：① 流动性。资本在运动中不断地改变形态，资本增值只能在运动中实现。② 风险性。由于外部环境变幻莫测，资本增值受环境影响具有不确定性。③ 多样性。资本可以以货币资本、实物资本和无形资本等多种形态存在。

2.1.2　资本的构成

在经济理论和实践中，人们对资本的理解可以分为三个层次。

第一个层次的理解认为，企业资本就是指企业的资本金，即投资者投入企业的资本，是开办企业的本钱，也就是企业在工商行政管理部门登记的注册资本。资本金按投资主体的不同，分为国家资本金、法人资本金、个人资本金和外商资本金等。投资者可以用货币、实物、无形资产等形式投入资本。企业可以采用吸收直接投资和发行股票等方式筹集资本金。企业对所筹集的资本，依法享有经营权，可以长期使用。在经营期内，投资者对其投

入企业的资本，可以依法转让，但不能任意抽回，这有利于企业的长期稳定经营。

任何一个企业，都要先有一定数额的自有资本金，才能向外界借款。因为在市场经济条件下，债权人往往要根据企业资本金的规模和生产经营状况来分析企业的偿债能力，以决定企业是否可以取得借款以及能够取得多少借款。企业有了一定数额的资本金，在充满风险的市场竞争中，就有了承担亏损的能力。从这个意义上来看，资本金是企业实现自主经营、自负盈亏、自我发展的前提条件。

第二个层次的理解认为，企业资本是指企业所有者(股东)权益，即不仅包括上述的资本金(实收资本)，而且还包括资本公积、盈余公积和未分配利润等。资本公积是一种资本储备形式，或者说是一种准资本。它主要是由投资者实际出资额超过其应缴付的资本金的差额、资本汇率折算差额、企业接受捐赠的实物资产、资产评估增值等途径形成。公司按规定可以将资本公积金转增股本，但其中接受捐赠的实物资产和资产评估的增值部分等不能转作资本。

盈余公积，是企业从税后利润中提取的积累资金。盈余公积金按其用途不同，又分为公益金和一般盈余公积两种。公益金主要用于集体福利设施，一般盈余公积可用于弥补亏损、分配股利、转增股本等。未分配利润是指企业尚未分配的净利润。它有两层含义：一是这部分利润尚未分配给企业投资者；二是这部分净利润未指定用途。未分配利润在未分配前可以由企业自主运用。企业经营得越好，经济效益越高，实现的利润越多，就能提取更多的盈余公积，分配更多的股利，产生更多的未分配利润，具有更大的抗风险能力，得以更快地发展。盈余公积和未分配利润都是企业实现的资本增值，可以作为资本加以运用。

第三个层次的理解认为，企业的资本不仅包括企业所有者权益，而且还包括借入资本。企业借入资本主要有以下几种来源：

(1) 从企业外部取得的各种借款，包括银行借款和发行债券借款。企业通过借款所获得的货币与企业资本金形成时获得的货币虽然来源不同，但在企业生产经营中发挥的作用是相同的，都可用于购买材料、设备、支付工资费用等。劳动者利用生产资料进行劳动，生产出产品，销售后收回货币，形成利润，实现增值。因此，企业借入的货币从其在生产经营中的作用来看，也是企业的资本。企业所有者权益是企业的自有资本，而企业借入的用于生产经营的货币则是企业的借入资本。

(2) 通过补偿贸易方式和融资租赁方式获得固定资本而形成的长期应付款。企业需要某种设备，除了可以用自有资本中的货币或借入的货币购买以外，还可以采用补偿贸易方式或融资租赁方式获得。当企业采用补偿贸易方式引进设备时，按照设备的价款以及国外运杂费的外币金额和规定汇率折合为人民币数额记账，企业一方面增加了固定资产，另一方面增加了"长期应付款"，这种应付款在设备投产后，按照合同用生产出来的产品分若干年作价偿还。企业通过融资租赁获得固定资产时，一方面增加了固定资产，另一方面增加了"长期应付款"(应付融资租赁费)。租赁的设备投入使用后，应付融资租赁费按合同规定分若干年支付。

(3) 其他各种应付款。企业在生产经营中会形成各种应付款，如应付票据、应付账款、预收账款、应付工资、应付福利费、应付股利、应交税费和其他应付款。企业的各种应付款是企业应付给有关单位、个人的货币，尚未支付而被企业暂时占用在生产经营之中，与企业的各种应收款有一定的对应关系。许多应付款的形成和偿还有一定的规律，其数额有一定的稳定性，在没有到偿还期之前，企业可以合理运用，因而可视为借入资本。企业的各种应付款在资产负债表的右上方，分为流动负债和长期负债两类。

对于资本构成的理解，这三个层次其实依次包含了资产负债表右边的负债和所有者权益两个栏目。我们赞同第三个层次的看法，即认为企业资本不仅包括自有资本，而且包括借入资本。自有资本也称权益资本，是企业资本运营的基础，是企业赖以自主经营、自负盈亏的本钱，也是企业获取借入资本的基本前提，因而企业首先必须具有一定规模的自有资本。借入资本也称负债资本或他人资本，企业合理使用借入资本，可以扩大企业的生产规模，提高自有资本的经营效益，但使用借入资本，必须按期还本付息，企业面临着财务风险。企业应该合理、巧妙地运用借入资本，既要提高经营效益，又要降低财务风险。

2.1.3　资本的形态

新建立的企业，最初从各方面筹集的资本，表现为货币资本、实物资本和无形资本等。企业投入生产经营以后，资本形态不断地发生变化，例如，货币资本转化为实物资本和无形资本，实物资本和无形资本再转化为货币资本。在资本运用过程中，还会出现对外投资和应收款等形式。

1. 货币资本

货币资本指处于货币形态的资本，包括企业的现金、银行存款和其他货币资金。其他货币资金包括企业的外埠存款、银行汇票存款、银行本票存款、信用卡存款、信用保证金存款等。

2. 实物资本

实物资本指表现为实物形态的各种资本，包括存货和固定资产。存货包括企业在库、在途、加工中的各种材料、商品、在产品、半成品、包装物、低值易耗品、分期收款发出商品、委托代销商品等，固定资产包括房屋、建筑物、机器设备、运输工具等。

3. 无形资本

无形资本指不具有实物形态的各种资本，具体包括企业拥有的专利权、非专利技术、商标权、著作权、土地使用权和商誉等各种无实物形态的资本。

4. 对外投资

对外投资指企业对外投出的各种股权性质和债权性质的投资，按期限长短可分为短期投资和长期投资。短期投资指企业购入能随时变现并且持有时间不准备超过一年(含一年)的投资，包括各种股票、债券等；长期投资指企业投出的期限在一年以上(不含一年)的各种股权性质的投资(包括购入的股票和其他股权)，以及企业购入的在一年内(不含一年)不能变现或不准备随时变现的债券和其他债权投资。

5. 应收款

应收款包括应收票据、应收账款、预付账款、应收股利、应收利息和其他应收款。企业应收款是企业的资本在经营过程中被其他有关单位、个人临时占用的部分。在资产负债表的左方，企业资本的各种形态(资产)，按其流动性由大到小排列，分为流动资产(包括货币资金、短期投资、各种应收款、预付账款、存货、待摊费用等)、长期投资(长期股权投资、长期债权投资)、固定资产(包括房屋、建筑物、机器、机械、运输工具以及在建工程等)、无形资产及其他资产(开办费、长期待摊费用等)。

2.1.4　资本概念的新发展

近年来，"资本"这个概念的内涵和外延都有了很大发展，资本概念还包括知识资本、人力资本和社会资本等。

1. 知识资本

知识资本是指企业所拥有的知识财产的价值，可以被看作是公司所拥有的全部股本或以知识为基础的资产净值。这样，知识资本可以看作是知识转换过程的最终结果，也可以看成转化为公司知识产权和智力资本的知识本身。知识产权具有明确的定义，它把产权权利赋予专利、商标和版权等具体财产中。在知识资本中，这些财产是在会计结账中被正式认可的唯一形式。而智力资产就是那些以知识为基础的项目，它们会在未来给拥有这些项目的公司产生源源不断的利益和优势，包括技术、管理和咨询程序，也可以包括专利化的知识产权。用知识的眼光来看待企业，企业的组织就被看成一个对知识进行整合的机构，生产中的关键投资和价值基本来源都是知识，人类的全部生产力都离不开知识，机器只不过是知识的体现而已。

2. 人力资本

人力资本是指存在于人体之中的具有经济价值的知识、技能和体力(健康状况)等质量因素之和。20 世纪 60 年代，美国经济学家舒尔茨和贝克尔首先创立了比较完整的人力资本理论，这一理论有两个核心观点：一是在经济增长中，人力资本的作用大于物质资本的作用；二是人力资本的核心是提高人口质量，教育投资是人力投资的主要部分。人力资本，比物质、货币等硬资本具有更大的增值空间，特别是在当今后工业时期和知识经济初期，人力资本将有着更大的增值潜力。作为"活资本"的人力资本，不仅具有创新性、创造性，而且具有有效配置资源、调整企业发展战略等市场应变能力。围绕人力资本进行投资，对GDP 的增长具有更高的贡献率。

3. 社会资本

社会资本是指个人或组织可以用来摄取稀缺资源并由此获益的社会交往和联系。尽管社会资本是无形的，而且其形式也各不相同，它还是有着自己的显著特征。其不同于实物资本、人力资本、金融资本等，主要表现在以下几方面：

(1) 社会资本具有公共物品的特性。这是社会资本与其他资本最基本的区别。社会资本更具有集体而不是个人的特性。虽然社会资本可以为个人所用，但这种资本形式并不完全受个人支配。社会资本不像金融资本那样容易转移，也不像人力资本那样具有流动性。

(2) 社会资本具有不可转让性或者说不可让渡性。每个人拥有的社会资本都是独特的。社会资本与拥有者共存，并有其适用范围。

(3) 利用得越多，社会资本价值就越大。不同于物质资本，社会资本不会由于使用而减少但会由于不使用而枯竭。它具有可再生性，是非短缺的，会由于不断消费和使用增加价值。

(4) 社会资本具有生产的不可模仿性。社会资本更多地表现为历史制度的沉淀，即人们共同遵守的行为准则、规范、情感等；它是社会大众或绝大多数人认可的价值观体系和文化资源，是一种"以人为本"的人文环境。它决定了社会资本的积累很难通过外部干预和主观努力而形成。

研究经验证明，社会资本能够减少不确定性和交易成本，提高交易效率，鼓励专业化，增加人力资本、物质资本和观念创新上的投资。社会资本决定了生产(制造)和摄取(拿走)之间的权衡。

2.2 资 本 市 场

资本市场是指筹措中长期资本的市场，是中长期资本需求与供给交易的总和。它既包括证券市场，也包括中长期信贷市场和非证券化的产权交易市场。证券市场包括发行市场和流通市场两部分，其各自的交易方式均不相同。在证券市场上，交易对象主要是股票债券、投资基金，它们的交易及运行机制各不相同。

资本市场的交易主体可以分为三类：一是资本的需求者，如股票和债券的发行企业、企业并购中的收购方等，它们都是想通过资本市场来吸收资本，以此来壮大自己的经营规模，发展自己的企业实力；二是资本的供给者，即通常我们所说的投资者，这些投资者都拥有可以转化为资本的各类经济资源，都在寻找可以实现尽可能大的资本增值的机会；三是资本交易的中介主体。在发达的市场经济中，存在着不同性质的资本交易的中介主体。资本市场的交易对象就是资本。根据资本的不同形态来划分，最普遍的划分方法是货币资本、金融资本和实物资本。在资本市场上，资本的形态也不断地随着交易过程和运动过程的进行而发生变化，资本的增值过程也就是在这个转化过程之中完成的。

2.2.1 资本市场的分类

1. 信贷市场

信贷市场主要是银行信贷市场。银行信贷可以分为商业银行信贷和政策性银行信贷。商业银行是依照商业银行法和公司法设立的吸收公众存款、发放贷款、办理结算等业务的企业法人，它以效益性、安全性、流动性为经营原则，实行自主经营、自担风险、自负盈亏、自我约束。商业银行对借款人的借款用途、偿还能力、还款方式等进行严格审查。借款人一般应提供担保，经商业银行审查、评估，确认借款人资信良好，确能偿还贷款的，可以不提供担保。而政策性银行是由财政注资，国家全资拥有的银行，贯彻国家产业政策。目前我国的政策性银行主要有中国国家开发银行、中国农业发展银行和中国进出口银行。国家开发银行的主要任务是根据国民经济的战略规划，利用各种现代金融工具筹集和引导境内外资金，集中力量支持对国民经济发展有重大影响的建设项目，促进国民经济持续、快速、健康发展。其贷款主要投向基础设施、基础产业和支柱产业的国家重点建设项目，发放基本建设贷款、技术改造贷款、外汇固定资产贷款和外汇流动资金贷款等。中国农业发展银行的主要任务是按照国家的法律、法规和方针、政策，以国家信用为基础，筹集农业政策性信贷资金，承担国家规定的农业政策性和经批准开办的涉农商业性金融业务，代理财政性支农资金的拨付，为农业和农村经济发展服务。中国进出口银行的主要任务是贯彻执行国家产业政策，对外经贸政策和金融政策，为扩大我国机电产品、成套设备、高新技术产品出口和促进对外经济技术合作与交流，提供政策性金融支持，发放出口卖方信贷、出口买方信贷、境外加工贸易贷款、境外投资贷款和境外承包工程项目贷款等。商业银行贷款和政策性银行贷款同属银行信贷融资，但其基础和目标有差别。商业银行贷款以商业信用为基础，而政策性银行贷款以国家信用为基础。商业银行作为自担风险、自负盈亏的企业法人，其贷款以效益性作为首要经营原则，努力提高盈利水平；而政策性银行信贷不以营利作为主要目标责任，其贷款利率、期限等与商业银行相比有较大的优惠，实行"保本微利"，保持一定的盈利水平。当前，我国银行要在继续防范和化解金融风险的同时，加大对经济发展的支持力度，优先为国债项目提供配套贷款，增加对有市场、有效益、有信誉企业的贷款，加大对农业和农村经济、中小企业和服务业的信贷支持。

2. 证券市场

证券市场交易的对象是各种有价证券，主要包括股票和债券两类。有价证券本身没有价值，但它是代表财产所有权的凭证，是一种虚拟资本，能为其持有者带来一定的收益，因而能在市场上买卖，且有价格。证券市场是证券发行和流通的场所，按证券种类主要分为股票市场和债券市场；按市场的功能可分为发行市场和流通市场。证券发行市场，又称为一级市场，是证券初次交易的市场，是通过发行证券进行融资活动的市场。它一方面为资本的需求者提供融资的渠道，另一方面为资本的供应者提供投资场所。发行市场是实现资本职能转化的场所，通过发行股票、债券，把社会闲散资金转化为生产资本。

证券发行市场由发行者(融资者)、购买者(投资者)和承销商组成。融资者可以是企业、金融机构，也可以是国家政府等。投资者可以是机构法人，也可以是社会公众(自然人)。承销商是在证券市场上协助融资者将证券销售给投资者的中介机构，承销商由证券公司或投资银行担任。证券流通市场，又称为二级市场，是已发行证券进行转让的市场。它一方面为证券持有者提供随机变现的机会，另一方面又为新的投资者提供投资机会。与发行市场的一次性行为不同，在流通市场上证券可不断地进行交易。发行市场是流通市场的基础和前提，流通市场又是发行得以存在和发展的条件。没有发行市场，流通市场就成为无源之水，无本之木。发行市场的规模决定了流通市场的规模，影响着流通市场的交易价格。在一定时期内，发行市场规模过小，会使流通市场供不应求，证券价格过高；发行规模过大，证券供过于求，对流通市场形成压力，使证券价格低落，市场低迷，反过来影响发行市场的融资。可见，发行市场和流通市场是相互依存、互为补充的整体。根据市场的组织形式，证券流通市场又可进一步分为场内交易市场和场外交易市场。

证券场内交易市场是证券集中交易的场所，如我国的上海证券交易所和深圳证券交易所。我国的证券交易所是根据国家的有关法规注册登记，经政府批准设立的，有严密的组织、严格的管理工作，有进行集中交易的固定场所。在证券交易所内买卖证券所形成的市场，就是场内交易市场。证券交易所作为证券交易的组织者，本身不参加证券的买空卖空和价格的决定，只是为证券买卖双方创造条件，提供服务，并进行监督。证券场外交易市场是在证券交易所以外的各证券经营机构的柜台上进行的证券交易市场，也叫柜台交易市场。在柜台交易市场中，证券经营机构既是交易的组织者，又是交易的参与者。目前，我国债券流通市场由三部分组成，即沪、深证券交易所市场、银行间交易市场和证券经营机构柜台交易市场。由于柜台交易市场非常分散，因此不便于投资者及时掌握时刻变动的证券交易行情。20 世纪 60 年代末以来，一些国家利用电子计算机系统将全国各地的柜台交易市场连接起来，建立全国范围的自动报价系统，如美国的全国证券交易商协会自动报价系统(NASDAQ)。

3. 产权市场

产权市场是产权有偿转让的场所或领域。产权是指法定主体建立在财产所有权基础上的、对构成企业生产经营要素的财产所依法享有占有、使用、收益和处分的权利。产权转让是指两个以上的法定主体之间所发生的财产所有权及其派生的占有权、使用权、收益权和处分权等各项权能的部分或全部有偿转让的法律行为。所谓有偿转让，是指按照市场机制，运用经济方式，通过市场交易进行的转让。产权转让可以是财产所有权及其派生的四项权能一起转让，也可以是在财产所有权不变的条件下，其他四项权能一起转让，即经营权的转让，还可以是在财产所有权不变的条件下，其他四项权能的部分转让，如只转让使用权等。产权市场概念有广义和狭义的理解之分。从广义来看，产权市场包括证券化的产权市场(股票市场)和非证券化的产权市场，但在一般情况下，人们往往从狭义看，把产权市场理解为非证券化的产权交易市场。我国的产权交易市场萌芽于 20 世纪 80 年代末，经过 30 多年的发展，截至 2024 年，全国大部分省市已建立了有形的产权交易市场，形成了省级/副省级、地市级、县级的三级市场体系，不同规模的产权交易所(中心)已达 300 多家。产权交易市场的功能在于沟通产权卖方和买方的联系，使产权交易顺利进行。产权交易通过企业收购、兼并、拍卖和租赁等方式进行。产权交易从形式上看是一种权利的转让，从实质上看则是一种生产要素的转移与重组。发育健全和完善的产权交易市场，有利于增强企业之间的联系和信息交流，推动生产要素合理流动，搞好资产重组，盘活存量资产，促进资源优化配置和企业规模效益提高。

4. 投资银行

1) 投资银行的定义

投资银行是最典型的投资性金融机构。一般认为，投资银行是在资本市场上为企业发行债券、股票，筹集长期资金提供中介服务的金融机构，主要从事证券承销、公司并购与资产重组、公司理财、基金管理等业务。其基本特征是综合经营资本市场业务。美国著名金融专家罗伯特·库恩(Robert Kuhun)依照业务经营范围大小，对投资银行给出了四个层次的不同定义：

(1) 广义投资银行：指任何经营华尔街金融业务的金融机构，业务包括证券、国际海上保险以及不动产投资等绝大多数金融活动。

(2) 较广义投资银行：指经营全部资本市场业务的金融机构，业务包括证券承销与经纪、企业融资、兼并收购、咨询服务、资产管理、创业资本等，与第一个定义相比，不包括不动产经纪、保险和抵押业务。

(3) 较狭义投资银行：指经营部分资本市场业务的金融机构，业务包括证券承销与经纪、企业融资、兼并收购等，与第二个定义相比，不包括创业资本、基金管理和风险管理工具等创新业务。

(4) 狭义投资银行：仅限于从事一级市场证券承销和资本筹措、二级市场证券交易和经纪业务的金融机构。

投资银行在各国的称谓不尽相同，在美国称投资银行，在英国称商人银行，在法国称实业银行，在我国称证券公司。

2) 投资银行的业务

投资银行是以证券承销(以及在承销基础上的证券经纪业务)为本源，其他的投资银行业务都是在这一业务的基础上形成和发展起来的。投资银行的业务主要有以下几项：

(1) 证券承销。证券发行市场是由证券的发行者(发行主体)、认购者(投资主体)和承销者三方构成的。承销者是指联系发行主体和投资主体的金融中介机构，它们本身并不从事投资业务，仅仅是协助政府或企业发行证券，并帮助投资者获得这些证券。投资银行从事证券承销业务，其承销过程包括：① 投资银行对证券发行者提供发行证券种类、时间和条件等方面的建议；② 当证券发行申请经国家证券管理机关批准后，投资银行与证券发行者签订证券承销协议；③ 协议签订后，投资银行组织销售网络，将证券销售给广大社会公众。投资银行承销证券获得的报酬有两种：一种是差价，即承销商支付给证券发行者的价格与承销商向社会公众出售证券的价格之间的差价；另一种是佣金，按发行证券金额的一定百分比计算。

(2) 证券交易。投资银行的证券交易活动包括：① 在证券承销之后，投资银行要为该证券创造一个流动性较强的二级市场，并尽量使该证券的市场价格稳定一个时期；② 投资银行接受客户(证券的买方或卖方)的委托，按照客户的指令，促使证券买卖双方达成交易，并据此收取一定的公积金；③ 投资银行利用本身拥有的大量资产和接受客户委托管理的资产进行证券交易，通过买入和管理证券组合并卖出证券获得投资收益。

(3) 私募发行。前面所说的证券承销，实际上就是证券的公募发行。私募发行是将证券配售给少数特定的投资者。其发行的对象主要有两类：一类是个人投资者，如公司的股东、职工和重要客户等；另一类是机构投资者，如大的金融机构或与发行者有密切业务往来的企业等。证券私募发行者一般是一些风险较大的新企业、小企业以及投机性的公司。投资银行在证券私募发行方面的作用主要是：① 与证券发行者、投资者共同商讨证券的种类、定价和条件等事宜；② 为证券发行者寻找合适的机构投资者，并按优劣排列顺序，供发行者选择；③ 充当证券发行者的顾问，提供咨询服务。投资银行办理上述证券私募发行业务，一般按私募证券金额的一定比例收取报酬。

(4) 企业兼并与收购。企业并购是企业产权交易的重要内容，投资银行在企业产权交易双方(买方和卖方)中充当中介，为企业并购双方提供服务。投资银行参与企业并购的主要方式是：① 寻找兼并与收购的对象；② 向并购者和被并购者提供买卖价格或非价格条款的咨询；③ 帮助并购者采取行动抵御恶意性吞并企图；④ 帮助并购者筹措必要的资金，以实现并购计划。投资银行在企业兼并收购方面发挥很大作用，企业兼并、收购业务为投资银行带来巨额收益，已成为投资银行的一项主要业务活动。投资银行办理企业兼并收购业务应收取的报酬(咨询费或聘请费)根据并购交易金额大小、交易的复杂程度、投资银行提供服务的水平等因素决定。

(5) 基金管理。基金是一种大众化的投资方式，它由基金发起者通过发售基金份额，吸收许多投资者的资金形成基金，聘请有专业知识和投资经验的专家，运用基金进行证券组合投资，定期将收益按投资受益凭证分配给投资者。它在美国称为"共同基金"，在英国称为"单位信托基金"，在日本称为"证券投资信托基金"。投资银行在基金管理方面的业务包括：① 投资银行可以作为基金发起者发起和建立基金，并管理自己建立的基金；② 投资银行可以作为承销者，帮助其他基金发起者向投资者发售投资受益凭证，也可以接受基金发起者的委托，帮助其管理基金，从基金发起者处获得一定报酬。

(6) 风险投资。风险投资即创业投资，是指为新兴公司在创业期和拓展期融通的资金。新兴公司运用新技术生产新产品，其市场潜力大，预期利润很高，但风险也很大，很难从商业银行获得贷款，也不能公开发行股票融资。而投资银行的风险资本业务能够帮助新兴公司解决困难，其办法是：① 投资银行向新兴公司投资，成为新兴公司的股东。有些投资银行设有风险基金或创业基金，用于向新兴公司提供创业资本。② 通过私募发行证券(股票)为新兴公司筹集资本。投资银行为新兴公司私募发行证券时，常用其风险基金购买证券，由于新兴公司风险很大，因而投资银行往往要求证券发行者支付很高的私募发行报酬。投资银行还要求证券发行者提供认股权证，一般规定在私募后 5 年内，投资银行有权按私募发行价的 120%购买该公司发行的股票，并上市交易。这类股票上市后，市价将会成倍地上涨，这时，投资银行就可以用较低的价格购买到市价很高的股票，从而获得巨额利润。如果该公司经营不善，股票价格低，投资者就可以不使用认股权证。此外，投资银行还有项目融资、衍生产品、租赁、咨询服务、现金管理、证券保管与抵押等业务。

2.2.2 资本市场的功能

经济发达的国家都有着成熟和完善的资本市场，资本市场是市场经济的有机组成部分。从总体上讲，资本市场通过资本的交易来对社会经济资源进行优化配置。它通过对货币资本、金融性资本和实物资本的运营，把社会资本配置到效率最高的地方去。由于在市场经济中，资本是社会经济资源的主要成分之一，因此资本市场的资源配置功能是非常强大的。在我国的现阶段，市场经济建设过程中的资本市场除一般的资源配置功能以外，还承担着推进经济体制改革，特别是国有企业改革的重任。因此，讨论我国的资本市场又必须看到它特别的一面。具体来说，资本市场有以下功能：

1. 融资功能

融通和筹集资金是资本市场最基本的功能。从历史上看，资本市场最初的产生，就是为了满足企业和政府筹集资金的需要，因此，融资功能是资本市场最原始也是最基础的功能。资本市场可以把公司的股权和债权证券化，成为股票和债券。

2. 投资功能

证券化了的资本可以更好地流通，这也使得资本的社会化和公众化极大地发展起来，公众可以通过证券市场参与投资，购买公司的股票(债券)，成为公司的股东(债权人)。资本市场在拓宽了公司融资渠道的同时，也培养出大批的投资者，催生出各种流派的投资理论和方法，主流的包括以巴菲特为代表的"价值投资"派，以戴若·顾比为代表的"趋势交易"派等。

3. 定价功能

一般来说，如果市场是竞争性的，则它所进行的资源配置就是有效率的，也可以说市场上的供求关系确定的资源价格反映了它的稀缺性。商品市场为其交易对象确定了市场价值，同样，资本市场也为资本确定了相应的市场价值。由于资本市场中交易对象的收益大多与其面临的风险大小有关，因此这样的定价过程也被称为风险定价。在现实生活中，不可能有一个万能的或相应的机构能够对不断变动的市场风险和相应的资本价格给出准确的答案，而资本市场就提供了这个功能，在无数的市场参与者的共同活动中，资本的价格以一种几乎自然的方式被决定了下来。

4. 分散风险功能

资本社会化和公众化的过程，使企业在实现直接融资的同时，也将风险分散出去了，就不会将风险集中到创业者身上，也不会集中在银行这类提供间接融资的传统金融机构。同时，对于投资者而言，资本的流动性也为风险的规避提供了便利。

5. 优化资源配置功能

首先，资本市场可以运用其多样化的交易工具，为交易者提供极大的便利。通过它的竞争机制、价格机制、风险机制等将社会资本配置到最适宜的地方去，即把增量资本向经济效益好的或新兴的朝阳产业输送，不断促进这些优秀产业或企业的发展壮大。其次，借助于资本市场中的证券市场和实物资本市场，资本运营的参与者又可以对社会存量资本进行有效配置。无论是通过证券市场还是直接进行资产收购和兼并，社会各行业、各企业之间的资产规模会发生变化，从而形成适合不同经济效益要求的横向兼并、纵向兼并和混合兼并活动。这样就从整体上优化了国民经济的整体经济效益。

6. 促进企业改制功能

在我国现阶段大力发展资本市场有助于推进企业体制的改革。当前我国的国有企业改革出现了许多困难，国有企业的产权结构和内部治理结构不合理是其根本原因。从现代企业理论来看，融资结构不合理又是导致产权结构不合理和内部治理结构不合理的主要原因之一。发展资本市场可以对企业体制的改革起到积极推进的作用：一方面，它可以加快国有企业的公司制改造，这是国有企业进入资本市场的先决条件，它必须根据《公司法》的要求来进行规范的公司制改造。在这样的基础上，通过在资本市场上吸收资本，则相应地就会引起企业的产权结构和内部治理结构的变化。另一方面，它可以通过资本流动机制促进国有企业的战略性改组，在资本市场上，等量资本拥有等量的权利，因此当前我国国有企业的战略性改组完全可以由资本市场来决定其走向，这为国有资产进行合理布局提供了相应的资本流动机制。

2.3 企业与资本市场

2.3.1 企业与资本市场的关系

1. 资本市场是企业投资和融资的场所

资本市场上有许多筹集资金的方式，并且比较灵活。企业需要资金时，可以到资本市场选择适合自己需要的方式融资。企业有了剩余的资金，也可以灵活选择投资方式，为其资金寻找出路。

2. 企业通过资本市场获取流动性

企业持有的股票和债券是长期投资，在资本市场上随时可以转手变现，成为流动资金；远期票据通过贴现，可以变为现金；大额可转让定期存单，可以在资本市场卖出，成为短期资金。与此相反，短期资金也可以在资本市场上转变为股票、债券等长期资产。

3. 资本市场为企业理财提供有意义的信息

资本市场的利率变动，反映资金的供求状况；有价证券市场的行市反映投资人对企业的经营状况和盈利水平的评价。它们是企业经营和投资的重要依据。

2.3.2 资本市场上利率的决定因素

在资本市场上，利率是资金使用权的价格。一般来说，资本市场上资金的购买价格，可用下面的公式表示：

$$利率 = 纯粹利率 + 通货膨胀附加率 + 风险附加率$$

1. 纯粹利率

纯粹利率是指无通货膨胀、无风险情况下的平均利率。例如，在没有通货膨胀时，国库券的利率可以视为纯粹利率。纯粹利率的高低，受平均利润率、资金供求关系和国家调节的影响。

首先，利息是利润的一部分，所以利息率依存利润率，并受平均利润率的制约。一般来说，利息率随平均利润率的提高而提高。利息率的最高限不能超过平均利润率。否则，企业无利可图，不会借入款项；利息率的最低界限大于零，不能等于或小于零，否则提供资金的人不会拿出资金。至于利息率占平均利润率的比重，则取决于金融业和工商业之间的博弈结果。

其次，在平均利润率不变的情况下，金融市场上的供求关系决定市场利率水平。在经济高涨时，资金需求量上升，若供应量不变则利率上升；在经济衰退时正好相反。

最后，政府为防止经济过热，通过中央银行减少货币供应量，则资金供应减少，利率上升；政府为刺激经济发展，增加货币发行，则情况相反。

2. 通货膨胀附加率

通货膨胀使货币贬值，投资者的真实报酬下降。因此投资者在把资金交给借款人时，会在纯粹利息率的水平上再加上通货膨胀附加率，以弥补通货膨胀造成的购买力损失。因此，每次发行国库券的利息率随预期的通货膨胀率变化，它近似等于纯粹利息率加预期通货膨胀率。

3. 风险附加率

投资者除了关心通货膨胀率以外，还关心资金使用者能否保证他们收回本金并取得一定的收益。这种风险越大，投资人要求的收益率越高。实证研究表明，公司长期债券的风险大于国库券，要求的收益率也高于国库券；普通股票的风险大于公司债券，要求的收益率也高于公司债券；小公司普通股票的风险大于大公司普通股票，要求的收益率也大于大公司普通股票。风险越大，要求的收益率也越高，风险和收益之间存在对应关系。风险附加率是投资者要求的除纯粹利率和通货膨胀之外的风险补偿。

2.3.3 经济环境对资本市场与企业的影响

经济环境是指影响资本市场与企业进行财务活动的宏观经济状况。

1. 经济发展

经济发展的速度，对企业理财有重大影响。近几年，我国经济增长比较快。企业为了跟上这种发展并在其行业中维持它的地位，至少要有同样的增长速度。企业要相应增加厂房、机器、存货、工人、专业人员等。这种增长，需要大规模地筹集资金，需要借入巨额款项或增发股票。

经济发展的波动，即有时繁荣有时衰退，对企业理财有极大影响。这种波动，最先影响的是企业销售额。销售额下降会阻碍企业现金的流转，如企业产成品积压不能变现，需要融资以维持运营。销售增加会引起企业经营失调，如企业存货枯竭，需融资以扩大经营规模。财务人员对这种波动要有所准备，筹措并分配足够的资金，用以调整生产经营。

2. 通货膨胀

通货膨胀不仅对消费者不利，也给企业理财带来很大困难。企业面对通货膨胀，为了实现期望的报酬率，必须加强收入和成本管理。同时使用套期保值等办法减少损失，如提前购买设备和存货、买进现货卖出期货等。

3. 利息率波动

银行贷款利率的波动，以及与此相关的股票和债券价格的波动，既给企业以机会，也是对企业的挑战。

在为过剩资金选择投资方案时，利用这种机会可以获得营业以外的额外收益。例如，在购入长期债券后，由于市场利率下降，按固定利率计息的债券价格上涨，企业可以出售债券获得较预期更多的现金流入。当然，如果出现相反的情况，企业会蒙受损失。

在选择融资来源时，情况与此类似。在预期利率将持续上升时，以当前较低的利率发行长期债券，可以节省资本成本。当然，如果后来事实上利率下降了，企业要承担比市场利率更高的资本成本。

4. 政府的经济政策

我国政府具有较强的调控宏观经济的职能，国民经济的发展规划、国家的产业政策、经济体制改革的措施、政府的行政法规等对企业的财务活动都有重大影响。

国家对某些地区、行业、经济行为的优惠、鼓励和倾斜构成政府政策的主要内容。从反面来看，政府政策也是对另外一些地区、行业和经济行为的限制。企业在财务决策时，要认真研究政府政策，按照政策导向行事，才能扬长避短。

问题的复杂性在于政府政策会因经济状况的变化而调整。企业在财务决策时为这种变化留有余地，甚至预见其变化的趋势，对企业理财大有好处。

5. 竞争

竞争广泛存在于市场经济之中，任何企业都不可回避。企业之间、各产品之间、现有产品和新产品之间的竞争，涉及设备、技术、人才、营销、管理等各个方面。竞争能促使企业用更好的方法来生产更好的产品，对经济发展起推动作用。但对企业来说，竞争既是机会，也是威胁。为了改善竞争地位，企业往往需要大规模投资，成功之后企业盈利增加，但若投资失败则竞争地位更为不利。

竞争是"商业战争"，检验了企业的综合实力，经济增长、通货膨胀和利率波动带来的财务问题，以及企业的相应对策都会在竞争中体现出来。

本 章 小 结

本章主要介绍了企业与资本市场相关内容。

首先，本章介绍了资本的性质与构成并对资本概念的新发展进行阐述。资本具有二重属性，一是自然属性；二是社会属性。其自然属性是指资本一定要实现增值的问题，其社会属性是指资本归谁所有的问题。资本具有以下特点：① 流动性。资本在运动中不断地改变形态，资本增值只能在运动中实现。② 风险性。由于外部环境变幻莫测，资本增值受环境影响具有不确定性。③ 多样性。资本可以以货币资本、实物资本和无形资本等多种形态存在。企业的资本不仅包括企业所有者权益，而且还包括借入资本。企业借入资本主要有以下几种来源：① 从企业外部取得的各种借款；② 通过补偿贸易方式和融资租赁方式获得固定资本而形成的长期应付款；③ 其他各种应付款。资本表现为货币资本、实物资本和无形资本、对外投资、应收款等。近年来，"资本"这个概念的内涵和外延都有了很大发展，资本概念还包括知识资本、人力资本和社会资本等。知识资本是指企业所拥有的知识财产的价值，可以被看作是公司所拥有的全部股本或以知识为基础的资产净值。人力资本是指存在于人体之中的具有经济价值的知识、技能和体力(健康状况)等质量因素之和。社会资本是指个人或组织可以用来摄取稀缺资源并由此获益的社会交往和联系。

其次，本章还介绍了资本市场的分类与功能。资本市场是指筹措中长期资本的市场，交易主体可以分为三类：一是资本的需求者，如股票和债券的发行企业、企业并购中的收购方等；二是资本的供给者，即通常我们所说的投资者；三是资本交易的中介主体。资本市场包括信贷市场、证券市场、产权市场和投资银行。从总体上讲，资本市场通过资本的交易来对社会经济资源进行优化配置。它通过对货币资本、金融性资本和实物资本的运营，把社会资本配置到效率最高的地方去。资本市场有以下功能：融资功能、投资功能、定价功能、分散风险功能、优化资源配置功能和促进企业改制功能。

最后，本章探讨了企业与资本市场的关系和影响因素。企业与资本市场的关系有以下几种：① 资本市场是企业投资和融资的场所；② 企业通过资本市场获取流动性；③ 资本市场为企业理财提供有意义的信息。在资本市场上，利率是资金使用权的价格。利率由纯粹利率、通货膨胀附加率、风险附加率构成。经济环境通过经济发展、通货膨胀、利息率波动、政府的经济政策、竞争方面对资本市场和企业产生影响。

思考与练习

1. 资本在公司财务中的作用是什么？
2. 如何看待知识资本、人力资本和社会资本等资本新概念在公司财务中的作用？
3. 从公司财务角度来看，资本市场的功能体现在哪些方面？
4. 在经济环境中，资本市场与企业的关系是什么？

第三章 公司的长期投资战略

学习目标

(1) 学习风险与收益的衡量；
(2) 熟悉风险与收益的关系；
(3) 学习风险收益模型的理论含义及应用；
(4) 熟悉公司的长期投资战略。

案例导读

亚马逊与伯克希尔·哈撒韦的风险管理策略

在商业世界中，平衡风险和收益是一个至关重要的挑战。许多公司通过精心策划和实施风险管理策略，成功地平衡了风险和收益，实现了长期稳定的发展。

亚马逊是一家全球性的在线零售巨头，通过采用多元化的业务模式和不断拓展新市场，成功地平衡了风险和收益。该公司不仅在电子商务领域保持领先地位，还通过 AWS 云计算服务、Alexa 智能语音助手等创新业务拓展了新的增长点。

AWS 云计算服务作为亚马逊的一项重要创新业务，已经成为全球市场份额最大的云计算服务提供商之一。通过提供稳定、高效、安全的云计算基础设施和服务，AWS 已经吸引了数百万的企业和开发者使用其平台，从而推动了云计算的普及和发展。

Alexa 智能语音助手作为亚马逊的一项具有影响力的创新业务，也已经在智能家居、智能车载等领域得到了广泛应用。通过语音交互的方式，Alexa 可以帮助用户完成各种任务，如播放音乐、查询信息、设定提醒等，极大地提升了用户的生活便利性。这种多元化战略使亚马逊能够在不同的市场环境中保持稳定的收益，同时降低单一业务风险对整体业绩的影响。

伯克希尔·哈撒韦公司是一家多元化的投资控股公司，由沃伦·巴菲特领导。该公司通过长期持有优质股票、收购和整合企业等方式实现增长，同时注重风险管理。

首先，通过多元化投资，伯克希尔·哈撒韦公司可以将资金分配到不同的行业和领域，从而降低单一行业的风险。在投资决策时，伯克希尔·哈撒韦公司会对各个行业和领域进行深入的研究和分析，以确定其潜在的风险和回报。该公司通常会选择具有长期增长潜力和竞争优势的行业与领域进行投资，并注重保持足够的多元化以降低整体风险。这种分散投资的策略使得公司在不同的经济环境下都能够保持稳定的收益和增长。

其次，伯克希尔·哈撒韦公司注重选择具有强大内在价值和良好管理层的企业进行投资，这样的企业能够在经济波动时保持稳定的经营和盈利能力，从而降低投资风险。

再次，伯克希尔·哈撒韦公司还通过收购具有协同效应的企业来降低风险。这些企业之间可以相互提供支持和资源共享，这意味着被收购的企业可以利用伯克希尔·哈撒韦公司的资源和基础设施，如技术、生产线、销售渠道等，以降低自身的运营成本和提高效率。这种资源共享可以帮助被收购的企业快速融入伯克希尔·哈撒韦公司的体系，并为其带来更多的商业机会，从而提高整体运营效率和抗风险能力。

最后，伯克希尔·哈撒韦公司还拥有一支专业的投资团队，他们具有丰富的经验和专业知识，能够准确评估企业的价值和风险，为公司的投资决策提供有力支持。

巴菲特经常强调"安全边际"原则，即以低于企业实际价值的价格购买股票或资产，以降低投资风险。这种策略使伯克希尔·哈撒韦公司在不同的市场环境下都能保持稳定的收益和增长。

资产组合的风险和收益关系是投资者在进行资产配置时必须考虑的重要因素。通过合理配置不同类别的资产，投资者可以平衡风险和收益，从而实现长期稳定的投资回报。在风险与收益的权衡中，企业需要具备前瞻性的战略视野和灵活的决策能力，以应对全球经济的不确定性和挑战。

3.1　投资的风险与收益

3.1.1　单项资产的风险与收益

从财务学的角度来说，风险是指资产未来实际收益相对预期收益变动的可能性和变动幅度。

在风险管理中，通常根据风险的不同特征进行分类。按风险能否分散，风险分为系统风险和非系统风险；按来源，风险分为经营风险和财务风险。

1. 系统风险和非系统风险

系统风险，又称市场风险、不可分散风险，是指由于政治、经济及社会环境等企业外部某些因素的不确定性而产生的风险，如通货膨胀、利率和汇率波动、国家宏观经济政策变化、战争冲突、政权更迭、所有制改造等。

系统风险的特点是由综合的因素导致的，这些因素是个别公司或投资者无法通过多样化投资予以分散的。

非系统风险，又称公司特有风险、可分散风险，是指由于经营失误、消费者偏好改变、劳资纠纷、工人罢工、新产品试制失败等因素影响所产生的个别公司的风险。

非系统风险的特点是它只发生在个别公司中，由单个的特殊因素所引起。由于这些因素的发生是随机的，因此可以通过多样化投资来分散。也就是说，发生于某一公司的不利因素可以被其他公司的有利因素所抵消。

2. 经营风险和财务风险

经营风险是指经营行为(生产经营和投资活动)给公司收益带来的不确定性。通常用息税前利润的变动(标准差、经营杠杆等指标)描述经营风险的大小。

这种风险是企业商业活动中固有的风险，主要来自客观经济环境的不确定性，如经济形势和经营环境的变化、市场供求和价格的变化、税收政策和金融政策的调整等外部因素，以及公司自身技术装备、产品结构、成本水平、研发能力等因素的变化等。

财务风险一般是指举债经营给公司收益带来的不确定性。通常用股东权益收益率(ROE)或每股收益(EPS)的变动(标准差、财务杠杆等指标)描述财务风险的大小。

这种风险主要来源于利率、汇率变化的不确定性以及公司负债比重的大小。如果公司的经营收入到期不足以偿付利息和本金，就会使公司陷入财务危机，甚至导致公司破产。

3.1.2　风险的衡量

1. 概率及其分布

未来收益具有不确定性的资产叫风险资产。

表 3-1 中列出了四种概率分布，它们一一对应于四种投资方案，其中政府债券的收益是确定的，即不论经济状况如何，它都有 8%的收益，因此，政府债券具有零风险。与此不同，其他三种投资方案的收益不能在事先确切得知，因而被定为风险投资。

表 3-1　四种待选投资方案

经济环境	发生概率	投资收益率/%			
		政府债券	公司债券	股票 X	股票 Y
萧条	0.2	8	12	−6	−7
一般	0.5	8	9	12	15
繁荣	0.3	8	7	25	30
合计	1	—	—	—	—

表 3-1 中，根据三种不同的经济环境分别假设了四种资产的各种收益水平，并将影响收益水平变化的其他因素都舍弃。

2. 期望收益率

根据资产未来收益水平的概率分布确定其期望收益率，是一种最基本的衡量方法。这种方法的假设条件是：某种资产未来收益的变化服从其历史上实际收益的大致概率分布。根据统计学中的大数定理，某项资产的期望收益率就是其未来各种可能收益率的均值。其计算公式为

$$E(R) = \sum_{i=1}^{n} R_i P_i \qquad (3-1)$$

式中：$E(R)$代表期望收益率；R_i是在第 i 种可能情况下的收益率；P_i是第 i 种可能情况出现

的概率；n 是可能情况的个数。

根据表 3-1 的资料，投资于股票 Y 的期望收益率为

$$E(R) = (-7\%) \times 20\% + 15\% \times 50\% + 30\% \times 30\% = 15.1\%$$

3. 方差、标准差与标准离差率

概率分布的离散程度或随机变量取值区间的大小，在概率论中通常用随机变量的方差来表示。

方差指概率分布相对于其期望值的离散程度。离散程度越大，随机变量的方差就越大，投资的风险也就越大；反之亦然。离散型概率分布的方差(σ)可用下列公式计算：

$$\sigma^2 = \sum_{i=1}^{n} [R_i - E(R)]^2 P_i \tag{3-2}$$

根据表 3-1 的资料，股票 Y 的方差可计算如下：

$$\sigma^2 = (-7\% - 15.1\%)^2 \times 20\% + (15\% - 15.1\%)^2 \times 50\% + (30\% - 15.1\%)^2 \times 30\%$$
$$= 0.016\,429$$

为便于理解，通常用标准差代替方差来度量各可能值相对于期望值的离散程度，标准差用 σ 表示，即

$$\sigma = \sqrt{\sigma^2} \tag{3-3}$$

上例中，股票 Y 的标准差为

$$\sigma = \sqrt{0.016\,429} \approx 12.82\%$$

在一般情况下，期望收益率较高的投资方案比期望收益率较低的方案具有更大的标准差。为了说明标准差在度量期望收益率不同的投资项目风险时的确切含义，应将标准差标准化，以便度量单位收益的风险，这一目的可借助标准离差率(CV)来实现。

标准离差率是指标准差与期望收益率之比，其计算公式为

$$CV = \frac{\sigma}{E(R)} \tag{3-4}$$

上例中股票 Y 的标准离差率为

$$CV = \frac{12.82\%}{15.1\%} \approx 84.90\%$$

将前述四个投资方案的期望收益率、标准差和标准离差率汇总见表 3-2。

表 3-2　各投资方案的期望收益率或风险

期望收益率或风险	政府债券	公司债券	股票 X	股票 Y
期望收益率	8%	9%	12.3%	15.1%
标准差	0	1.73%	10.74%	12.82%
标准离差率	0	19.22%	87.32%	84.90%

根据表 3-2 中的数据，如果按标准差的顺序衡量各方案的风险程度，其顺序为政府债券、公司债券、股票 X、股票 Y；如果按标准离差率排列，则其顺序为政府债券、公司债

券、股票 Y、股票 X，即股票 Y 和股票 X 顺序换位。在这种情况下，一般认为按标准离差率进行排列较为准确。这是因为股票 X 的标准离差率大于股票 Y 的标准离差率，即股票 X 的单位收益率风险高于股票 Y，所以可以认为，尽管股票 Y 的标准差较大，但其风险小于股票 X。在四个备选方案中，股票 X 可以被股票 Y 淘汰，但其余三个方案却不易进一步筛选。

理论上，这一筛选过程应当以投资者对风险的态度为标准。例如，股票 Y 的收益率较高，风险小于股票 X，但大于另两个方案，仍有发生亏损的可能性，如果投资者不愿出现任何亏损，则股票 Y 就会被淘汰。除此之外，投资决策者还必须考虑收益率估计值的可靠程度，是否所有四个方案的概率分布都具有同等的可信度等。

4. 正态分布

概率分布可以是离散的，也可以是连续型的。对于离散型概率分布，其可能的结果数目有限。表 3-1 所列出的概率分布都是离散型的。对于连续型概率分布，其可能结果的数目较多。在资产收益评估中，把普通股的收益率的概率分布假设为连续型概率分布更符合实际，这是因为普通股的可能收益从大的损失到大的收入之间的任何数字都是可能的。为讨论方便，在这里假设所讨论的收益率的概率分布是正态(连续)分布。正态分布的密度函数是对称的，并呈钟形，如图 3-1 所示。

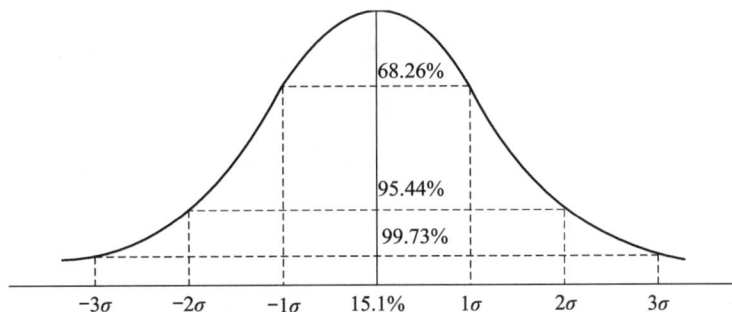

图 3-1　正态分布的密度函数

在正态分布情况下，收益率围绕其平均数左右 1 个标准差区域内波动的概率为 68.26%；收益率围绕其平均数左右 2 个标准差区域内波动的概率为 95.44%；收益率围绕其平均数左右 3 个标准差区域内波动的概率为 99.73%。

假设表 3-2 中股票 Y 的投资收益率为正态分布的随机变量，则其投资收益率有 68.26% 的可能性在 15.1% ± 12.82% 的范围内，有 95.44% 的可能性在 15.1% ± 2 × 12.82% 之间，有 99.73% 的可能性在 15.1% ± 3 × 12.82% 之间。

正态分布的一个重要特点是它用两个参数(期望值和标准差)就确定了分布的全部性质，这给利用这一函数分析问题带来了很大的方便。标准化的正态变量 Z 可按下式计算：

$$Z = \frac{X - E(R)}{\sigma} \tag{3-5}$$

式中：X 表示随机变量(收益率)；Z 表示 X 偏离期望收益率的标准差的个数。

假设表 3-2 中股票 Y 的收益率为正态分布的随机变量，期望值为 15.1%，标准差为 12.82%，则该项投资收益率大于零的概率可按下列方式计算：

正态曲线下的这个面积如图 3-2 所示。从图 3-2 中可以看出，收益率大于零的面积包括两部分，即 0～15.1%之间的面积和大于 15.1%部分的面积。

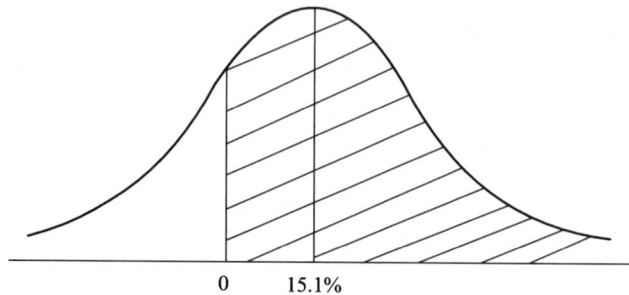

图 3-2　收益率大于零的概率分布图

先计算 0～15.1%的面积。该区间包含标准差的个数为

$$Z = \frac{0 - 15.1\%}{12.82\%} \approx -1.18$$

式中的负号仅表示方向(即在平均数的左边)。查表可知，1.18 个 σ 为 0.381，即收益率在 0～15.1%之间的概率为 38.1%。

由于收益率大于 15.1%的概率为 50%，因此，股票收益率大于零的概率为

$$P(盈利) = 38.1\% + 50\% = 88.1\%$$

$$P(亏损) = 1 - 88.1\% = 11.9\%$$

3.1.3　收益的衡量

收益一般是指初始投资的价值增量，如一年期股票投资收益主要包括股利和资本利得(股票市场价格相对于初始购买价格的升值)两部分。在分析投资收益时，应注意期望收益率、必要收益率、实际收益率三者之间的联系和区别。

期望收益率是指各种可能预测收益的加权平均数。例如，银行存款的期望收益率就是银行标定的利率；股票投资的期望收益率则取决于公司未来的股利支付和未来的股票价格，它反映了投资者在购买股票时能够获得的关于该股票的相关信息。

与此同时，投资者还要考虑在某项特定投资中他们必须得到多大的收益率，即股票投资要求得到的必要收益率。必要收益率与投资风险有关，如果某家公司陷入困境的可能性很大，或者说，它导致较低收益率或损失投资的可能性很大，那么投资于该公司股票的投资者就会要求得到一个较高的期望收益率，这一收益率反映了投资者要求的最低收益率，通常由无风险收益和风险溢酬两部分构成。在一个完善的资本市场中，期望收益率等于必要收益率。

实际收益率是在特定时期实际获得的收益率，它是已经发生的、不可能通过这一次决策所能改变的收益率。由于存在着风险，因此实际收益率很少与期望收益率相同，这两者之间的差异越大，风险就越大，反之亦然。而实际收益率与必要收益率之间没有必然的联系。

期望收益率可根据概率分布进行计算，如公式(3-1)。也可将股票历史收益率的平均值作为预期的未来收益率。假设投资者在第 $t-1$ 期末购买股票，在第 t 期末出售该股票，则第 t 期股票投资收益率可按以下两种方法计算。

离散型股票的投资收益率可定义为

$$R_t = \frac{(P_t - P_{t-1}) + D_t}{P_{t-1}} \tag{3-6}$$

式中：R_t 表示第 t 期股票的投资收益率；P_t 和 P_{t-1} 分别表示第 t 期和第 $t-1$ 期股票价格；D_t 表示第 t 期股利。

连续型股票的投资收益率可定义为

$$R_t = \ln\left(\frac{P_t + D_t}{P_{t-1}}\right) \tag{3-7}$$

连续型股票的收益率比离散型股票的收益率要小，但一般差别不大。

3.2　投资组合的风险与收益

3.2.1　投资组合风险的衡量

投资组合的期望收益率是它所包含的各种资产期望收益率的加权平均数，投资组合的方差则是各种资产收益方差的加权平均数加上各种资产收益的协方差。

1. 两项资产投资组合收益率的方差

两项资产投资组合收益率的方差可按下式计算：

$$\sigma_p^2 = W_1^2 \sigma_1^2 + W_2^2 \sigma_2^2 + 2W_1 W_2 \text{COV}(R_1, R_2) \tag{3-8}$$

式中：W_1、W_2 分别表示资产 1 和资产 2 在投资组合总体中所占的比重；σ_1^2、σ_2^2 分别表示组合中两种资产各自的期望收益的方差；$\text{COV}(R_1, R_2)$ 表示两种资产期望收益的协方差。

两个随机变量(如证券 1 和证券 2 的收益率)之间的协方差 $\text{COV}(R_1, R_2)$ 的计算公式为

$$\text{COV}(R_1, R_2) = \sum_{i=1}^{n} [R_{1i} - E(R_1)][R_{2i} - E(R_2)]P_i \tag{3-9}$$

式中：$[R_{1i} - E(R_1)]$ 表示证券 1 的收益率在经济状态 i 下对其期望值的离差；$[R_{2i} - E(R_2)]$ 表示证券 2 的收益率在经济状态 i 下对其期望值的离差；P_i 表示在经济状态 i 下发生的概率。公式(3-9)表明，协方差是两个变量(证券 1 和证券 2 的收益率)离差之积的期望值。

一般来说，两种证券的不确定性越大，其标准差和协方差也越大；反之亦然。

表 3-3 列出了四种证券收益率的概率分布。

表 3-3　四种证券期望收益率的概率分布

类　别		概率分布/%			
		A	B	C	D
概率	0.1	10	6	14	2
	0.2	10	8	12	6
	0.4	10	10	10	9
	0.2	10	12	8	15
	0.1	10	14	6	20
期望收益率		10	10	10	10
标准差		0	2.2	2.2	2.2

根据表中资料，计算证券 B 和 C 之间的协方差如下：

$$COV(R_B, R_C) = (6-10)\times(14-10)\times0.1 + (8-10)\times(12-10)\times0.2 + (10-10)\times(10-10)\times0.4 +$$
$$(12-10)\times(8-10)\times0.2 + (14-10)\times(6-10)\times0.1$$
$$= -4.8$$

证券 B 和 C 的协方差为负数，表示这两种证券的收益呈反方向变动；同理可计算证券 B 和 D 之间的协方差 $COV(R_B, R_D) = +10.8$，表明这两种证券的变动方向相同。

证券 A 和 B 之间的协方差为零，表明它们之间的收益不相关，彼此独立，证券 A 的期望收益率恒为 10%，标准差为 0，则它与其他任何证券之间的协方差必定为零。

反映两个变量之间相互关系的另一个统计指标是相关系数。在财务学中，相关系数用来描述资产组合中各种资产收益率变化的数量关系，即一种资产的收益率发生变化时，另一种资产的收益率将发生什么样的变化。相关系数以 ρ 表示，以资产 1 和资产 2 的收益率的相关系数 ρ_{12} 为例，其计算公式为

$$\rho_{12} = \frac{\sigma_{12}}{\sigma_1 \sigma_2} \tag{3-10}$$

根据表 3-3 的资料，证券 B 和 C 的相关系数的计算如下：

$$\rho_{BC} = \frac{-4.8}{2.2 \times 2.2} \approx -1$$

计算结果表明，证券 B 和 C 之间为完全负相关，其收益回归线的斜率为负值，并且所有的点都恰好在同一直线上。同理可求证券 B 和 D 的相关系数为 +0.9，这意味着强正相关，与此对应的回归斜率为正值，但并非所有的点恰好在同一直线上。

如果说协方差给出的是两个变量相互关系的绝对值，那么相关系数则是度量两个变量相互关系的相对数。相关系数是标准化的协方差，其取值范围在 ±1 之间。

如果两种资产的相关系数等于 +1，表明它们之间完全正相关，即两种资产收益率的变动方向相一致；如果相关系数等于 -1，表明它们之间完全负相关，即两种资产收益率的变

动方向相背离；如果两种资产的相关系数等于 0，表明两种资产收益率的变化没有任何数量上的关系。相关系数与协方差的关系可用下式描述：

$$\text{COV}(R_1, R_2) = \rho_{12}\sigma_1\sigma_2 \tag{3-11}$$

2. n 种资产投资组合方差

n 种投资组合总体期望收益的方差可表述如下：

$$\sigma_p^2 = \sum_{i=1}^{n} W_i^2\sigma_i^2 + \sum_{i=1}^{n}\sum_{j=1}^{n} W_iW_j\text{COV}(R_i,R_j) \quad (i \neq j) \tag{3-12}$$

从公式(3-12)可知，当投资组合由 n 种资产组成时，组合总体的方差由 n 个方差和 $n(n-1)$ 个协方差组成。

例如，当投资组合包含三种资产时，组合总体的方差由 9 项组成，即 3 个方差和 6 个协方差；当投资组合包含 100 种资产时，组合总体的方差由 10 000 项组成，即 100 个方差和 9 900 个协方差。

从式(3-12)中还可看到，随着投资组合中包含资产个数的增加，单个资产的方差对投资组合总体方差形成的影响会越来越小，而资产与资产之间的协方差形成的影响将越来越大。当投资组合中包含的资产数目达到非常大时，单个资产的方差对投资组合总体方差形成的影响几乎可以略而不计。这一点可通过将公式(3-12)与投资组合风险类型结合分析加以证明。

公式(3-12)中的第一项为各种资产的方差，反映了它们各自的风险状况，即非系统风险；第二项为各种资产之间的协方差，反映了它们之间的相互关系和共同风险，即系统风险。

假设投资组合中包含了 n 种资产，每种资产在投资组合总体中所占的份额都相等($W_i = 1/N$)。

假设每种资产的方差都等于 σ^2，并以 $\text{COV}(R_i, R_j)$ 代表平均的协方差，则公式(3-12)可用下列简化公式表示：

$$\begin{aligned}
\sigma_p^2 &= \sum_{i=1}^{n}\left(\frac{1}{N}\right)^2\sigma^2 + \sum_{i=1}^{n}\sum_{j=1}^{n}\left(\frac{1}{N^2}\right)\text{COV}(R_i,R_j) \quad (i \neq j) \\
&= \left(\frac{1}{N^2}\right)(N\sigma^2) + \left(\frac{1}{N^2}\right)N(N-1)\text{COV}(R_i,R_j) \\
&= \frac{1}{N}\sigma^2 + \left(1-\frac{1}{N}\right)\text{COV}(R_i,R_j)
\end{aligned} \tag{3-13}$$

当 $N\to\infty$ 时，$\frac{1}{N}\sigma^2 \to 0$，这表明当投资项目个数增加时，非系统风险将逐渐消失；当 $N\to\infty$ 时，$\left(1-\frac{1}{N}\right)\text{COV}(R_i,R_j) \to 1$，即协方差在投资项目个数增加时并不完全消失，而是趋于平均值，即证券组合风险将趋于各证券之间的平均协方差。这个平均值是所有投资活动的共同运动趋势，反映了系统风险。

假设资产的平均收益方差为 50%，任何两种资产的平均协方差为 10%，则 5 种资产和 10 种资产投资组合的方差分别为

$$\sigma_p^2 = \frac{1}{5} \times 50\% + \frac{4}{5} \times 10\% = 18\%$$

$$\sigma_p^2 = \frac{1}{10} \times 50\% + \frac{9}{10} \times 10\% = 14\%$$

上述分析表明，在一个投资组合中减少风险的办法就是加入另一种新的资产或证券，扩大组合规模。但这种风险分散效应随着加入资产数目的增多呈递减趋势，如图 3-3 所示。

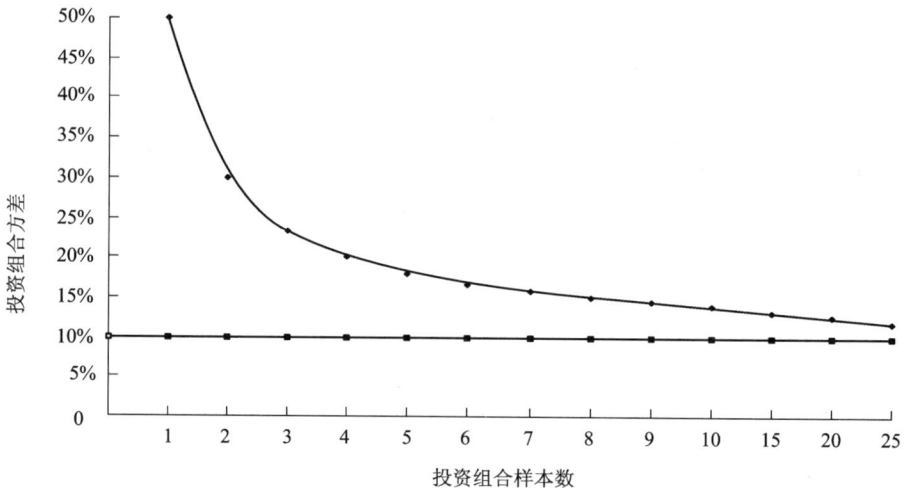

图 3-3　投资组合方差和投资组合中的样本数

当资产数目从 1 增加到 25 时，投资组合的方差从 50% 降到 11.6%。既然方差最低可以降到 10%(此时资产数目无限大)，那么进一步增加资产数目只能分散很小的风险。

如果分散化投资是有成本的，如交易成本和信息成本，那么投资者实际上并不进行最大限度的分散化投资。

3.2.2　投资组合收益的衡量

投资组合的收益是投资组合中单个资产或证券预期收益率的加权平均数，其计算公式为

$$E(E_p) = \sum_{i=1}^{n} W_i E(E_i) \tag{3-14}$$

式中：$E(R_p)$ 表示投资组合的期望收益率；W_i 表示第 i 种证券在投资组合总体中所占的比重；$E(R_i)$ 表示第 i 种证券的期望收益率；n 表示投资组合中证券的种数。

3.2.3　两种资产组合的有效边界

对证券市场的研究表明，尽管各证券之间存在着一种正相关关系，但两种证券的收益之间从来不可能达到完全的正相关。这一事实使得在实际证券投资中进行证券分散化具有很现实的经济意义，它能在不降低投资者期望收益的条件下减少证券投资的风险。

根据证券组合理论进行证券选择包括两个方面：第一，利用证券组合理论找出全部的有效证券和有效证券组合；第二，利用证券组合理论求出"最小风险证券组合"。有效证券组合主要包括两种性质的证券或证券组合：一种是在同等风险条件下收益最高的证券或证券组合；另一种是在同等收益条件下风险最小的证券或证券组合。这两种证券的集合称为有效边界。

如果投资者确实按照有效边界给出的证券或证券组合进行投资，那么其投资就属于在同等风险条件下收益最高的投资或在同等收益条件下风险最小的投资。

现代投资组合理论认为，一组证券可以按不同证券各种权数的分配，组成无限数目的证券组合。在两种证券组合的情况下，投资的有效边界是一条直线或曲线。

3.2.4　N 种投资的有效组合与风险分散

如前所述，在两种证券(如股票)组合的情况下，投资的可行集是一条直线或曲线，而当股票种类增多时，可行集为一个平面区域，见图 3-4。图中，σ_p 表示投资组合的标准差；$\overline{R}_p$ 表示投资组合的收益率。

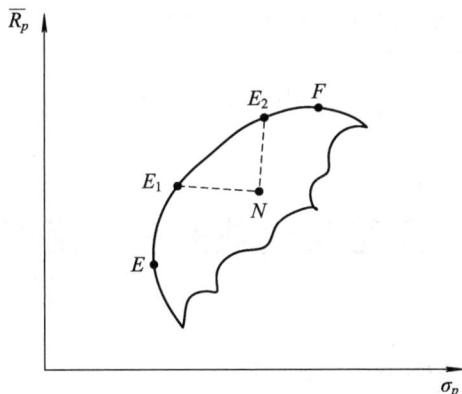

图 3-4　N 种资产投资组合的可行集

图 3-4 中，从点 E 到点 F 之间曲线上的各点为有效投资组合的效率集合。效率集合左方的投资组合位于原设定的所有可能形成的集合之外，因而不予评述。

边界线右方的投资组合称为无效率组合，因为它们对比位于 $E\sim F$ 之间的投资组合，如具有相同的风险则只能取得较低的收益，如具有相同的收益则需承担较大的风险。

例如，从图 3-4 中的 N 点来看，投资组合 E_1 与投资组合 N 可获得相同的收益，但组合 E_1 的风险较小；投资组合 E_2 的风险与投资组合 N 相同，但组合 E_2 可获得较高的收益。

可见，位于 $E\sim F$ 上的各点必然比位于其右边的各点更优。因而边界曲线 $E\sim F$ 被称为效率边界或有效边界。

每一个投资者的最佳投资组合都可由有效组合曲线与该投资者的无差异曲线图中任一曲线的切点求得，该点表示投资者可获得的最大效益，如图 3-5 所示。

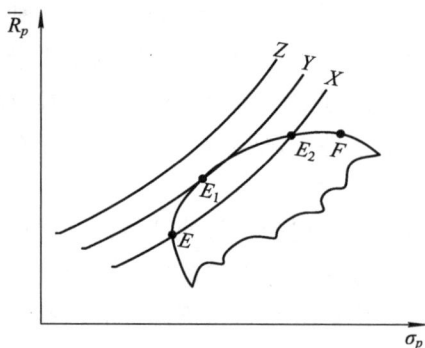

图 3-5　无差异曲线与有效投资组合

图 3-5 中，投资者的效用程度以 X、Y 和 Z 三条无差异曲线表示，投资组合的有效边界为 $E \sim F$。其中，Z 的效用期望值最大，但未能与有效边界相切，不能形成任何投资组合；无差异曲线 X、Y 都与投资的有效边界相接触，接触点是 E、E_1 和 E_2 三点，但在 E、E_2 点上，X 线与有效边界相交叉，只有 E_1 点是两线相切之点，它代表的证券组合为最佳证券组合。

因此，当有效边界与一条无差异曲线相交叉而有两个交叉点时，意味着有效边界还可以和更高层次(更偏左上)的无差异曲线相切。只有有效边界与一条无差异曲线相切时，该点才表示投资者在既定条件下可选择的最佳投资组合。

3.3　风险与收益的基本模型

3.3.1　风险资产与无风险资产

设无风险证券 f 与风险证券 i(或证券组合)进行组合，无风险证券 f 的预期收益率为 R_f，风险 $\sigma_f = 0$，风险证券组合 i 的预期收益率为 R_i，风险为 σ_i，投资比例分别为 W_f 和 W_i，且 $W_f + W_i = 1$，则组合收益 $E(R_p)$ 和组合风险 σ_p^2 分别为

$$E(R_p) = W_f R_f + W_i R_i \tag{3-15}$$

$$\sigma_p^2 = W_f^2 \sigma_f^2 + W_i^2 \sigma_i^2 + 2 W_f W_i \sigma_{fi} \tag{3-16}$$

由于证券 f 为无风险证券，所以 $\sigma_f = 0$，则 $\sigma_{fi} = 0$，因此

$$\sigma_p = W_i \sigma_i \tag{3-17}$$

公式(3-17)表明，投资组合(由无风险资产和风险性投资组合构成)的风险 σ_p 是风险证券组合风险 σ_i 的简单线性函数。

因此，无论风险证券组合的风险有多大，由无风险资产和风险证券组合构成的总投资组合的风险收益率对应的集合，总会形成一条直线，从无风险资产伸向所选定的风险性投资组合，如图 3-6 所示。

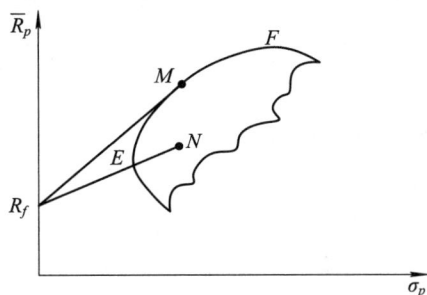

图 3-6　风险投资组合与无风险资产构成的总投资组合

在图 3-6 中，无风险收益率 R_f 分别与风险投资组合 M 点和 N 点相连(这种组合有无数种)，位于 R_f 与点 M 的连线上的任一投资组合都优于 R_f 与点 N 的连线上的投资组合。

因此，最佳风险投资组合应使各投资组合对应点的连线与有效边界相切。最佳风险投资用 M 表示，这意味着投资者应把部分资本投向位于切线上的投资组合 M，并把剩余资本投向无风险资产，投资于无风险资产和 M 的比例取决于投资者愿意承担风险的程度。

3.3.2　资本市场线

在图 3-6 的分析中，假设投资者是用自己的资本进行投资的。如果市场是完善的，投资者可以相同利率自由借入或贷出资本(不考虑借贷交易成本)，则投资者可通过无风险利率借入资本，再加上他自有的资本，增加对 M 点这个组合的投资。这时，所有可能的投资组合的连线会超过 M，并以相同的斜率继续上升。

图 3-7 给出了当能够以无风险利率借入资本时可能的投资组合对应点所形成的连线。图 3-7 中，EF 曲线是马柯威茨意义下的有效边界；R_fMZ 线为图 3-6 中 R_fM 线的向上延伸。

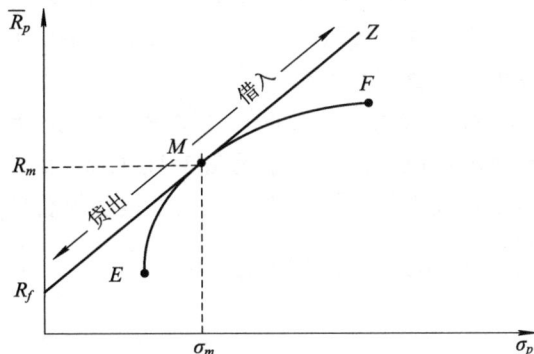

图 3-7　资本市场线

M 点表示投资者将全部资本投入风险证券组合 M；R_f 点表示投资者将全部资本投入无风险资产；在 R_f 与 M 连线之间的点表示投资者把一部分资本投资于 M，另一部分资本投资于 R_f；在 M 与 Z 之间的点表示投资者除将自己的全部资本投资于 M 点外，还从无风险利率 R_f 处，以成本 R_f 借入一定量的资本再投资于 M 点。

实际上，直线 R_fMZ 上的任意一点都可以看成 R_f 与 M 的一种组合。在 R_f 点，投资者进行无风险投资并期望获得无风险收益率 R_f；直线 $R_f M$ 表示"贷出投资组合"，它表示风险回避程度较高的投资者通过资本市场将拥有的部分资本贷给风险回避程度较低者，或者说向冒险投资者买进无风险资产。

【例 3-1】 假设证券市场的有关资料如下：

	市场投资组合	政府债券
期望收益率	16%	10%
标准差	0.2	0

假设投资者 A 的资本总额为 1 000 元，如果他以无风险利率借入 200 元，与原有的 1 000 元资本一起(共计 1 200 元)投入市场投资组合，由此形成的借入投资组合的期望投资收益率和标准差是多少？

$$E(R_p) = 1.2 \times 0.16 + (-0.2) \times 0.1 = 0.172$$

$$\sigma_p = 1.2 \times 0.2 = 0.24$$

在上述计算中，无风险投资比重小于零，表明投资者是在借钱投资或负债投资。

如果投资者 A 以无风险利率贷出资本 200 元，则用于购买市场投资组合的资本只剩下 800 元，即市场投资组合的比重为 80%，而无风险性资产的投资比重为 20%。由此形成的贷出投资组合的预期收益率和标准差为

$$E(R_p) = 0.8 \times 0.16 + 0.2 \times 0.1 = 0.148$$

$$\sigma_p = 0.8 \times 0.2 = 0.16$$

上述计算表明，当投资者借入资本进行风险性资产投资时，其期望收益率和标准差均高于市场平均值；当投资者贷出资本进行无风险投资时，其期望收益率和标准差均低于市场平均值。

在直线 $R_f M Z$ 中，点 M 代表市场风险资产投资组合。这一市场组合有两个重要特征：第一，如果市场是有效的，则 M 点所代表的资产组合必然包含了市场上存在的所有资产；第二，当市场均衡时，各种风险资产都不会有过度的需求和过度的供给。

任何一个投资者都会在直线 $R_f M Z$ 上选点，直线 $R_f M Z$ 是所有投资者的有效组合，通常称为资本市场线(Capital Market Line，CML)(见图 3-7)。CML 描述了期望收益率与风险之间的线性关系，位于资本市场线上的每一点都代表效率投资组合。资本市场线与纵轴的截距为 R_f，斜率(λ)为 $\dfrac{R_m - R_f}{\sigma_m}$。CML 线可由下列方程表达：

$$E(R_p) = R_f + \frac{R_m - R_f}{\sigma_m} \sigma_p \tag{3-18}$$

式(3-18)表明，任意有效投资组合的期望收益率等于无风险收益率与风险溢酬之和，该风险溢酬等于 $\dfrac{R_m - R_f}{\sigma_m}$ 与该投资组合的标准差的乘积。

3.3.3　资本资产定价模型

1. 模型基本假定

与任何模型一样，资本资产定价模型(Capital Asset Pricing Model，CAPM)也是建立在一些假设的基础上的，这些假设包括：

(1) 所有的投资者都追求单期最终财富的效用最大化，他们根据投资组合的期望收益率和标准差来选择优化投资组合。

(2) 所有的投资者都能以给定的无风险利率借入或贷出资本，其数额不受任何限制，市场上对卖空行为无任何约束。

(3) 所有的投资者对每一项资产收益的均值、方差的估计相同，即投资者对未来的展望相同。

(4) 所有的资产都可完全细分，并可完全变现(可按市价卖出，且不发生任何交易费)。

(5) 无任何税收。

(6) 所有的投资者都是价格的接受者，即所有的投资者各自的买卖活动不影响市场价格。

上述基本假设可能与现实经济生活并不符合，但采用这些简化的形式，有助于进行基本的理论分析，且资本资产定价模型的实际应用可以不受这些基本假设的严格限制。

2. 证券市场线

在 CAPM 假设条件下，当存在无风险资产时，任何风险资产或市场投资组合与无风险资产的组合都会使组合的标准差具有线性的特点。在投资者只持有无风险资产和市场投资组合两种资产的情况下，单项资产的风险将以市场投资组合为标准进行度量。任何一项资产的风险就是它使投资组合风险增加的部分，这一增加的风险通常用这项资产与市场投资组合之间的协方差加以衡量。

假设 σ_m^2 是未加入该项新资产时的市场投资组合的方差，将加入市场投资组合的单项新资产的方差为 σ_j^2，该项资产占市场投资组合的比重为 W_j，该项资产与市场投资组合的协方差为 $\mathrm{COV}(R_j, R_m)$，则加入新资产(j)后的市场投资组合的方差 $\sigma_{m'}^2$ 为

$$\sigma_{m'}^2 = W_j^2 \sigma_j^2 + (1-W_j)^2 \sigma_m^2 + 2W_j(1-W_j)\mathrm{COV}(R_j, R_m) \tag{3-19}$$

由于市场投资组合包含经济中所有交易的资产，那么任何单项资产在市场投资组合的价值中的比重是很小的。因而式(3-19)中的第一项接近零，第二项接近 σ_m^2，第三项(协方差)可用于度量因资产 j 而增加的风险。但协方差并不是市场风险的标准衡量指标，必须将其标准化。

由于市场投资组合与其本身的协方差就是市场方差，将单项资产与市场投资组合的协方差除以市场组合方差，就可得到市场风险的标准度量指标，通常用该项资产的 β 系数表示。其计算公式为

$$资产\ j\ 的\beta系数 = \frac{\mathrm{COV}(R_j, R_m)}{\sigma_m^2} \tag{3-20}$$

市场投资组合的 β 系数(或者说市场投资组合里的平均资产的 β 系数)为[$\mathrm{COV}(R_m, R_m) = \sigma_m^2$]。

风险水平超过平均资产(按这种风险衡量方法)的资产的 β 系数大于 1，反之则小于 1，无风险资产的 β 系数等于 0。

如果每个投资者都持有由无风险资产和市场投资组合构成的某种组合，那么，一种资产的预期收益率与该资产的 β 系数线性相关，即一种资产的期望收益率可写成一个无风险收益率和该种资产的 β 系数的函数：

$$E(R_j) = R_f + \beta_j \times (R_m - R_f) \tag{3-21}$$

式中：$E(R_j)$ 表示第 j 种资产或组合的期望收益率或必要收益率；R_f 表示无风险利率，通常用政府债券利率来表示；β_j 表示第 j 种资产的 β 系数，用于衡量系统风险；R_m 表示市场资产组合的收益率；$R_m - R_f$ 表示市场的风险溢酬；$\beta_j \times (R_m - R_f)$ 表示第 j 种资产或资产组合的风险溢酬。

式(3-21)即资本资产定价模式，它说明任何风险性资产的期望收益率等于无风险利率加风险溢酬。

假设现行政府债券的利率 R_f 为 6%，证券市场的平均收益率 R_m 为 10%，则市场的风险溢酬就等于 4% × (10% − 6%)，如果 $\beta_j = 0.5$，则第 j 种证券的风险溢酬为 2% × (4% − 0.5)，由此可计算出第 j 种证券的期望收益率小于市场收益率：

$$E(R_j) = 6\% + 0.5 \times (10\% - 6\%) = 8\%$$

如果第 j 种证券的风险较大，且 $\beta_j = 2$，则此种证券的期望收益率大于市场收益率：

$$E(R_j) = 6\% + 2 \times (10\% - 6\%) = 14\%$$

如果第 j 种证券的风险与市场风险相同，$\beta_j = 1$，则此种证券的期望收益率等于市场收益率：

$$E(R_j) = 6\% + 1 \times (10\% - 6\%) = 10\%$$

式(3-21)也称为证券市场线方程。证券市场线如图 3-8 所示。

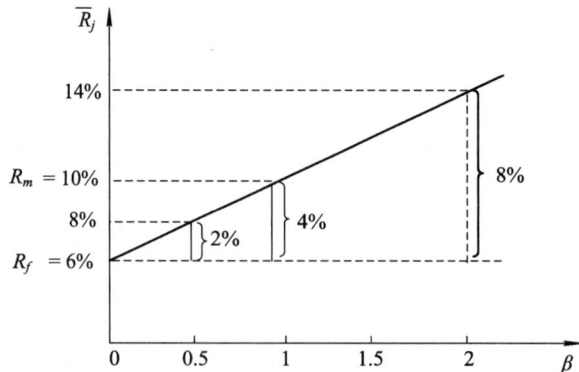

图 3-8   证券市场线

图 3-8 中，纵轴表示任意证券的期望收益率；横轴表示以 β 系数为参数衡量的系统风险；证券市场线与纵轴相交于无风险利率 R_f 点，其 β_j 为 0。

有关证券市场线的几点说明：

(1) 证券市场线表明了单个证券的期望收益与其市场风险或系统风险之间的关系，因此，在均衡条件下，所有证券都将落在一条直线——证券市场线上。

(2) 根据投资组合理论，任一证券对市场投资组合的贡献与该证券的期望收益率有关；对市场投资组合风险的影响与该证券与市场投资组合的协方差有关，但通常不用协方差表示风险，而是采用相对协方差(即 β 系数)表示风险。

(3) 证券市场线的斜率不是 β 系数，而是市场补偿率，即 $R_m - R_f$。

证券市场线与单个证券在线上的位置会随着利率、投资者的风险回避程度以及单项证券的 β 系数等因素的改变而改变。

3. β 系数和证券特征线

在资本资产定价模型中，风险溢酬是两个变量的函数 $(R_m - R_f)$，测定的是市场风险溢酬，β 系数测定的是某一种资产或资产组合的市场风险，反映了某一资产收益与市场投资组合收益之间的关系。

β 系数是根据某种资产(如第 j 种)的收益率 R_j 和市场组合证券收益率 R_m 之间的线性关系确定的。其基本模式为

$$R_j = \alpha_j + \beta_j \times R_m + \varepsilon_j \tag{3-22}$$

式中：R_j 表示第 j 种资产的收益率；α_j 表示资产 j 的纵轴回归截距；β_j 表示回归线斜率；R_m 表示市场投资组合的期望收益率；ε_j 表示随机误差，反映某给定期间实际收益率与回归预测收益率之间的差异。

式(3-22)中的参数 α_j 和 β_j 可通过回归分析软件确定。简单线性回归方程的图示是一条直线，这条直线称为证券特征线(Security Characteristic Line，SCL)，该特征线的斜率就是 β 系数，如图 3-8 所示。

证券组合的 β 系数是单种证券 β 系数的加权平均数，权数为各种证券在证券组合中所占的比重。其计算公式为

$$\beta = \sum_{i=1}^{n} W_i \beta_i \tag{3-23}$$

资本资产定价模型从本质上揭示了投资收益率的内涵。这一模型认为，市场投资组合的期望收益率减去无风险收益率 $(R_m - R_f)$ 就是市场对投资者承担的每一单位的风险而支付给他的必要(额外)收益率。除市场补偿外，还要考虑某一特定投资机会(如证券 j)的风险因素(即 β_j)的影响。因此，在市场均衡的条件下，按资本资产定价模型确定的期望收益率就是进行投资的必要收益率。

4. 资本市场线与证券市场线

资本市场线与证券市场线是资本资产定价模型两个重要的结论，二者之间的关系主要表现在以下两点：

第一，资本市场线表示的是有效投资组合的期望收益率与总风险之间的关系，非有效投资组合将落在 CML 之下。证券市场线表示的是第 j 种资产或第 j 种资产组合的期望收益与其系统风险之间的关系。在市场均衡的情况下，所有证券都将落在证券市场线上。但在

证券市场线上的点不一定在资本市场线上。

第二，资本市场线实际上是证券市场线的一个特例，当一种资产或一种资产组合是有效的时候，该资产或资产组合与市场组合的相关系数等于 1，此时证券市场线与资本市场线就是相同的。其推论如下：

$$R_p = R_f + (R_m - R_f)\frac{COV(R_p, R_m)}{\sigma_m^2} = R_f + (R_m - R_f)\frac{\beta_{p,m}\sigma_p\sigma_m}{\sigma_m^2}$$

$$= R_f + (R_m - R_f)\frac{\beta_{p,m}\sigma_p}{\sigma_m} = R_f + (R_m - R_f)\frac{\sigma_p}{\sigma_m} \tag{3-24}$$

式中，$R_p = R_f + (R_m - R_f)\frac{\sigma_p}{\sigma_m}$ 就是资本市场线。

3.3.4　套利定价理论

对于资本资产定价模型最大的挑战莫过于套利定价理论(Arbitrage Pricing Theory，APT)。美国学者罗斯 1976 年提出的套利定价理论认为，风险资产的收益率不但受市场风险的影响，还与其他许多因素相关。

罗斯提出的 APT 模式其隐含的假设条件是：

(1) 影响证券收益率的因素不止一个，而是 N 个因素。

(2) 资本市场是完全竞争的市场。

(3) 实行多元化投资，可消除只影响单一证券的特定风险——非系统风险。因此，多元化投资组合有下列特征：不含非系统风险；无投资额；有足够的证券可以构成一个有效组合，使 $\sum \xi = 0$。

(4) 在市场均衡时，投资组合的套利收益为 0。

(5) 投资者属于风险规避类型。

按照 APT 模式，证券或资产 j 的预期收益率为

$$E(R_j) = R_f + \beta_{j1}[E(R_{j1}) - R_f] + \beta_{j2}[E(R_{j2}) - R_f] + \cdots + \beta_{jk}[E(R_{jk}) - R_f] \tag{3-25}$$

式中：k 是影响资产收益率因素的数量；$E(R_{j1})$，$E(R_{j2})$，$\cdots$，$E(R_{jk})$是证券 j 在因素为 1，2，$\cdots$，k 时各自的期望收益率；β_{j1}，β_{j2}，$\cdots$，β_{jk} 是证券 j 对于因素 1，2，$\cdots$，k 的各自的敏感度。

假设无风险利率为 6%，与证券 j 收益率有关的 β 系数为 $\beta_1 = 1.5$，$\beta_2 = 0.4$，$\beta_3 = 0.1$，市场投资组合的期望收益率为 12%，国内生产总值(GDP)的预期增长率为 3%，消费品价格通货膨胀率(CPI)预期为 4%，则第 j 证券的预期收益率为

$$E(R_j) = 6\% + 1.5 \times (R_m - 6\%) + 0.4 \times (R_{GDP} - 6\%) + 0.1 \times (R_{CPI} - 6\%)$$

$$= 6\% + 1.5 \times (12\% - 6\%) + 0.4 \times (3\% - 6\%) + 0.1 \times (4\% - 6\%)$$

$$= 13.6\%$$

CAPM 与 APT 的主要区别在于：CAPM 确定共有风险因素是市场证券组合的随机收益；而 APT 则事先不确定共有的风险因素。当只有一个共同因素(如市场收益率)时，APT 的数

学表达式可改写为

$$E(R_j) = R_f + \beta_{j1}[E(R_{j1}) - R_f] \tag{3-26}$$

显然，式(3-26)与 CAPM 中的 SML 关系式类似。若该因素为市场组合的预期收益率时，则

$$E(R_j) = R_f + \beta_{j1}[E(R_m) - R_f] \tag{3-27}$$

由此可知，APT 是比 CAPM 更一般化的资本资产定价模型。这一理论的基本思想是：在竞争的金融市场上套利将保证无风险资产提供相同的预期收益率。这一模型基于以下基本观点：投资者为追求套利利润而形成证券组合时，证券价格随之调整。当这种获利机会消失时，则可认为证券价格达到均衡。从这个意义上说，市场有效性的一种定义就是缺乏套利机会，这种套利机会已由套利者自己消除。

现举一个单个因素的例子。设 A、B、U 分别代表三个证券组合。其收益率受单一因素的影响，且均不存在可分散风险。$\beta_A = 1.2$，$\beta_B = 0.8$，$\beta_U = 1$，$R_A = 13.4\%$，$R_B = 10.6\%$，$R_U = 15\%$。A、B 组合的风险与收益是相对应的，因而它们的价格定得适当。U 组合的收益较高，大于保证其风险的代价，因而其价格被低估了，它在三个组合中表现出获利机会，从而导致套利交易的形成。

为说明这一套利过程及其结果，先假设投资 1 000 元建立一个与 U 组合风险相同($\beta_U = 1$)的 F 组合，假设 F 组合的投资一半在 A 组合，一半在 B 组合，则 F 组合的风险或收益就是 A 和 B 两个组合的风险或收益的加权平均数：

$$\beta_F = 0.5 \times 1.2 + 0.5 \times 0.8 = 1$$

$$E(R_F) = 0.5 \times 13.4\% + 0.5 \times 10.6\% = 12\%$$

A、B、U 三个组合的关系见图 3-9。

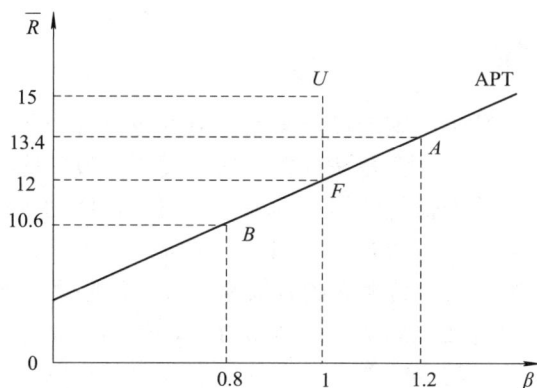

图 3-9　A、B、U 资产的组合关系

从图 3-9 中可以看出，F 和 U 组合的风险是相等的，都是 1，但 U 组合的收益率为 15%，比 F 组合的收益率 12%要高。这时投资者即可进行套利交易，即按 1 000 元把 F 组合卖空，将所得的 1 000 元投在 U 组合上。在这笔交易中，投资者没有增付资本，也不多承担风险，但通过卖空套做，获利 30 元，如表 3-4 所示。

表 3-4　　U 与 F 套利组合

投资组合	投资额/元	收益/元	风险/元
U 组合	+1 000	+150	1
F 组合	−1 000	−120	1
套利组合	0	30	0

由于这种套利既不增加收益，也不增加风险，因此投资者将会继续进行。不过，从动态观点看，对 F 组合进行卖空，将会降低 A、B 组合的价格，从而提高它们的预期收益率；同时，买进 U 组合会提高它的价格，并降低它的收益。这种过程将不断重复进行，直到 U 组合的收益与 F 组合持平，A、B、U 三个组合都位于这条直线上为止。

在市场均衡的条件下，所有资产都必须落在套利定价线上。也就是说，套利交易使资产或资产组合的风险与收益保持为 APT 线性关系。

需要说明的是，上例中假设预期收益率仅受一个因素的影响，并且只有市场这一个因素。

套利定价理论的最大优点是可以扩大到包含若干风险因素，但这一理论本身并没有指明影响证券收益的有哪些因素以及如何衡量这些因素的敏感性。这一问题还没有人做出肯定的答复，尚需理论界和实务界共同进一步探索。

3.4　风险收益模型的应用

3.4.1　折现率与价值评估

以资本资产定价模型为基础确定的投资必要收益率也可称作风险调整折现率，这两种概念在本质上是一样的，只不过前者是从投资者的角度强调投资应达到的最低收益率，后者是从价值评估的角度强调资产价值的衡量标准。在财务管理的实务中，风险调整折现率主要用于评估资产价值或确定资本成本。不同资产的风险调整折现率的大小取决于其风险水平的大小，投资风险越大，投资者要求的收益率越高，风险调整折现率就越高。

理论上，资本市场利率包括了通货膨胀风险补偿，但由于企业可以通过提高销售收入部分补偿未来通货膨胀所造成的成本上升，企业的名义收益将以未来通货膨胀率的一定比例增长，所以名义折现率包括了数值上等于未来通货膨胀率一定比例的可扣减利率，即增长率扣减。

3.4.2　折现率参数的确定

在采用 CAPM 确定风险调整折现率时，必须对其参数进行估计。

1. 无风险收益率

无风险资产是指其实际收益率等于预期收益率的资产。无风险投资必须满足以下两个条件：第一，不存在违约风险；第二，不存在再投资风险。

从证券投资看，前者意味着该证券必须是政府债券；后者意味着该证券必须是零息票债券。

在短期投资分析中，可采用短期国债利率作为无风险收益率；在长期投资分析中，采用与分析期限相同的长期政府债券利率(即使是附息债券)作为无风险利率也可得到一个与实际价值十分接近的近似值。

2. 市场风险溢酬

风险溢酬是指投资者将资本从无风险投资转移到一个平均风险投资时要求得到的"额外收益"。它主要取决于以下两个因素：

第一，投资者的风险偏好程度。风险厌恶者对一个单位风险会要求较高的风险溢酬。

第二，平均风险投资的风险状况。当平均风险投资的风险程度提高时，风险溢酬也会相应地提高。

在 CAPM 中，预测风险溢酬最常用的方法就是历史数据分析法，其基本步骤如下：

第一，确定代表市场指数的市场投资组合，如 S&P500。

第二，确定抽样期间，实务中抽样期间往往为 10 年或更长。

第三，计算此期间市场投资组合或股票指数和无风险资产的平均收益率。

第四，确定风险溢酬，即市场投资组合收益率与无风险资产收益率之间的差额。

风险溢酬的历史数据会因所选择的平均方法不同而不同，也会因时间起算点不同而不同，还会因选择的无风险利率变化而变化。

到底以哪一种为标准确定风险溢酬，并没有统一答案。一种观点认为短期提供的风险溢酬无法反映平均水平，应采用长期政府债券利率作为无风险收益率。另一种观点认为用长期平均的估计值会出现偏差，因为在计算过程中并没有给当前数据以更大的权重。

实务中两种计算方法都存在，因此很难说哪一种方法的计算结果能更准确地反映风险溢酬。

在分析时，除了利用历史数据外，还需考虑其他一些因素，如宏观经济波动程度、一国的政治风险以及市场结构等。

3. β 系数的决定因素

在实务中，证券评估机构一般是根据市场数据，采用回归分析的方法预测上市公司的 β 系数。根据回归分析软件计算某一只股票的 β 系数时，分析人员要注意以下三个问题：

第一，关于估计期限和估计的间隔期限问题。对不同时段的数据进行回归或对同一时段以不同的间隔(每周或每天)进行回归，就会得到不同的 β 系数。

第二，估计决策中市场指数的选择。大多数 β 系数估计机构进行估计时，都使用该股票的市场指数估计该公司的 β 系数，如估计美国股票的 β 系数使用纽约股票交易综合指数(NYSE composite)；估计英国股票的 β 系数使用伦敦金融时报股票指数 FTSE；估计日本股票的 β 系数使用日经指数；估计中国股票的 β 系数一般应使用上海证券交易所的股价指数和深圳证券交易所的股价指数；等等。

第三，根据回归分析得到的 β 系数应进行一定的调整，以反映估计误差的可能性和 β 系数向平均值(或者是行业的，或者是整个市场的)回归的趋势。

一家公司的 β 系数也许可从回归分析中估计得出，但它与该公司的业务类型、经营风险和财务风险等变量有关。

首先，从行业种类分析，由于 β 系数是一家公司的股票相对指数的风险，因此，一家公司所从事的行业对市场状况越敏感，β 系数就越大。这样，在其他条件一定的情况下，从事行业具有周期性的公司的 β 系数就会比非周期性的公司高。

其次，从公司经营风险分析，公司经营风险越高，息税前利润波动的幅度就越大，其 β 系数就越高。

最后，从财务风险分析，在其他因素一定的情况下，公司负债比率越高，每股收益的变动幅度就越大，其 β 系数就越高。负债公司的 β_L 系数和无负债公司的 β_U 系数之间的关系可用下式表示：

$$\beta_L = \beta_U \left[1 + (1-T)\left(\frac{B}{S}\right) \right] \tag{3-28}$$

式中：β_L、β_U 分别表示负债公司和无负债公司的 β 系数；T 表示公司所得税；$\dfrac{B}{S}$ 表示负债资本占股权资本的比率。

在实务中，大多数使用 β 系数的分析人员都从一家预测服务机构获取 β 系数，如美林公司、标准普尔、摩根士丹利等都是一些著名的服务机构。这些服务机构一般从回归分析求出 β 系数开始，然后对其进行调整，使之能更好地预测未来的变化。

3.4.3 折现率与股本成本

在估计了无风险收益率、风险溢酬和 β 系数之后，即可根据 CAPM 估计投资于任何一家公司股票的期望收益率或风险调整折现率。

在资本资产定价模型中，这一期望收益率为

$$期望收益率 = 无风险利率 + \beta \times 预期市场风险溢酬 \tag{3-29}$$

在套利定价模型中，期望收益率可以写为

$$期望收益率 = 无风险利率 + \sum_{i=1}^{k} \beta_j \times 预期市场风险溢酬 \tag{3-30}$$

从本质上说，这一预期收益率就是对股权投资者投资于某公司股票时所要求的最低收益率。如果在对一项投资进行分析后，他们认为无法获得这一收益率，他们就会放弃这一投资；反之亦然。

对公司管理者而言，这个投资者要求达到的收益率也是他们进行项目投资时要求的最低收益率，或者说，这一收益率就是该公司的股本成本。因此，股本成本可以用风险收益模型加以估计：在资本资产定价模型中，股本成本是用一个市场要素衡量风险；在套利定价模型中，股本成本是由风险对多个非特定的经济要素的敏感度决定的。

3.5 公司的长期投资战略

3.5.1 长期投资的财务决策程序

(1) 预测投资项目的现金流量，包括建设期的现金流出量和营运资金的垫支，经营期的现金流入量和项目结束时的回收额。

(2) 根据投资项目现金流量的风险，确定折现率水平。

(3) 计算决策指标，包括考虑时间价值的折现指标，如净现值、现值指数和内含报酬率等；不考虑时间价值的非折现指标，如投资回收期和会计收益率等。

(4) 根据决策规则对投资方案进行择优或排序。对于互斥方案，通常以价值型指标择优；对于独立方案，通常以比率型指标排序。

投资方案的决策过程中，决策指标的计算是纯技术性问题，并不困难，真正困难的是在实践中如何确定现金流量和折现率，以及计算结果的使用。

3.5.2 投资方向决策与项目可行性研究

1. 投资方向决策

1) 投资方向决策与公司战略

(1) 公司战略。

公司战略，是有关公司整体生存和发展的竞争性方针和计划，它决定着公司的经营范围、经营类型和各种竞争性经营活动，具有超前性、全局性和竞争性的特点。竞争性是公司战略的本质特点，它使公司战略与一般公司计划或规划不同。公司战略的实质是通过对战略的制订与实施，最大限度地发挥公司竞争优势，使公司在激烈的市场竞争中生存、发展和不断壮大。具体地说，公司战略是在符合和保证实现公司使命的前提下，在充分利用环境中存在的各种机会和创造新机会的基础上，确定公司同环境的关系，规定公司从事的业务范围、成长方向和竞争对策，合理地调整公司结构和分配公司的全部资源。因此，公司战略是一种以变革为实质的概念。

(2) 公司投资方向决策与公司战略。

投资方向决策往往与那些围绕产品发展方向或技术发展水平展开的，反映了公司对于自己将来进入什么事业领域，或属于什么类型的公司的一种预计的长期目标相联系，主要是解决公司生存和发展问题，因而它本身就是一个战略问题。或者说，公司投资方向决策经常是与公司为获取竞争优势而提出的竞争战略相联系的。同时，公司投资方向的选择与公司现有的业务系统也有着密切联系，公司在决定其投资产业方向时不能不从公司整体业务系统的角度，考虑这一决策与现有业务系统的协调一致。新业务领域的开拓与现有业务之间的关系，我们可以通过公司业务结构的波士顿矩阵加以说明。一般公司都有多个战略经营领域，或称战略业务单位(Strategic Business Unit)，构成公司的业务结构。那么，如何确定公司战略经营领域，如何使公司的业务单位及其结构适应市场需求的变化，如何将公司的有限资源(主要是投资)有效地分配到合理的业务结构中，以保证公司目标的实现，便是公司战略的重要方面，也是公司在激烈的竞争中立于不败之地的关键。决定公司业务结构的基本因素有两个：市场的吸引力与公司的实力。反映市场吸引力最重要的综合指标是需求增长率，显示公司实力的衡量标准是公司的相对市场占有率。两大因素相互作用，会导致如图 3-10 所示的处于四个不同象限的业务类型及其组合。当然根据增长率和相对市场份额也可划分为九个、十六个象限等，故被称作波士顿矩阵。其主要思想是位于每个象限中的业务单位处于根本不同的现金流位置，并且应用不同的方式加以管理，从而引申出公司如何寻求建立其总体业务组合。

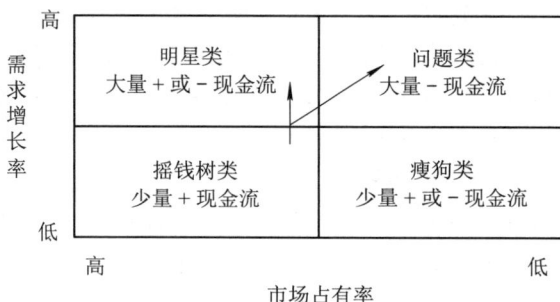

图 3-10　波士顿矩阵

摇钱树类(现金奶牛)：在低增长的市场上具有相对高份额的业务，将产生健康的现金流，它们能用于向其他方向提供资本，发展业务。瘦狗类：在低增长的市场上具有相对低份额的业务，是中等的现金使用者，由于其虚弱的竞争地位，它们将成为现金的陷阱。明星类：在高增长的市场上具有相对高份额的业务，通常需要大量的现金以维持增长，具有较强的市场地位并将产生较高的报告利润，它们有可能处在现金平衡状态。问题类(野猫类)：在迅速增长的市场上具有相对低份额的业务，需要大量的现金流入，以便为增长筹措资本，且由于较差的竞争地位，它们是较弱的现金发生器。

2) 公司投资方向决策的约束因素

(1) 内部因素。

公司内部因素包括公司规模，公司竞争能力(财力资源、技术资源、人力资源、商标知名度等)，公司所有者、经营者和劳动者的动机与需求。

(2) 外部因素。

① 产业政策。产业政策包括产业结构政策、产业组织政策、产业技术政策及相应的财政政策、金融政策、进出口政策、劳动工资政策以及整顿公司政策等。地方保护主义以及地区、城市规划等也会限制公司投资的空间流向。

② 产业进入壁垒。产业进入壁垒包括规模经济、产品差异化、资本需求、转换成本、销售渠道等。专利权、最优惠货源的独占、地点优势、独有的生产经营经验等亦都构成产业的进入障碍。

③ 市场需求结构。市场需求结构及其变化主要受到法律、政府政策、购买者收入水平与消费偏好、社会风尚、人口变化、代用品出现等多种因素的影响。

④ 资源供给。

⑤ 拟投资的地区的环境因素和其他人文因素。

3) 公司投资方向决策的原则

(1) 产业方向选择原则。

① 筱原二基准：收入弱性基准；生产率上升率基准。

② 产业关联度。关联度是表明某产业与其他产业技术、经济联系的一种指标，分为前向关联和后向关联。关联度越大，产业的联系就越广。可把主导产业分为三个生产领域：第一，初级产品生产领域，一般后向关联度小，前向关联度大，如电力工业产业；第二，中间产品生产领域，一般前向关联度和后向关联度都比较高，如钢铁工业、石油化工制品工业等；第三，最终产品生产领域，一般后向关联度大、前向关联度小，如造船、汽车、耐用消费品等。

③ 市场结构理论。波特认为，在行业中有五种力量——进入威胁、替代威胁、买方砍价能力、供方砍价能力和现有竞争对手的竞争。公司投资方向决策应考虑这五种市场结构。

④ 资源理论。在公司选择投资的产业方向时，最重要的是如何合理地寻求核心能力和怎样合理地开发和运用这些蕴藏在公司内部的能力。

(2) 动态的原则。

① 要进入的产业正处在不均衡状态。第一，新产业。那些新的、快速成长的产业，竞争结构往往不很完善，因而进入成本可能比后进入者低得多。第二，进入壁垒在不断提高的产业。对于这种产业，早期进入者可以把进入成本降至最小，也有可能在产品差异上获得优势。

② 在要进入的产业中，现有公司的报复是缓慢或无效的。现有公司的有效报复成本大于制止新公司进入所能获得的利益；在产业中存在一种家长式专制公司或长期领先者的牢固集团，这些公司永远不会去竞争，并且在学习上也很迟缓，现有公司如果要保护它们的现有业务其反击成本是巨大的，包括动摇现有批发商的忠诚度，缩减其拳头产品的销量等；现有公司在生产线、服务、厂址及竞争战略等各个方面因循守旧，固守传统思路，而这些传统思路已不切实际或过时。

(3) 立足于本公司核心竞争能力选择投资的产业方向的原则。

核心能力是公司竞争力最为基本的，使公司具有长期稳定的竞争优势、可以获得长期稳定的高于产业平均利润水平的竞争力，是将技能、资产和公司的运作机制有机融合的公司组织能力。这种核心能力是公司推行内部管理性战略和外部交易性战略的结果。公司的核心能力可以分为两类：运行能力和制度能力。

作为公司战略资产的核心能力应具有下列四个特点：

① 较低的占用性。它是指由公司内部某些战略资产产生的、不能归公司所有而被某些个人据为己有的利润的占有程度。

② 较高的耐久性。它是指其作为利润源泉的持久程度，而不是指其物理耐久性。

③ 较低的转移性。核心能力和资源越容易转移，公司竞争优势的可持续性就越差。

④ 较低的复制性。如果某个公司的核心能力或者资源虽不能被轻易地转移，但竞争者经过适当的投资或者直接购置相同的资产，就可以形成几乎相同的生产能力，那么，这个

公司就不会拥有真正持久的竞争优势。

(4) 战略关联的原则。

① 有形关联。由于共同的客户、渠道、技术和其他因素的存在而使公司相关业务单元之间的价值链有可能共享时，有形关联即由此产生。

② 无形关联。它是指相关单元由于生产经营活动的模式和特点比较相近，因而不同单元的管理技能和经验可以在其他单元获得成功，或者一个单元的品牌优势可以比较容易地转移到其他单元时，在一系列无形的技能、经验、资产基础上所建立的战略关联。

③ 竞争对手关联。当竞争对手建立了不同业务单元之间的关联，而本公司没有相应的战略关联存在时，公司就会处于不利的竞争地位。

2. 项目可行性研究

1) 投资项目可行性研究的意义

(1) 投资项目可行性研究的概念。

投资项目可行性研究就是对拟投资项目经济上的合理性、技术上的可行性进行分析、论证与判断。可行性研究有广义和狭义之分。广义可行性研究包括投资项目决策过程中所有分析论证方面的活动，拍板定案之前的有关投资项目的分析论证均属于广义可行性研究，它包括投资机会研究、初步可行性研究和详细可行性研究。狭义可行性研究仅指详细可行性研究。

(2) 投资项目可行性研究的任务。

① 研究投资项目的必要性。投资总是在一定的环境中进行的，因此，研究投资项目的必要性除了取决于公司意愿外，主要取决于投资项目与自然环境、经济环境、社会文化环境等投资环境条件要素的拟合性。两者的拟合情况主要通过分析投资项目与上述投资环境条件要素之间的关系是否协调来加以判断，其中最主要的是判断公司投资是否适合市场需求的现状及其发展变化趋势。换句话说，只有符合投资环境条件要素，特别是符合市场需求的投资项目，才具有投资的必要性。

② 研究投资项目的可行性或可能性。投资项目的可行性或可能性研究需要从技术与经济两个方面来进行。一方面，由于投资项目工程技术与生产技术的不同选择，不仅决定着项目投资实施过程能否顺利进行，而且决定着项目建成投产后的生产经营活动与公司的竞争能力，因此在技术方面要研究投资项目所选择的技术目标是不是先进性、适用性与可靠性的有机统一，如果投资项目的技术目标只是一味地追求先进性或可靠性都是不恰当的。另一方面，对于公司来说，投资的一个重要目的是实现其微观经济效益，因而在经济方面要研究投资项目能否获得及怎样获得合意的经济效益。

(3) 投资项目可行性研究的意义。

① 投资项目可行性研究是公司投资最终决策的直接依据。这是由可行性研究的内容及其在公司投资决策过程中的地位所决定的。

② 投资项目可行性研究有利于正确处理公司投资过程中各种错综复杂的经济关系。公司投资需要多层次劳动分工协作和耗费多种资源，必然会涉及一系列的内部、外部经济关系。就公司内部而言，投资会牵涉到公司现行生产与消费、公司与职工及股东等方面的分配关系、资产存量的调整、劳动组合的变化以及新技术、新观念的引入等诸多问题。就公

司外部而言，投资会牵涉到公司与政府、金融机构、资本所有者、设计单位、投资品供应者、土地使用权拥有者等多种经济主体之间的经济关系，通过投资项目可行性研究对公司投资项目与各经济主体间的相互关系进行分析与判定，便可以为公司妥善处理这些关系提供依据。因此，投资项目可行性研究是公司组织工程设计，签订贷款合同、工程承包合同、设备订货合同、投产后的原材料订货合同及组织运输等项工作的依据。

③ 投资项目可行性研究有利于促进投资项目工程优化，提高投资质量。公司投资中的固定资产投资具有极强的空间性与单件性，既使得公司在投资实施前要慎重选择投资地点，又使得每一投资项目要求有不同的技术方案，因此要选择合理的投资地点和可行的技术方案，就必须进行广泛的、深入的可行性研究。只有通过严格的可行性研究才能够确知在某地的投资是否与周围的环境拟合，才能够确知每一个投资项目的特殊性，并根据其特殊性确定技术方案，从而为提高投资质量奠定基础。

④ 投资项目可行性研究有利于公司弱化投资风险，提高投资经济效益。公司投资所具有的极强的时效性可能导致公司投资预期目标的实现面临因投资品价格、利率、税率变动和技术进步而导致的投资成本上升和技术落后等风险，并影响公司投资经济效益。公司通过投资项目可行性研究对投资过程中可能遇到的风险因素进行详尽的分析，便可预先对投资风险做到心中有数，以有效地规避、分散、转移投资风险。

⑤ 投资项目可行性研究是公司向环境保护部门申请执照的依据。环境保护是投资项目可行性研究的重要内容之一，可行性研究报告经环保部门批准发放执照后，项目才可开始施工。

2) 投资项目可行性研究的依据

可行性研究必须依据有关立法，政府有关政策、规划与规定以及相应的技术资料等。

(1) 与公司投资活动相关的立法，如公司法、各种税法等。

(2) 政府的各项政策与规定，如产业政策、税收政策、信贷政策、环保条例、劳动保护条例、政府有关建筑设计方面的标准及预算定额等。

(3) 公司投资项目建议书。

(4) 公司委托进行投资项目可行性研究的合同或协议。

(5) 公司拟投资地区环境现状资料。

(6) 公司与各协作单位的合同或协议。

(7) 市场调查报告。

(8) 主要工艺与装置的技术资料。

(9) 试验试制报告。

(10) 自然、社会、经济方面的资料。

3) 投资项目可行性研究的工作步骤及具体内容

可行性研究工作一般依次分为投资机会研究、初步可行性研究、详细可行性研究三个步骤。这三个步骤间有一种递进关系——研究内容由浅入深，投资与成本估算的精度要求由低到高，研究工作量由小到大，研究所需的费用由少到多。

(1) 投资机会研究及其内容。

公司的投资动机能否转化为投资设想，形成投资方案，并成为现实的投资行为，往往取决于公司是否具备投资的"天时""地利"等外部因素和"人和"等内部因素，即投资机会。投资机会是公司投资条件和由构成公司投资环境的条件要素所传递的对公司投资有利的信息。投资机会研究则指的是公司在一定的地区，根据对投资环境和自身投资条件的分析，寻找最有利的投资机会和可能的投资项目的全部工作，它包括一般机会研究和项目机会研究。

一般机会研究旨在对公司投资方向提出建议，具体又有以下三种方式：

① 地区研究，即研究某一地区的投资机会。

② 部门研究，即对某一部门的投资机会进行鉴别。

③ 以资源为基础的研究，即识别以利用自然资源为基础的投资机会。

一般机会研究往往是由公共机构完成，但是公司可以根据外部的有关信息，结合自身的条件做出判断与鉴别，并在此基础上进行项目机会研究。

项目机会研究旨在将公司投资设想变为投资建议，它是在一般机会研究做出鉴别之后进行的。一般而言，在进行投资机会研究时，应对下列情况进行调查、预测与分析：自然环境、市场状况、立法与司法、政府政策、技术进步、生产要素成本、国内外类似投资成败的经验和教训、公司投资条件。依照国际惯例，投资机会研究主要是对拟投资项目的投资成本与生产成本进行粗略估计，估算误差大致要求控制在±30%以内，所需经费约占投资预算的 0.2%～1%。当机会研究证明该投资项目是可行的时候，则应继续进行初步可行性研究。

投资机会研究完成后要编制投资项目建议书，为初步选择投资项目提供依据。投资项目建议书是公司生产经营管理者根据对投资机会的判断向公司最高投资决策者提出的有关投资的建议性文件。根据我国现行制度规定，投资项目建议书一般包括以下内容：

① 投资项目的必要性和主要依据。

② 市场预测，包括国际与国内市场的现状、发展趋势预测，销售与价格预测。

③ 拟议投资的规模和投资方向(产品方案)。

④ 投资地点的选择，包括对拟选投资地点和所选投资方向有直接影响的投资环境要素，如自然条件、社会条件、资源条件、经济条件等影响的初步评价，以及对投资地点是否符合国家生产力地区布局要求的初步判断。

⑤ 主要技术、工艺的设想。

⑥ 投资测算与融资方案，包括对投资额及其依据的确定，选择投资来源、投资偿还措施与方式的打算以及对垫底营运资本数额的估算。

⑦ 投资周期预计。

⑧ 投资效益预计，包括对投资收益率、投资回收期、投资净现值、投资贷款偿还期等指标的粗略测算。

(2) 初步可行性研究及其内容。

初步可行性研究又称预可行性研究，它是在投资机会研究的基础上，对拟投资项目的可能性和潜在效益进行技术经济分析，以判断投资机会的价值和拟投资项目的生命力，从而做出有关投资项目的初步选择。

初步可行性研究应对下列问题进行粗略的研析：市场需求与现有生产能力；生产要素的供给；投资地区与厂址选择；项目设计；管理费用；人力资源；项目进度；项目财

务效益。

初步可行性研究对拟议投资项目的投资成本与生产成本的估算误差要求控制在±20%以内，所需经费约占投资预算的 0.25%～1.25%。当初步可行性研究通过后，便可进行详细可行性研究。

(3) 详细可行性研究及其内容。

详细可行性研究是公司投资过程的重要阶段，它是在投资决策前，根据初步可行性研究的结果，在调查与预测的基础上，对拟投资项目进行系统深入的技术经济分析与论证的科学方法和工作阶段。详细可行性研究是公司投资最终决策的直接依据，核心是对拟投资项目的关键做深刻、审慎的研析，以利于投资决策。详细可行性研究应深入研究有关产品方案、生产纲领、资源供应、厂址选择、工艺技术、设备选型、工程实施进度安排、资金筹措计划以及组织管理机构和定员等方面各种可能选择的技术方案，进行全面的技术经济分析和比较、选择工作；在技术经济分析、比较时应着重针对投资项目总体方案确定并推荐一个以上可行的投资方案，进行投资项目准备。在该阶段务必防止草率和弄虚作假，否则便会蔽聪塞明，导致错误的投资决策。

详细可行性研究的内容和结构与初步可行性研究基本相同，主要区别是所获资料的详尽程度不同和研究的深度不一样。工业企业投资项目详细可行性研究一般内容如下：

第一部分　总　　论

(1) 投资项目概况。

(2) 研究结果概要。

(3) 存在的问题和建议。

第二部分　市场需求情况和拟议投资规模

(1) 国际国内市场的近期需求。

(2) 国内现有生产能力估计。

(3) 销售预测、价格分析、产品竞争能力、进入国际市场的前景分析。

(4) 拟议投资规模、产品方案的论述和发展方向的技术经济比较与分析。

第三部分　资源、原材料及主要协作条件

(1) 资源丰度、审批情况与资源开采条件的评述。

(2) 原材料等的种类、来源、数量、合同、供应地点与条件等的分析。

(3) 动力等公用设施的内外部协作条件的分析。

第四部分　建厂条件与厂址方案

(1) 检查地区的地理位置及其选择理由。

(2) 厂址的位置、气象、水文、地质与交通通信条件、水电气等的供应情况及与公司投资的关系。

(3) 厂址面积、占地范围、内部布局、建设条件、搬迁户、搬迁情况、安置规划等。

(4) 地价、拆迁及其他投资。

第五部分　投资项目设计方案

(1) 投资项目的构成和范围。

(2) 技术和设备方案的比较与选择。

(3) 公用辅助设施方案的选择。

(4) 土建工程量、布局方案的选择。

(5) 总图与运输方案的比较与选择。

(6) 设计方案。

第六部分　环境保护

(1) 三废情况及其对环境影响的范围和程度。

(2) 三废治理方案的选择和回收利用情况。

(3) 对环境影响的预评价。

第七部分　生产组织、劳动定员和人员培训

(1) 生产经营管理体制与机构设置。

(2) 劳动定员的配置方案。

(3) 人员培训规划及经费预算。

第八部分　投资项目实施计划和进度要求

(1) 勘察设计时间与进度。

(2) 设备制造所需时间。

(3) 工程的施工所需时间。

(4) 试生产所需时间。

(5) 整个工程项目的实施计划和进度的方案选择。

第九部分　投资估算与资金筹措

(1) 工程总投资与分项分期工程投资。

(2) 垫底营运资本估算。

(3) 资金来源与融资方式。

第十部分　财务和国民经济评价

(1) 总投资估算。

(2) 资本筹措方式、数量及结构、融资成本。

(3) 生产成本计算。

(4) 财务评价。

(5) 国民经济评价。

第十一部分　评价结论

(1) 可行性。

(2) 存在的问题。

(3) 建议。

公司投资项目的详细可行性研究工作，可以委托给公共机构或有关专家来进行，也可以与他们联合进行。该阶段的投资成本和生产成本的计算误差要求控制在±10%以内，所需费用视项目的大小而定，对于中小型项目来说，约占总投资的1%～3%。

3.5.3　公司投资战略管理

投资战略是指企业为了长期生存和发展，在充分估计影响企业长期发展的内外环境中的各种因素的基础上，对企业长期的投资行为所做出的整体筹划和部署，它是企业战略不可分割的部分。企业投资战略对企业资源的运用具有指导性，其目的是全面、有效地利用企业各种资源，合理、科学地配置企业生产力，从而最大化企业整体投资效益。它包含了企业全部的经济活动，此外，它不仅关注企业目前资金的使用效果，还关注资金在将来的合理配置。作为企业战略的一部分，它是企业战略实施的细化，反过来，投资战略实施的效果又会影响整体战略目标的实现。企业的投资战略一般具有从属性、导向性、长期性和风险性的特点。投资战略一旦成功，就会给整个企业带来生机和活力，使企业得以迅速发展；但是投资战略一旦失败，将会给企业带来较大损失，甚至使企业陷入破产、倒闭的局面。

企业投资战略的管理包括投资战略环境分析、投资战略目标的确定、投资战略的制订、投资战略的实施与控制等几项内容。

1. 企业投资战略环境分析

投资战略环境分析是指在制订投资战略前，对企业面临的外部环境和内部条件进行分析，从而知外知内，寻求投资机会，明确投资风险，找出优势和劣势。这是制订投资战略的基础和前提。

1) 投资战略外部环境分析

一般而言，与投资战略有关的外部环境因素包括以下几个方面：

(1) 政治因素。政治因素是指政府制定的产业经济政策、规定，国内外政治经济形势，尤其是与经济有关的政治形势。

(2) 社会文化因素。社会文化因素是指社会价值观念、风俗习惯、宗教信仰、地理条件、人口结构、人力资源素质等。

(3) 科学技术因素。科学技术因素是指与行业有关的科学技术的水平和发展趋势，主要是新技术、新设备、新工艺、新材料。

(4) 经济因素。经济因素包括国内外经济形势、行业在国民经济发展中的地位以及企业的直接市场等内容。其中企业的直接市场是与企业关系最密切、影响最大的经济因素，主要包括商品市场和资本市场。对外部环境因素的评估，要求企业财务决策者具有较强的洞察力和较迅速的反应能力。

2) 投资战略内部环境分析

投资战略环境分析还要摸清企业内部资源条件，进行内部条件分析。内部环境因素主要包括：企业发展的最大能力与潜力、企业生产装备状况及资产的适用性、企业资金规模及其配置情况、企业经济效益、企业人员素质和组织结构状况。通过内外环境分析，企业财务决策者从中发现环境制约的风险与机会，分析出企业的优劣势、企业资金的筹措能力、企业规模扩大的可能性和必要性等，以此为制订合理的投资战略提供基础依据。

2. 企业投资战略目标的确定

现代企业财务理论认为，企业财务管理的目标是实现企业价值最大化。这一目标在企业投资行为中的体现就是以较少的资金投放和较低的投资风险获得较大的投资收益和竞争优势。但是，由于企业投资战略的制订和实施必须充分考虑企业内外诸多环境因素和企业战略的要求，因此，企业战略各项目标应切实可行，具有挑战性、多元性和弹性等特征。这些目标主要包括：

(1) 收益性目标。收益性目标是指企业通过投资所产生的各种获利能力指标，如利润率、投资收益率等。

(2) 成长性目标。成长性目标是指通过投资战略带来的企业的发展空间和水平，表现为那些能表明企业成长、发展程度的目标，如扩大规模、增加产量、提高销售额、提高技术准备水平等。

(3) 市场占有目标。市场占有目标是指通过投资战略的制订与实施，有助于企业占有市场，提高市场占有率等的目标。

(4) 技术领先目标。技术领先目标是指企业投资战略的制订与实施，要有助于企业在某项技术上占据领先地位的目标。

(5) 产业转移目标。产业转移目标是指通过投资战略，可使企业改变生产方向，从一个行业转向另一个行业的目标。

(6) 一体化目标。一体化目标是指通过投资战略，企业可取得或建立有保证的销售渠道、关键技术、原材料供应基地和能源供给渠道，达到产前、产中、产后一体化的目标。

(7) 社会公益目标。社会公益目标是指投资战略提供社会公共效益方面的目标，如环境保护、公共交通、节约能源等。

上述目标相互联系，共同构成一个多元化的投资战略目标体系。

3. 企业投资战略的制订

企业投资战略的制订是投资战略管理的重要环节。

下面首先介绍投资战略的分类，然后介绍投资战略的制订方法，最后对投资战略方案进行评价与选择，以确定与企业发展实际相吻合的投资结论。

1) 企业投资战略的分类

企业的投资战略可以按不同的标准分为多种类型，不同企业或同一企业在不同时期所采取的投资战略类型会有所不同。

(1) 按照投资战略的性质分类。

企业投资战略按投资战略的性质可划分为稳定性投资战略、扩张性投资战略、紧缩性投资战略和混合性投资战略。

① 稳定性投资战略是一种维持现状的战略，即在外部环境短期内无重大变化的情况下，将现有战略继续进行下去，最有效地利用现有的资金和条件，继续保持现有市场、维持现有投资水平(可以是企业现有的投资规模，也可以指现有投资的增长水平，但一般来讲是指前者)，降低成本和增加企业现金流量，以尽可能多地获取现有产品的利润，积聚资金为将来发展做准备。这种战略实际上是产品转向的一个过渡阶段。其过渡时间的长短取决于现有产品的生命周期和转入新产品的难易程度。

② 扩张性投资战略是一种不断扩大现有投资水平的战略。企业通过扩大投资规模或提高投资的增长速度，不断扩大企业的生产经营规模，增加生产和经营产品的种类，提高市场占有率，其核心是发展与壮大。这种战略具体包括市场开发战略(战略目标是为企业现有的各种产品开拓新任务、新市场)、产品开发战略(战略目标是创造新产品以替代公司现有产品)、市场渗透战略(战略目标是以其目前的产品市场组合为发展焦点，力求增大目前的市场占有率)和多元化经营战略(战略目标是同时为公司开发新产品和新任务、新

市场)。

③ 紧缩性投资战略是一种收缩现有投资规模的战略。企业从进取竞争中退下来，从现有经营领域抽出投资，缩小经营范围，休养生息。这种战略可分为完全紧缩性投资战略和部分紧缩性投资战略。前者是指企业受到全面威胁时，将全部资产清算以收回资金、偿还债务。后者是指将企业部分非关键产品或核心技术出卖，紧缩经营。企业在经营决策失误，经营优势丧失，或者在取得竞争胜利后，放慢竞争节奏时，宜采用紧缩性投资战略。

④ 混合性投资战略是指企业在一个战略时期内同时采用稳定、扩张、紧缩等几种战略，多管齐下，全面出击。其战略核心是在不同阶段或不同领域，采用不同的投资战略。

(2) 按投资经营对象的差异分类。

企业投资战略按照投资经营对象的差异可分为密集型投资战略、一体化投资战略和多样化投资战略。

① 密集型投资战略是指企业在以单一产品为投资对象的条件下，采取积极措施，开辟新的经营领域，增加新的品种，扩大市场，从而全面扩大生产和销售规模。

② 一体化投资战略是指企业在供、产、销三个方面实现投资与经营一体化，使得原料供应、加工制造和市场销售实行联合，从而扩大生产和销售的能力。

③ 多样化投资战略是指企业的新产品和新市场相结合，从事相关多元化投资和经营的战略。

2) 企业投资战略的制订方法

目前，企业制订投资战略的方法主要有 SWOT 分析法、波士顿矩阵法、通用电气经营矩阵分析法和生命周期矩阵分析法等。这里只介绍 SWOT 分析法。

(1) SWOT 分析法基本原理。

SWOT 是由英文"优势"(Strengths)、"劣势"(Weaknesses)、"机会"(Opportunities)、"威胁"(Threats)四个单词的第一个字母组合而来的。它是由美国哈佛商学院最先采用的一种经典分析方法。SWOT 分析法是一种在综合考虑企业内部条件和外部环境的各种因素，正确认识自身优势与劣势的基础上，进行系统评价，扬长避短，抓住机会，避开威胁从而选择最佳投资战略的方法。企业的内部优劣势是相对于竞争对手而言的，一般表现在企业的资金、技术产品、市场等方面；企业外部的机会是指环境中对企业有利的因素，如政府支持、高新技术的应用等；企业外部的威胁是指环境中对企业不利的因素，如市场增长率减慢、技术老化等。企业内外部的优势、劣势、机会与威胁一旦确定，管理者即可着手制订投资战略。投资战略应该充分利用外部机会，避免或克服外部威胁；充分利用内部优势，克服内部劣势。在此过程中，一定要注意两个方面的一致性：一是内部的一致性，即投资战略要与企业战略相一致；二是外部的一致性，即投资战略要与外部环境相一致。

(2) SWOT 分析法的战略生成过程及应用。

对于内部优势、劣势和外部机会、威胁因素的不同组合来说，总有一些投资战略与之相对应，也就是说企业在特定的情况下，有特定的投资战略可供选择。SWOT 分析法的分析过程包括了以下八个步骤：

① 列出企业的关键外部机会。

② 列出企业的关键外部威胁。

③ 列出企业的关键内部优势。

④ 列出企业的关键内部劣势。

⑤ 将内部优势与外部机会相匹配，得出优势-机会战略(SO)。

⑥ 将内部劣势与外部机会相匹配，得出劣势-机会战略(WO)。

⑦ 将内部优势与外部威胁相匹配，得出优势-威胁战略(ST)。

⑧ 将内部劣势与外部威胁相匹配，得出劣势-威胁战略(WT)。

通过上述分析，将得出的结果用图 3-11 来表示，它表明某些投资战略与不同的 SWOT 因素组合之间的关系。图中横、纵两条线把平面分为四个区域，横线表示内部优势与劣势，纵线表示外部机会与威胁。其中最有利的区域是区域(A)，对应优势-机会(SO)战略，在该区域内的企业外部环境机会很多，并且企业内部也具有较多的优势，因此企业可以趁机增加投资，大力发展，应该采取的战略是增长型战略，如把力量集中在现有的产品和市场上，增加产量或开发市场，或者通过合并或兼并方式使企业迅速扩张。区域(C)则是最不利的区域，对应劣势-威胁(WT)战略，在该区域内的企业不仅处于较明显的劣势，而且外部面临着巨大威胁，企业应采取防御型战略，收缩或退出是唯一明智的选择。在区域(D)的企业对应优势-威胁(ST)战略，企业内部处于优势，同时也面对外部巨大的威胁，此时，企业可以在稍有不同的领域中施展自己的能力，即在相关领域内进行多样化投资，利用自己的优势，在多样化经营上寻找长期发展的机会，如在相关领域内合并或兼并都是恰当的投资战略。在区域(B)中的企业对应劣势-机会(WO)战略，机会很多，却受到内部劣势限制，所以企业应采取扭转型战略来抓住机会，克服弱点，如采取合资、混合多元化投资等战略。

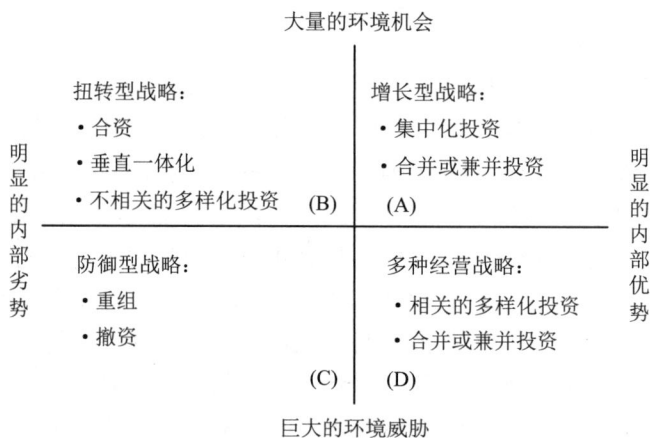

图 3-11　SWOT 分析图

3) 投资战略方案的评价与选择

企业对于投资战略方案的评价在一定程度上可以利用贴现的现金流量法(DCF 法)，如净现值法、内部报酬率法等。与常规投资项目评价不同之处在于，战略性投资方案的有关指标预测、分析的难度空前加大，导致 DCP 模型所需数据的预测值的准确性难以保证。因此对应用 DCF 法所得的结论不能过分依赖，还应配合适当的定性因素分析，才能得出最终的结论。影响投资战略方案评价与选择的战略因素有以下几方面：

(1) 市场因素。

① 该投资方案与哪个市场或其细分部分相关？

② 该投资方案对企业经营战略是否起着关键作用？

③ 资产寿命是否超过了产品的经济周期？

④ 企业进行了哪些市场研究以支持该投资方案的有关市场假设？

⑤ 对于扩展方案，增加的产量是否能够销售出去？

⑥ 对于新产品投资方案，该产品是否经过完善的技术与市场测试？

(2) 生产因素。

① 投资方案所确定的产品处于生命周期中的哪一阶段？它对有关数量、单位成本和销售价格的假设有何影响？

② 组织内部或外部对该种投资有无已知的经验？如果有，如何能够获得这种经验？如果没有，是否能用一定的方法预测该投资的前景？

③ 生产设施能否充分地达到投资方案中所假定的关于质量、时间和成本等方面的要求？

④ 该投资方案对短期、中期、长期的生产能力利用程度有何影响？

(3) 财务因素。

① 该方案所应用的折现率或肯定当量系数能否被证明是合理的？

② 该方案是否产生了特别的融资机会？

③ 除了按实际假设进行了计算分析外，对于"最好"或"最坏"的情景是否进行了定量计算与分析？

④ 是否进行敏感性分析？关键假设变动多大百分比会使该方案不可接受？

⑤ 该项目的风险在多大程度上源于微观经济因素或源于宏观经济因素？

(4) 竞争因素。

① 该投资方案的主要竞争对手有哪些？

② 这些竞争对手的实力和潜力如何？

③ 竞争对手的反应会对有关投资假设及结果产生何种影响？

④ 在竞争对手面前，我们可以采取的措施有哪些？

(5) 宏观经济、政治因素。

① 目前的宏观经济状况如何？哪些因素是对企业有利的？

② 该方案的成功对于汇率、商品价格、通货膨胀率、利率及政府经济政策等各项宏观经济因素的敏感程度有多大？

③ 该方案的成功在多大程度上依赖于政府的支持？

(6) 人员因素。

① 企业内部是否存在专业员工操作该方案？该方案是否需要对人员进行另外的培训？

② 管理当局能否很好地处理这种项目？

③ 现有管理结构与程序对新的投资是否适当？

④ 新的投资对管理当局及现在的职工队伍有何影响？

⑤ 是否以适当形式征求了职工和工会的意见？

⑥ 企业中各种正式组织与非正式组织对战略方案的支持程度如何？

4. 企业投资战略的实施与控制

企业投资战略的实施与控制可以简单地分为以下五个方面：① 分析战略变化；② 分析组织结构；③ 分析组织文化；④ 选择实施方式；⑤ 战略实施与控制。每个方面之间的关系如图 3-12 所示。

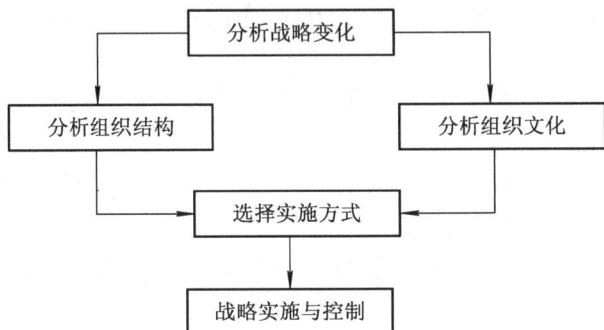

图 3-12　企业投资战略实施与控制程序

本 章 小 结

本章重点讲述了公司的长期投资战略，包括对单个投资产品和投资组合的收益与风险的衡量，介绍了资本资产定价理论和套利定价理论。

风险是指资产未来实际收益相对预期收益变动的可能性和变动幅度。通常根据风险的不同特征进行分类，按风险能否分散，分为系统风险和非系统风险；按风险的来源，分为经营风险和财务风险。收益一般是指初始投资的价值增量，在分析投资收益时，应注意期望收益率、必要收益率、实际收益率三者之间的联系和区别。通常用期望收益率衡量资产未来收益水平，与此同时，投资者还要考虑在某项特定投资中他们必须得到多大的收益率，即股票投资要求得到的必要收益率。实际收益率是在特定时期实际获得的收益率，它是已经发生的，不可能通过这一次决策所能改变的收益率。投资组合的收益是投资组合中单个资产或证券预期收益率的加权平均数，投资组合的方差则是各种资产收益方差的加权平均数，加上各种资产收益的协方差。有效边界上的投资组合是在同等风险条件下收益最高的投资或在同等收益条件下风险最小的投资。

资本资产定价理论认为影响任何一种资产的风险只有两种——系统风险和非系统风险。其中非系统风险是可以通过风险分散的方式进行规避的，而系统风险不可能进行规避。β 系数是度量某个体资产的系统风险大小的变量，β 系数越大的资产其风险就越大，β 系数体现了个体资产和市场资产的联动性。CAPM 告诉我们 β 系数越大的股票其期望收益率也越大，资产组合的 β 系数可用各资产的 β 系数按其在组合中的比例算出。CAPM 有着广泛的应用，是对金融学影响最深远的理论之一。

套利定价模型 APT 的理论基础是一项资产的价格是由不同因素驱动决定的，将这些因素乘上该因素对资产价格影响的敏感系数，加总后，再加上无风险收益率，就可以得出该项资产的价值。虽然 APT 理论上很完美，但是它没有给出都是哪些因素驱动资产价格的，而这些因素可能数量众多，只能凭投资者的经验自行判断选择。

长期投资战略包括长期投资的财务决策程序、投资方向决策与项目可行性研究和公司投资战略管理。

思考与练习

1. 如何衡量投资的收益与风险？
2. 收益与风险的关系是什么？
3. 资本资产定价模型与套利定价模型在应用上有什么区别？
4. 公司如何管理长期投资战略？

第四章 公司融资行为与融资战略

(1) 学习现代资本结构理论的基本内容；
(2) 了解公司融资决策行为的影响因素；
(3) 熟悉公司融资的具体方式；
(4) 了解公司融资战略管理方法。

案例导读

特斯拉的融资方式

特斯拉汽车公司成立于 2003 年，并于 2010 年 6 月在纳斯达克上市，是继福特后第二家完成上市的美国汽车企业，其股票代码为"TSLA"。2016 年 11 月特斯拉为完成其产业链梦想，花费 2.6 亿美元收购了光伏租赁公司 Solar city 22%的股份，成为世界上第一家完成能源垂直整合的新能源汽车公司。2017 年 2 月 1 日，特斯拉汽车公司正式改名为特斯拉。新能源汽车行业正处于发展阶段，行业门槛低。行业内既有宝马、奔驰等老牌车企，又有特斯拉、蔚来等造车新势力，不同类型的企业资本积累程度不同。新能源汽车企业同上下游企业的合作和贸易往来较为频繁，常常需要垫付资金，并且企业自身经营也需要投入大量资本，因此企业需要大量资金保证日常生产经营活动的有序开展。新能源汽车行业内竞争越来越激烈，企业在努力提升自身的生产和经营水平的基础上需要不断推动经营模式的转型升级，提升自身竞争力，尽快占据市场份额，就需要投入大量资金，融资无疑成为企业战略转型升级的重要基础。

根据特斯拉年报数据，2010—2019 年特斯拉依靠抵押担保的方式获得银行贷款，其抵押的资产包括：部分应收账款、库存商品、生产设备以及销售、租赁合同产生的未来现金流量。特斯拉在抵押企业现有的存货、生产设备的基础上，还利用应收账款、租赁合同向银行抵押贷款。由于特斯拉采用预收定金的方式同客户签订销售合同，通过合同向银行证明客户拥有还款计划以及还款能力，从而根据合同产生的未来现金流量获得银行贷款，增加贷款额度，取得更多的资金用于基础设施建设及研发投入。

特斯拉在 2010—2020 年共发行 9 次可转换债券，其中包括子公司 Solar city 发行的 4 次可转换债券，通过发行可转换债券融资超过 100 亿美元。资金主要用于建设超级工厂、研发新产品以及维持公司日常运营。特斯拉大多发行 5 年期的可转换债券,同时票面利率维持在较低水平,并且波动不大。

特斯拉于 2010 年 6 月在纳斯达克交易所上市交易,发行价是每股 17 美元,发行当日股票上涨幅度超过 40%。通过上市交易,特斯拉 2010 年共募集到 2.2 亿美元,在此后的 10 年间,其通过增发股票共募集了 190.2 亿美元。2011 — 2020 年,特斯拉每年都通过增发股票的方式为企业筹取资金,股市逐渐成为特斯拉最重要的融资渠道。2020 年是特斯拉融资史上融资规模最大的一年,其在一年内三次公开发行股票,共筹集到 126.86 亿美元。2020 年 2 月 19 日,特斯拉公开发行普通股,总共发行了 1 520 万股股票。若承销商完全行使购买本次发行的选择权,发行的净金额约 23 亿美元。2020 年 8 月 11 日,特斯拉宣布以股息的形式对公司普通股进行五比一的分割(股票分割)。2020 年 8 月 21 日登记在册的每位股东都获得了 4 股普通股的额外股息,以降低股票价格。

由此可以看出,不同的融资方式对公司资本结构的影响是不同的,合适的融资方式对公司的发展至关重要。不同的融资方式各有利弊,公司管理者应当选择适合公司实际情况的融资方式。

4.1　现代资本结构理论

现代资本结构理论是由莫迪格莱尼与米勒(简称 MM)基于完美资本市场的假设条件提出来的,MM 的资本结构理论所依据的直接及隐含的假设条件如下:

(1) 经营风险可以用息税前利润的方差来衡量,具有相同经营风险的公司称为风险同类。

(2) 投资者等市场参与者对公司未来的收益与风险的预期是相同的。

(3) 完美资本市场,即在股票与债券进行交易的市场中没有交易成本,且个人与机构投资者的借款利率与公司相同。

(4) 借债无风险,即公司或个人投资者的所有债务利息均为无风险利率,与债务数量无关。

(5) 全部现金流是永续的,即公司息税前利润具有永续的零增长特征,债券也是永续的。

在上述假设的基础上,MM 首先研究"没有公司所得税"情况下的资本结构理论,其后又研究了"有公司所得税"情况下的资本结构理论。因此 MM 资本结构理论可以分为"无税 MM 理论"和"有税 MM 理论"。

在没有税收、没有市场摩擦、市场完备的情况下,公司价值与资本结构无关。这个定理被称为无税收条件下的莫迪格莱尼-米勒第一定理(MM 定理 I,无税收),它奠定了现代公司财务学的理论基础。以 V_U 表示没有负债时公司的价值,V_L 表示负债经营时公司的价值。负债经营一般也叫杠杆经营,负债与股东权益的比率相应被称为杠杆率。

1. MM 定理 I(无税)

在一个无税、完备的市场上,如果公司的资金来源总量一定,则杠杆公司的价值等同于无杠杆公司的价值,即 $V_L = V_U$。换句话说,此时公司价值与资本结构无关。

在此，特别强调的是，MM 定理 I 只假设资本结构即权益和负债的比例关系在改变，公司使用的资金总量不变。

MM 定理 I 可以用无套利原理来证明。所谓套利，就是在不承担风险的情况下，利用零投资，就能赚取利润。一个市场如果是完备的，就不会存在这种机会。无套利原理的一个基本推论是：如果两项金融资产具有完全相同的现金流，则必有相同的价格。为了看清这一点，假设有两项金融资产 A 和 B，它们具有完全相同的现金流，但价格不等——A 的价格 P_A 低于 B 的价格 P_B。若投资者买入一个单位的 A 产品，同时卖空一个单位 B 资产，可立即获得收入 $P_B - P_A$。至于将来，由于 A 的现金流入正好等于因卖空 B 资产而必须负担的资金流出，因而，$P_B - P_A$ 也就成了投资者不付任何代价、不承担任何风险的情况下所获得的纯利润。对投资者来说，这就是一种套利，从而违反无套利的假设。

很显然，如果没有税收等因素的影响，一个公司在支付利息和股利之间的现金流取决于如何使用一定金额的资金，而不是资金的来源。因此，杠杆公司在支付利息和股利之间的现金流与无杠杆公司在支付利息和股利之间的现金流应当相同，因而具有相同的价值，即 $V_L = V_U$。

MM 定理 I 的结果，可以用图 4-1 的"馅饼理论"来直观地表示。公司的价值好比一张饼，资本结构的调整只改变饼的切法，但不会改变整张饼的大小。

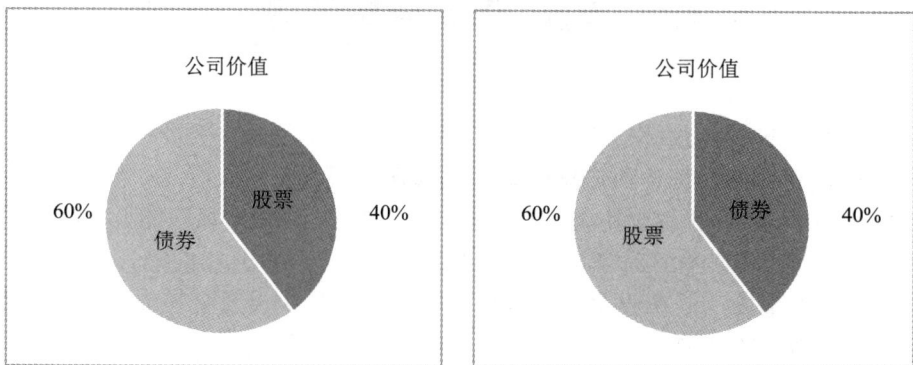

图 4-1　资本结构与公司价值(无税)

由上所述，在一个无税、完备的市场上，资本结构既不影响公司投资者(包括股东和债权人)的利息和股利之前的现金流，也不影响公司价值。由于公司价值等于现金流的折现值，在此情况下，资本结构也必定不能影响相应的折现率，即公司的资本成本。无杠杆(U)公司因为没有债务，公司的资本成本就是其权益的资本成本，即为 r_0。对于杠杆(L)公司，假设负债的资本成本为 r_B，权益的资本成本为 r_S。按照定义，公司的资本成本为

$$WACC = \frac{B}{B+S}r_B + \frac{S}{B+S}r_S$$

其中，B 代表负债，S 代表权益。

MM 定理 I(无税收)意味着

$$WACC = \frac{B}{B+S}r_B + \frac{S}{B+S}r_S = r_0$$

2. MM 定理 II (无税收)

在一个无税、完备的市场上:

$$r_S = r_0 + \frac{B}{S}(r_0 - r_B)$$

其中,r_S 是权益成本,r_B 是债务成本,r_0 是无杠杆公司的资本成本,$WACC$ 是加权平均资本成本,在没有税收的情况下杠杆公司的 $WACC$ 等于 r_0 (见图 4-2)。

MM 定理 II (无税收)表明,权益成本会随财务杠杆而增加,原因是权益的风险随财务杠杆而增加。举例来说,某公司现有权益资金 1 亿元,没有负债。预测表明,公司到年底的息税前利润有两种可能性:2 000 万元(可能性为 50%)或 200 万元(可能性为 50%)。按此预测,在没有杠杆的情况下,权益回报率有两种可能:20%(可能性为 50%)或 2%(可能性为 50%)。因此,即使糟糕的情况发生,股东的权益回报率也可为 2%。假设公司利用 5 000 万元负债来替代股东权益,负债率为 8%。由于资本结构的调整并不影响公司息税前利润,这样一来,公司在支付 400(5 000 × 8%)万元利息后,留给股东的净利润为 1 600 万元(可能性为 50%)或 -200 万元(可能性为 50%),相应的权益回报率是 32%(可能性为 50%)或 -4%(可能性为 50%)。很显然,此时权益资本的风险大为增加。

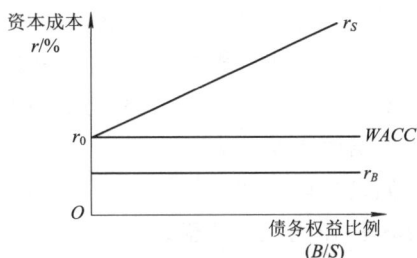

图 4-2 权益成本、债券成本和加权资本成本(无税)

4.1.1 税收的影响

当公司需要缴纳所得税的时候,可以把政府看成一个不投资的利益分享者。这样一来,公司就有三种利益分享者:股东(要求得到红利和资本增值)、债权人(要求公司还本付息)以及税务局或政府(要求公司缴纳税款)。如果我们沿用图 4-1 的"馅饼理论",由于政府的加入,饼现在被切成三块,如图 4-3 所示。记住公司的价值包括权益的价值 S、负债的权益 B,但不包括缴纳给政府的税收的价值。原因是股东和债权人都是公司的资金提供者,即投资人,而政府并不需要投资才收税。公司给债权人还本付息依据的是等价交换的市场原则,而公司给政府纳税却是无偿的,是在法律制约下的一种义务。换句话说,公司给债权人还本付息是交易,而给政府纳税则相当于(强制性的)无偿捐赠。

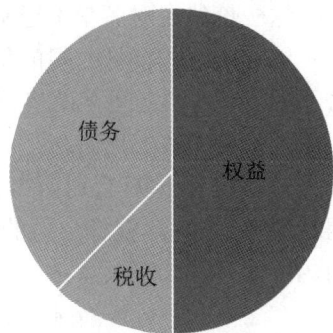

在公司的资金使用方式给定以后,各利益主体(股东、债权人、政府)可以分享的价值总和($B + G + S$),即图 4-3 中整个饼的大小也是给定的。此时,政府税收的价值 G 越小,公司价值 $V = B + S$ 便越大。如何合理合法地让政府拿走的那一块价值 G 变小呢?这是本节资本结构的一个核心的内容:节税。

图 4-3 所得税对公司价值的影响

我们知道，公司的利息作为费用是在税前支付的，而股利的分派却是在税后。假设公司的所得税税率是 33%。如果公司支付的是 1 000 万元利息，税前利润会减少 1 000 万元，公司可相应少缴纳 330 万元所得税；但是如果公司派发 1 000 万元红利，所得税不会有任何减少。也就是说，支付利息可以省税，而股利支付则不可省税。这是财务学中的一个最基本的结果。

我们现在利用一个简单的例子从理论上阐述税收对公司价值的影响以及债务的避税功能。假设公司所得税税率是 T_C，并且公司付息和缴税前的收益(或叫息税前收益，$EBIT$)恒常不变，且公司将税后全部收益都用于支付股利。这些假设主要是为了计算方便，对我们的主要结论影响不大。

如果公司不使用杠杆，即公司资金全部为自有资金，则公司无利息负担。公司此时需以 $EBIT$ 作为应税金额，按照所得税税率 T_C 缴纳所得税。完税以后留给股东的净利润是 $EBIT(1 - T_C)$。因为没有债权人，所以 $EBIT(1 - T_C)$ 这个金额也是公司在税后所支付给所有投资者(此时没有债权人)的现金流量的总额。

现在考虑公司有杠杆，即负债经营时的情况。公司付给债券持有人的利息是在税前支付的。如果公司的债务是 B，债务的利息率是 r_B，则每年的利息总额为 $r_B B$。息税前收益 $EBIT$，减去利息费用，剩下的税前收益是 $EBIT - r_B B$，这也是公司的应税金额。据此，公司应缴纳的所得税金额为 $(EBIT - r_B B)T_C$。这样一来，公司分给股东的税后净利润为

$$EBIT - r_B B - (EBIT - r_B B)T_C = (EBIT - r_B B)(1 - T_C)$$

通过简单计算，我们立即发现，公司支付给所有投资者(股东和债权人)的现金流量的总额为

$$r_B B + (EBIT - r_B B)(1 - T_C) = EBIT(1 - T_C) + r_B B T_C$$

通过比较可以发现，同无杠杆公司相比，杠杆公司的投资者可获得的现金流多了 $r_B B T_C$，这个金额正好是政府少收的税金。因此，$r_B B T_C$ 体现了负债经营时公司因避税而增加的现金流量，利用永续年金的价值计算公式，此价值为

$$\frac{r_B B T_C}{r_B} = B T_C$$

这一价值在财务学中通常被称为"税盾"(Tax Shield)。

综上所述，杠杆公司的价值(V_L)与无杠杆公司的价值(V_U)之间存在差异，这一差异就是税盾的价值 $T_C B$。我们有：

MM 定理 I (有公司所得税)：假设公司所得税税率为 T_C，杠杆公司的价值与无杠杆公司的价值存在如下关系：

$$V_L = V_U + T_C B$$

MM 定理 I (有公司所得税)的结果可以用图 4-4 表示。

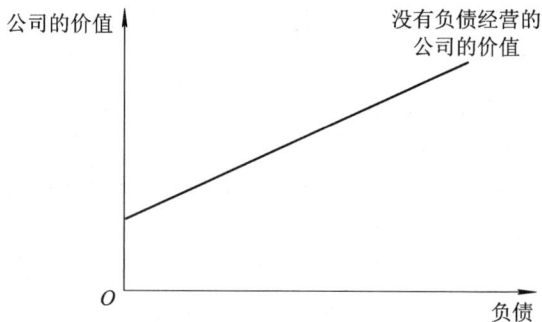

图 4-4　财务杠杆对公司价值的影响

结论：

(1) 一家负债经营的公司的价值，等于非自有资本性的公司的价值加上税盾的价值。

(2) 负债可以减轻公司的税收负担，因而可以增加公司的价值。

(3) 负债越多，公司的价值就越高。

(4) 公司的价值越高，股东获益就越高。

回头来看资本成本。由于利息是在税前支付，可以抵税，所以，如果债务的税前资本成本为 r_B，则相应的税后资本成本仅为 $r_B(1-T_C)$。这样，公司的(税后)加权平均资本成本可表示为

$$WACC = \frac{S}{V_L}r_S + \frac{B}{V_L}r_B(1-T_C)$$

依据上述公式，我们可以给出财务杠杆可增加公司价值的另一个解释：负债可以降低公司的资本成本 $WACC$，原因是权益的资本成本完全由公司的税后收益支付，而债务的资本成本则有一部分转嫁给了政府——由政府通过减少税收的方式来承担。利用加权平均资本成本法，我们前面讨论的公司的价值可表示为

$$V_U = \frac{EBIT(1-T_C)}{r_0}$$

$$V_L = \frac{EBIT(1-T_C)}{WACC}$$

式中：r_0 为无杠杆公司权益的资本成本，也是该公司的 $WACC$。

相应地，在有公司所得税的情况下，MM 定理 II 可表述成：

MM 定理 II(有公司所得税)：考虑到公司所得税的影响，在一个均衡、无套利的资本市场上，我们有 $r_S = r_0 + \frac{B}{S}(1-T_C)(r_0-r_B)$。

财务杠杆增加了公司权益的风险。作为补偿，公司的权益成本伴随风险增加。

如图 4-5 所示，权益成本会随财务杠杆而增加，原因是权益的风险随财务杠杆而增加，但在有公司所得税的情况下，财务杠杆能降低公司的资本成本 $WACC$。注意，r_0 是一个点，而 r_S、r_B、$WACC$ 是整个曲线。

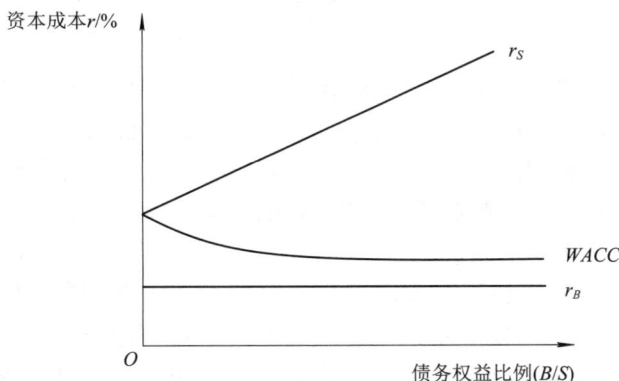

图 4-5　财务杠杆对债务成本和权益资本成本的影响

通过财务杠杆避税以提高股东税后收益，是公司实施税收筹划常用的方式之一。税收

筹划的内容广泛、手段多样，但都有一个共同点，即使纳税人(公司)获得最大经济利益。合法性、整体性、前瞻性是涉税筹划的关键，公司税收筹划的重点在于根据自身的情况和现行税收政策，特别是税收优惠政策的规定，通过合理选择公司组织形式、经营方法、会计方法，以达到节税的目的。

4.1.2　CAPM 与有税 MM 模型的结合 —— 哈莫达公式

罗伯特·哈莫达将 CAPM 与有税的 MM 模型结合，导出举债融资公司的股本收益率为

$$K_{SL} = K_{RF} + \beta_U(K_M - K_{RF}) + \beta_U(K_M - K_{RF})(1 - T)\left(\frac{D}{S}\right) \tag{4-1}$$

式中：β_U 表示无负债时的 β 系数；K_{SL} = 无风险利率 + 经营风险报酬率 + 财务风险报酬率；K_{RF} 是无风险利率，它补偿了权益资本的时间价值；$\beta_U(K_M - K_{RF})$ 是对股东承受的经营风险的补偿；$\beta_U(K_M - K_{RF})(1 - T)\left(\frac{D}{S}\right)$ 反映了对公司运用财务杠杆所引起的财务风险的补偿。

CAPM 中的证券市场线 SML 可用来确定公司股本要求收益率，在证券市场均衡时，公司的股本期望收益率等于要求收益率，令 SML 公式 $K_{SL} = K_{RF} + \beta_L(K_M - K_{RF})$ 与(式 4-1)相等，则

$$K_{RF} + \beta_L(K_M - K_{RF}) = K_{RF} + \beta_U(K_M - K_{RF}) + \beta_U(K_M - K_{RF})(1 - T)\left(\frac{D}{S}\right)$$

整理后得到

$$\beta_L = \beta_U\left[1 + (1 - T)\left(\frac{D}{S}\right)\right] \tag{4-2}$$

式中：β_L 为有负债公司的 β 值；β_U 为无负债公司的 β 值；T 为公司税率；D 为负债的市场价值；S 为股本的市场价值。

在 CAPM 和 MM 模型的假设条件下，利用(式 4-2)可将无负债公司的 β 系数和有负债公司的 β 系数作相应的转换。公司的经营风险和财务风险用 β_L 来衡量时表现为市场风险。

β_L 的大小取决于以 β_U 反映的经营风险和以财务杠杆 D/S、税率 T 反映的财务风险。

由于税收的影响，资本结构将影响公司的价值，增加负债会提高公司的价值。而且如前所述，在只考虑税收影响的情况下，我们会得到这样一个结论：负债比率越高，公司价值越高，也就是负债越多越好。照此推论，各公司的负债率(负债/总资产)岂不应接近 100%？很显然，这个结论与事实不符。

为了使资本结构更贴近经济现实，我们有必要进一步考虑其他因素对资本结构安排的影响。在现实中，除了税收，还存在着风险因素。负债比例越高，风险也越高。风险因素同样也会影响公司的价值。公司的负债是有风险的负债，且风险随负债比率的增加而增大。这会导致债务成本随负债比率的增加而上升。因此，负债是一把双刃剑，一方面可以省税，另一方面也会使风险上升。风险因素会引发两种成本：一是财务危机成本，

二是代理成本。

4.1.3 权衡理论

1. 财务危机成本

财务危机指公司在履行偿债义务方面遇到了极大的困难, 暂时或永久无法履行某些偿债义务, 即不能按时还本和付息。财务危机成本分为直接成本和间接成本。直接成本是公司为了处理财务危机而发生的各项费用, 如律师费、清算费等; 间接成本则指因发生财务危机而给公司经营管理带来的种种损失, 如不能正常销售产品、不能正常获得原材料供应、为渡过危机而不得不割肉补疮等而造成的损失。

例如, 一个公司需要投资 5 亿元。公司今年的 EBIT 为 1 000 万元。假设公司没有使用财务杠杆, 所有资金皆为自有资金, 则公司要维持下去不会有任何财务障碍。假设在 5 亿元当中, 有 2 亿元的公司自有资金, 3 亿元是借来的, 利息是 8%, 每年付一次。那么今年要支付的利息是 2 400 万元, 但是公司的 EBIT 才 1 000 万元。这样一来, 公司就会发生亏损。如果公司没有别的现金流来还利息, 怎么办? 这种情况就是财务危机。公司要么与债权人谈判, 希望获得延期付息的机会; 要么就得变卖资产偿付利息。这些都可能对公司的信誉与经营产生负面影响。公司的负债越多, 固定的利息支出越大, 则收益下降导致财务危机发生的概率越大。财务危机成本增大会大大抵消因负债税收屏蔽作用而增加的公司价值。

2. 代理成本

股东和债权人之间的代理问题, 从根本上讲, 主要体现在股东与债权人的利益是不一致的。债权人的钱由公司支配, 可能发生以下几种情况:

(1) 项目替换。公司由借款前承诺的投资于低风险项目, 转向借款后投资于高风险项目。高风险项目可能产生高额回报, 但也可能导致巨额亏损。由于债权人只能按约定的利率获得回报, 因而无法分享公司的超高回报的好处; 但一旦公司因巨额亏损而无法还本付息, 债权人则要分担高风险带来的后果。

(2) 资金转移。股东可能利用其对公司资金的控制权, 采用高红利派现等手段, 将从债权人手里筹集的资金转移到自己的钱袋。

(3) 逆向选择。公司放弃有利于提高公司整体价值的项目, 选择降低公司整体价值但有可能对公司股东有利的项目。这种现象在公司负债率很高, 甚至面临难以改善的财务困境时最有可能发生。若公司从事稳定项目的经营, 到年末可获得 5% 的回报; 若公司从事类似赌博的冒险性业务, 有 40% 的可能获得 50% 的高回报, 有 60% 的可能发生 50% 的亏损, 预期收益率为 −10%。很显然, 在没有代理风险的情况下, 公司选择从事稳定项目的经营。但对本例中的股东来说, 稳定经营近乎自取灭亡, 因为 5% 的收益只能使公司的总资产增加到 1.89 亿元, 还是资不抵债(公司可能因此被迫进行破产重组), 股东在公司破产清算后依然一无所有。如果公司孤注一掷, 冒险一搏, 则有 40% 的机会使公司的总资产增加到 2.7 亿元, 股东净资产将因此而由负转正。

所以现实当中, 不仅要考虑负债经营所带来的税收屏蔽的益处, 同时也要考虑风险对

公司价值带来的负面影响。因此，经修改后的 MM 模型是一种权衡模型，可表达为

$$V_L = V_U + T_C B - 预期的财务危机成本现值 - 代理成本现值$$

权衡模型说明公司有一个最优负债量，即存在着最优资本结构，按此资本结构融资，公司的价值最大，加权资本成本最低(见图4-6)。

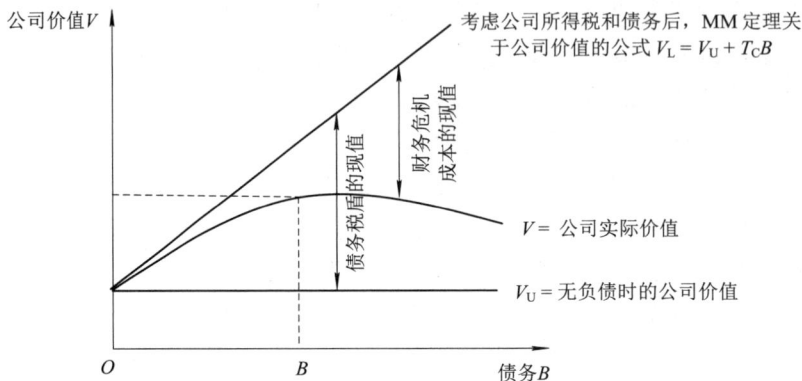

图 4-6　最优负债规模和公司的价值

税盾增加了杠杆公司的价值，财务杠杆风险成本降低了杠杆公司的价值。这两个相互冲突的因素共同产生最优负债规模 B^*。

4.1.4　基于信号理论的资本结构理论

信号理论的萌芽是从 Arrow 有关信息经济学的著作里发展起来的，但一般认为 Arrow 的贡献主要在于信号模型的思想性方面，而 Spence 被看成在方法上第一个正式提出信号模型的学者，应该说是 Spence 把信号模型发展成一种均衡理论模型。Spence 指出，无论是个人、公司还是政府，当它们不能直截了当地传达其个人偏好或意图时，"信号法"可以提供较大的帮助。例如，举债经营传达出来的一个信号是：公司对未来收益有着良好的预期。这一理论也同样可以解释，为什么公司喜欢向员工分红派息而不是派现金，从信号理论的角度而言，分红派息强烈地表达了公司良好的前景。Riley 于 1979 年发展了信号均衡的一般模型。其指出，如果存在信号均衡，投资者就能在资本市场上依据内部人选择的信号进行竞争并支付合理价格，外部人也可以通过对内部人的决策行为的观察来消除信息不对称现象；而内部人根据由此产生的市场价格变化选择新的财务政策以达到个人效用最大化。这就是信号模型的基本思路。信号经济理论在各个市场都得到了广泛应用。从产品市场逐渐应用到信贷市场、证券市场还有资本市场。Stiglitz 说明了信息不对称在资本市场上的反应。他指出，金融市场的运行基础就是信息。如果没有证券交易委员会要求有关方面充分披露信息，投资者就很难确定自己购买的公司股票究竟真正价值是多少。有关上市公司的管理层及卖方也许知道有关上市公司内部存在的严重问题，但股票购买者却不知道。

如果这种信息不对称现象经常发生，股市就有可能出现崩盘。市场中的一部分人比另

一部分人更多和更清楚地了解有关信息，这就是信息不对称的关键所在。资本市场的参与者都面临着信息不对称的问题。具体表现就是，发行股票或债券的公司对投资项目的质量、经营状况的信息了解要比购买股票或债券的投资者了解的信息要多得多。由于信息不对称，金融监管机构、银行及一些大型投资机构存在的理由就自然生成了。

信号经济理论在各个市场都得到了广泛应用。在资本市场中存在许多有成本的信号模型。资本市场的信号模型主要是针对 IPO 发行人和外部的投资者之间的信息不对称提出来的。虽然发行人在 IPO 发行日之前会通过各种途径(如注册申请表、招股说明书等)披露有关公司价值的信息，但是这些直接披露的信息无法准确地反映出发行人公司对预期价值的态度，有关公司价值的信息仍然保留在发行人手中(Allen 和 Faulhaber，1989)，发行人显然要比外部投资者更了解公司未来现金流的分布情况(Grinblatt 和 Hwang，1989)。为了克服这种信息不对称，发行人会通过各种信号来向潜在的投资者传送有关公司价值的信息。不同的信号机制被提出，主要用来帮助内部管理者传递有关他们公司价值的信息给潜在的股票持有人，还为了增加在招股说明书中信息披露的可信度。资本结构信号理论正是在这种背景下形成的，即信息不对称下的信号理论运用到资本结构理论中而形成资本结构的信号理论。

4.1.5 啄序理论

啄序(Pecking Order)理论由美国经济学家 Mayer 提出。啄序理论原则如下：① 内源融资；② 外源融资；③ 间接融资；④ 直接融资；⑤ 债券融资；⑥ 股票融资。也就是说，在内源融资和外源融资中首选内源融资；在外源融资中的直接融资和间接融资中首选间接融资；在直接融资中的债券融资和股票融资中首选债券融资。

当公司要为自己的新项目进行融资时，将优先考虑使用内部的盈余，其次是采用债券融资，最后才考虑股权融资。也就是说，内部融资优于外部债权融资，外部债权融资优于外部股权融资。所以从本质上说，Pecking Order 理论认为存在一个可以使公司价值最大化(公司发行的股票和债券的价值最大化)的最优资本结构，并且以对不同性质的资本进行排序的方式，给出了决策者应当遵循的行为模式。正因为 Pecking Order 理论是关于资本结构优化的理论，所以支持或反驳 Pecking Order 理论的讨论，都是在现代资本结构理论的背景框架下进行的。

4.1.6 委托代理理论

委托代理理论(Principal Agent Theory)认为：公司是由公司中各利益相关体组成的共同体，是这些利益相关体之间缔结的一组契约的联结。由于信息不对称、契约不完备等市场不完全性的存在，公司各利益主体之间的利益往往不一致，更多的时候还表现为相互之间的利益冲突。

根据 Jensen 和 Meckling 的研究，债务之所以被使用是由于所有者为了获取因自身的资源限制而无法得到的潜在有利可图的投资机会，但是债务的发行又会在债权人和所有者之间形成一种代理关系，从而产生代理成本。代理成本包括"委托人监督费用、代理人受限制费用和剩余损失之和"，它会随着发债水平的增加而增加。发行新股则等于现在所有者以股权来换取新所有者的资金，新旧所有者之间不可避免地会引发利益冲突。新的所有者为保证他们的利益不受原所有者的损害，也必须付出监督费用等代理成本。因此，所有者必须在债务的代理成本和股票的代理成本之间进行权衡，以使其所承担的总代理成本最小。所有者承担的总代理成本最小的债权与股权比例就是最优资本结构。

该理论的启示：规模较小的公司和资产担保价值较小的公司与股东、债权人之间信息不对称程度高，代理成本也高，所以公司规模、资产担保价值与资本结构可能存在正相关关系。

4.1.7   市场时机理论

以往的资本结构理论，一般都假设资本市场有效或半强式有效。伴随着对资本市场有效性假说的质疑，产生了行为公司金融理论，其大量实证研究表明，投资者是非理性的，股价经常与其真实价值存在背离。行为公司金融放弃了市场半强式有效的假设，关注市场非有效对公司投融资行为及资本结构的影响。

Stein(1996 年)首先提出市场时机的概念，研究了市场非有效而管理者理性情况下的公司融资。其研究结果表明，这可以利用市场的无效性安排不同的融资方式，进而实现现有股东价值的最大化，如在股价被高估时倾向于增发新股，而在股价被低估时会通过债务融资回购股票，并且会选择信息不对称程度低的市场时机发行股票，从而降低新股发行的抑价效应。

Baker 和 Wurgler(2002 年)实证检验了市场时机对资本结构的影响。其研究结果表明，低杠杆的公司往往在股价较高时进行外部融资，而高杠杆公司则是在股价较低时进行外部融资，发行时机对资本结构有持续的影响。市场时机理论认为，资本结构是历史市场时机积累的结果，而非动态优化的结果。Welch(2004 年)的惰性理论表明，股价的震动对公司资本结构有长期持续的影响，股票收益是资本结构变化的重要因素。

市场时机理论得到了调查研究的鼎力支持。Graham 和 Harvey(2001 年)对 300 多家美国公司的首席财务官(CFO)的问卷调查表明，2/3 的 CFO 认为，股票市场对股价的高估或低估是公司股权融资考量的重要因素。Brau 和 Fawcett(2006 年)对公司 CFO 关于 IPO 的调查问卷结果也表明，股票市场的总体条件是公司 IPO 决策最重要的因素(82.94% 的 CFO 选择了这一项)。Hovakimian(2001 年)关于 IPO 和增发新股的规模与事前的股价显著正相关的结论也支持了以上论断。

当前的研究对市场时机理论和惰性理论的质疑主要有两个方面：

(1) 发行时机对资本结构的持续性影响更可能是由于调整成本的原因，在市场较"热"或股价更高的时候，公司通过股权融资调整资本结构的成本更低(Leary 和 Roberts，2005 年)；

(2) Baker 和 Wurgler(2002 年)使用外部融资加权平均的 M/B 作为市场时机的代理变量，而加权平均的 M/B 对资本结构的长期影响是因为它包含了成长机会的信息，公司的成长性对目标资本结构有重要的影响(Alti，2006 年)。

4.2　公司融资决策行为的影响因素

公司的融资活动本身就是社会资源配置活动。资金具有追求资本增值的特性，资本通常偏好向收益率较高的公司流动。因而，不同公司的融资渠道、方式和规模也各不相同。当有限的资金资源配置到发展迅速、收益率高的公司时，社会资源配置的效率就较高。相反，当有限的资金资源配置到发展缓慢且收益率低的公司时，社会资源配置的效率就很低。

4.2.1　公司融资决策相关概念的界定

融资是公司作为融资主体根据其生产经营、对外投资和调整资本结构等需要，通过融资渠道和金融市场，运用融资方式，经济有效地筹措和集中资本，以保证公司正常运转需要的财务活动。融资决策主要解决融资方式、融资结构、融资目的、融资成本、融资规模等问题。

1. 融资方式

1) 股权融资与债权融资

这种分类是按融资中形成的权利来划分的。股权融资是指公司的股东将部分所有权转让，引进新的股东进行融资，如发行股票。债权融资是指公司通过借钱的方式进行融资，这也是本章所涉及的融资方式。

2) 内部融资与外部融资

这种分类是按资本来源划分的。内部融资是指公司在内部通过留存利润而形成的资本来源，是在公司内部"自然"形成的。外部融资是指向公司外部的其他经济主体融入的资金，这种方式一般发生在内部融资不能满足资金需要的情况下。

3) 直接融资与间接融资

这种分类是按筹集资金是否借助银行等金融机构来划分的。直接融资是指公司不借助银行等中介机构，直接从资金所有者那里获取资金。间接融资是借助银行等金融机构取得资本，这是一种传统的融资方式。

2. 融资结构

融资结构是指公司在取得资金来源时，通过不同融资方式筹措的资金的有机搭配，以及各种资金所占的比例。本章所涉及的融资结构与资本结构概念一致，即指负债总额、所有者权益和总资产的比例关系，用资产负债率来衡量。

3. 融资目的

1) 支持业务扩张

当企业看到市场增长机会，需要增加生产能力、扩大市场份额或进入新市场时，融资可以提供必要的资金支持。这有助于企业迅速抓住市场机遇，实现快速发展。

2) 推动研发与创新

在竞争激烈的市场环境中，持续的研发和创新是企业保持竞争力的关键。融资可以为新技术、新产品的研发提供资金保障，帮助企业推出更具竞争力的产品和服务。

3) 优化资本结构

通过融资，企业可以调整债务和股权的比例，降低资金成本，提高财务的稳定性。这有助于企业更好地管理财务风险，实现可持续发展。

4) 偿还债务

企业可能面临短期的债务压力，通过融资可以筹集资金来偿还债务，降低财务风险。

5) 应对突发情况

突发情况包括市场波动、行业危机或不可抗力事件等，充足的资金储备可以帮助企业渡过难关，保持持续运营。

4. 融资成本

融资成本是企业在筹集资金过程中所付出的代价，这个代价可能来源于债权、股权，以及其他各类筹资手段。融资成本可以被视为企业筹集和使用特定类型资本(如债务资本或股权资本)所需支付的总成本。这个总成本不仅包括直接的利息或股息支出，还可能包括与融资活动相关的其他费用，如发行费、手续费等。企业在选择融资方式时，会考虑不同融资方式的成本，并努力寻求成本最低、效益最高的融资方案。

5. 融资规模

融资规模是指企业在特定时间内通过各种融资方式(如债务融资、股权融资等)筹集到的资金总额。它反映了投资主体对资金的需求规模以及融资活动的活跃度。不同的融资方式(如银行贷款、发行债券、股权融资等)会对融资规模产生影响。企业会根据自身的信用状况、融资成本、融资期限以及市场情况等因素来选择最合适的融资方式。

4.2.2　管理者过度自信与公司融资决策

1. 管理者过度自信概念的界定

管理者过度自信是指包括董事及高级管理人员在内的决策集体所表现出来的对公司未来前景和自己成功概率高估以及对风险低估的心理认知偏差。心理学家发现，人们经常过高地估计自己的直觉、逻辑推理能力、判断能力以及认知能力等，高估自己成功的概率。在作决策时，人们也往往认为自己比别人更聪明、更具有精确的信息，这个认知偏差称为"过度自信"(心理学认为，过度自信是典型而普遍存在的认知偏差，几乎从事各种职业的人都存在过度自信，如科学家、临床心理学家、律师、谈判人员、工程师、企业家、证券分析师、驾驶员等都存在过度自信现象)。公司的管理者大都是成功人士，加上自我归因偏差的存在，更有可能产生过度自信倾向。经济学家认为管理者，尤其是高级管理者更容易过度自信。

2. 管理者过度自信的原因

大量事实和研究证明，人们并不总是理性的，常常对自己的判断比事实证明的更自信，尤其是公司管理者。概括其原因，主要包括以下几方面。

(1) 控制幻觉。控制幻觉是指人们不合理地高估他们对某种无法控制的事件的控制力而产生的一种判断偏差。一般来说，由于管理者对公司的重要决策拥有话语权和影响力，他们可以决定是否实施公司的某项决策，在管理过程中也可以施加重大影响，这样举足轻重的地位会使管理者相信自己能够掌控公司的命运，认为一切都在自己掌握之中，因此他们会自信地认为项目不可能失败。

(2) 难度效应。人们在面对更难解决的问题时更容易产生过度自信，公司的经营管理是一个非常复杂的过程，管理者通常是自我归因偏差，即把成功的原因归于自己的努力、能力等主观原因，而把失败的原因归于运气不好、环境或是他人等客观原因。

(3) 自身利益。人们对与自身利益高度相关的事件更容易过度自信，比如，管理者的晋升往往取决于公司的绩效和他们的工作成果。因此，管理者对公司的业绩会更加关注，他们会高度承诺公司未来会有好的业绩，这就会造成管理者往往过高地估计自己在经营决策中的表现，表现出过度自信。

(4) 参考点缺乏。参考点比较明确时，管理者能够根据参考点客观评价已做出的决策。参考点缺乏主要包括两个方面：一方面是决策参考点缺乏。管理者所进行的金融决策一般都是大规模的，每个项目都有各自的特点，很难和过去的经验、其他公司作比较。另一方面是业绩评价参考点缺乏。由于每个金融决策都有自己的特性，加上公司业绩好坏受很多因素影响，即使失败，管理者由于自我归因心理也会认为是客观原因造成的，而把成功归于自己的努力和能力，这样的业绩对管理者的工作反馈失去了意义，从而导致管理者长期过度自信。

3. 管理者过度自信与优序融资理论

优序融资理论认为，由于信息不对称的存在，管理者和外部投资者对采用不同融资方式会产生不同的效果。当股票价格高估时，公司管理者会利用其内部信息为新项目发行新股，而外部投资者意识到信息不对称的存在，会把公司发行新股当作公司经营的负面信息，并调低对股票的估计，导致股价下跌。当公司不得不采用发行股票为项目进行融资时，投资者转化成负面信息，即使新项目的净现值为正，也会低估新项目的收益，对前景并不看好。股票价格会因为对市场预期敏感而过低，使公司筹集不到足够的资金，导致新项目不能顺利完成并实现盈利。基于此考虑，管理者在融资时会偏向于债券融资。因此，优序融资理论的核心观点是公司偏好于内部融资；如果需要外部融资，公司偏好于债权融资，最后才不得不采用股权融资。

管理者过度自信从心理学的角度重新解释了优序融资理论。过度自信的管理者总是比资本市场更高估公司未来好境况发生的概率，认为资本市场低估了公司的价值，因而他们会尽可能地少发行股票，而更多地选择内部融资。当需要为投资项目进行外部融资时，过度自信的管理者会首先发行最安全的、不容易被资本市场低估的证券。因此，当管理者过度自信地为公司进行融资时，首先选择内部融资；其次是低风险债券，其信息不对称成本可以忽略；再次是高风险债券；最后才是发行股票。这意味着过度自信的管理者的融资偏好符合优序融资理论。

4. 管理者过度自信与控制权理论

控制权理论很好地把资本结构与公司治理结构有机地联系在一起，该理论以公司控制权的最优安排为研究目的，研究公司控制权如何在经营者、股东和债权人之间的最优分配。从对公司的控制权角度看，股权和债权是重要的融资工具，同时也是非常重要的控制权基础。股权资本和债权资本对公司的控制权完全不同，即普通股持有者拥有投票权和控制权，能参与公司的决策，而债权人则无权参与公司的经营管理，只在公司破产清算时拥有优先清偿权，控制权才会由股东转移到债权人手中。所以，股权融资意味着会稀释原有股权结构，导致其他股东分享公司的投票权和控制权。因此，资本结构必然影响公司控制权。控制权在不同股东和债权人之间变换是资本结构变化的表象，它通过控制权的转移制约着公司的收购和控股活动。控制权理论认为，资本结构不仅仅是静态的现金流分配问题，背后还隐藏着控制权的拥有和执行问题。股权和债权两方面控制权的有机组合完善了公司治理结构，它们通过影响控制权的分配所形成的资本结构来影响公司的市场价值。股权和债权均对公司形成控制权，两者有着不同的控制权形式，共同构成公司治理结构的基本内容。良好的公司治理结构可以形成平衡的控制权，从而构造合理的融资结构，对公司的非理性融资行为起到制约作用。过度自信的管理者对公司前景总是抱有乐观态度，认为公司未来会有很高的收益。当需要外部融资时，过度自信的管理者作为现有股东的代表，不愿意发行股票。因为这样会引入新的股东来分享公司的投票权和控制权，冲淡了原有股东的特权。最优的融资决策应该是能够在必要时转移公司的控制权，由于过度自信的管理者对前景持乐观态度，当控制权需要转移时，他们会要求更高的价格。但过度自信的管理者认为股票价格被低估了，所以他们更不愿意低价发行股票进行融资。过度自信的管理者基于控制权的考虑也会影响公司的融资决策。

4.2.3　行为金融理论与公司融资决策行为

行为经济学分支的行为金融学研究人们在金融决策过程中的认知、情感等心理特征，以及由此而引起的市场行为。行为金融学基于心理学原理，把金融决策过程看成一个心理过程，包括对市场的认知过程、情绪过程和意志过程。认知过程往往会产生系统性的认知偏差；情绪过程可能会导致系统性的或非系统性的情绪偏差；意志过程则既可能受到认知偏差的影响，又可能受到情绪偏差的影响。这些个体偏差加上金融市场非有效性，可能导致非理性公司管理者做出非理性的决策。围绕公司管理者理性与否和市场是否有效有以下四种情况，见表4-1。

表 4-1　管理者与市场关系

类别	市场有效	市场非有效
管理者理性	理想状态，传统财务理论	市场时机理论
管理者非理性	管理者过度自信	比较复杂，无据可循

行为金融在"非理性经济人"和"非有效市场"假设下，提出了相应的融资理论：市场时机假说和管理者非理性下的融资决策。

市场时机假说理论是指突破传统资本结构理论的理性人假设和完全套利假设，来研究管理者如何利用股票市场窗口机会选择融资工具。该假说认为，公司价值会因为投资者的非理性行为而被错误定价，导致其股票或被高估，或被低估。当公司的股票被高估时，公司管理者会偏向于发行股票，而当公司股票被低估时则倾向于股票回购。市场时机假设的提出，为解释公司的融资决策提供了一个全新的视角。

市场时机理论是建立在管理者理性、市场非有效性的基础上。然而，管理者并不总是理性的。而管理者非理性中的管理者过度自信，其对融资决策影响的研究是建立在市场有效性、管理者非理性的假设上。在这个假设前提下研究管理者由于自身的认知偏差等心理因素对公司融资决策的影响。研究发现，过度自信的管理者由于高估投资项目的收益，低估投资项目的风险，具有更强的投资冲动，往往认为市场低估了其公司的基础价值，将会导致两种非理性融资决策：一是过度投资使得公司需要大量的资金支持，当公司内部资金不足时，管理者会选择外部融资；但是，由于过度自信的管理者高估了投资项目的收益率，低估了投资项目的风险，他们认为，公司陷入财务风险的可能性很小，所以在考虑外部融资时更倾向于激进的债权融资来获得足够的资金。二是过度自信的管理者往往认为股票市场低估了其公司的基础价值，发行新股就会给现有的股东带来损失，作为现有股东的代表，管理者在不到万不得已的情况下不会采取股权融资。

4.3 公司融资的方式

4.3.1 股权融资

股权融资是公司为融通资金(筹集资金)而进行的股票发行与交易行为，其所融入的资金为公司的主权资金(亦称为资本金或自有资金)，它代表了投资者对公司的所有权。

1. 股票市场的功能

股权融资离不开股票市场，伴随着经济全球一体化趋势的发展，经济金融化的进程也日益加剧。股票市场在市场机制中扮演着主导和枢纽的角色，发挥着极为关键的作用。在股票市场上，价格机制是其运行的基础，而完善的法规制度、先进的交易手段则是其顺利运行的保障。

1) 融资功能

融资是股票市场的本源功能，股票市场的融资功能有利于优化产业结构升级。其对产业结构升级的作用主要体现在：第一，股票市场的快速健康发展有助于在短时间内将分散的社会闲置资金集中起来，形成巨额的投资资金，为已有的产业结构注入新的资本要素，通过建立和发展新兴产业来促进产业结构优化升级；第二，瓶颈产业往往是资金缺乏者，而股票市场的融资功能恰恰能解决资金问题，从而促进产业结构合理化；第三，股票市场的融资功能可支持大型公司上市，壮大公司规模，这也有助于优化产业结构。

2) 资源配置功能

股票市场的资源配置功能是指通过证券价格的影响，引导资金的流动，实现资源合理配置。在股票市场上，投资者为了谋求投资的保值与增值，必然十分关注证券发行人的经营状况、财务和财政状况。投资者在经过分析后，认为发行人能有效地运用资金，投资的安全性和收益性有保障，或能随着发行人经济效益的提高分享经营成果，这样，他们就会把资金投向该股票，从而社会资金就会流向高效产业部门。从股票发行人的角度看，通过发行股票筹集到的资金如果不能合理有效地运用，将难以支付股利，或支付的股息额减少，则股价将会下跌，从而损害公司形象并无法开展后续融资。在此压力下，公司就必须加强管理，改善经营，提高公司的盈利能力，既满足社会需要，自身又提高了资金的使用效率，降低了资源的消耗。这样，对于整个社会来说，资源的配置得到了优化。

3) 风险配置功能

股票市场不仅具有融资功能，而且还具有使风险流动的功能。众所周知，高新技术产业是以高新技术为基础，从事一种或者多种高技术及其产品的研究、开发、生产和技术服务的公司集合，这种公司所需要的关键技术开发难度往往非常大，但是一旦获得成功，社会效益、经济效益也是相当巨大的。因此，一般来说，高新技术产业很难向商业银行融资。然而，高新技术产业在股票市场中的风险资本部分介入后可将潜在的资本要素转变为现实的资本要素，从而使得高新技术产业顺利运作、发展，并使得传统产业向高新技术产业转化得以实现，进而优化产业结构升级。与此同时，股票市场所固有的风险分担机制为各种具有不同流动性偏好的投资者提供股权交易场所，从而使得资本所有权不停转移。

4) 信息获取功能

微观经济主体如果需要在资源如何有效地在产业间实现配置方面做出明智的投资决策，那么他需要收集大量的相关信息。事实上，收集和处理有效信息的成本是非常大的。而股票市场正是一个信息高度集中的地方，股票市场的制度安排可以超越时间和空间的限制，信息的来源能得到保证。与此同时，信息的发布者是非常专业化的，以各类研究报告的高度专业化形式发布公司经营、行业发展和宏观经济的相关信息。因为信息披露和监管制度十分严格，所以股票市场上的信息具有很高的可信度，投资者根据这些信息做出决策会大大降低交易的成本并提高交易的效率和增加交易的透明度，保证了交易的公平、公正和公开性，对资源配置和产业结构调整起到积极的作用。

5) 存量优化功能

在股票市场上，公司经营状况的变化会改变资产的定价，这样资产存量的转移就有了依据，转移成本降低。同时，股票市场上的金融资产流动性极强，当公司经营状况出现问题时，投资者会对公司收益产生不好的预期而抛出证券，股票市场上相应的证券价格就会下降，这样为其他公司的兼并与收购提供机会，实现资产存量转移。具体来讲，股票市场的存量转移机制包括三个方面的内容：首先，股份制通过自身多元化经营来实现存量调整；其次，通过公司间的参股控股实现资产存量的调整；最后，通过公司倒闭或破产实现存量调整。当一些公司经营不善严重亏损时，会面临倒闭和破产的危险。破产之后，公司的剩余财产必须处理，此时，它就可能会被经营状况好的公司收购。这一过程实现了产业结构的存量调整，重新组合了生产要素。

2. 股权融资的显性成本

从融资公司角度来看，股权融资成本是指股票市场资金需求方(融资公司)为取得并长期占有资金所付出的代价，包括资本的取得成本和占用成本。资本取得成本是指公司在融资过程中所发生的各种费用。取得成本与融资次数相关，与融资数量和资金占用时间关系不大，属于一次性费用，可以看作是固定成本，如股票发行手续费、律师费、审计费、资信评估费、公证费、担保费、广告费等。资本的占用成本是指公司因占用资本而付出的代价，其本质是资金使用者支付给资金提供者的报酬。资本占用成本与融资数额和资金占用时间呈同方向变化，可以视为变动成本，如普通股股息和红利等，这是股权融资成本的主要内容。一般地，将上市公司进行股权融资时所付出的取得成本和资金占用成本划分为显性成本。具体而言，上市公司股权融资的显性成本主要包括向股东支付的股息和红利、股票发行成本。

1) 股息和红利

股权融资最大的一个特征是公司所融资金无须偿还，公司只需向股东分红派息。我国《公司法》规定，上市公司分配当年税后利润时，应当提取利润的 10%列入公司法定公积金公司在从税后利润中提取法定公积金后，经股东会决议，可以提取任意公积金。因此，普通股每股可分配股利最多可达到每股收益的 85%。虽然我国上市公司常采取各种方法推迟股息分配、低比例分配或以送转股本形式分配股利，甚至不分配红利，但从总体上看，融资公司不可能免费使用资金。一方面，由于股东在股东大会上享有发言权和表决权，公司出于对股东利益的考虑，不得不分红派息；另一方面，公司还要维护自身的信誉和股票的吸引力，如果公司总是不分红派息，违背对股东的承诺，那么长此以往就会在市场上失去信誉，导致投资者对本公司股票失去信心，从而减少或撤回投资，此时的股票价格会大幅度下跌，公司将蒙受巨大损失，反而得不偿失。

2) 股票发行成本

股票发行成本是指股票发行公司在筹备和发行股票过程中产生的相关费用，包括股票印刷费、承销费、注册会计师费、评估师费、公关及广告费，以及支付给中介服务机构的其他费用等。

3. 股权融资的隐性成本

隐性成本是指非货币度量成本或由于各种不确定因素导致的可能发生的费用。在我国，由于市场经济体制的渐进性和计划经济体制的稳固性相互交融，资本市场的市场化程度低，且市场化力量的约束常常被软化，影响了上市公司股权融资成本信息的真实传递。因此，我国上市公司股权融资成本除显性成本外，还存在着制度性寻租成本、代理成本、非有效市场下的信息不对称成本、机会成本、股权稀释成本等相当高的隐性成本。

1) 制度性寻租成本

制度性寻租成本是指在进行股权融资时，受不完善的强制性制度安排所产生的权力系统的影响，使股权融资行为脱离或违背市场规律而额外付出的成本。这一成本的存在主要是政府干预的结果。由于资金供给者、资金需求者及中介机构等参与方都有各自的行为偏好，都企图通过理性选择实现自身效用的最大化，在市场化条件不具备的前提下，需要政府借助法律和行政权威，通过强制性的制度安排对各方行为进行协调。但由于我国在制度安排上的内在缺陷，尤其是政府主导型外在制度安排与市场发展内生规律之间存在较大的矛盾与摩擦，使得制度性寻租成本偏高，这无疑损耗了股权融资的效率。

2) 代理成本

上市公司是股份公司的高级形式，其所有权与管理控制权分离所形成的委托代理关系实质上是一种契约关系。在这种契约下，委托人(所有者)将资本授权给代理人(管理者)进行管理和控制，规定代理人为了委托人的利益应采取何种行动，委托人需相应地向代理人支付何种报酬，并按契约条文进行必要的监督，这些程序中发生的成本即为代理成本。目前，我国进行股权融资的代理成本比较高，其原因主要表现在两个方面：一方面，我国上市公司大多是由国有公司转制而来，国家作为最大股东的所有权代表地位虚置，公有股(国有股、法人股)处于控股地位且不公开流通，使公司治理结构表现出行政强控制和产权弱控制特点，并导致事实上的内部人控制问题，对管理者的激励约束机制难以奏效，从而增加了股权融资成本。另一方面，由于委托人和代理人的行为目标存在不一致的特点，致使代理人行动的结果往往与委托人所期望的结果存在差异。如果没有明确的契约约束，代理人可能会将自身效用的最大化凌驾于股东财富最大化之上，损害股东的利益。而在委托代理理论中委托人和代理人的行为及结果又难以监督，增加了股权融资的实际成本。此外，我国不存在具有竞争力的经理市场及高层管理人员持股或期权制度，使得即使在经营不善时，股东"用脚投票"的事后监督方式也难以对管理者产生巨大的压力，这也无形中增加了股权融资的代理成本。

3) 非有效市场下的信息不对称成本

不对称信息理论对资本结构的分析认为，股权融资是一个坏消息，因为公司只有在其股价高估时才会发行股票，这种情况下自然不会有人购买股票，由此而产生的逆向选择会导致公司价值下降或被低估等，从而带来额外成本和损失。目前，我国的资本市场正处于无效市场和弱式有效市场之间，且较为接近弱式有效市场，上市公司信息披露不及时，误导性及虚假信息较为普遍。一方面，由于我国信息披露不规范，股票价格难以反映上市公司的真实情况，上市公司偏向于利用内部信息优势和契约的不完备性，在股价高估时进行增资扩股溢价发行。此时，老股东会利用信息不对称侵占其他股东权益，新股东为了避免损失就会要求更多的回报，从而提高了股权融资成本。另一方面，投资公众缺乏正确的投资理念，投机性强，盲目哄抬股价，迎合上市公司股权融资的偏好，使股权融资在我国不仅不是个坏消息，反而成为炒作的机会，此时所产生的非有效市场下的信息不对称成本便由上市公司转嫁给了投资者。

4) 机会成本

这里所说的机会成本实际上是指公司选择股权融资而放弃其他融资方式所付出的代价，即选择成本。股权融资的机会成本主要包括：① 放弃以其他方式进行融资的机会成本。例如，采取银行贷款的方式融资，可以因利率的降低而减少所要支付的利息，从而节省融资成本。② 放弃税收减免的机会成本。依据税法规定，公司支付贷款和债券利息的支出可从税前利润中扣除，这样税基就会变小，公司因此可以少缴所得税，而采取股权融资则没有这样的税收优惠。③ 放弃老股东增加收益的机会成本。在贷款和债券融资的情况下，公司还本付息后的全部收入将由老股东分享，如果通过扩股增资，公司的净收入将由老股东和新股东共同分享，老股东的收入便会被摊薄。

5) 股权稀释成本

股权融资有可能会稀释原有股东的股权比重，影响上市公司的控制权，会对老股东的控股地位造成影响。股权稀释成本是指在进行股权融资时，由于新股东的进入使老股东的股权稀释、收入摊薄、控制权弱化而带来的成本，这是股权融资中主要的隐性成本之一。但由于我国大多数上市公司具有极为特殊的股权结构，即非流通的国家股和法人股在我国上市公司中所占的比重处于绝对控股地位，因此这项成本相对较低。

4.3.2 债权融资

1. 债权融资的种类

公司债权融资主要包括长期借款、企业债券、商业信用、租赁融资等形式。

1) 长期借款

借款是企业筹集资金的重要方式，按照期限不同，借款可以分为短期借款和长期借款。长期借款是指企业向银行等金融机构以及向其他单位借入的、期限在一年以上的各种借款。长期银行借款与短期银行借款在借款条件等方面基本相同。借款合同是长期借款的一个重要内容，是规定借贷当事人各方权利和义务的契约。借款企业提出的借款申请经贷款银行审查认可后，双方即可在平等协商的基础上签订借款合同。利用长期借款融资，其利息可以在税前列支，因此可以减少企业实际负担的成本，资金成本相对较低。

由于长期借款的期限长，风险大，因此按照国际惯例，银行通常对借款企业提出一些有助于保证借款按时足额偿还的保护性条款，主要包括：一是一般性保护条款，适用于大多数借款合同。它主要包括：对借款企业流动资金保持量的规定；对支付现金股利和再购入股票的限制；对资本支出规模的限制；对其他长期债务的限制；借款企业定期向银行提交的财务报表；不准在正常情况下出售较多资产；不准以任何资产作为其他承诺的担保；对租赁固定资产规模的限制；等等。二是特殊性保护条款，是针对某些特殊情况而出现在部分借款合同中。它主要有：贷款专款专用；不准企业投资于短期内不能收回资金的项目；限制企业高级职员的薪金和奖金总额；要求企业主要领导人在合同有效期间担任领导职务；等等。

2) 企业债券

债券融资在约束债务代理成本方面具有银行信贷不可替代的重要作用。

(1) 企业债券通常存在一个广泛交易的市场，投资者可以随时予以出售转让。这就为债权投资人提供了充分的流动性，可以降低投资的"套牢"效应。在这种条件下，债权人对权利的保护不再是必须通过积极地参与治理或监督，还可以通过"一走了之"的方式。显然，在这种情况下，债权人与股东之间的冲突被分散化了，债权的代理成本相应降低。

(2) 债券对债权融资代理成本的约束还通过"信号显示"得以实现。由于债券存在一个广泛交易的市场，其价格能对债券价值的变化做出及时的反应；并且，债券的价格变动还将反映出企业整体债权价值和企业价值的变化。企业债券实际上起到了一个"显示器"的作用，可以使债权人及时发现债权价值的变动，尤其是在发生不利变动时迅速采取行动来降低损失。银行对贷款的质量评估也可以起到类似作用，但由市场来对企业债务定价，不仅成本要低得多，而且准确性和及时性要高得多。债券的这种信号显示作用是其他债权融资方式所没有的。

当然，与银行信贷相比，债券融资亦有不足之处，主要表现为债权人比较分散，集体行动的成本较高，而且债券投资者较大众化，未必是专业机构。这些特点显然不利于债券投资者约束债权的代理成本。

3）商业信用

商业信用是期限较短的一类负债，而且一般是与特定的交易行为相联系，风险在事前基本上就能被"锁定"，所以它的代理成本较低。但是，由于商业信用比较分散，单笔交易的额度一般较小，债权人对企业的影响很弱，大多处于消极被动的地位，即使企业出现滥用商业信用资金的行为，债权人也很难干涉。

4）租赁融资

租赁融资作为一种债务融资方式，最大的特点是不会产生资产替代问题。因为租赁品的选择必须经过债权人(租赁公司)审查，而且是由债权人实施具体的购买行为，再交付到企业手中。同时，在债务清偿之前，债权人始终拥有租赁品在法律上的所有权，对企业可能的资产转移或隐匿行为都能产生较强的约束。从这个角度来看，租赁融资的代理成本较之其他方式的债权融资显然要低得多。

(1) 经营租赁。

经营租赁是指出租人向承租人提供租赁设备，并提供设备维修保养和人员培训等的服务性业务，一般是短期租赁。

经营租赁的特点是：承租人根据需要可随时向出租人提出租赁资产；租赁期较短，不涉及长期而固定的义务；在设备租赁期间，如有新设备出现或者不需要租入设备时，承租人可以按照规定提前解除租赁合同，这对承租人比较有利；出租人提供专门服务；由于出租人承担租赁设备的风险，并负责设备的维修保养等服务，因此收取的租金相对较高；租赁期满或合同终止时，租赁设备由出租人收回。

(2) 融资租赁。

融资租赁是指由租赁公司按照承租企业的要求融资购买设备，并在契约或合同规定的较长期限内提供给承租企业使用的信用性业务。承租企业采用融资租赁的主要目的是融通资金，融资租赁是融资与融物于一体，具有借贷性质，是承租企业筹集长期借入资金的一种特殊方式。

融资租赁的形式主要有：第一，直接租赁。这是融资租赁的典型形式。其基本流程是：由承租人选择需要购买的租赁物件，出租人对租赁项目进行风险评估后，购买并出租租赁物件给承租人使用。在整个租赁期间，承租人对租赁物件没有所有权但享有使用权，并负责维修和保养租赁物件。出租人对租赁物件的好坏不负任何责任，设备折旧在承租人一方。第二，售后租赁。即制造企业按照协议先将其资产卖给租赁公司，再作为承租企业将所售资产租回使用，并按期向租赁公司支付租金。第三，杠杆租赁。这是国际上比较流行的一种融资租赁形式，它一般要涉及承租人、出租人和贷款人三方当事人。从承租人的角度看，它与融资租赁形式并无区别，同样是按照合同的规定，在租期内获得资产的使用权，按期支付租金。但对出租人却不同，出租人只垫支购买资产所需现金的一部分，其余部分则以该资产为担保向贷款人借款支付。因此在这种情况下，租赁公司既是出租人又是借资人，据此既要收取租金又要支付利息。从上面的分析可以发现，各种债权融资方式在克服代理成本方面均具有各自的优势与不足，因此在债权融资中应实现各种融资方式之间的取长补短，将各种具体的债权资金搭配使用、相互配合，才能最大限度地降低代理成本。

2. 债券融资

债券是公司债权融资的一种重要方式，在前面的章节已经详细分析过债券的基本种类，这里仅仅简要分析其基本原理。债券是一种金融契约，是政府、金融机构、工商企业等直接向社会借债筹措资金时，向投资者发行，同时承诺按一定利率支付利息并按约定条件偿还本金的债权债务凭证。债券的本质是债的证明书，具有法律效力。债券购买者或投资者与发行者之间是一种债权债务关系，债券发行人即债务人，投资者(债券购买者)即债权人。

1) 债券的含义

债券的概念包含以下四层含义：

(1) 债券的发行人(政府、金融机构、企业等机构)是资金的借入者。

(2) 购买债券的投资者是资金的借出者。

(3) 发行人(借入者)需要在一定时期还本付息。

(4) 债券是债的证明书，具有法律效力。债券购买者与发行者之间是一种债权债务关系，债券发行人即债务人，投资者(或债券持有人)即债权人。

2) 债券的基本要素

债券尽管种类多种多样，但是在内容上都要包含一些基本的要素。这些要素是指发行的债券上必须载明的基本内容，这是明确债权人和债务人权利与义务的主要约定，具体包括：

(1) 债券面值。债券面值是指债券的票面价值，是发行人对债券持有人在债券到期后应偿还的本金数额，也是企业向债券持有人按期支付利息的计算依据。债券的面值与债券实际的发行价格并不一定是一致的，发行价格大于面值称为溢价发行，小于面值称为折价发行，等价发行称为平价发行。

(2) 偿还期。债券偿还期是指企业债券上载明的偿还债券本金的期限，即债券发行日至到期日之间的时间间隔。公司要结合自身资金周转状况及外部资本市场的各种影响因素来确定公司债券的偿还期。

(3) 付息期。债券的付息期是指企业发行债券后的利息支付的时间。它可以是到期一次支付，或 1 年、半年或者 3 个月支付一次。在考虑货币时间价值和通货膨胀因素的情况下，付息期对债券投资者的实际收益有很大影响。到期一次付息的债券，其利息通常是按单利计算的；而年内分期付息的债券，其利息是按复利计算的。

(4) 票面利率。债券的票面利率是指债券利息与债券面值的比率，是发行人承诺以后一定时期支付给债券持有人报酬的计算标准。债券票面利率的确定主要受到银行利率、发行者的资信状况、偿还期限和利息计算方法以及当时资金市场上资金供求情况等因素的影响。

(5) 发行人名称。发行人名称指明债券的债务主体，为债权人到期追回本金和利息提供依据。

上述要素是债券票面的基本要素，但在发行时并不一定全部在票面印制出来。例如，在很多情况下，债券发行者是以公告或条例形式向社会公布债券的期限和利率。

3) 公司债券的分类

按是否可转换，公司债券可以分为可转换债券和不可转换债券。

(1) 可转换债券。

可转换债券是指在特定时期内可以按某一固定的比例转换成普通股的债券，它具有债务与权益双重属性，属于一种混合性融资方式。若将来转换成功，在转换前发行企业达到低成本融资的目的，转换后又可节省股票的发行成本。根据《公司法》的规定，发行可转换债券应由国务院证券管理部门批准，发行公司应同时具备发行公司债券和发行股票的条件。

从本质上讲，可转换债券就是在发行公司债券的基础上，附加一份看涨期权，允许购买人在规定的时间范围内将其购买的债券转换成指定公司的股票。可转换债券一定要注意几个要素：

一是转换期限，即在该期限内允许可转换债券的持有人按照转换比例或转换价格转换成发行人的股票。我国《上市公司证券发行管理办法》规定，可转换公司债券的期限最短为1年，最长为6年，自发行结束之日起6个月方可转换为公司股票。

二是可转换债券的票面利率。由于可转换债券赋予债券持有人将来成为公司股东的权利，因此其利率通常低于不可转换债券。

三是转换比例或转换价格。转换比例是指一定面额可转换债券可转换成普通股票的股数，用公式可以表示为

$$转换比例 = \frac{可转换债券面值}{转换价格}$$

转换价格是指可转换债券转换为每股普通股份所支付的价格，用公式表示为

$$转换价格 = \frac{可转换债券面值}{转换比例}$$

四是要注意可转换债券的赎回条款和回售条款。赎回是指发行人在发行一段时间后，可以提前赎回未到期的发行在外的可转换公司债券。赎回条件一般是当公司股票在一段时间内连续高于转换价格达到一定幅度时，公司可按照事先约定的赎回价格买回发行在外尚未转股的可转换公司债券。回售是指公司股票在一段时间内连续低于转换价格达到某一幅度时，可转换公司债券持有人按事先约定的价格将所持可转换债券卖给发行人的行为。赎回条款和回售条款是可转换债券在发行时规定的赎回行为和回售行为发生的具体市场条件。

(2) 不可转换债券。

不可转换债券是指不能转换为普通股的债券，又称为普通债券。由于其没有赋予债券

持有人将来成为公司股东的权利，所以其利率一般高于可转换债券。

4) 债券评级

债券的违约风险是指发行者不能履行合约，无法按期还本付息。对于投资者来讲，违约风险也叫信用风险。一般地，公司债券的违约风险比政府债券高，因此，投资者需要较高的利率作为补偿。

债券违约风险的测定由信用评级机构负责。许多国家的证券法并不要求债券发行时必须取得债券评级，但是没有经过评级的债券在市场上往往不被投资者接受，难以销售。从这个意义上说，债券评级是债券进入市场的准入证。因此，除了信誉很高的政府债券以外，债券发行单位都愿意向债券评级机构申请债券评级。每一家知名的评级机构都有一套完整的指标评价体系，对公司债务偿还的可能性进行评价。目前，国际上较有影响的评级机构有标准普尔(Standard & Poor's)、穆迪评级(Moody's Ratings)、惠誉国际(Fitch)以及道衡(Duff & Phelps)等公司。这些评级机构通常利用财务比率和现金流动分析进行债券等级评估，所评估的债券等级与该债券利率呈相反方向的变动关系，即高等级债券的利率比低等级债券利率低。这反映了投资者对风险与报酬的选择态度。正是由于这些评级机构在很大程度上会影响债券的发售能力和到期成本，因此，在考虑发行债券筹集资金时，公司的财务经理必须认真对待债券评级。几个主要评级机构的评级体系见表 4-2。

表 4-2　标准普尔、穆迪评级、惠誉国际和道衡的评级体系

标准普尔	穆迪评级	惠誉国际	道衡	级别含义
AAA	Aaa	AAA	AAA	最高级别
AA	Aa	AA	AA	极高级别
A	A	A	A	较高级别
BB	Baa	BBB	BBB	适中级别
BB	Ba	BB	BB	有一点风险
B	B	B	B	较大风险、半投机性
CCC	Caa	CCC	CCC	有极高风险，投机性
CC	Ca	CC		极端投机
C	C	C		充分投机
D		DDD	D	可能违约破产

对于其中每一个等级，各公司又用相应的修正符号来进一步区分债券的优劣。债券评级主要凭借主观判断力，但在分析判断过程中，仍然需要许多数量和非数量的因素作为评估标准。这些因素总括起来可以分为三个方面的分析：产业分析、财务分析和信托契约分析。产业分析主要是为了判断该公司所属的产业是上升还是衰退的产业，是稳定的还是对经济活动敏感的产业，并评价该产业的级别，同时对该产业内部的竞争力、可能存在的潜在风险进行分析评价。如分析生产设备状况、生产率、技术开发能力、销售份额等在该产业内处于何种位置，今后将如何变化。财务分析主要是根据发债人提出的财务数据，对发

债人的财务状况进行定量分析，主要包括收益性、财务构成、财务弹性和清算价值等项目。信托契约分析主要是对公司的信用风险、面临的法律风险、公司债券合规性以及市场条件对公司债券价值的影响进行分析。

债券评级不仅能够降低投资者的信息成本、确保信息的准确性以及充当信息信号等，而且还会影响发行人的融资能力和融资成本。债券等级越高，它违约的可能性越小，投资人要求的报酬率越低，发行人的融资成本就越低；反之，融资成本越高。以美国为例，其公司债券评级制度的主要特点是：

第一，中立、独立的评级机构。评级机构在债券评级制度中处于核心地位，评级机构的性质对评级结果有重大影响，为了保证评级结果客观、公正、可信，评级机构应保持中立性和独立性。在美国，债券评级机构的中立性和独立性很强，各评级机构十分重视其中立性和独立性，依靠对有价证券的信用度进行中立和独立的专业判断来取信于投资者，在资本市场上立足。评级机构不但努力使公司在人员或资金方面不和与自己存在利害关系的各方(发行人、承销商、投资者等)以及政府或金融当局发生任何关系，而且即使评级机构自身隶属于某个特定的公司集团，也尽可能保持自身的立场不偏不倚。评级机构都是独立的私人公司，不受政府控制，也独立于证券交易所和证券公司。它们所做出的信用评级不具有向投资者推荐这些债券的含义，只是供投资者决策时参考，因此，他们对投资者具有道义上的义务，但并不承担任何法律上的责任。

第二，科学合理的评级方法。评级机构收到发行人提供的资料后，就该项目组织一个评级小组，评级小组经过调查研究，制订出评级方案。美国的评级机构在评级时通常会使用数学模型，加上评级人员基于分析调查的主观判断。评级的对象是公司发行的债券，因此评级结果既受公司本身的经营状况和财务状况影响，也受债券发行条款影响。债券评级是对公司所处的行业、公司本身的情况及债券发行条款做出的综合判断。公司债券的经济分析是公司债券价值评估的基础，它从经济和金融理论出发，为公司债券价值的评估提供了框架。公司债券的价值判断主要有三个方面：债券发行公司的行业分析；公司本身的财务情况；债券购买者享受的权利。评级小组制成的"评级方案"交由评级委员会讨论，然后以投票决定级别。评级委员会表决确定级别后，与债券发行人联系，在得到债券发行人同意后向投资者公布级别。

3. 债权人约束

债权人是公司借入资本即债权的所有者，债权人与公司的关系是一种融资契约关系，包括正式的和非正式的。从理论上看，债权人要承担公司本息到期无法收回或不能全部收回的风险。因此，债权人和股东一样，在公司治理上，债权人有权对公司进行监督，并在非常情况下拥有控制权，如公司破产清算。公司债务对于公司的约束作用来自债权人的监督和严厉的债务条款。债务契约中的保护性条款对于公司和公司经营者在投资、融资、股利分配和公司经理人员的收入等方面的限制，都会对公司的融资行为产生影响，有利于提高公司治理水平。债权人的专业化，有助于提高公司治理效率和债务的约束作用。在公司丧失清偿到期债务能力将导致破产的机制约束下，债务对公司的约束作用是强烈的，与通常的激励约束机制相比，这种债务对经理人的约束显得更强有力。债务的作用还在于，如果公司经营不善，不能清偿到期债务，则公司经理人不得不放弃其经理地位，因此，代价是巨大的。同样，银行可以从借款人那里获得十分有价值的公司信息，从而能够监督和控制公司。

在德日银行导向公司治理模式中，债权人对经营者的约束方式主要是银行干预，银企间关系产权制约较强，公司以间接融资为主，银行在公司经济中发挥重要作用。而英美市场导向公司治理模式中，银企关系模式以市场为运行基础，银企间的产权制约较弱，处于较为松散关系的状态。实际上，即使美国银企关系不如德日国家银企关系那么紧密，局限于"破产约束"的治理方式，但这种最终的"硬约束"对公司日常经营依然产生重大影响。这种到期还债或破产清算的约束，对于公司经营者来说，是一种潜在的"威慑"。

1) 债权人间接介入

间接介入是指债权人在债务契约签订前，通过应有的审慎和信贷配给机制、限制债务期限和债务资金的用途、合理配置债务工具流动性和转让性、提供抵押和担保等措施，达到对公司和公司经营者行为的限制。这种间接的介入主要是通过债务契约本身的条款来实现的。这些条款通常是一些保护性条款，可以分为消极条款，即限制和禁止公司采取可能损害债权人利益的行动；积极条款，即指定公司采取行动或债权人采取必要的行动，如提前收回贷款或者停止贷款供应等。表 4-3 是典型的债务保护性条款样式。

表 4-3　典型的债务保护性条款

条款类型	公司行为或公司形式	条款理由
财务报表 1. 营运资本要求 2. 利息项目 3. 最小净值	当公司接近财务危机时，股东可能要求公司进行高风险投资	股东在破产前丧失价值；破产时债权人受损更大；债权人受损失限制股东转移资产给自己并承担投资
资产处置限制		
1. 限制股利 2. 限制出售 3. 担保和抵押	股东试图转移公司资产给自己	公司风险增大有利于股东，债权人因此受损
转换资产限制	股东试图增加公司的风险	
稀释 1. 限制租赁 2. 限制进一步发展	股东可能试图发行同等条件或更优先的新债券	限制对现有债权人利益的稀释

资料来源：〔美〕斯蒂芬·A.罗斯，伦道夫·W.威斯特菲尔德，布拉德福德·D.乔丹：《公司理财》(原书第 9 版)，方红星译，机械工业出版社，2012 年版

在市场经济中，债务契约本身是具有法律效力的，因此对债务人来说，债务契约的约束是一种硬约束，无疑会对公司经营者和决策行为产生重大影响。当然，这种硬约束能否表现出来，还要受到市场环境等因素的影响。

2) 债权人直接介入

债权人直接介入，主要是指债权人参与债务公司的公司治理，其方式和手段因债务公司所处的经营状况而有所不同。当债务公司经营状况不佳时，债务契约无法履行，债务人不能还本付息，公司处于破产状态，则债权人可以依据债务契约，根据有关法律规定，取得对债务公司的控制权。按照相关程序，对公司的剩余资产进行清算或重组，并优先用于清偿债权。在公司被迫进入破产程序时，债权人对公司的控制通常要通过法律程序来进行。债权人对偿还债务能力不足的公司，一般可以有两种方式：一是清算，另一种是重组。清算又可分为自愿清算和强制清算。一般债务重组的方式有债转股、延期偿债、减免债务利息或本金、注入新的资本等，还有剥离不良资产、引入新的管理制度、采用新的生产技术、更换公司的经营者等。债权人的这种介入是基于破产机制和相机治理机制得以实现的。因为这种治理发生在债务人不能偿还到期债务而引发的，旨在保护债权人的利益，因此又被称为"事后监控"。当然，这种"事后监控"的债权融资治理效能的发挥，需要多方面的因素保障才能起作用，但主要是破产法能够使得公司破产机制真正发挥效能。

当债务公司经营状况不佳时再介入，让它破产清算偿还债务，此时的债权人的利益已经受到损害。所以，仅仅是债权人的"事后监控"行为不足以维护其利益，债权人需要全面地介入公司治理。即在公司还未出现经营状况不佳时也介入债务公司的公司治理，实行"事前监控"，这种债权融资治理的做法在德国和日本表现最为普遍，而且治理效果也相当显著。

4.3.3　混合证券融资

1. 混合证券的含义与判断

股权代表对公司现金流量和资产的剩余索取权，而且一般与管理控制权相联系；债权则代表对公司现金流量和资产固定的索取权，它通常并不与管理控制权相联系。但是，有许多证券并不能完全归结于其中之一，它们兼有股权和债权的部分特征。这些证券可称为混合证券。一些新的证券初看时难以分清是债务还是股权，为了确定它们属于纯粹债务还是纯粹股权，我们可以试着回答下列问题：

(1) 证券的偿付是合同确定型的还是剩余索取型的？如果是合同确定型的，则较接近债务；如果是剩余索取型的，则较接近股权。

(2) 偿付是否可减税？如果是，则较接近债务；如果不是，则较接近股权。

(3) 如果公司陷入财务困境，该证券具有较高的优先权还是较低的优先权？如果具有较高的优先权，则较接近债务；如果具有较低的优先权，则较接近股权。

(4) 证券是否具有固定的期限？如果是，则比较接近债权；如果不是，则比较接近股权。

(5) 证券的所有者是否可得到该公司的部分管理控制权？如果不是，则它较接近债权；如果是，则比较接近股权。

我国公司常用的混合型融资方式有发行可转换债券、可分离债券和优先股等。有些公司已经发行了永续债。

2. 可转换债券

可转换债券是一种可根据债务协议中规定的比率(转换率)转换为债券发行人股权的债务——由于在发行可转换债券时，债券投资者一般并不为转换付费，因此在股票价格上升时，"转换"成为一种很有吸引力的选择权。一些公司通常在债券中加入转换的选择权，以降低债券利率。可转换债券的基本要素包括：

(1) 标的股票，即可转换债券转换期权的标的物，一般是发行公司自己的股票或其上市子公司的股票。

(2) 票面利率，一般低于普通债券的票面利率，甚至不超过银行同期存款利率水平，证交所上市交易的可转换债券的利息率一般为 1.5%～2%，但其收益中除利息外，还附加了股票买入期权的收益。

(3) 转换价格，即每一份可转换债券在既定的转换价格下能转换为普通股股票的数量，转换比率就是债券面值与转换价格的比值。

(4) 转换期，即可转换债券持有人能够行使转换权的有效期限，通常在发行日后的某日到到期日之间，也有发行日到到期日均是转换期的情况。

(5) 赎回条款和回售条款。赎回条款是保证公司按事先约定的价格买回未转股公司债券的条款，通常包括不可赎回期与赎回期、赎回价格(一般高于可转换债券的面值)、赎回条件(分为无条件赎回和有条件赎回)等。其最主要的功能是强制债券持有者积极行使转股权，因此又被称为加速条款，能使发债公司避免在市场利率下降后，继续向债券持有人支付较高的债券利率而蒙受损失。通常赎回条款在股票价格连续高于转股价格达到某一幅度时使用。回售条款则正好相反，是保证债券持有人可按事先约定的价格将所持债券回卖给发行公司的约定。对投资者而言，它实际上是一种卖权，有利于降低投资者的持券风险，一般包括回售时间、回售价格和回售条件等。回售条款通常在股价连续低于转股价格一定幅度的时候采用。转股选择权是有价值的，其市场转换价值是债券所能转换的股票的当前价格，而转换溢价是债券价值超过债券的转换价值的部分。设一张面值为 1 000 美元的可转换债券，其转换率为 50，即它可转换为 50 股公司股票。转换价格等于面值除以转换率，因此该可转换债券的转换价格为 20 美元。如果当前股票的价格为 25 美元，则市场转换价值为 1 250 美元(50 × 25 美元)。如果当前该债券以 1 300 美元成交，则转换溢价为 50 美元。当债券价格高于面值，临近转换期限时，其市场价格将与转换价值趋于一致，即转换溢价趋于 0。可转换债券实际上包含了一个债权和一个股票看涨期权，其价格是普通债权和看涨期权两部分之和。因此，将普通债权部分的价值和可转换债券市场价格结合起来可以评估看涨期权部分的价值(看涨期权部分的价值 = 可转换债券的市场价格 - 普通债权部分的价值)。根据证监会颁布的《上市公司证券发行管理办法》，公司公开发行可转债除满足债券发行条件外，还必须满足以下三个条件：① 三个会计年度加权平均净资产收益率不低于6%；扣除非经常性损益后的净利润与扣除前的净利润相比，以低者作为加权平均净资产收益率的计算依据。② 本次发行后累计公司债券余额不超过最近一期期末净资产额的40%。③ 三个会计年度实现的年均可分配利润不少于公司债券一年的利息。

3. 优先股融资

优先股(Preferred Stock)属于公司的权益，但是它不同于普通股，因为和普通股相比，它在股利支付和公司破产清偿时的财产索取方面都具有优先权，但优先股股东不参与公司经营管理决策。与债券类似，优先股有固定的股利，如果公司没有现金支付股利，它可以累积到公司有足够的收益时支付。优先股的持有人并不享有对公司的控制权，他们的投票权被限制在一些可能会影响到他们对公司现金流量或资产的索取权的议题上。与股权类似，优先股的偿付不能减税而只能来自税后的现金流量，而且优先股没有到期日。虽然会计师和评级机构仍然将优先股视作股权，但为了便于进行资本结构分析和资本成本估算，优先股被视作债务和股权以外的第三种资本成分——一种混合证券。由于优先股没有期限限制，相对于债务融资来说，公司发行优先股融资可以避免在未来出现过大的偿债压力。同时，由于优先股股东不参与公司经营管理决策，相对于普通股融资而言，发行优先股的公司股东可以不必担心因为所有权被稀释而削弱对公司的控制权。2013 年 11 月 30 日，国务院颁布《关于开展优先股试点的指导意见》(以下简称《指导意见》)，决定开展优先股试点。《指导意见》对优先股股东的权利与义务，以及优先股的发行条件、监管及配套措施等做出了规定。根据《指导意见》，证监会规定的上市公司可公开发行或非公开发行优先股，注册地在境内的境外上市公司和非上市公众公司只能非公开发行优先股。公司已发行的优先股不得超过公司普通股股份总数的 50%，且筹资金额不得超过发行前净资产的 50%，已回购、转换的优先股不纳入计算。公司公开发行优先股以及上市公司非公开发行优先股的其他条件适用《中华人民共和国证券法》(以下简称《证券法》)的规定。非上市公众公司非公开发行优先股的条件由证监会另行规定。公司公开发行优先股的，应当在公司章程中规定以下事项：① 采取固定股息率；② 在有可分配税后利润的情况下必须向优先股股东分配股息；③ 未向优先股股东足额派发股息的差额部分应当累积到下一会计年度；④ 优先股股东按照约定的股息率分配股息后，不再同普通股股东一起参加剩余利润分配。商业银行发行优先股补充资本的，可就以上第②项和第③项事项另行规定。

4. 与期权相结合的债券

在国外，近年来，一些公司开始使用一种将期权与单纯的债券结合起来的融资工具，它可以更好地满足公司具体的需要，如商品债券。商品债券是一种利息和(或)本金的偿付与商品的价格相联系的债券。在大多数情况下，这种偿付将随商品价格的上升而增加，随商品价格的下跌而减少。我们来讨论以下两个例子。第一个例子：经营某商品的公司将本金和(或)利息的支付与该商品的价格联系起来，如果商品的价格上升，利息的支付就会增加；商品的价格下降，利息支付就会减少。当该商品的价格上升时，公司的收入也同时上升，公司将有足够的资金支付债券较高的本息；反之，公司收入下降的同时，债券的本息支付也较低，这就减轻了公司的财务压力，从而降低了违约的可能。这种与商品相联系的债券可视作普通债券和以该商品为标的资产的看涨期权的结合。债券的持有人与发行人(公司)一起承受了商品价格波动的风险，同时也分享商品价格有利变化的收益。第二个例子：保险公司发行一种债券，规定在发生某种大灾难时债券的本金或利息偿付将减少，而在不发生大灾难时将保持不变。例如，一家保险公司在加利福尼亚房屋所有人的保险中获得了大量的保费收入，它或许会附加一个条款规定在发生大地震时减少本金和(或)利息的偿付。其原理也就是在公司最需要现金时为它提供生存空间——大灾难发生时，会造成公司大量的现金流出。这个例子中的债券实质上也是期权与普通债券的结合,但这个期权的标的不是某个价格,而是未来的事件状态。

5. 资产证券化产品

公司将其缺乏流动性但能够产生可预见现金收入的资产(如住房贷款、发电机组、收费公路等)出售给特定发行人,创设一种以该资产产生的现金流支撑投资者回报的金融工具或权利凭证,进而出售该类金融工具或凭证来筹集资金,该过程即资产证券化,那些支撑资产证券化行为的资产称为基础资产。公司可以通过发行资产证券化产品筹集资金。根据基础资产的不同,目前我国市场上常见的资产证券化产品有四类:抵押贷款资产证券化产品(Mortgage-Backed Securities,MBS)、信托型资产支持票据(Asset-Backed Notes,ABN)、非金融机构资产支持证券化产品(Asset-Backed Securities,ABS),以及以基础设施支撑的公募REITs。2020年4月30日,中国证监会、国家发展改革委联合发布《关于推进基础设施领域不动产投资信托基金(REITs)试点相关工作的通知》,正式启动基础设施领域的公募REITs试点工作,并优先支持京津冀、长江经济带、雄安新区、粤港澳大湾区、海南、长江三角洲等重点区域,支持国家级新区、有条件的国家级经济技术开发区等开展试点。前三类资产证券化产品通常属于债务型金融工具,第四类偏向于股权性质。故综合而言,资产证券化产品可能兼具股权、债权的某些性质。资产证券化的一般模式如图4-7所示。

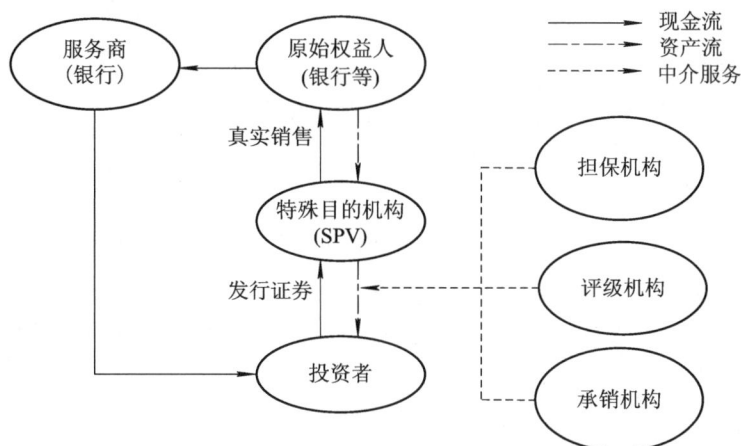

图 4-7　资产证券化的一般模式

图中,原始权益人是指基础资产的原始权益人或者融资方;特殊目的机构是管理基础资产、发售资产证券化产品、管理资金流的机构。

除下述负面清单规定外,公司有稳定现金流入且缺乏流动性的资产均可作为基础资产:① 符合地方政府性债务管理有关规定或者新增地方政府性债务的基础资产;② 被有关部门认定的失信被执行人、失信生产经营单位、其他失信单位作为重要现金流提供方的基础资产;③ 产生现金流的能力具有较大不确定性的资产;④ 因空置、在建等原因不能产生稳定现金流的不动产、不动产租金债权或者相关收益权;⑤ 不能直接产生现金流、仅依托处置资产才能产生现金流的基础资产;⑥ 法律界定及业务形态属于不同类型且缺乏相关性的资产组合;⑦ 违反相关法律法规或者政策规定的资产。

4.4　公司融资战略管理

融资活动是公司财务管理活动的重要、首要环节，融资战略是公司财务战略的重要组成部分。融资战略主要涉及的问题是融资能力、融资结构和融资方式，它不是具体的资金筹措实施计划，而是为适应未来环境和公司战略的要求，对公司资金筹措的重要方面所持的一种长期的、系统的构想。公司融资战略管理就是要根据公司内外部环境的特点，对公司的融资目标、融资渠道和融资方式等进行长期的谋划，在公司资本结构得到不断优化的过程中为公司战略的实施提供资金保障。融资战略管理从内容上讲包括融资战略管理的环境分析、目标确定、战略生成等几个问题。

4.4.1　公司融资战略管理的战略环境分析

公司在面临不同的环境因素时，应该选择不同的融资战略。影响公司融资战略选择的因素主要有以下几个方面：

1. 经济周期

从经济的不同发展阶段来看，当经济景气时，公司面临的经济环境与市场条件比较有利，产品销路好，举债可以增强公司的发展能力和盈利能力；反之，经济不景气时，产品销路下降，银根紧缩，举债容易增加风险与债务危机。

2. 行业差别

由于各行业的具体情况不同，因此其负债能力也不尽相同，从而可以采取的资金结构具有较大的差别。造成这种差别的原因主要有以下三种因素：资产流动性、资金密集度、行业成熟期。通常资产流动性较强的资金密集型企业，属于新型且发展速度快的行业，资产负债率可以高一些。

3. 资金市场

直接融资市场比较发达时，公司的资产负债率可能较低；间接融资市场比较发达时，公司的资产负债率可能较高。

4. 所有制形式

不同的所有制形式会在一定程度上影响其所有者、债权人和经营者等有关方面能够接受和承担的资金风险水平，因而对公司可以采用的资金来源结构有重要决定作用。

5. 公司经济效益水平、变现速度和平稳程度等因素

获利能力越强，财务状况越好，变现能力越强的公司，就越有能力应对财务上的风险。经营业务与销售状况是否稳定对资金结构也具有重要影响，如果公司的销售和盈余稳定，则可以较多地负担固定的债务费用，如果销售和盈余波动较大，则负担固定的债务将冒很大的风险。

6. 投资项目的性质和生产技术配备能力与结构

投资项目建设周期短，现金净流量多，生产经营状况好，产品适销对路，资金周转快，资产负债比率可以适当高些，并可提高短期资金来源的比例。此外，产品结构比较单一的公司，自有资本比例应大一些，因为这类公司内部融通资金的选择余地较小。相反地，产品结构多元化的公司，因内部融通资金的余地较大，可适当提高资产负债率。

7. 金融与经济传统

金融界和企业界的不同传统对企业资金来源结构有重要影响。例如，像日本企业那样依靠大量贷款迅速扩大生产，虽然会获得很高的发展速度，但短期内利润必然要受影响，对此具有追求短期利益传统的美国企业及股东显然很难接受。

8. 其他因素

公司的规模、国家的宏观经济政策的变动等对公司可行的资产负债率有不同程度的影响。

4.4.2　公司融资战略管理中战略目标的确定

融资战略环境分析之后，制订资金筹措战略的重要任务便是确定相应的战略目标。融资战略目标规定了公司资金筹措的基本特征和基本方向，指明资金筹措活动预期的工作成果，是各项融资工作的行动指南和努力方向。现行财务管理理论一般认为是否使"公司价值最大化"是衡量公司融资决策优劣的唯一目标。由于战略的运行必须考虑众多内外环境的影响，充分反映公司内部和外部各种力量对公司的要求才是可行的。这就造成公司战略的目标体系必须是多元化的。因此我们要根据公司战略和投资战略的要求，设立一个合理的综合目标体系，作为融资战略决策的基本依据和基本方向。资金筹措战略目标体系一般应该包含以下几个方面：

1. 满足资金需要目标

满足资金需要目标即为公司筹集到足够数量的资金，保证公司及时实施战略计划与投资战略等方面对资金的需求。其具体包括以下三个方面：维持公司正常生产经营活动的需要、保证公司发展的资金需要、应付临时资金短缺的需要。

2. 扩大和保持现有融资渠道目标

扩大和保持现有融资渠道的目的在于保持随时再筹集到足够数量资金的能力。公司融资战略的一个重要特点就是不贪图一时的低成本或低风险的资金来源，也不局限于单纯满足公司当时的资金需要，而是从长计议，以战略观点来设计、保持和拓展融资渠道。

3. 低资金成本目标

由于资金成本的高低会直接影响公司的生产经营成本，进而波及公司的竞争地位，并对公司战略与投资战略的顺利实现及其实施效果产生很大的影响，因此公司融资不仅是单纯从数量上满足公司需求，而是应该能够以较低的资金成本筹集到足够数量的资金用于供应公司所需。

4. 低融资风险目标

各种不同来源的资金除了资金成本不同之外，其风险也有很大不同，对公司的风险地位也会有不同的影响。所以公司在制订融资战略时，不仅要考虑降低资金成本这一目标，而且还要考虑如何降低融资风险，把融资风险控制在可以接受的范围之内。这也是资金质量目标的一个重要方面。

5. 提高融资竞争力目标

从长远来看，提高融资竞争力是公司不断获得稳定、可靠、低成本、低风险资金的保证。该目标进一步又可以分为下述几个目标：融资市场地位目标，即相对于融资竞争者在资金市场上的竞争位置；融资市场信誉目标，即资金提供者对公司的信任和满意程度；融资技术创新目标，即对于传统融资方式、手段、技术等做出的改变；高融资效率目标，即融资过程中组织筹划的高效率。

4.4.3 公司融资战略管理的战略生成

这里主要探讨公司融资能力分析与开发、融资结构战略生成、融资渠道与方式的战略选择等问题。

1. 融资能力分析与开发

融资能力是指公司从各种资金来源获得资金的能力，它集中表现为一定时期内，公司能够筹集到的资金数量和质量。由于资金是一种具有稀缺性的重要经济资源，公司之间融资竞争往往非常激烈。在这种竞争中，有些公司取得了优势，表现为融资能力较强，就能以较为有利的条件及时筹集到所需的资金用于生产经营或对外投资，为公司的发展提供坚强的后盾。而有些公司获取资金的竞争能力较差，所需资金往往得不到满足，不得不付出较为高昂的代价，使公司在与其他公司的市场竞争中一开始就处于较为不利的地位。有很多公司经营失败，其原因并不在于公司缺乏良好的产品或技术，而是公司缺乏充足的资金来实现这些产品和技术。因此融资能力对于公司至关重要。

1) 融资能力分析

公司的资金来源可以分为公司内部资金来源和外部资金来源两大类。公司内部资金来源是指公司通过自身生产经营成果的积累形成的可用资金；而公司外部资金来源是公司通过不同融资方式从公司外部获得可用资金。它又有两种主要来源：一是筹集负债资金，二是筹集权益资金。公司从这三条渠道筹集资金的能力构成了公司资金筹措能力的主要内容。

(1) 公司内部资金筹措能力的一般估计。公司内部资金来源就是公司在其所获得的收入和利润中重新投入公司生产经营过程中，参加资金再循环的那部分资金。所以公司内部资金筹措能力主要决定于公司的收入水平、盈利能力及有关财务政策等因素。公司内部资金筹措能力可大致估计如下：

$$税后净收益 = 预期未来几年内的收入水平 × 税后目标销售利润率$$
$$留存盈余 = 税后净收益 - 现金股利$$
$$经营产生的内部资金 = 留存盈余 + 新、旧固定资产折旧$$

净内部资金来源＝经营产生的内部资金－银行贷款和长期负债还款总计

(2) 负债资金筹措能力的一般估计。公司负债资金来源就是公司通过借债的方式所能获得的资金。公司的负债融资能力主要取决于公司的盈利水平和资金来源结构。一定的盈利水平是公司偿还借款本息的重要保证，而资金来源的结构则反映了公司财务风险的大小。在一般情况下，只有这两个方面的情况良好，潜在的债权人才会有信心把资金贷给公司，公司才能以合理的利率和条件得到所需的借款。现在假设公司的盈利能力是有保证的，则公司的负债资金筹措能力可大致估计如下：

总负债能力＝估计的未来股东权益总数(目前的股东权益＋预期新的股东权益＋

$$税后净收益－股利)\times\frac{行业平均负债}{行业平均股东权益}$$

新的负债能力＝总负债能力－现有总负债(包括长、短期负债)

(3) 权益资金筹措能力的一般估计。权益资金来源即公司通过发行新股或以其他方式增资获得资金的能力。股东或潜在的股东们投资于某一公司，主要目的是期望得到较高的利益回报。因此，权益资金筹措能力主要决定于公司的盈利能力及给股东的回报。股东一般总是很关心其每股盈余的高低。当公司准备发行新股时，股东一般并不希望每股盈余被稀释。如果预期新股发行会导致这样的结果，他们就会表示反对并向董事会施加压力以求改变。所以公司要想增加新的股权资金，在可能的情况下应该选择经营情况和金融市场状况最好的年份发行新股，力求在这一年里使得公司的利润和每股盈余有一个较大幅度的增长，为新股发行提供基础，使之不会被稀释。根据以上论述，公司权益资金筹措能力大致估计如下：

额外净收益(Δ净收益)＝净收益(最好增长年份)－净收益(正常增长年份)

$$潜在可发行新股股数＝\frac{额外净收益(\Delta净收益)}{EPS(正常预期水平)}$$

新股能力＝潜在可发行新股股数×预期股票发行价格

发行新股可得资金＝新股能力－估计发行成本

综上所述，公司总的资金筹措能力是其内部资金筹措能力、负债资金筹措能力和权益资金筹措能力的总和，但不能视为上述三个估计的简单算术和。这是因为：首先，上述三种能力之间是互相联系、互相影响的。其次，资金筹措能力还受到公司多方面的其他因素的影响，具体可分为内部因素和外部因素，所以上述估计只能被看作一种大致的预测。所以，公司要分析、预测自身的融资能力，还必须在上述估计的基础上，结合其他重要影响因素进行综合分析，才能比较准确地把握公司资金的筹措能力，从而更有效地制订和实施融资战略。这些因素可能包括公司规模(通常规模大的公司融资能力较强)、公司创办时间的长短(通常创办时间越长的公司融资能力越强)、公司领导和管理人员的知识能力和结构、公司资产的性质以及政治经济环境等。

2) 融资能力开发

融资能力是公司自己可以控制的，可以通过自身有意识、有成效的努力而在一定程度上予以加强，这就是所谓的融资能力的开发。公司融资能力的开发可以从以下几个方面着手：

(1) 提高盈利能力，改善资金结构。公司的留存盈余等内部积累本身是公司资金来源的一条重要渠道，而盈利能力强、资金结构合理的公司，其留存盈余可望大大提高，从而增强公司的内部融资能力。如果公司的盈利能力强，资金结构健康，则对潜在的投资者、债权人等的吸引力就会较大，从而使公司的外部融资能力大大增强。此外，良好的盈利能力和资金结构还会改善公司的信誉状况，扩大公司的影响，从而使公司的外部融资能力得到加强。

(2) 提高对金融机构的交涉能力。公司从外部融资的很大比重来自金融机构的贷款。因此提高公司对金融机构的交涉能力十分重要，它能在很大程度上影响和决定公司获取贷款的能力。可从以下三个方面着手：首先，充分理解金融机构的贷款政策与方针；其次，选择贷款政策合理的金融机构；最后，与金融机构保持良好的关系。

(3) 增强公司领导人和资金筹措人员不断开发利用新的融资渠道和工具的能力。归根到底，资金筹措是公司领导人和资金筹措人决定和进行的。他们是否具备良好的素质和知识，是否具有开拓能力，是否具有与金融机构和投资者等洽谈的能力等都对公司融资能力具有重要影响。另外，现代企业可以利用的融资渠道和工具众多，而且随着金融创新的不断增加，融资渠道和工具有增无减。因此，为了能筹集到公司所需的资金，资金筹措人员必须有能力研究、开发和利用新的融资工具进行融资，以分散融资风险，并保证获得各类不同的、适合需要的资金。

(4) 扩大公司影响力，提高公司信誉。公司为了能以较为有利的条件稳定地获得所需资金，还应努力提高社会知名度，扩大公司影响力，提高公司信誉。例如，公司通过分析投资者的要求，加强同投资者的联系，加强投资者对公司的了解；积极参与社区公益活动，与政府机关保持良好协作关系等。公司社会影响大，信誉度高，资金供给者就比较放心，乐意以较为有利的条件为公司提供资金，这有利于公司开发利用多种融资渠道和工具，增强融资能力，改善融资环境。

(5) 促进产融结合。工业资本与金融资本的相互融合是经济发展到一定阶段的必然产物，而且对增强公司融资能力具有重大影响。产融结合有助于公司得到金融方面的支持，特别是公司面临困难时更是如此。

(6) 制订有效的公司战略。从长远来看，公司的融资能力取决于公司在产品市场上的表现。只有未来能在产品市场竞争中取得成功的公司，其融资能力才有可能稳步加强。有效的公司战略可以增强公司在产品市场上的竞争和发展能力，提高公司产品成功的可能性，从而增强公司在金融市场上获得资金的能力。总之，融资能力是一个综合性的指标，许多因素都会对其产生影响。公司可以而且应当采取适当的措施来增强其融资能力，同时充分发挥、利用好这一能力。

2. 融资结构战略生成

融资结构战略生成的过程可以概括为以下几个步骤：

(1) 分析、预测公司内部和外部环境中的有关因素，寻求可行的资金来源结构战略备选方案。公司资金来源结构受到许多因素的制约和影响，并非公司可以任意选择的。因此资金来源结构战略的有效生成必须首先保证它的现实可行性，即必须充分考虑公司环境因素对融资结构的制约作用。公司外部环境中的许多因素，如金融市场状况、经济周期、竞争状况、行业状况、通货膨胀率、税赋政策、法律规定、政府的政策等共同作用的结果，往往决定了公司实际可以利用的资金来源有哪些、从每一种来源获取资金总量的大小。公司内部环境中的许多因素，如公司组织形式、公司规模、公司利润、公司稳定性、公司资产结构、公司信誉、公司创办时间、对公司控制权的保护态度等共同作用的结果，将会进一步决定该公司对不同资金来源的可利用程度。公司内外环境因素结合在一起，共同制约公司不同资金来源的可得性及不同资金来源结构的可行性。因此，资金来源结构战略的生成，首先要求对公司内外环境中的有关因素进行综合分析与评价，并据此提出各种可行的备选方案。

(2) 评估提出的备选资金结构战略方案与公司战略之间的一致性，选出能够支持公司战略的资金来源结构战略方案。这是选择资金来源结构方案的关键环节。筹措资金的主要目的是满足公司战略的需要，支持公司战略的实施。实施一项没有确切的资金保证的战略将会显著地增加其失败的概率。应该说，某些公司是非常"幸运"的，因为相对于它的资金需要而言其可得的资金足够丰富。但对于绝大多数公司，特别是成长型企业，其资金的可得性并非总是处于有利的条件之下。因此对它们而言，公司在制订战略时就应考虑到资金来源的实际情况，以保证它具有可行性。资金来源结构的生成与选择必须成为公司战略的一个有机组成部分，它应该符合公司战略的要求，能够支持和促进公司战略的实施。因此，是否与公司战略相协调，能否支持公司战略的顺利实施，应是选择公司资金来源结构的主要标准。

(3) 对选出的符合公司战略要求的资金来源结构战略方案的资金成本与资金风险，公司应该进一步运用资本结构理论进行分析评价，以低成本和低风险为标准，从可行的资金来源结构战略方案中，选择、确定最佳方案。

这里应该注意的是，确定的最佳资金来源结构不一定是某一最佳点，而更可能是一个最佳范围。这样做，一是实务上更具有可行性，二是设计融资结构时更具有灵活性，使其留有可供调整的余地，以期应付动荡的融资环境和随时处理不测事件的发生。

(4) 批准执行，即把已确定的资金来源结构战略方案投入实施。

公司资金来源结构并不是一个固定结构，而是动态的结构，因为每一次融资活动都会对公司资金来源结构产生影响。但从公司战略的角度来看，如果公司战略未发生重大变化，资金来源结构应保持相对的稳定性，以便保持与公司战略之间的协调一致性。所以实施资金来源结构战略方案要区分不同情况进行，在公司原有资金结构已经合理的情况下应使之继续保持；而如果原有结构不尽合理，则应通过融资活动对其进行调整，使之趋于合理。

3. 融资渠道与方式的战略选择

1) 不同融资渠道与方式所融资金的特点分析

公司在从战略角度选择融资渠道与方式时，应该对各种融资渠道与方式所筹集资金的特点进行详细的分析，在此基础上，结合公司战略目标分析，即可对融资渠道与方式做出合理的战略选择。不同融资渠道与方式的财务特征如表4-4所示。

表 4-4 不同融资渠道与方式的财务特征

渠道/方式	资金成本	方便性、对经营权的影响	对利润的影响、利用时间的长短、利用额的大小
内部留成	• 在财务计算上没有成本； • 作为机会费用有一定的成本	• 如果没有利润也无法留成； • 对经营来说是最安全的资金； • 分红后可以自由支配	• 没有使用期限
股票	• 可以按利润情况确定分红； • 按市价发行时，由于发行后的还原，使成本提高	• 发行种类较多，可相互组合； • 手续多、时间长； • 需要支付利息和还本； • 根据股份稳定程度不同对经营权有不同程度的影响； • 在异常时可以不分红	• 无期限资金； • 可以大量筹措； • 基于利润处理确定股利
贷款	• 成本低于普通公司债； • 有时候银行将强制提高提取存款的比率	• 手续简单； • 有时不需要担保； • 需要支付利息和还本； • 经营不佳时，成本较高； • 有些情况下经营权受到干预	• 金额可大可小； • 也有长期贷款，但以短期贷款为主； • 费用就是利息
公司债	• 由于是固定利息，所以在低利息时发行较为有利； • 兑换公司债或发行公司债附带新股时利息更低	• 一般需要担保； • 手续较多、时间长； • 需要支付利息和还本； • 经营不佳时，难以筹措； • 有些情况下经营权受到干预	• 时间长、数额大； • 费用就是利息
赊购款	• 表面上看没有成本，但实际上这种成本有时加在价格里，另外在采取现金折扣制度时，也有成本	• 容易筹措； • 不必担心经营权受到干预； • 在急需时可以筹到一定限度的资金	• 短期； • 只能利用购入金额部分
租赁	• 比购买设备的成本高	• 只能利用相当于租赁设备的资金； • 手续简单； • 不需要担保； • 如果拖延支付租赁费，对方将提出支付全部价格	• 折旧快； • 金额可大可小； • 贷款期限由租赁设备的使用年限决定

2) 资金筹措渠道与方式战略类型及其实施措施

在分析不同融资方式特点的基础上，根据公司自身的能力及公司所处的环境，公司资金筹措渠道与方式的战略可以分为以下几种类型：

（1）内部资金筹措战略。这类战略是指从公司内部开拓资金来源，筹措所需资金。这一重要战略的资金来源包括：从利润中提取而形成的一般盈余公积和公益金等；从销售收入中回收的折旧、摊销等无需用资金支付的费用；资金占用减少、周转速度加快所形成的资金节约等。这种融资战略主要适用于以下情况的公司：① 公司外部资金来源渠道匮乏；② 公司内部资金来源渠道丰富，可以满足现阶段资金需要；③ 公司战略要求采用内部性融资战略。

采用内部型资金筹措战略必须采取切实有效的实施措施，这些措施主要包括：① 适应市场环境的变化；② 加强内部管理，节约各项费用；③ 降低利润分配率，提高留存盈余；④ 合理制订和利用折旧计划等，以增加积累，减少税收支出；⑤ 减少资金占用，加速资金周转；⑥ 加强公司内部资金的调度，避免资金闲置。

（2）金融型资金筹措战略。它是指公司通过与金融机构建立起密切的协作关系，有效地利用这些金融机构的信贷资金，以保证随时获得长期稳定贷款的融资状况。这是一种从公司外部以间接金融方式筹集资金的战略。金融机构信贷资金主要有以下几项具体来源：① 政策性银行的信贷资金；② 商业银行的信贷资金；③ 非银行金融机构的信贷资金。

（3）证券型资金筹措战略。该战略是指主要依靠社会资金来源，通过发行各种有价证券，特别是发行股票和债券等方式来筹集资金的战略。公司通过在证券市场上公开发行股票和债券可以直接吸纳家庭与个人的待用和结余资金，另外某些金融机构、其他公司和某些公共团体由于种种考虑也会将一部分资金投入证券市场，因此发行有价证券融资面对的是异常广阔的资金市场。随着证券市场的发展和股份制经济的推广，这一融资战略的作用会越来越大。

（4）联合型资金筹措战略。它是指主要依靠公司间的联合，通过公司间吸收、合并、收购、投资等方式，充分利用其他公司资金力量和金融力量进行融资的战略。这种战略的主要形式有：① 通过公司间信用融资，如应付账款、应付票据等；② 通过公司间的联合，突破单一公司筹措资金的能力界限，从而取得金融机构的贷款或者资金援助；③ 通过吸收、合并、收购等方式利用外资来解决资金短缺问题；④ 通过开办合资企业、合营企业和补偿贸易等方式利用外资来解决资金短缺问题。

（5）结构型资金筹措战略。它是指公司多种融资渠道与方式并重，不存在单一的重点融资渠道与方式。这种战略实际上是一种综合性的融资战略，它是上述四种不同融资渠道的某种组合。公司为了获取足够的资金或保持稳定的资金来源与优良的资金结构，常常需要采取前述四种融资战略的某种合理组合进行融资。组合的不同，构成不同的结构型融资战略。

上述五种情况是公司资金筹措战略方案一般的和基本的类型。公司在实施资金筹措战略时，要根据公司自身的能力及公司所处的金融环境等选择合理的资金筹措渠道与方式。

本 章 小 结

本章主要介绍了现代资本结构理论、公司融资决策行为的影响因素、融资方式和融资战略管理。现代资本结构理论是由莫迪格莱尼与米勒基于完美资本市场的假设条件提出的，研究了没有公司所得税情况下的资本结构理论与有公司所得税情况下的资本结构理论，此外还有哈莫达公式理论(CAPM 与有税 MM 模型的结合)、权衡理论、基于信号理论的资本结构理论、啄序理论、委托代理理论和市场时机理论。

公司的融资活动本身就是社会资源配置活动。资金具有追求资本增值的特性，资本通常偏好向收益率较高的公司流动。因而，不同公司的融资渠道、方式和规模也各不相同。当有限的资金资源配置到发展迅速、收益率高的公司时，社会资源配置的效率就较高。相反，当有限的资金资源配置到发展缓慢且收益率低的公司时，社会资源配置的效率就很低。管理者过度自信会对公司融资决策造成影响，相关的理论有有序融资理论、控制权理论和行为金融理论。

融资是公司作为融资主体根据其生产经营、对外投资和调整资本结构等需要，通过融资渠道和金融市场，运用融资方式，经济有效地筹措和集中资本，以保证公司正常运转需要的财务活动。公司的融资方式包括股权融资、债权融资、混合证券融资等。

融资活动是公司财务管理活动的重要、首要环节，融资战略是公司财务战略的重要组成部分。融资战略主要涉及的问题是融资能力、融资结构和融资方式，它不是具体的资金筹措实施计划，而是为适应未来环境和公司战略的要求，对公司资金筹措的重要方面所持的一种长期的、系统的构想。公司融资战略管理就是要根据公司内外部环境的特点，对公司的融资目标、融资渠道和融资方式等进行长期的谋划，在公司资本结构得到不断优化的过程中为公司战略的实施提供资金保障。融资战略管理从内容上讲包括融资战略管理的环境分析、目标确定、战略生成等几个问题。

思考与练习

    1. 如何看待资本结构理论对企业融资决策的影响？

    2. 权衡理论对于企业资本结构有什么启示？

    3. 行为因素如何影响企业融资决策？

    4. 如何选择公司融资的方式？

    5. 环境因素如何影响公司的融资战略？

    6. 如何管理融资战略？

第五章 企业集团财务管控

学习目标

(1) 了解企业集团的组织形态；
(2) 熟悉企业集团的管控模式；
(3) 掌握内部资本市场的功能。

案例导读

中国石油集团财务管控转型历程

1. 一级集中核算

20 世纪 90 年代中期，当时的中国石油天然气总公司财务资产部委托浪潮集团开发了 FMIS 系统，并在部分油气田试运行。90 年代中后期，通过改进、完善的 FMIS3.0、FMIS5.0 在集团内推广应用，解决了会计电算化问题。2002 年功能更强大的 FMIS6.0 正式上线，使地区公司一级的集中核算和网络化得以实现。2006 年 8 月，中国石油一级会计集中核算项目正式启动，改进完成了 FMIS7.0，2007 年 8 月实现了整个中国石油财务数据集中共享。

2. 资金集中管理

2002 年中国石油集团启动"资金全额集中、收支两条线"资金集中管理，2004 年底实现所有分公司、子公司实行收支两条线。2009 年集团提出建立司库体系，2012 年 12 月大司库系统全面上线运行，2018 年 3 月上线司库平台 2.0。司库资金集中管理采取"总分账户"管理模式，通过中油财务公司系统实现了资金实时集中和支付。1996 年集团全面推广的资金结算中心模式，在地区公司内部结算、内部信贷、收支两条线、对外委托集中支付方面至今仍发挥着作用。

3. 资金配置政策

2000 年开始，中国石油股份公司财务管理要求地区公司向股份公司上缴利润、折旧、折耗、勘探费用、资产减值损失、无形资产摊销等项目；油气开发项目的资本性支出，股份公司拨款 55%，45%由地区公司承担负息资金；同时股份公司拨付零购资金、安全生产费用、安全生产及隐患治理费用、科研经费等各项经费拨款、其他专项拨款等。2017 年股份公司试点实行新资金配置政策，地区公司仍按比例上缴利润、折旧，留存资金地区公司支付；股份公司不再下拨投资资金也不再弥补经营亏损，以前形成的长期负息资金转为资本金；其他科研经费、零购资金等拨款也不再拨付。

4. 共享服务中心

2016 年 6 月，集团公司出台了管理体制改革框架方案(试行)，明确了"逐步建立财务、人力资源、技术、信息、物资采购、审计等共享服务中心，提高公司整体运营效率和服务水平"的要求，为打造"共享中国石油"确立了"时间表"和"路线图"。2017 年 2 月集团公司成立财务共享领导小组，提出建设世界一流智能型全球共享服务体系的总目标。2020年 10 月，集团公司财务共享业务全面上线。

5. 内部财务控制

2021 年 4 月，集团公司确立形成"总部为战略引领和一体化统筹中心、业务板块为业务运营和利润中心、企业为执行中心和利润分中心"的组织架构，突出业务协同、专业化发展和产业链国内外一体化统筹，优化调整业务板块划分，构建油气和新能源、炼化销售和新材料、支持和服务、资本和金融四大业务板块(子集团)，建立一整套紧密协同、内在联系、相互支撑的制度机制，促进全面深化改革。

没有良好的财务管理体系，集团公司的良性健康发展无异于空中楼阁。企业需要跟上时代不断前进的步伐，拥抱新技术革命，加快财务转型的速度。唯有不断探索转型路径，求新求变，才能紧紧拥抱新时代，创造财务管理体系新的格局。

5.1　企业集团管控模式

5.1.1　企业集团的三种组织形态

美国学者威廉姆斯把公司内部组织形态分为三类，即 U 形结构(单元结构)、H 形结构(控股结构)和 M 形结构(多元结构)。

1. U 形结构

U 形结构下，集团母公司在生产组织、财务管理方面，对子公司实行较严格的控制，这是一种高度集权的组织结构。直线制结构是 U 形结构的简化形式，其管理权高度集中于企业的最高管理层。最高管理者对下属部门和人员拥有直接的指挥权和决策权。直线制结构可以看作是 U 形结构在企业规模较小、业务比较单一情况下的简化版本。在这种情况下，企业不需要复杂的部门划分，高层管理者可以直接管理所有事务。

U 形结构是直线制结构的发展和扩展。当企业规模扩大、业务复杂度增加时，直线制结构的管理效率会下降。此时，企业需要引入职能分工，形成 U 形组织结构。企业在选择组织结构时，需要根据自身的规模、业务复杂度和环境特点进行选择。

【案例 5-1】 中茶集团作为中国大型国企之一，在改革以前国家统一政策引导下，组织结构上采用传统集中管理的直线-职能制。整个组织结构自上而下呈现严密的金字塔式，厂部拥有绝对控制权，权力高度集中，实行统一指挥，集中控制，按职能划分类别众多的科室处理各类日常事务，基层缺乏自主性，是典型的 U 形结构。改革后，中茶集团领导层意识到随着市场竞争愈发激烈，生产规模迅速扩大，国家实行有计划的商品经济模式后，厂内原有体制越来越不适应工厂经营发展状况以及外部环境因素的变化。他们认为传统的 U 形结构存在着以下问题：① 厂部权力过分集中，权力高度统一；② 公司职能机构庞大臃肿，工厂效率低；③ 经营渠道单一，经营方式僵化；④ 分配与效益不挂钩，缺乏竞争活力。

针对以上问题，中茶集团进行组织结构改革，根据现代企业制度所要求的产权清晰、责权明确、政企分开、科学管理的要求，在总结分析过去本企业改革的基础上进行现代企业制度的组织改革，成立中茶集团。集团从建立组织制度和理顺产权关系入手，对企业实行公司制改造，确定产权明晰的公司法人制度，建立严格的责任体系。特别是中茶集团于 2017 年完成国资委央企员工持股试点改革，效果显著，标志着企业发展迈入新阶段。目前公司确立了新的治理机制：通过混改，实施市场化选聘总经理，确立了新的经营管理团队；按照"品牌＋区域"建立了品类事业部，确定了产供销一体化的商业模式，实现企业内部经营机制的转换，使中茶公司焕发了新的生机和活力。

可见，U 形结构是最早的企业集团结构，已不符合现代市场经济和现代企业制的要求。当企业规模、内部条件的复杂程度和外部环境的不确定性超出了该结构所允许的限度时，固然不应再采用这种结构形式，但在组织的某些局部，仍可部分运用。比如 H 形结构中便常常包含 U 形结构，因为企业集团的下属子公司或分公司较多采用 U 形结构。

2. H 形结构

1) 控股型企业集团

控股型企业集团的母公司只具有纯粹出资型功能。在这种情况下，母公司即出资人，作为核心企业，其实质是从事资本运作，即以较小的资本规模控制着大量的资本及资产资源。这是一种典型的分权组织结构，母公司常常是一个多元化的控股公司，其下属子公司彼此业务互不相干，产品结构属无关产品型，在经营上有较大的独立性，公司总部并无明确的总体发展方向和战略，其资源配置主要取决于子公司在财务上的表现。这种经营方式类同于投资机构的基金管理。控股式企业集团最初发端于英国，以控股公司形式存在的企业联合体大多呈"金字塔"形，即由控股公司对下级公司进行控股，形成多个二级控股公司或主体，同时，二级控股公司或主体又对更下一级的经营实体进行控制，从而形成第三级的控制主体。这样，由于资本控制的传递性，就自动形成了第一级控股公司对底层的经营实体的资本控制，从而发挥着资本控制资产的天然的控制力。人们习惯将第一级的控股公司称为母公司，而称其二级或更下级的公司为子公司。其具体结构如图 5-1 所示。

相对于母公司而言，企业集团的成员企业(子公司等)都属于一级独立的投资主体和投资中心，母公司所面临的决策包括两方面：

第一，产权是"买"还是"卖"。即当控股公司纯粹作为资本经营主体时，它所面临的决策要么就是将子公司或孙公司纯粹作为资本运作对象，在其市值被低估时买进或控制它，要么在其市值被高估时卖出它，以取得资本经营利得。这是一种典型的"买"或"卖"的决策。

```
                          ┌──────────┐
                          │  母公司   │
                          └────┬─────┘
          ┌────────────────────┼────────────────────┐
  ┌───────────────┐   ┌───────────────┐    ┌───────────────┐
  │甲子公司(全资控股)│   │乙子公司(拥有80%)│    │丙子公司(拥有20%)│
  └───────┬───────┘   └───────┬───────┘    └───────┬───────┘
          │            ┌──────────┐          ┌──────────┐
          │            │ 其他股东 │          │ 其他股东 │
          │            └────┬─────┘          └────┬─────┘
  ┌──────────────┐   ┌──────────────┐     ┌──────────────┐
  │ 子公司股东会 │   │ 子公司股东会 │     │ 子公司股东会 │
  └──────┬───────┘   └──────┬───────┘     └──────┬───────┘
  ┌──────────────┐   ┌──────────────┐     ┌──────────────┐
  │ 子公司董事会 │   │ 子公司董事会 │     │ 子公司董事会 │
  └──────┬───────┘   └──────┬───────┘     └──────┬───────┘
    ┌─────────┐       ┌─────────┐          ┌─────────┐
    │ 总经理  │       │ 总经理  │          │ 总经理  │
    └─────────┘       └─────────┘          └─────────┘
```

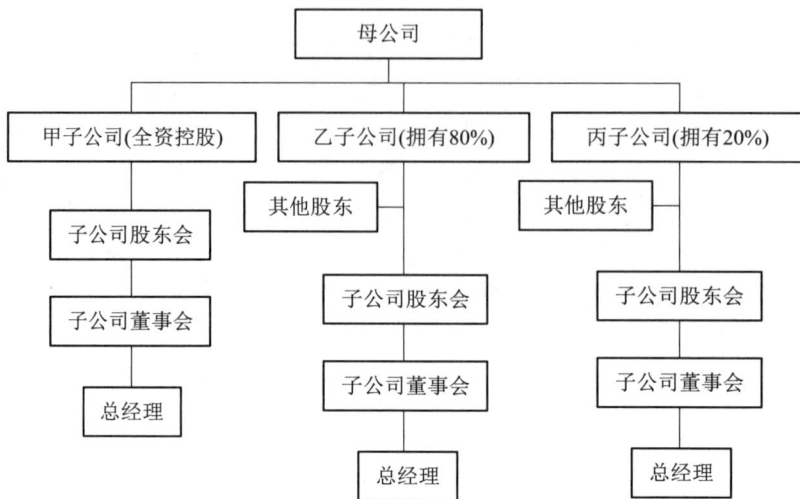

图 5-1 H 形结构——控股型企业集团

第二，是"长期持有并经营"还是"短期炒作"。控股公司在取得对子公司的控制权后，有时并不将其当作一时或短期资本运营对象，而是致力于长期持有并持续经营。但是，鉴于控股公司的本质是资本经营而不是真正的实体资产经营或从事实业，因此，它还同样面临着一个选择，即长期持有并经营的时间该如何掌握？在未来经营过程中，控股公司能长期分享子公司的利润吗？如何比较现时出售所实现的利得净值与未来经营所分享利润的总折现值？

应该说，上述两种决策都是明确的，而且从控股公司角度，它所进行的决策大都与上述相关，只不过出于战略的需要，有时对买卖决策考虑得更多，而有时又将精力偏向于实体资产经营而已，当然更多的时候是两者的统一，即"买进—经营—卖出"。

综上所述，我们可以发现控股型集团的优势主要包括以下三方面：① 用较小的资本控制着较大的资源，并保持对附属子公司等的控制权。② 收益高。由于资本的"权威性"，控股公司通过资本投入控制资产资源，并同时保持着对子公司及孙公司的处置权，从而通过"买进—经营—卖出"而获利。通行的做法是，在初始阶段由控股公司通过兼并与收购来取得目标公司的控制权，然后交由职业经理去从事对目标公司的经营与重整，使其获利，并提升其市场价值，在经过这一系列重整与经营之后，伺机将目标公司出售，从而取得高收益。当然这种获利方式并不是唯一的。事实上，大多数控股公司的收益还是来自下属子(孙)公司所分得的利润，而且由于剩余控制权掌握在母公司(即控股公司)手中，其股利分配决策大多也由控股公司来定夺，从而在收益的时间序列上会对母公司收益产生重大影响。③ 风险独立。在控股型企业集团中，控股母公司与下属被控股公司，以及各子公司等都是独立的法人。因此，其中某一经营实体(它为子公司或孙公司之一)的重大经营损失并不会影响其他独立的子公司，不会导致"一方有难"而"八方共担"，从而有利于控股公司及其他子公司的人格独立、稳定经营。当然，风险独立也是相对的，比如企业集团的下属子公司或孙公司的大额负债由母公司或其他兄弟子公司作担保，则情况就大不相同：一方面，这种联保属性大大地增强了企业集团对外融资能力；另一方面，一旦负债方出现财务危机并直接影响到其自身的生存，则这种联保关系继而会转换成连带责任关系，从而使整个企业集团都面临着极大的财务风险。

控股型企业集团的劣势也非常明显,主要表现在以下三方面:① 税收减免上的有限性。与法人单一的大型企业相比,控股型企业集团的总部及附属公司均为独立的法人,它们各自纳税。其中,控股公司收益来自下一级附属子公司税后利润分配,按照相关法律,双重纳税情形存在,而且还很难减免。不仅如此,由于各个子公司法人独立,纳税分散,一方亏损不能为另一方的利润所抵减,从而与大型企业组织内的统一纳税相比,其净纳税额更高。② 面临被强制分拆的风险。由于资本的强大控制力,控股型企业集团一般很大,而且从生产经营角度考虑,西方的控股型企业集团一般都是某一行业内的领军企业,从而垄断的优势也非常明显,正是由于这类企业集团的垄断地位明显,因此,为反垄断并鼓励竞争,西方各国法律均对垄断采取较为强硬的措施,如强行将企业集团分拆,进而消除垄断,如美国国会对 AT&T 的分拆案。③ "金字塔"风险。控股型企业集团属于一座金字塔,当塔基企业(多为实体性经营企业)的收益较高时,处于塔尖控股公司的收益由于资本的放大作用,其收益率也会很高;但是,当塔基企业出现亏损时,由于资本的放大作用,处于塔尖的控股公司的收益率就锐减,并可能形成巨额亏损。因此,对位于总部的控股公司而言,其收益的不确定性是巨大的,一般将这类收益的不确定性称为"金字塔"风险。下面用例子来说明"金字塔"效应。现将 51%作为控股公司的控股线,处于塔基的企业(C 公司)属于经营性企业,处于中间的控股企业 B 公司控制 C 公司,而处于塔尖的控股公司(A)则控制 B 公司(为方便问题的说明,将 B 和 A 公司的全部资产假定全部用于对外投资)。具体数据如表 5-1 所示。不难发现,控股公司(A)只用 5 万元的资本即可控制 2 000 万元的资产。表 5-2 则进一步描述了这一金字塔集团的收益与风险情况。

表 5-1 控股公司及企业集团的"金字塔"效应

单位:万元

C 公司(经营企业)	
股本:200	总资产:2 000
留存收益:800 7%的借款:1 000 负债与权益总额:2 000	资产总额:2 000
B 公司(中间控股公司)	
股本:30 留存收益:22 7%的借款:50 负债与权益总额:102	对外投资——C 公司:102 资产总额:102
A 公司(塔尖控股公司)	
股本:5 留存收益:3 7%的借款:8 负债与权益总额:16	对外投资——B 公司:16 资产总额:16

表 5-2　　控股型企业集团的收益与风险：金字塔效应

单位：万元

息税前收益(率)		
塔基企业 C：	(1)15%	(2)5%
息税前收益	300	100
管理费用——用于支付 B 公司	6	6
利息支付	80	80
税前利润	214	14
所得税(50%)	107	7
可供分配的收益	107	7
实际股利支付额	100	5
中间控股公司 B：		
从 C 收到的管理费收入	6	6
利息支付	4	4
管理费用——用于支付 A 公司	1	1
税前利润	1	1
所得税(50%)	0.5	0.5
分得 C 公司股利(51%)	51	2.55
可供分配的收益总额	51.5	3.05
实际股利支付额	51	3
塔尖控股公司 A：		
从 B 收到的管理费收入	1	1
利息支付	0.64	0.64
税前利润	0.36	0.36
所得税(50%)	0.18	0.18
分得 B 公司股利(53.33%)	26.667	1.6
可供分配的收益总额	26.747	1.77
权益资本收益率(权益/权益总额)	35.6%	22.25%

注：本例假定，收益与股利并不合并纳税，从而不存在双重纳税问题；所得税率为 50%。

通过分析可以发现如下内容。第一，处于塔尖的 A 公司收益情况受塔基 C 公司的收益波动影响很大，当 C 公司的收益率从 15%下降到 5%时，A 公司的收益则由 35.6%下降到约22.25%，这就是金字塔效应的放大作用。如果 C 公司的收益率进一步下降，则 A 公司的收益更将大幅度地下滑。第二，上述收益波动放大作用的计算是就账面资本总额而言的，而且也许投资者认为 22%的收益也是可以接受的，但是，一旦收益下降呈现如此态势，它对控股 A 公司的资本市场价值将会产生极大的影响。也就是说，投资者认为公司的前景是很不乐观的，公司的股票市值也将大大地降低，从而对企业集团未来的资本运营将产生非常不利的影响。

2) 产业型企业集团

在产业型企业集团，母公司在对子公司进行控股的同时，也进行生产经营活动，从而成为一个兼具实体经营的资本经营中心，兼具部分生产经营功能的母公司。现实中，大多数的企业集团属于产业型企业集团。这类集团以核心企业为龙头组建，核心企业既对其子公司进行投资控股，同时又进行生产经营。它具体分为以下两种情形。

(1) 集权型。这种类型的企业集团组织分为三个层次，如图 5-2 所示。

第一层次是核心层企业，它由两部分组成，即图 5-2 中的 A 和 B，其中 A 是企业集团管理总部，即集团公司或母公司；B 是生产厂(它可以是一个，也可以是由多个生产厂组成的集合体)，不是独立的法人。A 与 B 合在一起为一个法人，它是一个集"资产—经营—利益"一体化的经济实体。单个独立的这一实体类似于一个大型企业。

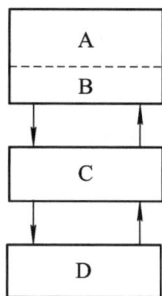

图 5-2　集权型组织层次结构

第二层次是核心企业的控股企业，即图 5-2 中的 C。它们可以是一个企业，也可以是多个企业，每个企业都是一个独立的法人。

第三层次则为集团核心企业或控股企业的参股企业，这些参股企业也都是独立的法人。

(2) 分权型。这类性质的企业集团也分为三个层次，具体组织框架如图 5-3 所示。

第一层次是核心企业，它由三个部分组成，即图 5-3 中的 A、B、C。其中，A 是集团管理总部，即集团公司。B 为一个或多个分公司，C 则是分属于 B 的一个或多个生产厂，这三者合成为一个法人，即企业集团的核心企业。从管理职责角度，A 是集团的投资及管理中心，也就是管理会计所称的投资中心概念；分公司 B 则是企业集团的二级法人(内部核算单位或虚拟法人)，它主要从事生产经营活动，是企业集团的经营中心或利润中心；C 则为生产活动中心，可以将其定义为直属于 B 的成本中心或费用中心。

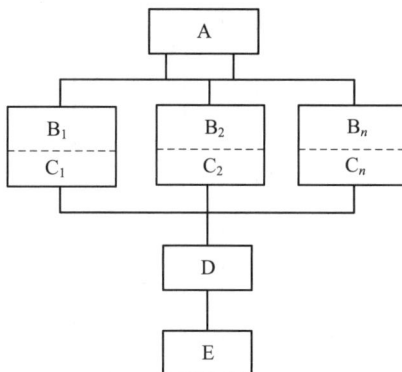

图 5-3　分权型组织层次结构

第二层次即为企业集团核心层的控股企业(图 5-3 中的 D)，它是一个或多个独立的法人，是集团的紧密层企业，与核心层保持资本投资关系，但更重要的是，它可能是核心层企业的原料生产厂或其他产品的购销网络或基地。

第三层次则是企业集团核心层或控股企业的参股企业(图 5-3 中的 E)，它可能是一个或多个企业，属于独立的法人单位，与核心层或紧密层企业保持一定的关系。

【案例 5-2】国家开发投资公司总部设在北京，是国务院批准设立的国家投资控股公司和中央直接管理的国有重要骨干企业。目前其旗下设有全资及控股子公司 17 家，全资及控股投资企业 477 家，其中包括 9 家控股上市公司，在资本市场上形成了有一定影响力的"国投"品牌。国投集团主要包括电力、煤炭、物流、交通、高科技、金融和国资经营七大板块。在国资委年度业绩考核中，国投集团连续 19 年获得 A 级，并在连续 6 个任期考核中成为"业绩优秀企业"。

国投集团实施"集团总部—子公司—投资企业"三个层次的组织管理体系，构筑了决策层、管理层和经营层的母子公司框架，属于控股公司结构(H 形)，见图 5-4。总部制订集团层面发展战略，各业务板块间有部分为横向沟通，必要时集团出面协调；集团通过控股参股的形式实施投资决策，利用人力、财务等关键手段，借助信息化手段进行集团内部资源的配置；集团总部在集团范围内规范业务发展的组织结构、管理流程和业务流程，明确职能部门和子公司的机构、岗位和职责，并通过核算系统、合并报表系统和预算系统等信息化平台，为其下属子公司和控股企业提供基础的中央服务，为成员间沟通协调提供了必要的基础设施；而子公司在集团总部的宏观调控下，拥有一定的经营决策自主权，但是要受到集团的监督。

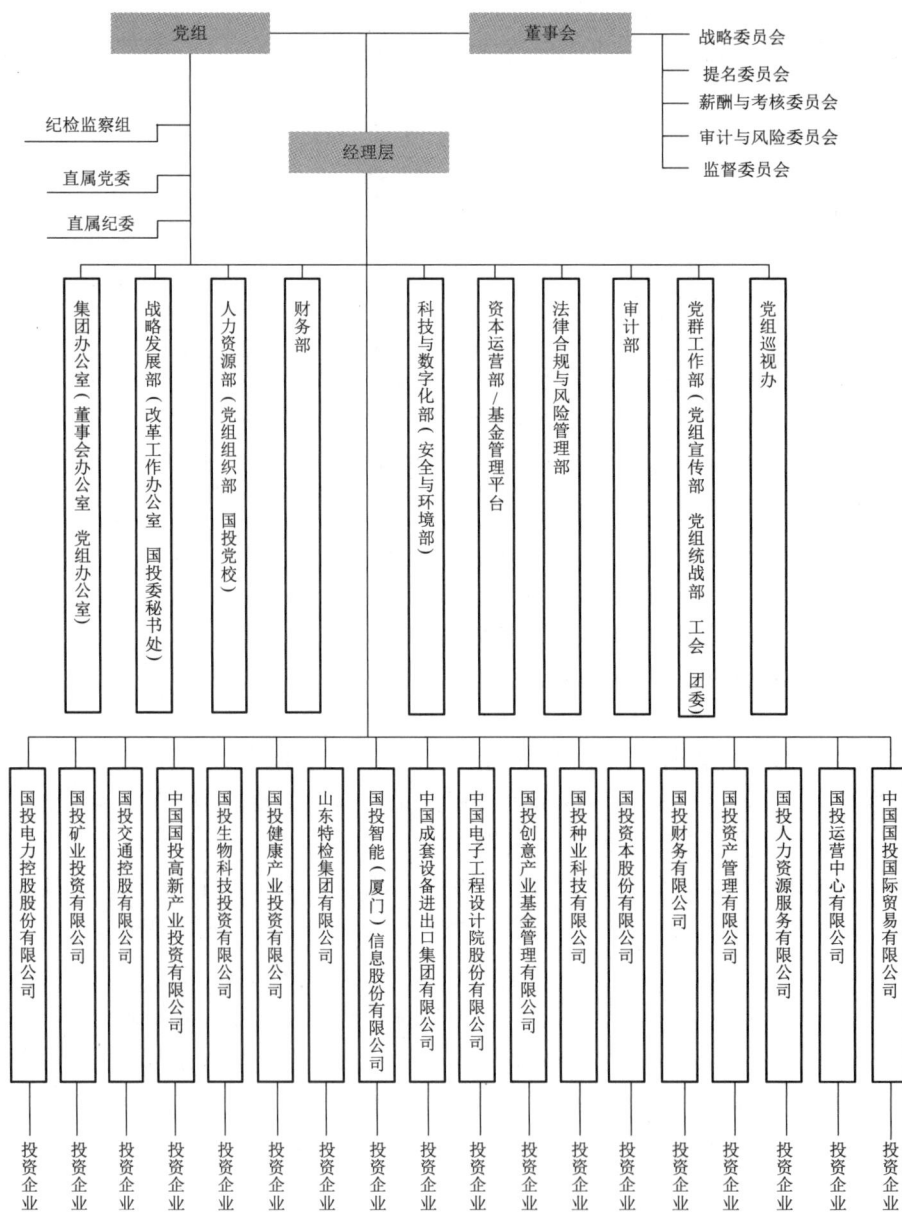

图 5-4　国投集团组织结构

3. M 形结构

M 形结构是 U 形和 H 形两种结构发展、演变的产物，是一种分权和集权相结合、更强调整体效益的大型公司结构。

1) M 形结构的层次

M 形结构由三个相互关联的层次组成。

第一个层次是由董事会和经理班子组成的，总部是公司的最高决策层。它既不同于 U 形结构那样直接参与子公司的日常管理，又不同于 H 形结构那样基本上是一个空壳。它的主要职能是战略规划和交易协调。

第二个层次是由职能和支持、服务部门组成的。其中，计划部是公司战略研究的执行部门，它应向总部提供经营战略的选择和相应配套政策的方案，指导子公司根据母公司的整体战略制订中期、长期规划和年度的业务发展计划，并负责审批及实施监控、考核。M 形结构的财务是中央控制的，负责全公司的资金筹措、运作和税务安排，在此结构下子公司的财务只是一个核算单位。

第三个层次是围绕公司的主导或核心业务，互相依存又互相独立的子公司，每个子公司实际上是一个 U 形结构。公司的内部资源配置和交易协调不单纯从各个子公司的财务业绩出发，更重要的是要体现公司的战略重点和整体优化。子公司本质上是一个在统一经营战略下承担某种产品或提供某种服务的生产或经营单位，而不是完整意义上的利润中心，更不是投资中心，也不是子公司自身利益的代表。

2) M 形结构的具体形式

M 形结构集权程度较高、突出整体优化，具有较强的战略研究、实施功能和内部交易协调能力。它是目前国际上大公司管理体制的主流形式。M 形结构的具体形式有事业部制、矩阵制、多维结构等。

(1) 事业部制。

所谓事业部制是把公司的生产经营活动按产品或地区的不同，建立经营事业部，各事业部在总公司的领导下，独立经营，独立核算，自负盈亏。事业部既是受公司控制的利润中心，又是产品责任单位或市场责任单位。这种组织结构形式最突出的特点是"集中决策、分散经营"，即公司集团决策，事业部独立经营。事业部制结构最早起源于美国的通用汽车公司，又称"斯隆模型"。

事业部的特征：① 每个事业部都是一个利润中心，对总公司负有完成利润计划的责任。② 在经营管理上拥有相应的自主经营权力。③ 总部与事业部实行"集中决策、分散经营"的原则，总公司主要负责研究和制订公司的各种政策、总体目标和长期计划，并对各个事业部的经营、人事、财务等实行监督；各个事业部则在总公司的政策、目标、计划的指导和控制下，发挥自己的积极性和主动性，自主地根据市场情况搞好本部门的生产经营活动。事业部制使总公司的最高层摆脱了日常事务，能集中精力研究公司的战略性问题，各事业部之间的竞争也有利于改进整体效率。但这种形式容易出现的问题是集团总部与各事业部之间的协调难度大，而且在职能组织的设计上，集团总部与各事业部之间经常会出现机构重叠、人员浪费、管理费用加大的现象。因此，事业部制一般适用于产品品种多且差别大、市场覆盖面广、营销环境变化快且已具有相当规模的企业集团。

【案例 5-3】 美国的通用汽车公司成立于 1908 年，是由 29 家厂商联合组成的，由杜邦财团进行控制。20 世纪 20 年代初，通用汽车公司合并收购了许多小公司，规模急剧扩大，产品种类和经营项目增多，而内部管理却十分混乱。当时担任通用汽车公司常务副总经理的阿尔弗雷德·斯隆推进了一系列的改革，在业务策略方面针对汽车消费需求日益多元化的趋势，大力推行多品牌、多品种的产品差异化策略，突出产品特色，在产品个性化、多样化、舒适化上下功夫，从高中低端多角度细分市场，满足各层消费者的用车需求。

在组织策略方面，斯隆提出了集中政策控制下分散作业的组织结构形式，也就是事业部制。在保证总部集中管控的前提下，将经营管理权限适度下放到各分散作业的独立的经营组织里面，使分权得到了很好的平衡。

在人力资源策略方面，斯隆认为首席执行官的职责不应该受到限制，这样才能促进公司高级管理人员集中精力抓经营、抓战略、抓重大决策，同时为控制谋求合理发展的势头控制，需要将职能集中起来交给专门的部门去执行和完成。

一系列管理举措的落实让通用汽车公司抓住了市场需求多元化的机遇，通过差异化定位和多品牌开发获得了消费者的认可，而在集中基础上的有效授权一方面让企业家从日常的经营管理中解放了出来，另一方面极大地激活了企业的经营性人才，让决策层和执行层有机结合起来，共创绩效。

1956 年，通用汽车公司的市场占有率达到了 53%，成为美国最大的汽车公司。紧随其后福特汽车公司学习了通用汽车公司事业部制的组织结构，后来也成为美国第二大汽车公司，这就是事业部制组织的威力。20 世纪 90 年代事业部制组织结构传到了中国，随后大量的中国大型企业都开始纷纷建立了事业部。

(2) 矩阵制。

矩阵制公司结构，又称规划-目标结构、矩阵组织结构、目标结构等，是一种兼具职能部门管理和项目团队管理特点的组织形式。矩阵制组织结构将按职能划分的部门和按产品(或项目、服务等)划分的部门结合起来，组成一个矩阵。在这种结构中，同一名员工既同原职能部门保持组织与业务上的联系，又参加产品或项目小组的工作。矩阵制组织结构适用于需要高度协作和创新的环境，如互联网、科技、研发等领域。在这些领域中，组织需要快速响应市场变化和客户需求，同时保持职能部门的稳定性和专业性。例如，一些大型科技公司和互联网公司采用矩阵制组织结构来管理其研发团队和产品部门，通过组建跨职能的项目团队来推动新产品的研发和上市。

矩阵制公司结构具有独特的优点和适用场景，但同时也存在一些挑战和缺点。在实施矩阵制组织结构时，企业需要建立清晰的权责划分、规范的流程、良好的沟通协作文化以及顺畅的信息交流平台，以充分发挥其潜力并为企业持续发展注入动力。

(3) 多维结构。

多维结构是在矩阵制结构(二维平面)基础上，增加产品利润中心、地区利润中心和专业成本中心等多个维度，形成的三维或更多维度的立体结构。多维结构通常适用于跨国公司或规模巨大的跨地区公司。这些公司面临复杂多变的市场环境和业务需求，需要灵活调整组织结构来应对挑战。通过采用多维结构，这些公司可以更好地整合资源、提高效率和协同作战能力，从而在全球市场中保持竞争优势。

多维结构是一种复杂而灵活的组织管理模式，具有群策群力、信息共享和灵活性高等优点。然而，它也存在多重领导和沟通协调工作量巨大等缺点。因此，在实施多维结构时，企业需要建立有效的协调机制和沟通渠道，以确保各部门之间的顺畅合作和高效运作。

5.1.2 不同组织结构下的管控模式

任何一个组织要实现其目标与使命，都离不开组织结构设计及与其相配套的管理控制体系。从管理学逻辑来看，管理控制体系是组织结构与责任体系的延伸与细化。由众多法人企业构成的企业联合组织——企业集团，其组织结构应该是一个"多级分层分口"的控制系统。所谓"多级分层分口"控制系统，从纵向来看，在整个集团中存在"集团董事会"—"CEO 团队"—"各 SBU/事业部/分公司/子公司"—"各分厂/车间等其他成员单位"的结构层次；从横向上看，在每一控制层级中，不同的部门有着不同的职责权限，对不同的工作进行归口管理和控制。集团总部通过对不同层级的组织成员进行相应的权力(或资源)配置，推行集团的整体战略。

以钱德勒提出的"战略决定结构，结构跟随战略"为基础，根据总部对下级部门战略计划程序的不同影响程度，将集团的组织结构及相应的管理控制模式划分为三种类型：战略规划型、战略控制型和财务控制型。

1. 战略规划型

在战略规划型模式下，集团总部积极参与下属业务部门的战略开发。因为总部与业务部门联系密切，时刻掌握着它们的运营状况，所以管理中心的主要任务是完成长期战略目标，总部只是在运营结果出现较大背离时才正式做出反应，控制程序灵活。这种方式需要较多的总部管理人员，大量参与业务部门的战略开发、拓展和监督。该模式的组织结构如图 5-5 所示。

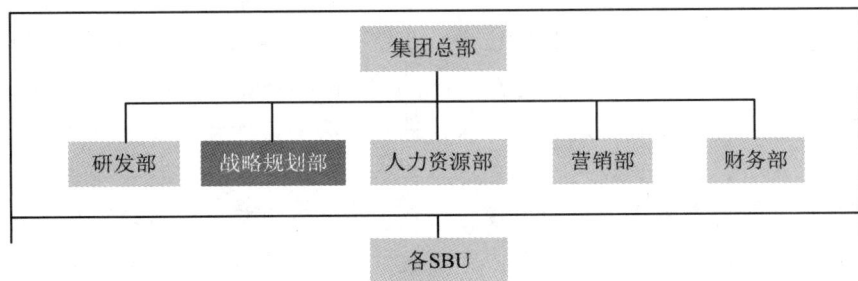

图 5-5 战略规划型组织结构(总部作为战略规划中心)

战略规划型的控制模式通常适用于实施相关多元化战略的企业集团。相关多元化的主要目的是实现范围经济，而围绕着企业的产品和市场形成的业务部门之间的合作是实现范围经济的必要条件。因此，总部必须制订统一的指导行动纲领，以规范各个业务部门的经济活动，从而实现其在既定战略下的通力合作。正如图 5-5 所示，为了促进通过纵向整合或因战略资产(如员工的专业技术、有形资产和运作方法等)的共享而联系起来的业务间的合作，一些组织职能(如人力资源管理、研发和营销)都集中于集团总部层面，而"战略规划部"则成了总部对下属分部进行有效控制的关键部门。借助战略规划，总部能够高度介入各业务单位的计划和决策的制订，以使数量众多的从事不同业务的各分部能够在集团的统一框架下运转。相比那些没有进行多元化的企业而言，如果总部能使集团各业务部门的资源得到充分有效的利用，从而使该部门获得成本优势或差异化优势，那么战略规划型的总部控制模式就成为相关多元化企业中竞争优势的来源。

当然，战略规划型模式的弊端也是很明显的。第一，总部与下属业务部门以及各个业务部门之间沟通的信息量巨大，所以计划的程序繁重又耗时。第二，由于业务部门间的合作必然会带来经理人自主权的损失，部门经理并不总是愿意投入这种组织结构所要求的合作中去，并且部门之间的合作会产生对部门经理不平等的"积极成果流"。换言之，由于部门经理的报酬与部门的业绩表现密切相关，那些通过共享企业的战略资产而获取最大市场利益的部门就会被认为是以别人的费用来增加自己的收益，从而影响了部门的工作积极性。正是因为上述弊端，总部一方面要借助先进的信息技术以加强自身的信息处理能力；另一方面还要建立客观的业绩评价标准，在充分考虑共享战略资产的情况下，既要以单个业务部门的表现，又要以其对整个集团的贡献来制订报酬激励机制，只有这样才能克服战略规划模式所带来的问题。

【案例 5-4】　神华集团有限责任公司总部设在北京，是中央直管国有重要骨干企业，主要经营煤炭、电力、新能源、煤化工、铁路、港口、航运七大板块业务，以煤炭采掘业务为起点，利用自有运输和销售网络，以及下游电力、煤化工和新能源产业，实行跨行业、跨产业纵向一体化发展和运营模式。神华集团在普氏能源资讯"2022 年度全球能源公司 250强"榜单中位居前列；2022 年《财富》中国 500 强排名第 36 位，居于煤炭类上市公司领先地位；参评"2024 中国品牌价值评价信息"，以 2 246.36 亿元品牌价值位列能源化工领域第 5 名、蝉联能源上市公司第 1 名。

神华集团对下属单位进行直线式的统一领导，同时总部的职能部门也充分发挥其专业指导作用，其组织结构属于直线职能型(U 形)。集团总部对集团整体战略进行规划，通过构建产运销协同调度平台、人财物资源整合平台、一体化纵向管理平台、"两横一纵"信息化平台实现集团管控、资源整合以及业务协同，进行子公司间的横向协调。集团总部在集团范围内进行资源配置，统管集团内一切生产经营活动，集中采购，统一销售，负责各下属公司二级管理团队及业务骨干人员的选拔、任免；集团以自建光纤数字传输系统为主、以租用电信公网数字电路为辅，搭建集团内部基础数字通信传输网络平台；除了网络建设和信息化建设外，集团总部还为各个子公司提供人员培训、技术研发等服务，提供全面的政策支持。

因此，神华集团的一切生产经营活动都集中在总部的统一指挥下进行，子公司的"供产销"和"人财物"都由集团总部统管，集团总部设立职能部门协助总经理管理各子公司的业务工作，属于战略规划型的管控模式。

2. 战略控制型

在战略控制型模式下，集团总部仅发布战略指导意见，下属分部独立制订战略计划，由总部进行评估，区分优先次序。计划的中心是确定短期和中长期的财务与非财务目标，总部定期核查这些目标。总部的管理人员适中。总之，总部监督战略决策的执行，而战略决策的制订和拓展则由业务部门自行完成。该模式的组织结构如图 5-6 所示。

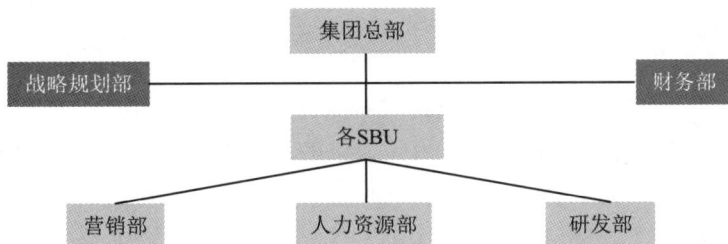

图 5-6　战略控制型组织结构(总部作为战略控制中心)

战略控制型的模式通常适用于实施单一业务战略的企业集团。采用单一业务，由于各业务部门均处于同一行业，其独立性发挥的空间只是在技术、产品线和市场竞争层面，脱离集团现有战略框架的可能性不大；同时，尽管总部的权力有所下放，但与实施多元化的企业集团相比，总部对下属业务单位的监管操作并不困难。而该模式下，"战略规划部"和"财务部"理所当然地成了总部对下属分部进行有效控制的关键部门。首先，战略规划部门制订出集团总的发展方向，以便在同属一个行业的各业务单元之间合理分配资源；其次，通过对业务单元所提出的战略计划进行审核以确保其按照集团的整体发展思路运行；最后，财务部负责预算编制和绩效考评，进一步加强对下属分部的控制。我国不少企业集团运用了战略控制型模式。

【案例 5-5】　在前面企业集团组织形态中提到，国投集团实施"集团总部—子公司—投资企业"三个层次的组织管理体系，属于控股公司结构(H 形)。国投集团在立足实业的基础上，开展多元化经营。集团总部既是战略的筹划者，又是放权制度下人财物等关键领域的监控者。子公司和控股企业拥有一定程度的经营自主权。

在以实业为重点的多元化发展战略指导下，在各成员单位间业务关联度适中、多元化程度较高但主业突出、成员单位分布较分散等因素的综合作用下，国投集团划分成四大战略业务单元，实施集团化、专业化和差异化管理，集团总部抓主要矛盾，在战略、人力、财务等重点领域实施集权控制，在经营领域给予子公司和控股企业一定自主权，发展成为战略控制型集团公司。为了与集团的类型和控制模式相匹配，国投集团的全面预算管理表现为战略指导、重点编制、重点监控、重点考核。长短期目标相融合的闭合式、螺旋式上升的循环体系帮助国投集团更加有效地实现全面预算管理的预期效果。集团组织类型的适当选择、全面预算管理模式的正确匹配，有利于其整体战略的实现。

3. 财务控制型

在财务控制型模式下，战略开发的责任和权力全部交给下属单位。总部原则上不检查战略计划，只是对下属单位是否完成了计划中预测的财务指标感兴趣，总部实际上实行资产投资管理。该模式的组织结构简图如图 5-7 所示。

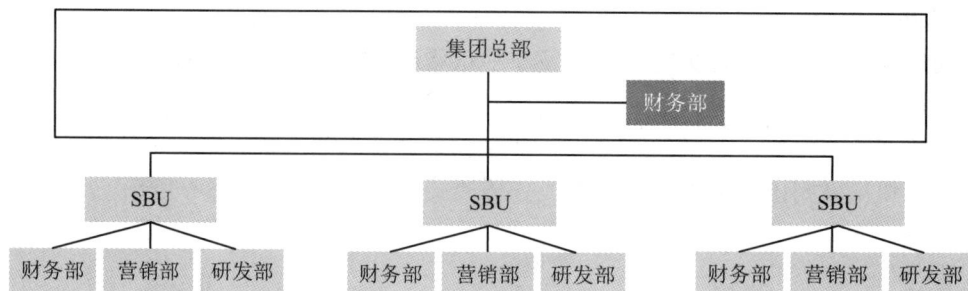

图 5-7   财务控制型组织结构(总部作为财务控制中心)

财务控制型模式一般适用于实施不相关战略的投资型的企业集团，股权公司(Holding Company)就是这种模式的代表。在不相关多元化战略的安排下，集团通过高效的内部资本分配或业务的重组、收购和剥离来寻求创造价值。同时集团内的下属单位为了在有效的资源分配中实现利润，各部门都必须拥有独立的、可衡量的利润业绩，并对自身的表现负责。集团内部存在的资本市场使组织在安排上强调不同单位的竞争甚于合作。如图 5-7 所示，为了强调部门间的竞争，集团总部与各部门之间保持一定的距离，而且不介入部门事务——除非出于审计和管理业绩很差的部门经理的需要。

【案例 5-6】 1986 年，德隆创建于新疆乌鲁木齐。2000 年初，德隆在上海注册了德隆国际战略投资有限公司，注册人民币 5 亿元。经过十多年的发展，公司涉足的领域涵盖制造业、流通业、服务业、金融业和旅游业等十几个行业。2002 年，这些公司实现了销售收入 40 亿元，上缴利润 4.5 亿元的辉煌战绩，德隆国际的总资产超过 200 亿元。

当时的德隆同时涉足实业和金融，其本可以通过合理安排长短期投资从容不迫地获取投资回报，但德隆在实施多元化方案时一味地追求做大。借助上市公司，德隆大量从银行贷款；借助金融机构，德隆挪用保证金、信托资金、民间非法融资，甚至用集团股权抵押和担保贷款等获取的短期资金来进行长期投资，并且忽略了被投资项目现金流量获取的时间问题，这样德隆就陷入一个恶性循环的怪圈，年年的利润都被用来偿付高息，而所借的资金越来越多，只要其中一环稍微出点问题，就有全面崩溃的危险。因此，当国家出台限制钢铁等德隆所涉及的核心行业的发展政策时，德隆不可避免地陷入资金链断裂的困境。

实际上，随着规模扩大，协调的复杂性和成本的不断增加可能导致某些方面经营活动中的规模不经济。规模不断扩大有时会挫伤员工的积极性，增加工资费用或外购投入的成本，同时也会影响企业的快速应变能力。不顾企业财务能力，过度过速地扩张资本是十分危险的。

财务控制型模式成功的关键在"财务控制"上，因此财务部门理所当然地成为总部对下属分部进行控制的关键部门。由于投资型企业集团往往以大量的资本运作为平台，所以必须通过财务手段合理安排企业的资金流向，严格把控集团可能面临的财务风险。

上述集团的三种组织结构及其控制模式都各自与特定的集团战略相关。表 5-3 总结了它们的主要特点。在三种模式中，最集权化的控制模式是战略规划型，而最少集权化、最少组织成本的则是财务控制型。

表 5-3　　企业集团三种不同组织结构及相应控制模式

组织结构及控制模式	战略规划型 (相关多元化战略)	战略控制型 (单一业务战略)	财务控制型 (无关多元化战略)
业务的集权化	集中于总部	部分集权化	分权于各部门
整合机制的运用	广泛应用	较少应用	不存在
总部任务	高度介入业务单位的计划和决策的制订，方向明确	业务单位制订计划，总部检查、评估和监督	强调由下属分部制订大部分决策
总部对下属分部进行有效控制的关键部门	战略规划部	战略规划部、财务部等	财务部
集团价值创造的重心所在	为了长远经济发展，创立新的分部	下属分部的长期战略目标	运营改善和财务控制
下属分部的任务	经营计划要征得总部的同意(符合战略目标)	有责任制订决策、计划和建议	独立经济实体
对下属分部进行业绩评价的标准	强调主观标准(如战略的执行情况等)	主观标准与客观标准(如财务数据等)相结合	强调客观标准
各分部所获报酬的依据	与集团整体表现相关	既与自身相关又与集团整体相关	仅与自身表现相关

5.2　集团内部资本市场

5.2.1　内部资本市场的定义与功能

理论上，在一个集团公司内部肯定存在一个进行现金流互补的内部资本市场。这个市场是相对于外部资本市场而言的，强调拥有控制权的集团总部在内部根据需要把一个子公司(业务单元、战略经营单位、SBU)的现金或类现金资产通过内部市场恰当的方式进行集团内部资金调集、配置，以提高集团资金整体运行效率，并调控资金风险。

内部资本市场运作的方式主要有：① 集团内部的借贷；② 集团内部属于资本配置、资金有偿调剂等服务往来；③ 集团内资产、股权计价流动；④ 集团内部担保；⑤ 集团内部委托存贷款与投资；⑥ 集团内部票据贴现融资；⑦ 集团内部的资产租赁；⑧ 代垫款项；⑨ 以内部转移价格进行集团内部之间的产品交易与有偿服务。

集团内部资本市场的形成与运行既有其必然性，更有其必要性：① 通过集团内部企业之间的资金余缺形成内部资本市场，可缓解外部融资的种种约束，降低融资交易成本；② 利用资金调配与集中、利率、贷款期限、贴现率等银行的经济杠杆，界定彼此的责任、约束各成员单位，实现资金的有效流向；③ 由于运营周期性特点导致各分(子)公司之间存在现金流转的差异，它们在现金供应与需求上就会存在时间差异、空间差异，这种差异是内部资本市场进行现金流互补的前提，可以实现集约化的集团财务管理。

随着企业集团内部组织形式的不断演化和外部资本市场金融工具的日益丰富，尤其是外部商业银行服务功能的日益强化，企业集团的内部资本市场的内涵与外在形式也日趋丰富、功能也不断扩展。它能够为集团母公司与子公司之间、子公司与子公司之间以及集团内公司与其他关联公司之间提供资金融通、资金配置、资金管理等多重服务。资金集中配置主要涉及内部资金结算中心、财务公司或现金池与大司库制度等具体方式。

5.2.2   内部资金结算中心与财务公司

企业集团作为一个命运共同体，各成员企业相互之间有着密切的伙伴关系，在资金使用上互助互济，体现了互惠互利的精神。更重要的是集团的各成员企业间在资金使用、周转需求上往往存在一个"时间差"，从而为集团资金融通使用提供了物质基础。企业集团根据其生产经营、对外投资和调整资金结构的需要，在一定程度上，把集团内各成员企业可利用的资金汇总起来，在集团内融通使用是有必要的。按资金来源的不同，企业集团资金融通的方式主要有：① 外部资金融通：集团借助各成员企业的银行信贷资金及集团本身的银行信贷资金，在集团内进行资金融通使用的方式。例如，集团上贷下拨、统贷统还；集团横向划拨使用；各成员企业自行向银行贷款、实施谁贷谁还等。② 内部资金融通：集团凭借自己的资金力量和各成员企业的自有资金，在集团内部进行的资金横向融通使用。例如，集团利用筹集的资金，在集团内统一规划，审时度势地对各成员企业提供资金额度；集团内部各成员企业利用自有资金在集团内相互间借贷融通，以调剂成员企业之间对资金的余缺关系；集团内部各成员企业之间信用性资金的融通；等等。③ 产融结合化。例如，组建集团财务公司；以金融财团为背景，发展集团经济；加强银企联系，建立银企财团；由银行等金融机构直接向企业集团投资入股。

1. 内部资金结算中心

1) 内部资金结算中心的组织结构及各部门职能

内部资金结算中心组织机构的职能：结算部主要负责成员单位账户的管理、收支结算、利息计算、内部账务管理、银行结算、银行对账、现金管理、财务报表的编制、企业内部代发工资、计算机设备及计算中心软件管理等。信贷部主要负责向银行或其他金融机构融资和各企业贷款的审定、外汇的调剂等。资金计划部主要掌握集团各企业的资金流向及资金需求，为集团做好资金安排等。图5-8为内部资金结算中心组织结构。

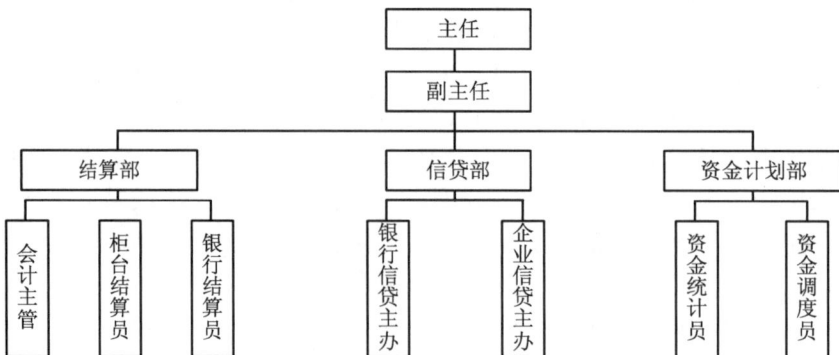

图 5-8   内部资金结算中心组织结构

2) 内部资金结算中心的职责

内部资金结算中心作为集团的内部银行，必须做到账务日清月结，保证资金头寸调配和各账户余额的及时准确。因此，它的主要职责是：① 遵循国家及人民银行发布的有关金融法规和对财务结算中心的要求，制订相应的规章制度和内部管理制度；② 统一管理集团总部及各企业银行账户；③ 统一为集团各企业办理日常结算业务；④ 通过对外融资筹集集团和各公司经营所需的资金；⑤ 接受企业贷款申请，通过对外融资和调剂企业存款发放贷款；⑥ 统一管理、规划、调剂集团资金，加强结算、信贷、资金调剂的规范化管理，防止资金的流失、沉淀、闲置，提高资金的利用效率，确保财务结算中心业务的顺利运行；⑦ 负责结算中心资产的管理工作，确保国有资产增值；⑧ 协助企业制订资金使用计划，帮助企业理财。

3) 电子化财务结算中心的职责

电子化财务结算中心可以实现资金的集中管理方案，包括随时查询本地和异地下属公司的账务信息；逐笔审核各地下属公司的对外付款；实现总部对各地下属公司超权限业务的审批；随时随地实现资金的监控；远程全权管理账户方案；逐笔经办和审核各地下属公司的对外付款；远程全权管理账户，异地免设财务人员；"收支两条线"管理方案，分/子公司、办事处货款回笼和费用支出账户相分离，方便资金快速集中；帮助企业实现成本、利润、费用财务管理体制的建立；"零余额"资金管理方案。资金头寸集中于集团公司账户，实现资金的统一管理；子公司账户受集团公司控制，子公司对账户无支付权；对外运作完全以子公司名义进行，保持业务和账务处理的完整性与独立性，规避税务和法律风险；集团资金结算代理方案。集团公司共享子公司头寸，统一管理和调度资金；集团公司和子公司对外运作完全独立。子公司支付在其头寸额度内自主决定，但受集团公司结算中心账户余额的制约；资金头寸自动归集方案。子公司资金即时、逐笔自动上划集团公司；子公司头寸留底定期上划集团公司。

2. 财务公司

1) 财务公司的概念

在我国，财务公司是由一些重点大型企业集团申请，主要由集团成员投资入股，经由国家金融监督管理总局批准设立的，为该集团成员企业提供企业发展配套金融服务的金融机构。其名称规范为××(集团)财务有限责任公司。财务公司是为企业集团的内部成员提供金融服务的非银行金融机构，主要为成员单位的技术改造、新产品开发及产品销售提供金融服务，以中长期金融业务为主。中国的财务公司行政上隶属于大型企业集团公司，受该集团公司的直接领导，业务上受中国人民银行以及国家金融监督管理总局管理、协调、监督和稽核，是独立核算、自负盈亏、自主经营、照章纳税的企业法人。财务公司与我国银行、证券、信托、保险等金融机构比较，其主要特征在于：① 在服务范围上，前者局限于某一企业集团内部，而后者是面向社会；② 前者业务种类更为综合但服务范围不如后者广泛，前者的产业服务专业性突出，后者的金融专业性更强。

财务公司与结算中心比较，其主要特征在于：前者是金融机构，可办理独立核算的集团内部成员间的金融业务；后者不是金融机构，不能办理金融业务，只能起到加强企业内部各部门之间的经济核算作用。

2022 年 10 月 13 日国家金融监督管理总局正式发布了《企业集团财务公司管理办法》，对中国的财务公司做了正式定义："财务公司是指以加强企业集团资金集中管理和提高企业集团资金使用效率为目的，依托企业集团、服务企业集团，为企业集团成员单位(以下简称成员单位)提供金融服务的非银行金融机构。"

2) 财务公司的准入条件

要申请设立财务公司，申请人必须是具备下列条件的企业集团：

(1) 符合国家政策并拥有核心主业。

(2) 具备 2 年以上企业集团内部财务和资金集中管理经验。

(3) 最近 1 个会计年度末，总资产不低于 300 亿元人民币或等值的可自由兑换货币，净资产不低于总资产的 30%；作为财务公司控股股东的，最近 1 个会计年度末净资产不低于总资产的 40%。

(4) 财务状况良好，最近 2 个会计年度营业收入总额每年不低于 200 亿元人民币或等值的可自由兑换货币，税前利润总额每年不低于 10 亿元人民币或等值的可自由兑换货币；作为财务公司控股股东的，还应满足最近 3 个会计年度连续盈利。

(5) 现金流量稳定并具有较大规模，最近 2 个会计年度末的货币资金余额不低于 50 亿元人民币或等值的可自由兑换货币。

(6) 权益性投资余额原则上不得超过本企业净资产的 50%(含本次投资金额)；作为财务公司控股股东的，权益性投资余额原则上不得超过本企业净资产的 40%(含本次投资金额)；国务院规定的投资公司和控股公司除外。

(7) 正常经营的成员单位数量不低于 50 家，确需通过财务公司提供资金集中管理和服务。

(8) 母公司具有良好的公司治理结构或有效的组织管理方式，无不当关联交易。

(9) 母公司有良好的社会声誉、诚信记录和纳税记录，最近 2 年内无重大违法违规行为。

(10) 母公司最近 1 个会计年度末的实收资本不低于 50 亿元人民币或等值的可自由兑换货币。

(11) 母公司入股资金为自有资金，不得以委托资金、债务资金等非自有资金入股。

(12) 银保监会规章规定的其他审慎性条件。

3) 财务公司的业务范围

财务公司可以经营下列部分或者全部本外币业务：

(1) 吸收成员单位存款；

(2) 办理成员单位贷款；

(3) 办理成员单位票据贴现；

(4) 办理成员单位资金结算与收付；

(5) 提供成员单位委托贷款、债券承销、非融资性保函、财务顾问、信用鉴证及咨询代理业务。

符合条件的财务公司，可以向银保监会及其派出机构申请经营下列本外币业务：

(1) 从事同业拆借；

(2) 办理成员单位票据承兑；

(3) 办理成员单位产品买方信贷和消费信贷；

(4) 从事固定收益类有价证券投资;

(5) 从事套期保值类衍生产品交易;

(6) 银保监会批准的其他业务。

4) 财务公司的业务功能

(1) 内部结算功能。财务公司从集团整体利益角度开展统一的内部结算,可以方便地对内部交易进行核算及抵销,降低了资金占用额度;可以统一集团内部的现金流、充分调拨内部头寸;可以更合理地调整整个集团的融资规模,最大限度地降低借款,并通过统一筹资来降低集团融资成本;可以加强内部管理和控制,防止集团成员企业多头开户、乱投资、资金管理失控。

(2) 筹资融资功能。作为集团的法定融资中介,财务公司应真正起到集团融资中心的作用,利用集团内部的短期及长期资金聚集来培育集团内部的资本市场;利用资金拆借、向国外银行借款、融资租赁、发行金融债券等金融手段和金融工具,扩大集团外部的融资渠道,从而满足集团多层次的资金需求。

(3) 投资管理功能。集团的暂时性闲置资金,除了归集后以财务公司贷款形式在集团内部实现余缺调剂外,还需要财务公司运用投资功能进行资源配置,投资于各种金融品种或股权,以达到分散财务风险、增强资金流动性和收益性的目的。财务公司在投资管理方面的另外一个重要作用是它可以配合集团战略性扩张,来收购或持有一些公司的股权。

(4) 中介顾问功能。财务公司要对金融市场的变化和趋势快速反应,为集团及成员企业提供以下中介顾问服务:为集团提供相关决策所需信息及专业咨询意见;根据情况不同,充分考虑客户利益,为筹融资的双方相继选择合适、合理的金融品种;起到风险顾问的作用,采用多种手段对企业面临的风险进行预警、评估、监控和化解。

5.2.3　现金池与大司库制度

1. 现金池

1) 现金池的概念

现金池,也称为现金总库,是基于内部资本市场而产生的企业集团资金管理模式,最初由跨国集团的财务公司和国际银行联手开发,用以统一调配集团资金,最大限度地降低集团持有的净头寸。

国内外不同银行根据国家法规限制和业务范围的不同,对于现金池的定义也有所不同。有的银行对现金池的定义是:现金池是用于企业间资金管理的自动调拨工具,其主要功能是实现资金的集中控制。现金池结构包含一个主账户和一个或几个子账户。现金池资金的自动调拨通常在日终发生,调拨的金额取决于各子账户的日终金额和目标金额,即日终时各子账户余额为所设定的"目标余额",而所有的剩余资金将全部集中在主账户。我国商业银行推出的现金池管理则是以没有贸易背景的资金转移调度、利息需要对冲、账户余额仍然可以分开和集中的形式来实现资金的集中运作,即最大限度地灵活应用委托贷款。

现金池业务主要包括的事项:① 成员单位账户余额上划;② 成员企业日间透支;

③ 主动拨付与收款；④ 成员企业之间委托借贷；⑤ 成员企业向集团总部的上存、下借分别计息。

2) 现金池的主要类型

(1) 根据是否发生不同实体之间的资金物理转移，可将其分为实体现金池和名义现金池。

实体现金池，即账户零余额集合，指将若干子公司的现金以现金集中或现金清零的形式管理，子公司通过零余额子账户来完成业务分离。

名义现金池，则指用各银行账户中的不同现金头寸产生的综合盈余来抵补综合赤字。其运作机制是：每个参与现金池的公司保留归于现金池的货币所在账户，然后银行综合所有参与账户，综合结出一个净额以反映现金头寸，并没有实际资金转移。名义现金池还可按币种和涉及范围的不同分为四种类型，分别为单一币种国内现金池、单一币种跨境现金池、多币种国内现金池、多币种跨境现金池。

名义现金池由于没有涉及不同实体之间的资金转移，在一定程度上简化了银行和企业的操作手续，节省了大量的财务成本，更进一步提高了企业资金管理的效率。因此在国外先进的金融市场上，名义现金池是一种被广泛运用的现金池模式。

(2) 根据是否主要借助于银行来区分，可将其分为以银行为中介的现金池与以企业集团财务公司为中介的现金池。

以银行为中介的现金池，是采用多对多的委托贷款方式，即每个法人公司都可能是委托贷款的提供者和委托贷款的需求者，现金池中的委托存款余额不小于委托贷款。

以企业集团财务公司为中介的现金池，服务仍由银行提供，但银行仅作为以现金池软件和支付中介的身份出现。两者的根本区别在于银行是否作为委托贷款中介存在，两种模式对于银行和财务公司的运用程度和机制也有所区别。

3) 现金池的积极作用及运作需注意的问题

相对于结算中心或财务公司，企业集团引入现金池至少有两大好处：一是更加紧密地享受银行提供的强大资金结算、账户报告、电子银行和投融资服务等日益丰富的专业化服务；二是通过委托贷款，尤其实行"一对多""多对一"和"多对多"委托贷款形式，能够较为顺利地规避集团所属企业(子公司)是独立于集团母公司的法人，集团总部对子公司的资金不能"收支两条线"等所谓法律上的障碍。在现金池框架内，集团公司和其子公司是委托借款人和借款人，子公司在池里透支是贷款，要付息；相反在池里存款是放款，要收取利息。所以现金池使集团与商业银行形成了紧密的战略联盟关系，具有独到的管理功效，即使实现结算中心或财务公司来进行资金管理的集团也应该再导入现金池模式，使集团资金管理制度和流程更具效率。当然，也有企业集团将资金结算中心、财务公司和现金池三者结合、相互渗透的资金运作案例。

现金池使银企形成战略协作关系，是"双赢"的制度安排。现金池的成功首先取决于银行能够给予的授信额度、银行的服务态度、服务质量和服务成本。国内一些银行在满足集团资金结算方面有针对性地推出了个性化的解决方案。这些银行通过为企业集团提供专业化服务，使集团拥有了自己的"银行"，加之银行能够为不同企业需求量身定制，为集团客户提供随时随地的、个性化的进行资金结算和现金管理的服务。

合作银行服务的条款与项目应该包括：银行能够在约定的时间里，按照集团指令或授权自动实现集团各所属企业账户间资金的及时划转，包括子公司向总公司转账和总公司向子公司转账；在每天约定的时间将各所属企业的账户余额全部自动"消零"或集中划转到集团公司账户；对所属企业账户实行自动限额管理，当下属企业账户余额超过限额时，超过部分在规定时间自动划到总公司指定账户，反之，对于账户余额低于限额时，不足部分在规定时间内从总公司指定账户自动划拨补足。除此以外，还要考察银行是否能提供快速的应收应付账款管理、集中授信、多样化的融资和投资服务。另外，在集团所属企业各自为政的时候，企业单独与银行打交道，各自的存贷款利息之差会增加集团总体的财务费用；而在现金池业务中，尽管减少了集团整体的存贷利差，却又增加了集团与银行业务往来的手续费。尽管两相比较，企业还是能够获益的，但已经大打折扣。因此银行的结算收费高低问题是另一个重要的抉择标准，银行要着力减低客户结算往来的手续费，否则巨额的手续费会让一批企业集团对现金池业务望而却步。

2. 大司库制度

1) 司库与大司库制度概述

司库原意是指收集贮藏财富的地方或建筑物，后指存放和支付汇集资金的地方，如金库和国库。而在企业财务管理领域，司库则是企业集团内或金融机构内部负责资金管理职能的称号，用以实现合理配置企业金融资产，辨识和规避风险的目标。

英国企业司库协会(Association of Corporate Treasurers，ACT)认为司库包含以下五方面职责：公司理财、资本市场与融资、现金与流动性管理、风险管理和司库运行与控制。司库原本是一个特别财务概念，但在大型企业集团内这一概念得到了引用和深化，司库的职能已发生很大的变化，成为资金管理中的核心内容，越来越被"大司库"概念所取代。大司库制度作为集团资金管理的高级形式，最终目的是通过集团内资源的整合和风险管控，实现生产经营、投融资决策、业务协同、风险管理的一体化应用，以更高水准为集团的战略与经营发展服务。

大司库更加侧重与成员单位的经营协同、与集团公司的战略协同、与金融产品的创新协调。大司库制度逐步发展成为大型企业集团以及跨国企业资金管理所追求的管理模式。有人说大司库就是"根据集团公司发展战略对其拥有或控制的金融资源统筹管理的行为"。其特点是通过集团内部现金池或财务公司作为唯一的结算平台实现结算集中，通过总分账户联动实现结算集中、现金集中、信息集中；以集团总部、股份公司和所属金融企业为主体，实施融资一级管理；以所属金融企业为平台，统筹管理金融投资业务；以风险细化分类为依据，实施司库风险专业化管理。大司库的管理原则是为企业提供增值服务，集中管理融资、现金、财务运营和银行交易，通过总部集中管理金融资产和负债，控制和优化集团资本结构。

2) 大司库的工作职责

大司库制度应该通过集团内资金业务全相关方的集成化、一体化运作，实现结算集中、信息集中和资金集中，建成全球(全国)统一资金池，实施多渠道融资、多元化投资和风险全面管控，优化产融结合模式，统筹金融资源配置，确保境内外资金运转安全、规范和高效。其具体职责如下所述。

(1) 落实强势总部。大司库首先要强化和发挥集团的管理职能，形成能指挥得动手脚的"大脑"。在司库管理的规划和建设过程中，必须通过采用"集中"的应用模式，实现对集团内资金业务的集中监控、现金流的统一规划和调配、关键业务审批、预算控制、业务的事中控制和预警，在保持管理平台统一的基础上，发挥集团资金与业务的"垂直管控"，形成强大的集团管理总部。

(2) 集中资金业务。大司库制度的核心职责就是强化集团资金业务的集中管理，使之形成集团资金管理的结算中心、监控中心、投融资中心、理财中心、数据中心和决策分析中心。

(3) 协同全相关方业务与整个供应链。大司库作为集团资金管理的高级形式，系统建设从注重核心应用到发展全过程、全流程、全职能的应用，通过与供应商、经销商、客户、银行等联合打造全相关方业务系统的协同应用；同时，通过资金业务系统与财务核算、全面预算、合同管理、供应链、应收应付系统的"横向协同"，实现业务流程的共享和管理效率的提升，优化企业流动资产和流动负债管理，加强对应收应付账款、票据和存货的管理，以提升流动性，特别是在战略与政策、标准化与流程等方面强化管理，以满足营运资金需求，同时又能节约资金成本、提高资金使用效率。

(4) 决策支持与信息管理。有效的司库管理运行体系，既要有明确的司库战略、政策、制度和流程，又要有相应的授权与决策机制、实施平台、技术工具和信息系统。同时，利用司库系统的大数据管理，可以多维度分析、预测与企业金融财务资源相关的各类信息，为集团高层决策提供依据。

(5) 管理集团全部风险。司库制度要在平台集中、数据集中、流程集中的基础上，通过预算控制、授信、交易控制、业务前端的协同、指标预警、到期提示、多级审批等手段，负责对企业所面临的各类相关风险进行统一集中和专业化管理。例如，市场风险，包括利率与汇率等货币风险、商品价格风险、股权投资贬值风险等；信用风险，包括交易对手直接风险、结算风险、产业链金融风险等；流动性风险，包括市场流动性风险、融资渠道风险等；操作风险，包括执行录入错误、交易欺诈及系统故障错误等。对于这些风险，大司库需要进行专业化的识别、度量、分析并采取相应缓释措施。

3) 大司库的制度设计与流程建设

大司库的职责履行首先需要相关的制度设计，集团总部必须设计一整套与司库体系配套的管理制度与实施细则，营造全面、统一的司库管理制度环境。在此制度下，集团各部门与分公司、子公司都能按照统一的制度体系对资金业务、金融资产进行预测、预算、反映、控制、审批与分析，并通过激励、考核机制确障集团战略、业务经营与财务金融的有效运作。另外，大司库还需要集团总部通过大数据、互联网等实施流程建设，要设计与优化具体流程，并要考虑如何把各种流程嵌入并固定到集团内部的信息系统，强化集团所有单位都按照统一的流程运作；将总部各部门、各子公司原有的资金管理的流程进行从上到下、从横向到纵向的整合，以司库管理业务为线条，实现业务与财务核算端对端的衔接。

本 章 小 结

本章重点介绍了企业集团的三种组织形态、不同组织结构下的管控模式以及集团内部资本市场，包括内部资金结算中心、财务公司、现金池和大司库制度。

美国学者威廉姆斯把公司内部组织形态分为三类：U 形结构(单元结构)、H 形结构(控股结构)和 M 形结构(多元结构)。U 形结构下，集团母公司在生产组织、财务管理方面，对子公司实行较严格的控制与被控制的关系，这是一种高度集权的组织结构，存在于业务、产品比较简单，规模较小的企业；H 形结构分为控股型企业集团和产业型企业集团。现实中，大多数的企业集团属于产业型企业集团。这类集团以核心企业为龙头组建，核心企业既对其子公司进行投资控股，同时又进行生产经营，它具体分为集权型和分权型两种情形。M 形结构是 U 形和 H 形两种结构发展、演变的产物，是一种分权和集权相结合、更强调整体效益的大型公司结构。

管理控制体系是组织结构与责任体系的延伸与细化。以钱德勒提出的"战略决定结构，结构跟随战略"的观点为基础，根据总部对下级部门战略计划程序的不同影响程度，将集团的组织结构及相应的管理控制模式划分为三种类型：战略规划型、战略控制型和财务控制型。

在一个集团公司内部肯定存在一个进行现金流互补的内部资本市场。这个市场是相对于外部资本市场而言，强调拥有控制权的集团总部在内部根据需要把一个子公司(业务单元、战略经营单位 SBU)的现金或类现金资产通过内部市场恰当的方式进行集团内部资金调集、配置，以提高集团资金整体运行效率，并调控资金风险。资金集中配置主要涉及内部资金结算中心、财务公司或现金池与大司库制度等具体方式。

大司库制度作为集团资金管理的高级形式，最终目的是通过集团内资源的整合和风险管控，实现生产经营、投融资决策、业务协同、风险管理的一体化应用，以更高水准为集团的战略与经营发展服务。

思 考 与 练 习

1. 企业的组织形态有什么特点？
2. 不同组织结构下的管控模式特征是什么？
3. 集团内部资本市场的功能和运作方式有哪些？
4. 财务公司的业务功能是什么？
5. 集团内部现金池与大司库制度的差异是什么？

第六章 公司并购的财务管理

学习目标

(1) 学习如何对目标公司进行价值评估；
(2) 了解公司并购的出资方式；
(3) 掌握公司并购的融资管理渠道和方式。

案例导读

鱼跃医疗的并购行为

2016 年 11 月 16 日，鱼跃医疗与包括中优医药股东卞雪莲、上海银领资产管理有限公司、上海中优绿色企业发展中心、上海中优健康管理咨询有限公司、上海联康创业投资管理有限公司在内的 9 方签署了"股份转让协议"，鱼跃医疗拟以 86 271.5 万元现金收购中优医药 61.622 5% 的股份。

由并购双方发出的对外公告来看，截至 2016 年 4 月 30 日，在企业持续经营的前提条件下，根据我国《收益法》，中优医药的价值初步评估为 139 886.04 万元，增值 113 104.34 万元，增值率 422.32%，而中优医药 66.622 5% 股权的评估值仅为 86 271.5 万元。从这个数据不难看出，鱼跃医疗对于中优医药的收购属于溢价收购，体现出中优医药的发展势态良好，鱼跃医疗的并购欲望强烈。中优医药的每股收益在 2015 年时仅为 0.54 元，通过并购手段后，其市场营销率增长了将近 26 倍。

另一方面的数据显示，2014 年年末，企业实际控股人卞雪莲将自身持有的 2 800 万股股份作为质押担保，将其中的 2 000 万股提供给上海国药和上海圣众，将 800 万股则提供给江苏毅达，并分别与这些企业签订相关质押合同。这件事情使得未来如果不及时解除这次质押担保，则很可能导致此后并购活动无法顺利进行，股权也无法转移。

当时的中优医药已经运营困难，从它的财务表现上来看，完成最基本的企业经营和股东分红已左支右绌，但鱼跃医疗依旧选中它并采取现金支付的支付方式收购。从鱼跃医疗的做法上来看，这种做法其实是与企业决策的稳健性相违背的。

其实，鱼跃医疗一方也对预防财务风险的发生采取了积极应对措施，提出了相应条款以保障自身利益。通过对双方企业的数据研究，鱼跃医疗对中优医药提出了业绩要求：如果中优医药在并购后由于经营不善或者达不到目标要求，则中优医药有义务向鱼跃医疗进行相关赔偿。在管理人员方面，鱼跃医疗并未取消卞雪莲的实际掌控权，而将公司继续交由他经营，要求卞雪莲任职不少于六年。这在极大程度上确保了并购活动完成之后的业务整合和财务整合，为企业规避了部分风险。

在并购活动完成之后，鱼跃医疗已切实获取中优医药 61.622 5% 的股份，剩下的 38.377 5% 股份将继续由卞雪莲自己持有。直至 2018 年 5 月 5 日，鱼跃医疗再次对中优医药发起收购，以 53 728.5 万元的价格将剩下的股份全部收入囊中。至此，中优医药化身为鱼跃医疗全资控股子公司。

通过并购手段，企业可以得到迅速优化提升，在诸多领域都获取利益。将有益的资源给予最大程度的调整和整合，实现有效资源利用价值的最大化，是并购最主要的特点。但由于并购的特殊性质，其本质就是一项财务活动，是通过获取被购公司的控制权来得到收益的，并购也是一种非日常的经济活动，它本身需要大量的投资成本和消耗。并购过程中还存在诸多不确定性，所以企业资金的流动、筹集资金的数额等因素都会给双方企业的内部环境和资本结构带来动荡和影响。现代企业的并购行为往往涉及巨额交易资金，科学合理的财务规划对企业的并购行为以及并购后企业的发展起着至关重要的作用。

6.1　目标公司的价值评估

6.1.1　价值评估的基本程序

价值评估是一项十分复杂的系统工程，制订并严格执行科学合理的评估程序，有利于提高评估效率与增强评估结果的科学性和准确性。一般而言，公司的价值评估遵循以下程序：

1. 明确评估目的

价值评估的结果和公司的评估目的密切相关，比如目标公司的持续经营和资产清算所选择的计价方法与原理就有很大的差别。因此，公司价值评估的第一要务是明确评估目的。

2. 界定评估范围

评估范围的界定包括公司资产范围的界定和公司有效资产的界定两个层次。由于公司价值评估有预测性和动态性的要求，因此并购公司必须对公司的资产范围、资产收益水平的变化给予特别关注，从而对资产进行有效资产和无效资产的划分也就显得十分必要了。

3. 制订详细的评估工作计划

评估工作人员的组成以及具体分工、各个工作阶段的工作中心以及要重点准备的资料等都要详尽地在工作计划中得到反映。

4. 整理、归纳和分析资料

评估人员要对搜集到的信息进行认真整理并验证其真实性和有效性，仔细分析交易条件和背景及其对整个价值评估的影响程度。

5. 选择合适的评估方法

公司的价值评估方法有很多，在实务中究竟选择哪一种要根据公司资产的特点和价值评估目的决定。

6. 修正评估结果

评估过程难免受到一些意外因素的影响，或者评估人员对某些特殊内容没有考虑周全，因而会导致评估的结果产生偏差，此时就需要召集各方进行协商以对评估结果进行适当修正。

7. 撰写评估报告

评估报告是对整个评估过程的归纳和总结，是一份结论性文件。一般情况下，评估报告都有具体的格式准则，其主要内容包括评估对象的介绍、评估方法的选择以及具体的评估过程等。

6.1.2 价值评估的基本方法

公司价值评估就是要对目标公司的资产状况和经营成果进行详尽的审查鉴定，并且需要在一定的条件下模拟市场条件进行科学的计算。公司价值评估不仅有很强的科学性，还有一定的艺术性。目前比较通用的价值评估方法包括以下几种：

1. 成本法

成本法估价适合于并购后目标公司不再继续经营，以及并购方意图购买目标公司某项资产或某些生产要素的情况。成本法一般又分为以下三种具体方法。

1) 账面价值法

账面价值是指会计核算中账面记载的资产价值，即资产负债表上总资产减去负债的剩余部分，也称为股东权益、净值或净资产。这种估价方法不考虑现时资产市场价值的波动，也没有把资产的收益情况考虑在内，是一种静态的估价标准；同时，账面价值是以会计核算为基础的，不能充分反映公司未来的获利能力；并且，会计准则中允许公司根据实际情况选择折旧方法或存货计价方法。以上因素都可能造成公司的账面价值与这些资产的真实价值和使用价值有出入。因此，虽然账面价值法具有方便的特点，但是它只考虑了资产的入账价值而脱离了目标公司现实的市场价值，一般不能直接以账面价值作为最终的评估结果。

2) 重置成本法

任何一个了解行情的潜在投资者，在购置某种资产时所愿意支付的价格不会超过建造一种与拟购资产具有相同或近似功能的替代品的成本。重置成本法遵循此思路，通过确定目标公司各项资产的重置成本，减去实体有形损耗、功能性及经济性贬值来确定目标公司各项资产的重估价值，然后以价值总和减去负债作为目标公司估价的参考。利用重置成本法对目标公司进行估价还可以以其市场价值为参考。重置成本法最著名的模型是托宾的 Q 模型，即一个公司的市值与其资产重置成本的比率。

$$Q = \frac{公司价值}{资产重置成本公司价值} = 资产重置成本 + 增长机会价值 = Q \times 资产重置成本$$

如果一个公司的市场价值超过其重置成本，则说明该公司拥有某些未来增长机会，超出的价值通常被认为是利用这些增长机会的价值。在托宾的 Q 模型中，最大的估值难点是 Q 值的确定，因为一方面即使是两个从事相同业务的公司，其资产结构也可能大不相同，另一方面对目标公司增长机会的评价也不容易。在并购实务中通常使用"市净率"(即股票市值与公司净资产之比)作为 Q 的近似值。

3) 清算价值法

清算价值是指在公司出现财务危机而破产或停业清算时，把公司中的实物资产逐一分离而单独出售的资产价值。清算价值法是在公司作为一个整体已经丧失增值能力的情况下使用的估价方法。通过清算价值法得出来的价值通常被作为目标公司的实际最低价格。清算价格在我国的运用仍缺乏实践，理论和实践都有待进一步提高与完善。

上述各种成本估价方法各有其长处及不足之处，并购实践中通常的做法是同时使用几种合适的评估方法，测算出不同的结果，最后使用加权平均等办法确定一个综合结果来得出目标公司的价值，作为并购交易的价格基础。

2. 市场比较法和市盈率法

1) 市场比较法

市场比较法是指收购方在评估目标公司时，选取若干在产品、市场、获利能力、未来业绩增长能力和风险等方面与当前收购计划较类似的收购案例作为参照标准，然后根据一些财务指标进行调整，最后确定目标公司市场价值的一种方法。该方法建立在市场效率良好、发育完善，股票价格基本上反映了投资人对目标公司未来现金流量和风险的预期的基础上。市场比较法根据比较的标准可以分为以下两种：

(1) 可比公司分析法。

可比公司分析法首先在市场上选择一组与目标公司在规模、产品、经营目标、市场环境以及发展趋势等方面都较为相似的公司作为样本群，然后通过计算样本群中各公司的市场价值与其他相关指标的比率及其平均值，最后参照目标公司的相应指标来判断其市场价值。

(2) 可比交易分析法。

并购给公司带来的所有后果，如协同效应、现金流的变化、成本以及风险的增减等，都可以通过溢价水平表现出来。可比交易分析法就是通过从类似的收购事件中获取有用的财务数据来求出一些相应的收购价格乘数并以此确定目标公司的价值。它不对公司的市场价值进行分析，而是根据同类公司在并购时并购方支付价格的平均溢价水平来确定目标公司的价值。市场溢价水平是指并购方在证券市场上公开对目标公司的要约收购价格超出要约发出前目标公司市场价值的差值。由于上述两种方法不仅要求有较为完善的并购市场，而且要求有发达的资本市场作为支撑，因此在中国还缺乏现实的运用条件，但是从长远来看，不失为一个较好的思路。

2) 市盈率法

市盈率又称 PE 比率，是价格和每股收益的比值。它反映了股票市场价格与股票收益的关系，并且把风险因素也考虑在内。市盈率估价的模型如下：

目标公司每股价值 = 可比公司平均市盈率 × 目标公司每股收益

该模型最关键的一步是要找出具有相似市盈率的公司，这一步在操作上相对比较简单，而且涵盖了风险补偿率、增长率以及股利分配率的影响，具有很高的综合性。但是，当市盈率为负值时，市盈率就失去了价值。另外，市盈率还要受宏观经济运行情况、行业生命周期等多方面因素的影响，所以在适用范围上受到了一定的限制。

鉴于市盈率存在上述诸多缺陷，近年来研究人员对其做了一些修正：针对高速增长的行业运用动态市盈率估价法；为了避免公司税率、利息费用和折旧等因素的影响，可以运用息税折旧及摊销前利润(EBITDA)倍数来定价；对于新兴市场公司的潜在价值，可以运用价格/销售收入(又称市销率或市售率)来估价。

目前我国股市建设尚不完善，投机性较强，市盈率普遍高出正常水平，因此评估人员很难选择合适的市盈率来对目标公司进行准确估价。市盈率法的运用目前在我国尚缺乏成熟条件。

3. 贴现现金流量法

贴现现金流量法的基本原理是假设任何资产的价值等于其预期未来现金流量的现值之和：

$$V = \sum_{t=1}^{n} \frac{CF_t}{(1+r)^t}$$

式中：V 为资产的价值；n 为资产的寿命；r 为与预期现金流量相对应的折现率；CF 为资产的现金流量。

这种方法以美国西北大学阿尔费雷德·拉巴波特(Alfred Rappaport)的模型最为著名。在《创造股东价值》一书中，他精心设计了一个公司估价模型。其理论依据是：无论是购买整个公司还是某种资产，都需根据预测的未来现金流量进行现在的支出。如果能预测期末目标公司的可变现价值，上述公式还可以表示为

$$V = \sum_{t=1}^{n} \frac{CF_t}{(1+r)^t} + \frac{C}{(1+r)^n}$$

式中：C 为预测期末目标公司的可变现价值。

用贴现现金流量法确定并购方可以接受的最高并购价格，需要估计由并购引起的现金流量的期望增加值和贴现率(或资本成本)。利用贴现现金流量法对公司进行估价的主要步骤如下：

1) 预测自由现金流量

理论上自由现金流量(FCF)一般被认为是公司在持续经营的基础上,除了在库存、厂房、设备、长期股权等类似资产上所需要的投入以外,还能够产生的额外现金流量。自由现金流量的分类方法很多,根据现金流量的口径,我们可以将其分为公司自由现金流量和股东自由现金流量两大类。为了方便理解,在界定这两个概念之前我们先介绍公司"经营性现金流量"的概念。

(1) 经营性现金流量是经营活动产生的现金流量。该现金流量包括销售商品和提供劳务在内。其基本计算公式如下：

$$经营性现金流量 = 营业收入 - 营业成本费用 - 所得税$$
$$= 息税折旧摊销前利润(EBITDA) - 所得税$$

(2) 公司自由现金流量是指扣除税收、必要的资本性支出和营运资本增加后，能够支付给债权人和股东的现金流量。其基本计算公式如下：

$$公司自由现金流量 = 息税折旧摊销前利润(EBITDA) - 所得税 - 资本性支出 -$$
$$营运资本净增加$$
$$= 债权人自由现金流量 + 股东自由现金流量$$

(3) 股东自由现金流量是指满足债务清偿、资本支出和营运资本等所有的需要后所剩下的可以作为股利发放的现金流量，也就是公司自由现金流量减去债权人自由现金流量后的余额。股东自由现金流量的基本计算公式如下：

$$股东自由现金流量 = 公司自由现金流量 - 债权人自由现金流量$$
$$= 公司自由现金流量 + (发行的新债 - 清偿的债务)$$
$$= 息税折旧摊销前利润(EBITDA) - 所得税 - 资本性支出 -$$
$$营运资本净增加 + (发行的新债 - 清偿的债务)$$

在持续经营的前提下，公司除了维持正常的资产增长外，如果还能产生更多的现金流量，那么说明该公司有正的自由现金流量。对目标公司现金流量的预测期一般为 5～10 年，预测的精确度随着预测期长度的增加而降低。评估人员在根据并购公司的管理水平预测目标公司的现金流量时，应先检查目标公司现金流量的历史状况并假设并购后目标公司的运营情况不发生变化。需要注意的是，贴现现金流量法中使用的自由现金流量为实体自由现金流量，即公司自由现金流量。这部分现金流量是目标公司在履行了包括债务本息、优先股股息等在内的所有财务责任并满足了公司再投资需要之后的"现金流量"。这部分现金流即使全部支付给股东也不会危及目标公司的生存。

2) 估计贴现率或加权平均资本成本

当并购公司的总风险和目标公司的未来风险一致时，可以用目标公司现金流量的贴现率作为并购公司的资本成本，但是并购行为往往会使并购公司的总风险发生变化，这时候就需要对各种长期资本要素成本进行估计。长期资本要素成本主要分为股本资本成本和债务资本成本。

(1) 股本资本成本的确定。

目前国外最常见的股本资本成本确定方法有股利增长模型、资本资产定价模型(CAPM)和套利定价模型。由于股利增长模型和套利定价模型目前在我国还缺乏成熟的运用条件，因此国内最常见的是使用资本资产定价模型来估算股本成本。

CAPM 是成熟的风险度量模型，它用方差来度量不可分散风险，并将预期收益和风险很好地联系起来。其基本表达式如下：

$$预期股本成本率 = 市场无风险报酬率 + 市场风险报酬率 \times 目标公司的风险程度$$

其通常用下列公式来表示，即

$$R = R_f + \beta(R_m - R_f)$$

式中：R 为投资者所要求的收益率；R_f 为无风险收益率；R_m 为市场期望收益率；β 为公司对整个市场风险的贡献。在这个模型中，关键是确定无风险利率、估计风险溢价及 β 值。无风险利率通常被定义为投资者可以确定的预期收益率，在实际操作中，采用长期国债利率作为无风险利率比较合适。在 CAPM 中，$R_m - R_f$ 就是风险溢价，是股票平均收益率和无风险利率之差。在我国的实际操作中，市场收益率一般是根据上证综合指数和深证综合指数采用算术平均的方法求得的。β 描述了不可分散风险，它是和公司本身密切相关的参数，无论无风险利率和风险溢价如何确定，每个公司都有自己的风险参数。公司的 β 值一般由公司所处的行业、经营杠杆和财务杠杆水平决定。在计算上，β 值一般通过对目标公司的股票收益率与整个市场收益率回归求得。

(2) 债务资本成本的确定。

债务资本成本是指公司在为投资项目融资时所借入的长期负债的成本，公司的债务资本成本主要由利率水平、公司信用等级及税收政策决定。利率水平越高，意味着债权人的机会成本越大，从而债务成本也就越高。公司的信用等级和贷款风险密切联系，在信用等级高的公司，其违约的可能性小，发放的贷款不能收回的概率低，因此信用等级高的公司往往能从贷款发放人那里获得低息贷款。根据税法，利息可以抵减所要上缴的税款，债务在税收上的好处使得债务的税后成本低于税前水平，并且这种好处随着税率的提高而增加。

(3) 加权平均资本成本的计算。

在得出各个要素的资本成本后，评估人员就可以根据并购公司预期的并购后资本结构来计算加权平均资本成本了。加权平均资本成本(r)是公司为筹集资金而发行的全部有价证券的成本的加权平均值，可以用如下公式表示：

$$r = \sum K_i \times b_i$$

式中：K_i 为各单项资本的成本；b_i 为各单项资本的权重。

一般的模型只计算股本资本成本和债务资本成本，所以加权平均资本成本也可以用如下公式表示：

$$r = (1 - b) \times Ke + (1 - t) \times b \times Kb$$

式中：t 为税率；b 为负债所占总资产的比例；Ke 为股本成本；Kb 为债务成本。

3) 计算现金流量现值，估计并购价格

评估人员可根据目标公司的自由现金流对其进行估价：

$$V = \sum_{t=1}^{n} \frac{CF_t}{(1+r)^t} + \frac{C}{(1+r)^n}$$

式中：V 为目标公司的价值；CF_t 为在 t 时期内目标公司的自由现金流量；C 为预测期末目标公司的可变现价值；r 为加权平均资本成本。

4. 期权估价法

期权估价法是公司价值评估的一种新方法，其中以布莱克-斯科尔斯(Black-Scholes)的期权估价模型最为著名。期权是一种允许持有者在未来某个时期或该时期以前，按照某特定价格买入或者卖出某种特定资产的权利。期权总价值由期权的内在价值和时间价值构成。布莱克与斯科尔斯在二项式期权定价模型的基础上，运用无风险完全套期保值和模拟投资组合，建立了著名的布莱克－斯科尔斯期权模型。

运用期权估价法评价目标公司的价值，可用如下公式表示：

$$V = V_1 + V_2$$

式中：V 为目标公司的价值；V_1 为利用传统方法确定的价值；V_2 为利用布莱克-斯科尔斯公式确定的期权价值。公司并购中可能涉及的主要实物期权类型有：

(1) 延迟期权(Option to Defer)。这是一种择购权，当市场情况发生变化，不利于并购公司时，并购公司可以延缓并购，等待有利时机的到来，当条件成熟时再进行并购。

(2) 放弃期权(Option to Abandon)。在实施并购以后，由于行业或市场环境的变化，目标公司存在经营效益变差、发展前景不好的风险。在这种情况下，并购公司可以将目标公司整体或部分出售，规避并购的风险。并购公司实际上相当于买进了一份择售权。

(3) 追加投资期权(Option to Latter Investment)。公司拥有根据经营状况的好坏来调整经营规模的权利。公司的这种权利使公司具有更高的价值。当目标公司的产出和市场销售比预期的好时，并购公司可以追加对目标公司的投资，充分发挥被并购公司价值增值贡献的能力。

(4) 转换期权(Switch Option)。从资产的专用性角度看，如果投资项目的资产其专用性不高，具有动态的可转换的功能，则当未来市场需求或产品价格改变时，公司可利用相同的生产要素，选择生产对公司最有利的产品，也可以投入不同的要素来生产特定的产品。管理者可根据未来市场需求的变化来决定最有利的投入与产出，也就是管理者拥有转换期权。

作为传统方法的改进，实物期权方法能够对决策者根据市场情况进行调整的决策柔性纳入模型进行评估，使评估结果能更客观、科学、全面地反映目标公司的真实价值。然而现行的实物期权定价理论却忽略了一个事实，即并不是所有的公司都具有突出的期权特性。在并购的整个过程中，如果并购公司未加分析就直接把各种期权简单加总，则容易将目标公司的价值高估。这对于并购方来说是很危险的，它会使并购方对并购过于乐观而支付过高的并购价格，但并购后整合产生的收益却无法弥补并购所支付的价格，这往往会导致公司并购战略的失败。

6.2　公司并购的出资方式

在公司并购活动中，支付款项是完成交易的最后一个环节。事实上，出资方式与并购价格的形成以及公司并购的融资选择是紧密联系、不可分割的。因此，出资方式的选择是整个并购环节中极其关键的一环。

6.2.1　主要的出资方式

在实践中，公司并购的出资方式主要有现金支付、股票支付以及综合证券支付(混合证券支付)等。

1. 现金支付

现金支付亦称现金收购，是指收购方公司通过支付一定数量的现金取得目标公司所有权的行为。现金支付的特点有：估价简单，对目标公司有利，收购交易迅速，多用于敌意收购。通常，凡是不涉及发行新股票的支付都可以称为现金支付。并购公司通过直接发行某种形式的票据完成的收购也可以称为现金支付，因为目标公司股东获得的票据在某种程度上讲只是推迟的现金支付。现金支付方式是公司并购支付方式中最直接、快速、简单的支付方式。在所有的并购案例中，现金支付占有很高的比例。现金支付的一个鲜明特征是一旦目标公司的股东收到对其所持有股份的现金，就失去了对原公司的任何权益。

2. 股票支付

股票支付又称换股并购，是指收购公司按一定比例将目标公司的股权换成本公司的股权，目标公司从此终结或者成为收购公司的子公司。股票支付的特点包括：不影响并购公司的现金状况，目标公司的股东成为并购公司的股东，股本结构发生变化，多用于善意收购。

根据具体方式的不同，股票支付又可以分为三种情况：

(1) 增资扩股。增资扩股是指收购公司采取发行普通股或可转换优先股来替换目标公司的股票从而达到收购目的的行为。

(2) 库存股换股。在有些国家，比如美国，法律允许收购公司将库存的那部分股票替换成目标公司的股票。

(3) 母子公司交叉换股。此方式的特点是：收购公司本身、收购公司的母公司以及目标公司之间都存在换股的三角关系。在换股后，目标公司要么消亡，要么成为收购公司或收购公司母公司的子公司。

3. 综合证券支付(混合证券支付)

采用综合证券支付进行并购是指并购方的出资不仅有现金、股票，还有认股权证、可转换债券和公司债券等多种混合形式。综合证券支付的特点包括避免支付更多的现金，估价简单，防止控股权的转移。

在实际的并购活动中，并购公司很少采用单一的支付方式来出资，一般都会结合几种方式，采用混合支付的办法出资。从各国的并购实践来看，综合证券支付在所有并购支付方式中所占比例呈不断上升趋势。

此外，在杠杆收购(即 LBO，是指收购方以目标公司的资产或将来的现金收入作为抵押向金融机构贷款，并用贷款收购目标公司的方式)中，通常由投资银行安排过渡性贷款收购目标公司，一旦收购成功，目标公司将在投资银行的安排下发行高收益债券(又称垃圾债券)，所筹集的资金用于偿还过渡性贷款。

6.2.2 对三种出资方式的评价

1. 对现金支付方式的评价

现金支付方式，其估价简单明了，操作简单，并购速度快，在进行敌意收购时优势明显。对目标公司的股东来讲，现金支付可以使其虚拟资本迅速转换为现金，不必承担任何证券风险，即时得利，而且也不会受并购后公司发展前景、利息率和通货膨胀变化的影响，因此现金支付往往是目标公司股东最乐意接受的出资方式。但是现金出资方式使得目标公司的股东无法推迟资本利得的确认时间，从而不能享受税收上的优惠政策，也不能拥有新公司的股东权益。对于并购方公司而言，现金支付最大的优势是速度快，使得有敌意情绪的目标公司无法获取足够的时间来采取反收购措施，也可以打潜在的竞争对手一个措手不及，有利于收购交易快速平稳完成；同时，并购公司在获得目标公司控制权的同时不会稀释现有股东权益；此外，用现金支付可以在某种程度上向外界表示并购后公司获得强大现金流的能力。但是，现金支付是一项沉重的即时负担，是以可能丧失潜在的良好投资机会为代价的，要求公司确实有足够的现金流和筹资能力；此外，并购的交易规模也会受到获利能力的限制。现金支付是早期并购交易的主要支付手段，但是随着资本市场的迅速发展以及各种金融支付工具的出现，纯粹的现金支付在现代并购活动中已不多见了。

2. 对股票支付方式的评价

用股票支付对于目标公司的股东而言，可以推迟收益确认时间，达到延迟纳税的目的。另外，由于目标公司的股东仍然保留其所有者权益，因而能够享受并购后公司实现价值增值的好处。但是股票支付增加了目标公司股东收益的不确定性，当并购公司的股价下跌时，目标公司的利益自然会受到损害。对并购方公司而言，采用股票支付方式不需要支付大量的现金就可以控制目标公司，免除了即时付现的压力，不会挤占营运资金，可以减少支付成本；同时，可以在短时间内迅速筹集大量资金，使得大规模的并购交易成为可能。但是，股票支付会在某种程度上改变公司的资本结构，稀释了原有股东的权益及其对公司的控制权；从另外的角度考虑，用股票支付可能对外预示并购方的股价被高估或者公司的预期未来现金流量会有不利变化，表明并购后的公司利用内部资金抓住投资机会的能力较弱；另外，股票的发行要受证监会和证券交易所各种规则的限制，发行手续烦琐、迟缓，不仅使得有敌对情绪的目标公司有时间组织反并购措施，还可能引起潜在的竞购对手参与竞购，从而抬高并购价格。近几年的并购案例表明，股票支付无论是在交易笔数还是交易金额上都超过了现金支付方式，而且趋势越来越明显。

3. 对综合证券支付方式的评价

对并购公司而言，综合证券支付方式可以将多种支付工具组合在一起使用，兼有各种支付方式的优点，如果能根据实际情况搭配得当，不仅可以避免支付过多的现金而造成的财务结构恶化，还可以有效防止并购方原有股东股权稀释而造成的控制权的转移。但是，并购双方股东利益和并购价格的影响是十分复杂的，在不同的情况下，各种证券所占权重不同，其影响亦不一样。因此，综合证券支付方式是一种技术含量相当高的支付方式，一般需由投资银行经过周密设计来确定各种不同证券的比重，必要时还要进行模拟分析来推测市场的反应，因而操作起来相当复杂。采用综合证券支付能够满足并购双方的要求，便于双方相互妥协达成一致，较易为双方接受。当前，综合证券支付方式已经被越来越多地采用，成为最主要的支付手段之一。

此外，运用杠杆收购方式，收购方只需要较少的自有资金，主要是以目标公司作为担保借债来完成收购，由此可以合理避税，减轻税负；同时，由于目标公司的未来收入具有很大的不确定性，因此投资者需要较高的收益率作为回报，具有杠杆效应。杠杆收购很多是由管理层推动的，管理层对公司的情况十分了解，他们接管公司后往往能使公司焕发出惊人的活力。但是杠杆收购会使资本结构中的债务比例过大、贷款利率过高，收购方在沉重的债务压力下，一旦出现经营不善的情况，很可能被巨大的债务压力压垮。

6.2.3　影响支付方式的因素

并购中支付方式的选择要根据具体情况而定，首先要顾及自身的实际情况，考虑本公司资产的流动性和在金融市场上融资的能力等因素，还要考虑本公司股东对资本结构变化的反应以及目标公司股东、管理层的具体要求和资本结构。

1. 公司的财务状况

如果目标公司的现金流比较充足，资本结构、财务状况很好，则在其股票的市值被低估时，并购公司可以使用现金支付方式出资并购；相反，如果目标公司的财务状况不好，财务风险很大，则在目标公司的股票价值被高估时，并购公司用股票支付方式出资比较合理。

2. 股东的意见和要求

收购方案必须得到股东大会的支持并通过。股东一般关注的是控制权的稀释问题，除非收购后的公司面临较大的风险或者公司无法筹集足够的现金来支付，否则他们一般倾向于使用现金、资产置换等非股权形式，而不愿意采用股票支付的办法。

3. 资本市场的完善程度

在资本市场发达的西方国家，金融工具品种繁多，融资的成本相对较低，选择范围大。在我国，资本市场尚不成熟，各种金融工具欠缺，融资成本高，所以直接融资渠道少，公司能选择的支付形式比较有限。

4. 目标公司的情况

目标公司的股东对并购行为的态度在很大程度上会影响支付方式。比如，在目标公司对并购存在敌对情绪的情况下，股票支付是很难实施的；在目标公司的股东对并购后公司的发展持乐观态度的情况下，他们倾向于股票支付以期获得更多的未来收益；当目标公司的股东发现新的更好的投资机会或者有意撤资的时候，他们可能只会接受现金支付的方式。

▨▨▨　6.3　公司并购的融资管理　▨▨▨

公司并购中所需要支付的大量资金需要通过融资来解决，所融资金的充裕程度往往成为决定并购成败的关键因素。公司具体采用何种融资渠道要受并购双方的财务状况、并购中支付方式的选择、融资后风险等诸多因素的共同影响；并购行为能否成功、并购后公司风险的高低在一定程度上要由融资管理决定。

6.3.1　公司并购的融资方式

公司既可以从内部融得并购所需资金，也可以从外部取得并购所需资金。内部融资是指公司从内部开辟资金来源渠道以筹集所需资金，主要是通过销售商品和提供劳务取得。采用内部融资可以减轻公司的税负并且不会受资金提供者过多的监督。但公司内部资金的积累是一个漫长的过程，一般而言其数量是相当有限的，而并购所需的巨额资金很难通过内部途径就可以完全解决。因此，内部融资一般不作为并购融资的主要方式。外部融资在并购融资中往往扮演着更为重要的角色。外部融资是指公司从外部开辟资金来源渠道，向公司以外的经济主体筹集资金，主要包括股票融资、债务融资、混合融资以及其他的特殊融资方式。

1. 股票融资

股票融资又称权益融资，具体又分为普通股融资和优先股融资。

普通股是股份有限公司发行的无特别权利的股份，也是最基本、最标准的股份。发行普通股筹集的资金具有永久性，没有到期日，也无须偿还，并且没有固定的股利负担，股利的支付与否以及支付的比例要根据并购后公司的盈利状况和经营需要来决定，因此发行普通股筹资的风险较小。它还可以反映公司的实力，提高公司信誉，增强公司的举债能力；在通货膨胀的情况下，由于普通股随着不动产升值，因此发行普通股筹资还可以在一定程度上抵消通货膨胀的不利影响。但是由于普通股的投资风险高，股利不具备抵税的作用，发行费用较高，因此普通股的资本成本较高。另外，普通股筹资会增加新股东，可能会造成公司控制权的分散；新股东分享并购公司未发行新股前积累的盈余，会降低普通股的每股净收益，可能导致股票价格的下跌。

优先股又称特别股，是股份公司专门为想获得优先特权的投资者设计的一种股票，一般会预先约定优先股的股息收益率，股东有优先领取股利和分配剩余财产的权利，但是没有选举权和投票权。并购公司通过发行优先股可以以固定的成本融得资金，由于优先股的收益率是事先确定的，因而成本相对较低；相对负债来说，优先股也没有到期还本的压力；由于优先股的股东没有选举权和投票权，因此并购公司的普通股股东可以避免控制权的分散。但是优先股的成本相对负债来说还是较高，并且由于其承担了相对较高的风险，却只可以享受固定的收益，所以发行时的吸引力往往不够。

在实践中，并购公司一般通过两种途径来实现股票融资。

1) 发行新股或者向原股东配售新股

发行新股或者向原股东配售新股，即公司通过发行新股票并用所得资金来支付并购的价款。无论是发行新股还是向原股东配售新股，其实质都可以看成公司用自有资金进行并购，因此财务费用较低，可以降低并购成本。这种方法其实也是以公司的股权换资金，并将筹集起来的资金以现金的方式支付给目标公司的股东，在某种程度上也可以理解为一种现金支付方式。

2) 换股并购

换股并购是指并购公司以股票作为并购的支付手段。最为常见的是并购公司通过向特定的投资者(通常是原股东)发行新股并以此替换目标公司的股票，这也叫定向增发。虽然换股并购有很大的优势，但是在我国其运用还是受很多因素的限制，一般只出现在善意并购案例中。

2. 债务融资

债务融资是指并购公司向外举债而获取资金的方式，其中包括银行信贷融资和发行债券融资。

1) 银行信贷融资

银行信贷融资主要是指公司根据借款合同或协议向商业银行等金融机构获得贷款的行为。这种贷款不同于一般的商业贷款，它要求并购方公司提前向可能提供贷款的金融机构提出申请，即使涉及商业秘密，也要就可能出现的情况进行坦诚磋商，因为这种贷款金额大，期限长，风险高。银行贷款是公司资金的重要来源，更是公司并购融资的主要方式。如果公司并购资金以负债为主，那么公司和银行同时都要承担很高的潜在风险，所以银行等金融机构在提供贷款时往往要求并购公司以并购后的现金流作为担保，并且要求对收购的资产或股权享有一级优先权。

银行信贷融资程序相对较简单，中间费用也很低，能够保证公司在短时间内以较低的资金成本获得并购所需的巨额资金。但是这种贷款的获得难度相当大，因为：首先，银行一般不会向公司提供这种高风险的贷款；其次，公司如果想从银行取得这种贷款，就必须公开其财务、经营状况，并在以后的经营中受到银行的种种制约；最后，一旦优先级别的贷款不能满足资金需求，公司如果想再通过其他方式来融资，融资成本就会提高，因为此时公司的风险等级已经提高。

2) 发行债券融资

公司债券是指公司按照法定程序发行，约定在一定时期还本付息的有价证券，主要包括公司债券、垃圾债券等。在公司的并购活动中一般使用的是抵押债券和担保债券。抵押债券是以某种实物资产作为还本付息的保证的债券，如果债券发行者到期无力偿还债券的本息，则债权人有权处置抵押的资产来偿还本息。担保债券不用公司的实物资产作为抵押，但是需要其他公司、组织或者机构的信用担保，并购中常用的担保债券一般是由并购方公司提供担保的目标公司发行的债券。

除各种公司债券以外，一种新型的融资工具"垃圾债券"于20世纪80年代开始盛行，它是一种资信评级低于投资级或未被评级的高收益债券。垃圾债券一般由投资银行负责承销，保险公司、风险资本投资公司等机构投资者为主要债权人。垃圾债券的两个最明显的特征为高风险和高收益。垃圾债券没有传统贷款的现实资产保证，不能保证像传统贷款一样及时有保障地收回贷款；它以未来资产作为保证，具有很高的不确定性，因此风险很高。高风险投资者必定要求高回报。效率低、信誉低的公司发行高收益率的债券，可以吸引那些在市场上寻求高额收益的资金。对于发行公司来说，发行这种债券可以筹集大量资金，而债券的购买者为了获得高收益也愿意购买这种高风险的债券。垃圾债券的产生为并购公司特别是杠杆收购提供了重要的资金来源。

与股票融资相比，债券利息是税前支付，具有抵税的功能；利息以及本金的支付是固定的，风险较低，因而筹资成本也低；债券的发行不会稀释股东的控制权，很容易得到股东的支持。但是，定期还本付息会给公司造成很大的压力；另外，在我国现行的政策和法规的限制下，发行债券的程序相当复杂，并且发行规模受到严格限制，一般很难满足公司并购时的融资需求，发行垃圾债券更是不可能。因此，在现阶段，发行债券融资只能作为国外成功的一种并购融资方式加以借鉴。

3. 混合融资

除了上述的股票、债券融资以外，还有既带有权益特征又带有债务特征的特殊融资工具，也称为混合融资工具，这些混合融资工具在现代公司并购活动中扮演着越来越重要的角色。这里主要介绍两种常见的混合融资工具，即可转换债券和认股权证。

1) 可转换债券

可转换债券是指可以被持有人依据一定的条件将其转换为公司股票的债券。可转换债券是一种很好的筹集长期资本的工具。在发行初期，可转换债券可以为投资者提供固定的利息报酬；当公司资本报酬、普通股股价上升的时候，投资者又有将其转换为股票的权利。这实际上是一种负债和权益相结合的混合融资工具，它为投资者提供了有利于控制风险的选择权利。

对于并购方公司来说，通过发行可转换债券，不仅使公司能以比普通债券更低的利率和更宽松的契约条件出售债券，而且提供了一种能以比现行价格更高的股价出售股票的方式，有利于获得低成本的长期资本。对于目标公司而言，可转换债券不仅具有债券的安全性，而且具有股票的预期收益分享能力。另外，可转换债券提供的选择权可以使目标公司的股东在预期股票价格开始上升时行使选择权。但是当股票价格迅速上涨并远远高出转换价格时，发行可转换债券可能使并购方承受财务损失，所以一般并购公司会规定一个债券回赎条款，以减少这种风险。如果股票价格没有像预期的那样上涨，则并购双方都会受到损失，并购方公司损失的是未来的融资能力，目标公司则会由于不能行使转股权而只能获得很低的债券利息收入。只要目标公司的股东行使转股权，一个无法避免的事实是并购方公司的控制权会被稀释。

2) 认股权证

认股权证是上市公司发出的证明文件，它赋予持有人一种权利，即持有人在指定的时间内，有权以指定的价格认购该公司发行的一定数量的新股。认股权证通常随着公司的长期债券一起发行。就本质而言，认股权证和可转换债券既有相似之处，又有不同的地方：在进行转换时，两者都是由公司债务形式转换为股票形式，但是可转换债券是由债券资本转换为股票资本，而认股权证则是新资金的流入，可以用来增资、偿债或者收购其他公司。对于并购方来说，认股权证不仅可以避免目标公司的股东马上成为本公司的股东，从而造成控制权分散，还可以延迟支付股利，为公司提供额外的股本基础，而且对并购方公司目前的股东利益不会造成影响。目标公司的股东之所以愿意购买认股权证，是因为看好公司的发展前景，并且认股权证通常都比较便宜，认购款可以延迟支付，只需要很少的资金就可以转卖认股权证而获利。当然，发行认股权证也有不利之处：如果在认股权证的行使时间段内并购公司的股价大大高出认股权证约定的价格，则发行公司会蒙受很大的融资损失；相反，在股票价格低于认股权证约定的价格时，目标公司的认股权证会失去价值，同时并购方公司由于股票价值下跌会承受更大的损失。

4．特殊融资方式

特殊融资方式主要是指杠杆收购融资和卖方融资。

1）杠杆收购融资

杠杆收购融资是通过增加并购方公司的财务杠杆去完成并购交易的一种并购方式，它的实质是并购公司首先以负债的方式取得目标公司的产权，然后用目标公司的资产或者现金流来支持偿还债务。杠杆收购融资通过精心的财务结构设计，可以使并购中的资本投资降低到交易价格的10%甚至更低；换言之，杠杆收购融资中债务融资的比例可以在90%以上。这种融资方式的出现使得小公司收购大公司成为可能，大大拓展了并购范围。杠杆收购融资的优势十分明显，收购方以少量的自有资金便能融得大量并购资金。采用此方法，公司的负债比率大幅度提高，财务杠杆效应显著增强，能给股东带来很高的收益率；与此同时，由于负债的减税效应使得公司税负大大降低。当然，一旦发生经营不善或者出现其他不利因素，公司资本结构中过高的负债比率造成的财务压力很可能导致公司迅速破产。

2）卖方融资

在公司并购中，一般都是由买方融资，但是当卖方因种种原因急于出售资产或买方没有条件从贷款机构获得抵押贷款时，卖方可能愿意以低于市场平均利率水平的利率为买方提供并购所需的资金，这种融资方式即卖方融资。在卖方融资的条件下，买方要在完全付清贷款以后才能获得资产的全部产权；如果买方出现无力还贷的情况，卖方有权收回该资产。在分期付款条件下，以或有支付的方式购买目标公司是比较常见的卖方融资方式。它是指并购双方完成并购交易后，并购方并不全额支付并购的价款而只是支付其中的一部分，剩下部分在并购后的若干年内分期支付。分期支付的款项根据并购后的实际业绩决定，业绩越好，支付的款项也就越高。卖方融资对于促进并购行为无疑是十分有利的：并购方能以目标公司提供的低成本资金控制目标公司，省去了大量融资成本和时间；对目标公司而言，能达到其迅速出售的目的，并且由于分期收到并购款项，因而可享受递延税负带来的好处。但是由于这种或有支付的期限一般只有几年，因此目标公司可能有意运用会计政策等手段使并购方支付尽量多的款项，从而危及公司的长远发展，此时采取换股并购的方法将双方的利益联系在一起可能是一种比较理想的解决方案。

6.3.2 并购融资方式的选择

并购融资和一般的公司融资一样，必须遵循使资本结构达到最优化的原则。但是由于并购融资会对并购公司的财务状况以及权益价值产生一些特殊的影响，因此对于并购公司来说，在融资过程中，首先应该根据具体情况选择适合公司及并购项目的融资方式，然后应该分析不同融资方式及融资结构安排对公司财务状况的影响。融资的顺序一般遵循先内部融资、再债务融资、最后权益融资的步骤。这是因为内部融资风险最小，保密性最好，方便且费用最低；债务融资速度快，成本较低，保密性也较高，是信用等级高的公司采用的一种极好的外部融资途径；权益融资保密性差，速度慢且成本很高，控制权也很容易受到稀释，但是这种方式所能获得的资金数量是相当可观的。这种融资顺序的选择仅仅从成本的角度来考虑问题。我们还应该根据公司自身的资本结构来决定融资工具的类型，也就是在财务杠杆收益和财务风险之间寻求一种平衡。最后，我们还要对融资工具进行设计，主要包括期限的长短、利息率的高低以及采取何种方式发行。

在并购实践中，融资方式的选择往往是和支付方式的选择紧密联系的，甚至可以说在决定采取以何种方式支付并购价款的同时，并购的融资方式应该是已经确认了的。

1. 现金支付方式的融资管理

现金支付会给并购方造成沉重的现金负担，通常公司都不可能有足够的流动资产变现后支付给目标公司，所以并购公司一般都要到外部去寻找资金来源。常见的筹资方式有增资扩股、向金融机构贷款、发行公司债券、发行认股权证，或者是这几种融资方式的综合运用。

2. 股票或综合证券支付方式的融资管理

由于并购交易规模不断扩大，现金支付本身存在种种缺陷，因此现在并购资金的支付很大部分要靠股票或者综合证券来支付。并购公司选择用股票或者综合证券来支付，其发行的证券要求是已经或者即将上市的，因为这样的证券才有流动性并有一定的市场价格作为换股参考。并购公司在选择用股票或综合证券支付时，除了可以发行普通股、优先股以及债券外，还可以有认股权证、可转换债券等多种混合形式。

3. 杠杆并购方式的融资管理

杠杆并购通常都与发行垃圾债券联系在一起，甚至被完全画上等号，但是发行垃圾债券只是杠杆并购中最主要的融资工具。杠杆收购的实质在于以小比例的自有资金支撑大比例的负债。在杠杆收购的融资安排中，并非都以垃圾债券为主；在一些杠杆收购中，靠资产担保或抵押得到的一级和次级银行贷款所占的比例可以高达60%，另外还有10%左右的权益融资。因此，杠杆并购的融资方式是多种多样的，除了垃圾债券以外，普通股、优先股、可转换债券、认股权证以及各种金融机构贷款等都可以作为融资手段。

本　章　小　结

本章主要介绍了目标公司的价值评估、公司并购的出资方式和公司并购的融资管理。价值评估是一项十分复杂的系统工程，制订并严格执行科学合理的评估程序，有利于提高评估效率与增强评估结果的科学性和准确性。价值评估的主要程序有：明确评估目的，界定评估范围，制订详细的评估工作计划，整理、归纳和分析资料，选择合适的评估方法，修正评估结果，撰写评估报告。价值评估的方法有成本法、市场比较法、市盈率法、贴现现金流量法和期权估计法。

在公司并购活动中，支付款项是完成交易的最后一个环节。事实上，出资方式与并购价格的形成以及公司并购的融资选择是紧密联系、不可分割的。因此，出资方式的选择是整个并购环节中极其关键的一环。公司并购的出资方式主要有现金支付、股票支付和综合证券支付。影响支付方式的因素主要有公司的财务状况、股东的意见和要求、资本市场的完善程度、目标公司的情况。

公司并购中所需要支付的大量资金需要通过融资来解决，所融资金的充裕程度往往成为决定并购成败的关键因素。公司具体采用何种融资渠道要受并购双方的财务状况、并购中支付方式的选择、融资后的风险等诸多因素的共同影响；并购行为能否成功、并购后公司风险的高低在一定程度上要由融资管理决定。公司并购的融资方式主要有股票融资(发行新股或者向原股东配售新股、换股并购)、债务融资(银行信贷融资、发行债券融资)、混合融资(可转换债券、认股权证)、特殊融资方式(杠杆收购融资、卖方融资)。融资管理包括现金支付方式的融资管理、股票或综合证券支付方式的融资管理和杠杆并购方式的融资管理。

思考与练习

1. 为什么在公司并购时要做好目标公司的价值评估？
2. 目标公司价值评估的基本程序和基本方法有哪些？
3. 不同公司并购出资方式都有哪些特点？
4. 影响公司并购支付方式的因素有哪些？
5. 如何选择公司并购的融资方式？

第七章　跨国公司财务管理

(1) 了解国际经营的主要风险；
(2) 掌握国际融资的渠道和方式；
(3) 了解国际融资的战略目标；
(4) 熟悉国际投资管理的方法。

案例导读

日本丰田汽车公司在我国的发展

　　1964 年，丰田皇冠轿车首次进口到我国，这一举动标志着日本丰田汽车公司开始了对我国市场的开拓，并且在 20 世纪 80 年代成为我国进口汽车之冠。"皇冠"轿车曾经成为丰田在我国消费者心目中的代名词——"高档次、高质量、高价格"。据统计，丰田汽车公司在中国的整车项目正式投产之前，其销售量保持大约在 45 万辆。

　　日本丰田汽车公司在我国的发展大致经历了四个阶段。第一阶段，是 20 世纪 80 年代以前，主要是开展交流活动和产品出口，初探合作生产事宜。第二阶段，是 20 世纪 80 年代，那时日本丰田汽车已成为我国进口车之冠，当时"皇冠"轿车是我国消费者心目中评价最高的轿车。在这一阶段，日本丰田汽车公司主要为丰田汽车的销售创造配套环境，当时北京已成立了首家售后服务中心，目的是更好地支持产品出售。第三阶段，是 20 世纪 90 年代，主要建立零部件企业，开展技术援助和技术转让。例如，1995 年，丰田与天津汽车工业集团成立天津丰津汽车传动部件有限公司，日本丰田汽车公司出资比例为 90%；1996 年，与中国第一汽车集团公司成立天津一汽丰田发动机有限公司，各出资 50%。第四阶段，丰田汽车公司主要采取本土化生产策略。

　　2000 年，日本丰田汽车公司与我国合资成立天津一汽丰田汽车有限公司，丰田汽车公司出资 40%，是合资公司最大的股东。随后其又与中国第一汽车集团公司、广州汽车集团公司等几家企业成立了天津一汽、四川丰田、广州丰田、一汽丰田和长春丰越公司，在这些合资公司中，丰田控股 50% 以上。在此期间丰田公司还成立了丰田汽车投资有限公司、丰田汽车金融有限公司以及丰田汽车技术中心有限公司等七家独资企业，覆盖我国东西南北中五个地方，并且拥有丰田汽车公司最关键的技术。

2024 年，丰田决定在中国上海建立一座全新的电动汽车工厂，主要生产销往中国市场的雷克萨斯电动车型。该工厂将是丰田在中国首家全资拥有和运营的工厂，预计投入运营的时间为 2027 年。近几年，丰田公司主要通过控制生产成本以及自身在销售和产品方面的优势来逐渐缩小其与竞争对手的差距。丰田先进的生产管理，使得丰田汽车在价格上要比欧美车更具有优势。在我国市场，丰田车省油、经济、环保的品牌已经深入人心，车型外观和内饰也比较符合我国市场。为了进军我国，丰田对我国市场进行了详细的市场调查。因此，丰田汽车在我国的销售量不断增加，2021 年丰田在我国销量为 194.4 万辆，实现了连续九年的销量纪录刷新。

2023 年丰田全球销量为 1 123.3 万辆，其中中国市场的销量占全球销量的 17%。但丰田在我国汽车市场中有三大国际竞争对手，分别是大众、通用、本田。在这些强大的竞争对手面前，丰田所承受的压力巨大。此外，丰田在中国市场也面临来自国内自主品牌的激烈竞争。在新能源转型方面，丰田的脚步相对迟缓，目前在中国市场投放的纯电车型只有两款，销量相对一般。

通过丰田公司的案例可以看出，跨国公司面临的是国际环境，其财务管理在一般性基础上更有复杂多变的特点。复杂的环境，波动的汇率，不一样的文化以及各种风险等，都会对跨国公司造成影响。

7.1　跨国公司与国际金融市场

7.1.1　跨国公司与国际财务管理

跨国公司是指具有全球性经营动机和一体化的经营战略，在多个国家拥有从事生产经营活动的分支机构，并且拥有统一的全球性经营计划的大型企业。跨国公司需要做出涉及国际投资、国际融资等国际财务管理决策，实现公司价值的最大化。

跨国公司的原始形态，最早可以追溯到 17 世纪的英国东印度公司。从 19 世纪至今，全球跨国经营规模一直在不断增长，跨国公司已成为当代国际经济、科学技术和国际贸易中最活跃、最有影响力的力量。那么，企业为什么要从事国际业务，开拓国外市场，从而成为跨国公司呢？经典的经济理论对此有三种常见的解释。

1. 比较优势理论

各个国家拥有的优势是不同的，如美国和欧洲拥有技术优势，而拉美、东南亚国家在基本劳动力成本上有优势。这种优势无法在国际市场上轻易转移，从而各个国家都愿意利用它们的优势专门生产那些它们擅长生产的产品。国家的专业化经营使得生产效率得到提高，企业进军国际市场将有利可图。

2. 不完全市场理论

若市场是完全的，生产要素、劳动力以及资金流等可以在世界范围内流动，这将促进成本和收益的均衡，消除比较成本优势。事实上，现实中的国际市场是不完全市场，生产要素等资源的流动是有限制的甚至是无法实现的，于是跨国公司则常常利用国外资源在国外寻求投资机会。

3. 产品周期理论

产品的生命周期一般要经历开发、引进、成长、成熟、衰退的阶段。而这个周期在不同的技术水平的国家，发生的时间和经历的过程是不一样的，其间存在一个较大时差。这一时差表现为不同国家在技术上的差距，它反映了同一产品在不同国家市场上竞争地位的差异，从而决定了国际贸易和国际投资的变化。当公司首先在国内建立，外国对该公司产品的需求只能通过出口来满足。长期来看，在国外进行投资并直接供应产品将降低运输成本，使公司保持其竞争优势。这种优势可能是它在生产和降低成本的融资途径上的优势，也可能是它在形成并保持对其产品的强烈需求的市场方法上的优势。随着国际经济一体化趋势的发展，国际资本在全球范围内的流动空前迅速。各国企业无论规模大小，为了在国际范围内充分利用各种生产要素，追求更高回报，纷纷在国际市场中开拓业务。跨国公司生产经营所产生的资金流较国内企业更为复杂，政治、经济环境更加难以把握，面临的挑战、问题也更加严峻和新颖，这必然要求新的管理理论与方法，即国际财务管理。

国际财务管理是依据风险与收益均衡的原理，协调国际企业的资金流，从而实现国际企业的财务管理目标。由于增加了外币资金，国际财务管理在形式与内容上较国内财务管理更为广泛，同时国际企业也较国内企业承担着更多样的风险，如外汇风险、国家风险等。国际财务管理具有资金融通渠道与方式的更多选择性、投资的国际性、财务活动的更高风险性以及财务政策的更高统一性等特点。在当今贸易全球化迅猛推进，各国经贸关系日益密切的时代背景下，跨国公司必须开拓财务管理在理论与实务中的内容和方法，才能把握好风险与收益的均衡。

7.1.2 国际金融市场

国际金融市场是从事各种国际金融业务活动的场所，包括在居民与非居民之间或非居民与非居民之间实现如外汇、资金、有价证券、黄金和金融期货等金融性商品在国际范围内有效配置的场所。国际金融市场有着丰富的融资手段、投资机会和投资方式，为跨国公司实现其功能，维持现金流的运转提供了条件。

国际金融市场是国内金融市场的延伸。18世纪中期产业革命开始后，随着国际经济贸易和国际借贷关系频繁发生，金融市场需要为货币兑换、票据结算、债权债务清偿和黄金交易等业务提供服务，从而使得传统的国际金融市场在工业国家金融中心的基础上发展起来，如伦敦国际金融市场、东京国际金融市场和纽约国际金融市场。它们具有两个特点：① 是由居民与非居民之间的国际金融业务发展起来的；② 所在国的法律管制仍然有效。

第二次世界大战以后，各国经济恢复并迈出了快速发展的步伐，国际资本开始大规模流动，金融业务迅速增长。传统的国际金融市场，即在岸国际金融市场之间的距离进一步缩小，新型的国际金融市场——离岸国际金融市场应运而生。它具有两个特点：① 非居民交易成为市场的业务主体；② 基本不受所在国的法律管制。到如今，国际金融市场已形成了完整的市场体系，涵盖了国际结算、信用融资、证券发行流通、黄金买卖以及金融衍生工具期货交易等国际交易的全部领域，为市场参与者提供了全方位的服务。

国际金融市场的产生与发展给世界经济带来了深远的影响。首先，国际范围内的资金能通过国际金融市场再分配的职能实现更有效的跨国流动，满足世界经济发展资金调动、储存和借贷的需求。其次，国际金融市场能调节各国国际收支，包括汇率自动调节、国际储备动用等。再次，国际金融市场为各国的经济发展，特别是为发展中国家的经济发展提供了畅通的国际融资渠道。最后，国际金融市场促进了银行业务的国际化，跨国银行及各国银行通过市场有机地联系在一起，可以实现 24 小时全天营业，加速了国际资本的流动。

当然，国际金融市场也有其消极的影响，最典型的就是金融危机的传递和国际债务危机的发生。此外，国际金融市场还可能造成一国经济的不稳定，也为犯罪集团进行洗钱活动提供了场所。

按照经营业务的种类，国际金融市场可分为外汇市场、国际信贷市场、国际资本市场、国际黄金市场、国际金融期货市场和国际金融衍生市场。

1. 外汇市场

外汇市场是指经营外币和以外币计价的票据等有价证券业务的市场，是国际金融市场的基础。外汇交易类型主要包括以下几种：

1) 即期外汇交易

即期外汇交易是指买卖双方达成交易后，原则上于当日或在两个工作日内办理交割的一种外汇买卖。跨国公司利用即期外汇市场兑换外汇实现及时支付。

2) 远期外汇交易

远期外汇交易是指买卖双方达成交易后，订立合同约定外汇金额、汇率和到期日进行交割的外汇买卖。由于远期汇率事先确定，交易者能通过远期外汇市场锁定未来兑换货币的汇率，避免汇率波动带来的风险。

3) 掉期交易

掉期交易是利用不同期限外汇汇率的差异，在买进或卖出即期汇率的同时，卖出或买进同种远期外汇，并从中获利。掉期交易可以让交易者获得升水差价或是贴水差价的收益，也是一种有效的保值工具。

4) 套利交易

套利交易是利用各国金融市场利率的差异，将资金投放到利率较高的国家以赚取利率差额的外汇交易。

5) 套汇交易

套汇交易是利用不同地点外汇市场的汇率差异，通过低价买进和高价卖出，从中赚取价差的交易方式。常见的套汇交易方式有两角套汇和三角套汇，即分别利用两个和三个不同市场汇率差异赚取价差的方法。

6) 套期保值交易

套期保值交易是交易者在存在敞口头寸或风险头寸的情况下通过现汇、期汇、外汇期货、外汇期权等交易来避免风险的外汇交易。其实质就是对预期收到或支出的外汇进行同等数量但方向相反的买卖活动，以实现外汇风险的转移。具体做法我们将在本章第二节中做详细介绍。

2. 国际信贷市场

信贷市场是以信贷方式融通资金的市场，按其信贷业务期限的长短，分为短期信贷市场和中长期信贷市场。短期信贷市场吸引短期外汇存款，提供一年内的短期贷款。当跨国企业需要中长期贷款时，其数额往往较大，期限为 1 年以上，大部分为 5～7 年，单个银行往往不愿意或无力提供公司所需的全部资金，此时可以组织银行提供辛迪加贷款。辛迪加贷款是由一家银行牵头谈判，每一家银行都参与组成银团进行贷款的方式，也是目前中长期贷款的主要方式。

3. 国际资本市场

国际资本市场是国际股票和国际债券等有价证券的发行和流通市场。在国际资本市场上，国际企业可以进行证券融资和证券投资活动。

4. 国际黄金市场

黄金市场是进行黄金买卖的市场，国际企业进行黄金交易的目的包括推销黄金产品、采购金质原材料和保值增值等。黄金交易可以是现货交易，也可以是期货交易。

5. 国际金融期货市场

金融期货市场是进行金融期货交易的市场。金融期货是协议双方通过竞价成交，约定买进或卖出某种金融工具的价格和日期的协议。这是交易者为防止和避免汇率、利率、股票价格的频繁变化带来的不确定性所做的交易。金融期货的种类有外汇期货、利率期货、股票价格指数期货等。需要注意的是，金融期货与远期交易不同，具体体现在三个方面。

1) 交易形式不同

期货合约均是在交易所进行的，交易双方并不直接接触，各自与清算所进行结算；而远期合约是交易双方直接谈判的结果。

2) 合约标准不同

期货合约高度标准化，对交割商品的质量、数量、交割时间等进行严格分类，还会限制每日期货的价格波动幅度和每一合约的交易次数；远期合约是双方私下订立的，具体内容随合约双方变化而变化，能更大程度地满足人们的需求，但转让和流通能力不如期货合约。

3) 信用程度不同

由于交易所为期货交易制订了许多交易规则，并为期货合约提供信用担保，使得期货市场较远期市场更加有组织、有秩序。

6. 国际金融衍生市场

金融衍生市场是进行金融衍生工具交易的市场。金融衍生工具是以另一金融工具的存在为前提，以杠杆或信用交易为特征，是确定交易双方在未来某个时间对某项金融现货所拥有的权利和所承担的义务的合同，包括金融远期、金融期货、金融期权和金融互换。

1) 金融远期

金融远期合约是约定买卖某项金融资产的价格和时间的合约。

2) 金融期货

金融期货合约是两个对手之间签订的约定买卖某项金融资产的价格和时间的合约。

3) 金融期权

金融期权是交易双方订立的按约定时间和价格买卖某项金融资产的权利的合约。它可以分为看涨期权和看跌期权。

4) 金融互换

金融互换是两个或两个以上的当事人按共同商定的条件,在约定的时间内,交换一定支付款项或货币的协议。两种常见的金融交换是货币互换和利率互换。货币互换是交易方按一定数量的某一货币支付利息,同时按一定数量的另一货币收取利息的协议。利率互换是交易某一方在几年内按名义本金的固定利率支付利息,同时按同一本金的浮动利率收取利息的协议。

7.2　外汇、汇率与国际经营风险

证券是指用以证明或设定权利所做成的书面凭证,它表明持券人或者第三者有权取得该证券所拥有的特定权益。证券投资是指投资者将资金投放于股票、债券、基金以及衍生证券等资产,从而获取收益的一种投资行为。金融市场的证券很多,其中可供企业投资的主要有债券投资、股票投资、基金投资、期货投资、证券投资组合等。

7.2.1　外汇与汇率

外汇是以外币表示的,用来进行国际结算的支付手段。外汇主要包括外国货币、外币有价证券(包括外国政府发行的国库券,外国企业发行的债券、股票)、外币支付凭证(包括外国银行存单、商业汇票、银行汇票和银行支票等)。

汇率是指一国货币兑换成另一国货币的兑换价。不同国家和地区的货币具有不同的购买力,外汇汇率代表了不同币种购买力之间的比率。

1. 根据币种标价角色立场不同分类

根据币种标价角色立场不同分类,外汇汇率有两种标价方法:直接标价法和间接标价法。

1) 直接标价法

直接标价法是指将一个货币单位的外币折算为一定数量本币的标价方法,如"$1 = ¥7.15"。在直接标价法下,外币数额保持不变,汇率涨跌以本国货币额的变化来表示。若一定单位的外币折合的本币数额多于前期,则说明外币币值上升或本币币值下跌,称为外汇汇率上升;反之,如果用比原来少的本币即能兑换到同一数额的外币,说明外币币值下跌或本币币值上升,称为外汇汇率下跌。这表明外币的价值与汇率的涨跌成正比。

2) 间接标价法

间接标价法是指将一个货币单位的本币折算为一定数量外币的标价方法，如"¥1 = $0.14"。在间接标价法下，本国货币的数额保持不变，外国货币的数额随着本国货币币值的变化而变动。如果一定数额的本币能兑换的外币数额比前期少，则表明外币币值上升，本币币值下降，即外汇汇率上升；反之，如果一定数额的本币能兑换的外币数额比前期多，则说明外币币值下降、本币币值上升，也就是外汇汇率下跌。这说明外币的价值和汇率的升降成反比。西方各大金融报刊通常按照每单位美元可兑换的外币金额进行标价，这种标价方法被称为欧式标价法。

2. 根据外汇交易市场的应用情况分类

根据外汇交易市场的应用情况，汇率又可分为以下类型：

1) 买入汇率、卖出汇率和中间汇率

买入汇率是指银行向同业或客户买入外汇时所使用的汇率。卖出汇率是指银行向同业或客户卖出外汇时所使用的汇率。这里所指的买入和卖出都是站在银行的角度，当客户到银行用本币兑换外币时，银行是在卖出外汇，适用卖出汇率；而客户用外币兑换本币时银行是在买入外汇，适用买入汇率。

卖出汇率与买入汇率的差额是对银行进行交易的补偿，也相当于银行所收取的手续费。大多数外汇交易买卖价差约为 0.1%～0.5%，价差的大小随货币币种变化。对于给定的货币，价差取决于这种货币交易的竞争程度、该货币的不确定性和平均日交易额。中间汇率亦称"外汇买卖中间价"，为买入汇率与卖出汇率的平均数。它不含银行买卖外汇收益的汇率。银行在买卖外汇时，要以较低的价格买进，以较高的价格卖出，从中获取营业收入。中间汇率常用来衡量和预测某种货币汇率变动的幅度和趋势。

2) 基本汇率和套算汇率

由于美元是国际上普遍接受的可兑换货币，也是在国际收支中使用最多的货币，各国都把美元当作制定汇率的主要货币，即把本国货币兑美元的比率作为基本汇率。套算汇率又称交叉汇率，是指两种货币以第三种货币为中介推算出来的汇率，即两种非美元货币的汇率可以通过它们各自对美元的价格计算得到。

【例 7-1】若欧元的报价为 0.913 5 欧元/美元，加拿大元的报价为 1.336 2 加元/美元，则欧元兑加拿大元的汇率(EUR/CAD)为欧元兑美元的汇率(EUR/USD)除以加拿大元兑美元的汇率(CAD/USD)。

$$\text{EUR}/\text{CAD} = \frac{\text{EUR}/\text{USD}}{\text{CAD}/\text{USD}} = \frac{1/0.913\,5}{1/1.336\,2} \approx 1.462\,7$$

即 1 欧元约等于 1.462 7 加拿大元。

3) 远期汇率和即期汇率

远期汇率是指外汇交易双方约定在未来一定时日(通常为一个月至三个月)内进行交割所采用的汇率。这种汇率一般在远期合约中需要事先确定。即期汇率是指外汇买卖成交后，买卖双方在当天或两个工作日内进行交割所使用的汇率。

远期汇率和即期汇率并不一定相等，其差额称为远期差价。远期汇率超过即期汇率，称为升水(premiums)；反之则称为贴水(discounts)；远期汇率等于即期汇率，称为平价(at par)。升水或贴水常用百分比表示，以反映远期差价与即期汇率的相对程度。

在直接标价法下：

$$升(贴)水百分比 = \frac{远期汇率 - 即期汇率}{即期汇率} \times 100\%$$

上式计算结果如为正数，表示升水；如为负数，表示贴水；如为零，表示平价。就两种货币而言，一种货币的升水意味着另一种货币的贴水。

7.2.2 国际经营的风险暴露

企业在国际环境中经营，会面临一系列的风险。外汇风险是与汇率变动联系在一起的，公司的资产、负债、收入、费用、现金流量以外币计价时，汇率的变化将影响它们的价值。折算风险是汇率变化对公司资产负债表和利润表的影响。经济风险是汇率变化对公司未来现金流量价值的影响。公司在国际政治环境没有国内稳定的环境下经营时，会面临政治风险。政治风险表现形式不一，包括从外汇管制导致的较为温和的风险到公司国外资产被无条件没收的风险。

1. 折算风险

折算风险又称为会计风险。当跨国公司总部编制合并财务报表时，需要把国外业务单位非本币的财务报表转换为以母公司计价货币为计量单位的财务报表，折算风险由此产生。运用这些方法折算的会计数据可以显示汇率变化对报告收益和账面权益价值的影响，也为国外经营的财务分析提供了许多有用的基本观点。但是因为没有市场价值，这些数据对公司股东的使用价值就不是很大，因而公司所有者更加关注经济风险。

2. 经济风险

经济风险是指不可预测的外汇汇率变化导致公司未来现金流量的不确定性。经济风险可以分为交易风险和经营风险。两种风险都是由于汇率的变动性导致的未来现金流量的不确定性。

1) 交易风险

交易风险是指汇率的变动对用外币计价的未结算的交易产生的预期现金流量的影响。具体而言，交易风险是由于购买或销售商品、提供服务时，用外币计价产生的，而且也可因非本币的借贷活动产生。例如，一家法国电器经销商与一家中国家电生产商签订了一份价值 350 万欧元的销售合同，合同约定法国电器经销商在 4 个月后中国家电生产商交货时支付 350 万欧元。合同一签订，中国的家电生产商就承受了外汇风险，因为用人民币计算的收入要到 4 个月后(按当时的汇率换汇成人民币)才知道，在这里，中国家电生产商的交易风险就是 350 万欧元。

对于在国际范围内经营的跨国公司来说，未履行的国际合同很多，到期和计价货币也各不相同。交易风险可以用某一特定货币在特定日期对所有契约的未来现金流入量和现金流出量进行测算。如果由于汇率剧烈波动而产生大量、未覆盖的交易风险，那么公司会发现自己可能会陷入财务困境。所幸这类风险可以通过金融工具进行规避，如远期合约、期货合约和期权合约。

2) 经营风险

经营风险是指汇率变动对企业的产销数量、价格、成本等产生影响，使企业的收入或支出发生变动的风险。它涉及企业的财务、销售、供应、生产等各个方面。因此，经营风险是更复杂、长期性和整体性的风险。经营风险对企业未来一定期间收益的影响，表现为经营风险对企业未来一定期间现金流量现值的影响。例如，近年人民币经历了一轮又一轮的升值，这对中国出口依赖型企业影响巨大，特别是使依靠低价优势出口低附加值产品的企业的利润严重缩水。

尽管经营风险不能量化，但仍需要对其进行控制。公司必须预测外汇交易的未来发展趋势，并采取措施防止汇率波动导致的财务困境。公司也可在金融市场上运用金融工具进行套期保值，但其有效性低于对交易风险的控制。

3. 政治风险(国家风险)

当一个国家不可预见的政治事件影响公司在该国的投资价值时，公司就暴露在该国的国家风险中。东道国政治环境的变化可能会引起政策的改变，或增加新的法规，其目的是对在该国经营的外方企业进行限制或处罚。对外资公司存在不利影响的法规包括：

(1) 对汇回母公司的红利或特许权费征税采用最高税率或差别对待税率；

(2) 对外汇交易采用不同的利率；

(3) 要求产品生产有一定比例的本地化；

(4) 要求进入高级管理层；

(5) 要求有一定比例的利润进行再投资；

(6) 只允许合资，外方的股份不超过50%；

(7) 实行价格管制；

(8) 没有足够补偿的，没收子公司。

母公司可以通过选择具有专有特点的项目投资，并尽量使用当地资源、选择低风险的筹资战略以及设计一个转移资金的战略来管理国家风险。

7.2.3　外汇风险管理

交易风险的管理主要分两类：一类是通过金融工具套期保值；另一类是通过经营策略防范风险。这里主要介绍在金融市场上运用金融工具，如远期、期货、货币市场和期权等进行套期保值的方法。运用这些金融工具可以减少或消除因购买原材料、销售产品、购置资产或以外币信用贷款引起的外汇风险。

1. 利用远期合约套期保值

远期外汇市场套期保值是国际上规避外汇汇率波动风险、对货币保值的一种通行做法，其关键是按照预期收到或支付的外币做相反的交易。远期合约套期保值的具体做法是：公司按照预期将要发生的外币收入或外币支出，在远期外汇市场上按远期外汇汇率做相反的交易，卖出或买进远期货币。合约到期时，公司按合约中约定的汇率交割远期外汇。

例如，人民币兑美元的即期汇率是 7.15 元/美元，4 个月的远期汇率是 7.1 元/美元，公司预计在 4 个月后将收到 100 万美元。公司为避免这 100 万美元因汇率变动而遭受损失，可在远期外汇市场上按 4 个月的远期汇率 7.1 元/美元卖出 100 万美元。4 个月期满时，公司一方面收到预期的 100 万美元，另一方面按照远期合约中约定的汇率 7.1 元/美元卖出 100 万美元，获得人民币 710 万元。通过这样的操作，无论市场汇率如何变动，公司都可将 4 个月后的收入锁定在人民币 710 万元。如果到期时实际汇率为 7 元/美元，则公司避免了 10 万元的汇兑损失。但是这一方法在锁定损失的同时也锁定了收益。如果到期时实际汇率为 7.18 元/美元，相对于即期汇率，则会产生 3 万元的收益。因此，采用远期合约套期保值需要对汇率波动做出正确的预测，如果对汇率未来走势判断不准，则有可能遭受潜在的损失。

2. 利用期货合约套期保值

期货合约是约定在既定的未来时日以指定价格交割商品、货币或其他金融工具的合约。外汇期货合约是约定在既定的未来时日以指定的价格交割外币的合约，其交割对象是外币。与远期合约不同，期货合同的第三方是清算公司，作为买方和卖方的中介进行清算。也就是说所有的交易都是买卖双方分别与清算公司进行交易而不是买卖双方直接进行交易的。实际上很少有合约会在到期日进行实际交割，通常的做法是合约的买卖各方通过进行相反的交易对合约进行对冲。例如，公司在 4 个月前购买 100 万美元的期货合同，到期时公司并不会实际购进 100 万美元，而是通过卖出 100 万美元的合约完成对冲。买卖价差扣除税金及手续费后的净额即为交易损益。

运用外汇期货合约进行套期保值的实质是，对于未来一定时期收到或付出的外汇，按预定期限做相反的期货买卖合约。例如，某公司预期 4 个月后支付 100 万美元，现在人民币兑美元的汇率是 7.15 元，即按照现行汇率，该公司将在 4 个月后支付 715 万元人民币。公司为了锁定未来的支付金额，可以购买于 4 个月后交割的外汇期货合约 100 万美元，假定其交割价格也为 7.15 元，4 个月到期后，假定现汇市场汇率为 7.25 元，企业此时有两种选择：一是对期货合约进行实际交割，按期货购入价 7.15 元买入现汇用于所需支付的 100 万美元，企业由此避免汇率损失 10 万元；二是公司一方面买入现汇 100 万美元，支付人民币 725 万元，同时按现汇汇率卖出期货合约 100 万美元，在交割时按现汇汇率 7.25 元卖出期货合约 100 万美元。绝大多数企业采用第二种方式。因此，企业在 4 个月前将汇率锁定，避免了汇率波动带来的损失。但必须注意到，运用期货合约套期保值在锁定损失的同时，也锁定了收益。如果到期后人民币兑美元的实际汇率为 7.05 元，则公司按照 7.15 元汇率履行合约买入美元，就会产生 10 万元的损失。

3. 利用货币市场套期保值

货币市场套期保值是将不同货币进行互换的保值方法。普遍做法是，对于预期的外币收入，公司借入与预期外币收入等期等额的同种货币，然后将借入的货币换成另一种货币进行投资，债务到期时偿还借款本息的资本来自公司预期的外币收入。当预期的外币不能如期收回时，公司可以在即期外汇市场上购买该种货币用于还贷。

【例 7-2】　某公司预期在 3 个月后收到应收账款 100 万美元，假设美元与人民币的即期汇率为 7.1 元/美元，3 个月的远期汇率为 7 元/美元，3 个月美元借款的年利率为 6%(季利率为 1.5%），人民币的短期投资收益率为 4%（季利率为 1%）。公司决定现在立即借入期限为 3 个月的美元贷款 100 万美元，并将此贷款转换成人民币进行投资，3 个月期满时用收到应收账款 100 万美元归还贷款。该公司是否值得借入美元？

表面上看，美元借款利率为 6%，人民币的短期投资收益率为 4%，利息支出大于收益，不值得借款。但是究竟是否值得做这样的交易，可进行如下分析：假定借入的美元恰好能用到期收回的应收账款 100 万美元偿还，有：

$$应该借入的美元 = \frac{1\,000\,000}{1.015} \approx 985\,221.67\ 美元$$

$$兑换成人民币 = 985\,221.67 \times 7.1 \approx 6\,995\,073.857\ 元$$

$$到期的人民币 = 6\,995\,073.857 \times 1.01 \approx 7\,065\,024.596\ 元$$

如果不借入美元借款，公司在 3 个月后收到的 100 万美元按照预期汇率 7 元/美元兑换成 700 万元人民币，将损失 65 024.596 元。

在何种情况下应该选择货币市场的套期保值？这取决于即期汇率、远期汇率和借款利率之间的关系。假设 3 个月的投资收益率为 R，货币市场套期保值与远期市场套期保值两种方法等值的条件是：

$$借款总额 \times (1 + R) = 远期保值总额$$

计算 R 还有一个基本公式：

$$R = \frac{远期汇率}{即期汇率} \times (1 + 借款利率) - 1$$

当投资收益率高于 R 时，货币市场套期保值比远期市场套期保值更为有利。

4. 利用期权套期保值

利用期权套期保值是指通过买进买权或卖权抵补外汇风险的方法。这种方法最大的特点是公司在期权到期时可以根据实际情况是否对自身有利决定行权。但在取得这种买入的权利之前，必须向卖方支付一笔期权费。对期权方而言，其将存在无限的潜在盈利机会，但其风险仅限于期权费的损失。

例如：某公司对于未来的投资收益 100 万美元选择买进卖权，即该公司买入期限为 3 个月、到期履约价格为 7 元/美元的 100 万美元的卖出期权，美元与人民币的即期汇率为 7.1 元/美元，期权费为 10.65（100 × 1.5% × 7.1）万元人民币。如果采用短期投资年收益率 4% 作为折现率，则 3 个月后的期权费为 10.756 5（10.65 × 1.01）万元人民币。3 个月到期时，如果即期汇率高于 7 元/美元，则公司可直接在现汇市场上卖出收到的 100 万元，放弃行权；如果即期汇率低于 7 元/美元，则公司行权有利。

7.2.4　汇率、通货膨胀率与利率的相互关系

经验告诉我们，如果 A 国的通货膨胀率要高于 B 国，我们可以预期 A 国的货币购买力要弱于 B 国。同时，因为 A 国的通货膨胀率较高，所以我们预期 A 国的利率要高于 B 国。我们也可以假设远期汇率与即期汇率是相关的。

1. 汇率与通货膨胀率：购买力平价理论

购买力平价(Purchasing Power Parity，PPP)理论认为汇率是依据同一组合的货物在不同国家具有相同价值来确定的。它的基本前提是：若一国物价上升的速度大于另一国，反映在该国的通货膨胀率高于另一国，那么两国之间的汇率就要做出相应调整来反映通货膨胀率的差异。通货膨胀率变化与即期汇率之间的关系，可用如下公式表示：

$$\frac{I_D - I_F}{I + I_F} = \frac{E_1 - E_0}{E_0}$$

式中：I_D 为本国通货膨胀率；I_F 为外国通货膨胀率；E_0 为原来的汇率(直接标价法)；E_1 为预测汇率。

利用这个公式，就可以计算出预测汇率 E_1。实际上，当预期外国的通货膨胀率足够小时，上述公式可以简化为 $I_D - I_F = (E_1 - E_0)/E_0$，也就是即期汇率的预期变化等于本国和外国的通货膨胀率之差。例如，若 B 国的通货膨胀率比 A 国增长 5.67%，则在市场均衡的情况下 B 元对 A 元的即期汇率也会下跌 5.67%

许多经验研究表明，运用购买力平价关系预测近期的即期汇率通常效果并不理想(尤其是通货膨胀率差别很小的时候)。因此，购买力平价关系要求对通货膨胀率有一个长期的预测。但是，在跨国长期投资项目的评价中，须把外国货币计价的现金流量转换为本国货币计价的现金流量，购买力平价关系是迄今为止最好的方法。

2. 费雪效应

假设你选择存入一年定期、年利率 8% 的存款 100 元。这里的 8% 是银行实际支付给你的一年的利息率，称为名义利率。你也可以选择，用这 100 元在超市购买 100 瓶牛奶。进一步假设，下一年预期的国内通货膨胀率为 5%。也就是说，下一年你要用 105 元才能买到 100 瓶牛奶。一年后你账户的银行存款余额为 108 元。用这些现金，你预期可以购买的牛奶的数量从 100 瓶增加到约 102.9 瓶(108/1.05 ≈ 102.9，假设存在 0.1 瓶单位)，也就是增加了 2.9%。换句话说，在投资中你预期的实际回报率是 2.9%，而不是 8%。这个 2.9% 的比率就是实际利率。实际利率和名义利率的差别可以近似地从预期的通货膨胀率上反映出来。

投资者只有在补偿了通货膨胀率后才愿意借出他的资金。如上例中，实际利率是 2.9%，若预期的通货膨胀率为 0，则没有必要补偿，那么实际利率和名义利率都等于 2.9%。如果预期的通货膨胀率为 5%，则投资者必须获得 8.045%[1 × (1 + 2.9%) × (1 + 5%) − 1]的名义利率才可借出资金。具体的公式可以总结如下：

$$1 + 名义利率 = (1 + 实际利率) \times (1 + 预期的通货膨胀率)$$

若用 R 表示名义利率，用 r 表示实际利率，E_i 表示预期的通货膨胀率，则有：

$$1 + R = (1 + r) \times [1 + E_i]$$

将公式进一步简化为

$$R = r + r \times E_i$$

当预期的通货膨胀率 E_i 足够小，$r \times E_i$ 项可以忽略不计，则 $R = r + E_i$。在这种情况下，名义利率可以简单认为是实际利率与预期通货膨胀率之和，这种关系就被称为费雪效应。

上述理论的成立，还要注意其假设前提：在市场均衡的条件下，投资者能买到任何有息证券，其真实报酬率应在每一个地方都趋于相等，而名义利率将由于对通货膨胀率预期的不同而有差别。

3. 国际费雪效应

国际费雪效应的理论认为，即期汇率的变化应与两国的利率差别程度相同，方向相反。例如，A 国的名义利率比 B 国高出 5.76%，在市场均衡的条件下，A 国货币对 B 国货币的即期汇率也会下跌 5.76%。这种关系，可用如下公式表示：

$$\frac{R_D - R_F}{1 + R_F} = \frac{E_1 - E_0}{E_0}$$

式中：R_D 为名义汇率；R_F 为通货膨胀率；E_0 为原来的汇率(直接标价法)；E_1 为预测汇率。

上述公式简化得到：

$$R_D - R_F = E_1 - E_0$$

国际费雪效应理论把费雪效应同汇率变化结合起来。一般而言，一国利率水平的高低是反映资本供求状况的主要标志。若两国实际利率不同，资本将从低利率的国家流入高利率的国家，直到两国的利率相等。这样两国货币汇率变动最终同两国利率的差别变动一致。经验证据大多支持国际费雪效应，尤其是在两国之间开放资本市场的情况下。

7.3　国际融资管理

国际融资，是指跨国公司为实现其财务目标，通过一定的金融机构或金融市场，采取适当的融资方式在全球范围内筹措生产经营所需资金的一项管理活动。国际融资与国内融资的基本原理相同，但国际融资也有其自身的特点，如资金需求量大、融资来源多、融资方式灵活，但融资风险比较大，融资决策也较复杂。

7.3.1　国际融资的渠道与方式

1. 国际融资渠道

1) 跨国公司自有资金

跨国公司内部母公司与子公司之间、子公司与子公司之间可以相互提供资金。其主要形式有：

(1) 股权融资，指母公司向子公司投入股权资本。这有利于母公司加强对子公司的控制，但母公司也将面临较大的风险，如外汇风险、股利汇回风险，也可能存在国家风险。

(2) 内部贷款，指母公司利用自有资金向子公司贷款或子公司之间进行贷款。这种方式的优点在于支付的利息具有抵税功能，融资成本较低，避免了利润无法汇回的风险，但缺点是从国外借入资金面临的外汇风险较大。无论何种融资方式，内部贷款的资金来源主要有两个渠道：未分配利润和积累的折旧基金。

2) 来自本土国的资金

跨国公司可以从本土国的金融机构、政府组织、企业及社会公众那里获得资金，如从本土国的金融机构获得贷款，在本土国资本市场上发行债券或股票以及获得贸易信贷等。采用这种筹资方式将面临外汇风险。

3) 来自东道国的资金

跨国公司可以在东道国资本市场上发行股票或债券，也可以从当地金融机构借款，从而筹集到所需资金。从东道国筹资的优点是政治风险较低，债务利息可以抵税，外汇风险小，但这种方式融资难度较大，所获得的资金有限，也会削弱母公司对子公司的控制。

4) 来自国际金融机构或第三国的资金

跨国公司可以从各种国际金融机构如世界银行、亚洲开发银行等处取得贷款以满足资金需求，也可以从第三国的金融市场上获得资金。

2. 国际融资方式

国际融资方式，是指跨国公司在国际资本市场上取得资金的具体形式。同一渠道的资金往往由不同的方式取得，而同一筹资方式又往往用于不同的筹资渠道。国际筹资方式主要有国际股权融资和国际债权融资两种。

1) 国际股权融资

国际股权融资是跨国公司通过在国际资本市场上发行以外国货币为面值的股票向社会公众筹集资金的一种方式。国际股权融资的优点是：所筹集的资金属于永久性资本，无须偿还；股利分配多少视公司经营情况而定，不会成为公司的固定负担；发行国际股票能提高公司在国际上的知名度，有利于公司开拓国际市场，也方便公司日后在国际市场上举债。国际股权融资的缺点是：发行新股会稀释原有大股东的控制权；由于国际股东承担的风险较大，股东要求的报酬率也会较高，从而提高了融资成本；在各种融资方式中，国际股权融资的发行费用是最高的。

2) 国际债权融资

国际债权融资的具体方式包括国际债券融资、国际信贷融资和国际租赁融资。

(1) 国际债券融资。国际债券融资即跨国公司在本国以外的金融市场上发行以外国货币或欧洲货币为面值，由外国金融机构承销的一种融资方式。按照面值与发行债券所在国的关系，国际债券可以分为外国债券、欧洲债券和全球债券。

① 外国债券。外国债券是指一国筹资者在另一国家债券市场上发行的，以当地货币为面值的，由当地金融机构承销的债券。这种债券以债券市场所在国的货币为面值，由债券发行市场的承销商承销，如我国某筹资者在美国债券市场上发行的以美元为面值的债券就是外国债券。

② 欧洲债券。欧洲债券是指筹资者在某一外国债券市场上发行的不以债券市场所在国货币为面值的债券，它由一国或几个国家的金融机构组成的辛迪加承销团承销。这种债券以欧洲货币为面值。这里所指的"欧洲"并不是地理意义上的欧洲，除了覆盖欧洲各国际金融中心的欧洲债券市场外，还包括亚洲等地区各国际金融中心的亚洲货币市场。

如中国某企业在美国以外的国家发行的以美元为面值的债券就是欧洲债券。发行欧洲债券不需要受到其他国家金融法规的制约，资本成本较低，利息通常免征所得税和预扣税，而且欧洲债券是持有人债券，不记名发行。这些优点使得欧洲债券对投资者和筹资者都很有吸引力。

③ 全球债券。全球债券是随着国际金融市场全球化而出现的一种新型国际债券。它是指在全世界各个主要资本市场同时大量发行，并且可以在这些市场内部和市场之间自由交易的一种国际债券。全球债券的流动性高，并且发行者的信用级别较高且多为政府机构。

(2) 国际信贷融资。国际信贷融资是指跨国公司向世界范围内的国际金融机构或其他经济组织借贷的一种融资形式。它主要包括如下四种形式：国际银行信贷、政府贷款、国际金融组织信贷和国际贸易信贷。

(3) 国际租赁融资。国际租赁融资也是跨国公司的一种重要的融资方式。在租赁融资中，承租人为了获得资产的经济用途，承诺向出租人定期支付租金，这种做法类似于一种借款性质的债务融资方式。租赁融资最大的好处在于减轻了跨国公司总体税收负担，也便于企业内部资金的国际转移，亦可降低国家风险，若某子公司的东道国国家风险较高，该子公司可以从当地租入固定资产，避免其财产被国有化。

7.3.2　国际融资战略

由于通过不同的资金来源和采用不同的筹资方式融资会带来不同的资本成本和风险，因此跨国公司应从战略的高度来考虑融资决策，达到减少总体资本成本、降低融资风险和合理安排资本结构这三个具体目标。

1. 减少总体资本成本

国际资本市场可以细分为众多差异化市场，因为不同市场上的资金受到政府补贴、税收负担等因素的影响不同，其资本成本也不尽相同，即使在同一资本市场上，通过不同方式筹资的资本成本相差也很大。世界各资本市场的不完备性造成各种资金来源的实际成本之间存在各种差异，跨国公司可以充分利用自身内部组织一体化的优势和日益发达的信息技术捕捉这些机会，采用以下方式降低融资成本：通过选择适当的筹资方式、筹资币种和筹资地点来减少或避免税收负担，如母公司以贷款的形式向国外子公司提供资金，可以影响该子公司的产品成本从而减少该子公司的所得税税基；举债筹资时尽量选择预计会发生贬值的货币；选择避税港作为融资地点等。各国税法对企业的融资成本有不同的税务处理，如股利与利息、汇兑损失与汇兑收益等，税务上的不同处理会造成两种融资方式的税后实际成本相差很多，因此，企业需要在综合考察的基础上选择最优的融资方式。

2. 降低融资风险

任何一种重要的融资安排都会对跨国公司的总体风险水平产生影响。跨国公司需要考虑的主要风险因素包括：政治风险、外汇风险和利率变动风险。其具体包括：第一，跨国公司为避免国有化和战争等风险应考虑多使用东道国的资金，以子公司的盈利来归还贷款。第二，跨国公司视不同的情况采取不同的防范措施来降低外汇风险。例如，当借债和还款使用不同币种时，从理论上应采取"借软还硬"的办法，这样举债人会因货币贬值而减轻债务负担。此外，跨国公司可调整举债的比重结构，避免某一币种过于集中，以此抵销或减少外币的汇率风险。举债的币种结构尽可能与跨国公司出口收汇的币种结构一致。第三，调整负债的利率结构，减少利率波动的风险。为避免和减少利率波动风险，跨国公司可适当提高固定利率借款占全部借款的比重，并进行长、短期利率的搭配，以避免或抵销利率所带来的风险，还可利用日新月异的金融工具来全面降低融资风险。

3. 合理安排资本结构

跨国公司的国际性决定了其整体的最优资本结构。跨国公司应当同时考虑母公司的资本结构和子公司的资本结构，因为两者是相互影响的。资本结构理论研究到今天，对于何谓最优资本结构、一个企业内债务资本与权益资本的最佳比例是多少等问题仍然没有确切答案。这是因为各个国家和地区的政治、经济、法律、文化环境迥异，即使在同一国家或地区，各行业的差异性也会使各企业的资本结构差别很大。一些国外的实证研究表明，跨国公司的资本结构倾向于按照公司总部所处国家的情况而变化。总部设在英国及美国的跨国公司的债务比率，比总部设在其他工业发达国家的跨国公司要低。研究进一步表明，在跨国公司总体资本结构中，债务比率都高于本国的国内企业。跨国公司应以公司的总体资本结构最优为目标合理安排母、子公司的债务资本与权益资本的比例，而不能过分强求母子公司资本结构一致。

7.4　国际投资管理

跨国公司直接投资是跨国公司进行海外投资最常见的形式之一。跨国公司直接投资，是指投资者在国外设立并经营子公司，通过直接控制或参与其生产经营活动以获取利润的投资活动。跨国公司在对国际投资环境进行全面分析之后，会对海外投资项目的可行性进行分析，包括预期利润分析、预期现金流量分析、税收因素分析等。本节将重点讨论国际投资的现金流量分析。

7.4.1　国际投资现金流量分析

1. 海外子公司现金流量分析

在估计海外投资项目的成本和收益时，一方面，要充分考虑汇率、通货膨胀率的变化所引起的现金流量变化，以及东道国的干预等因素；另一方面，要注意海外投资发生的有关成本和收益的计价货币与母公司的计价货币不同。

计算跨国子公司投资项目的净现值有两种方法。一种方法是以子公司所在国的货币为基础估计现金流量，并按预测汇率换算成母公司所在国的货币，然后按母公司所在国货币的资本成本折现，从而计算出以母公司所在国货币表示的投资净现值。另一种方法是为了避免预测外汇汇率时出现的偏差，跨国公司完全以子公司所在国货币计算净现值，然后按即期汇率将计算结果换算成母公司所在国货币。如果外汇汇率预测相对准确，各国的利率、汇率和通货膨胀率保持相对稳定，那么这两种方法得出的结论应该一致。

【例 7-3】美国某跨国公司在华设立子公司，初始投资额为 100 万美元，中国子公司预计的现金净流量见表 7-1。

表 7-1 中国子公司预计现金净流量表

单位：万美元

年 份	20×1	20×2	20×3	20×4	20×5
现金净流量	220	265	290	320	355

母公司预测，实际折现率在美国为 10%，在中国为 12%；美国的预计通货膨胀率是 7%，中国的预计通货膨胀率为 4%。假定第一年年初即期汇率为 7.1 元/美元。根据表 7-1 的资料计算该投资项目的净现值。

首先，计算未来即期汇率(第一年年末)：

$$R_\text{f} = R_\text{s}\left(\frac{1+I_\text{c}}{1+I_\text{u}}\right)$$

式中：R_f 为未来的即期汇率；R_s 为目前的即期汇率；I_c 为预计的中国通货膨胀率；I_u 为预计的美国通货膨胀率。

$$第一年年末的即期汇率 = \frac{7.1\times(1+4\%)}{1+7\%} \approx 6.9元/美元$$

依次可计算出各年的即期汇率，根据即期汇率将以人民币表示的现金净流量换算成美元，其结果见表 7-2。

表 7-2 现金净流量预测表

年 份	20×1	20×2	20×3	20×4	20×5
现金净流量	220	265	290	320	355
预测的即期汇率/(元/美元$^{-1}$)	6.9	6.706 5	6.518 5	6.335 7	6.158 1
现金净流量/万美元	31.88	39.51	44.49	50.51	57.65

其次，将各年现金净流量按通货膨胀率调整后得到的折现率进行折现。有关指标计算如下：

$$1 + 名义折现率 = (1 + 实际折现率)\times(1 + 通货膨胀率)$$

$$名义折现率 = 实际折现率 + 通货膨胀率 + 实际折现率\times通货膨胀率$$

$$以美元计的名义折现率 = 10\% + 7\% + 10\%\times7\% = 17.7\%$$

$$以人民币计的名义折现率 = 11\% + 4\% + 11\%\times4\% = 15.44\%$$

最后，根据上述计算结果，计算该投资项目的净现值。采用第一种方法将以美元表示的各年现金净流量按名义折现率 17.7%进行折现，则投资净现值为

$$NPV = \frac{31.88}{1+17.7\%} + \frac{39.51}{(1+17.7\%)^2} + \frac{44.49}{(1+17.7\%)^3} + \frac{50.51}{(1+17.7\%)^4} + \frac{57.65}{(1+17.7\%)^5} - 100$$

$$\approx 34.733万美元$$

采用第二种方法将以人民币表示的现金净流量按名义折现率 15.44% 进行折现，得到：

$$投资现金流入现值 = \frac{220}{1+15.44\%} + \frac{265}{(1+15.44\%)^2} + \frac{290}{(1+15.44\%)^3} +$$

$$\frac{320}{(1+15.44\%)^4} + \frac{335}{(1+15.44\%)^5}$$

$$\approx 931.28万元$$

将人民币现值按 7.1 元/美元的即期汇率折算为美元，相关计算如下：

$$投入项目现金流入现值 = \frac{931.28}{7.1} \approx 131.17\ 万美元$$

$$投资项目净现值 = 131.17 - 100 = 31.17\ 万美元$$

两种计算方法的计算结果有差异但基本结论相同。

2. 国际投资项目的分析主体

在国际投资项目中，分析主体所站的角度不同，得出的评价结论可能差异很大。究竟是以母公司为投资分析主体，还是以子公司为分析主体？大多数研究者倾向于从母公司角度评价国外投资项目的可行性，因为母公司获得的现金净流量是公司支付股利、进行再投资以及扩大经营规模的基础。每一个投资项目，不论是在国外还是国内都应该为母公司带来更多的现金净流量，从而增加股东财富，这是大多数母公司进行对外投资的根本目的。但有些时候人们又必须以子公司为投资分析主体，例如，当东道国政府长期实行外汇限制措施时，国外投资项目的利润不能以股利、管理费或者还本付息的形式汇回母公司，而子公司不得不在当地被迫进行再投资，这时母公司就可能不会把滞留在东道国的利润看成公司价值的一部分。

3. 国际投资项目分析

价值最大化这一目标可以用于任何管理决策，因此净现值法仍可以用于国外投资项目决策。但是，必须把两个新的因素考虑进去：第一，项目未来的现金流量通常以外币表示，且汇率往往是波动的；第二，存在现金流量受东道国法规改变而变化的风险，即存在国家风险或政治风险。这些复杂性使得人们运用净现值法更加困难。我们将运用一个实例来说明如何在两个国际投资中进行选择。

【例 7-4】 总部位于美国的 X&W 公司想在海外的 A 国和 B 国建立两个分销中心。从地理位置看，这两个国家交通都很方便。A 国政治环境稳定，投资 A 国没有国家风险。而 B 国最近颁布了许多不利的条款，分析家认为该国的货币地位将下降，除了规定的公司税外，可能很快会对在该国的外国分支机构征收"外国税"。A 国的货币是 A 元，B 国的货币是 B 元。两个选择方案分别产生的项目现金流量的财务数据见表 7-3。

表 7-3　X&W 公司海外投资项目对比表

阶　段	选择投资 A 国的投资额/万 A 元	选择投资 B 国的投资额/万 B 元
初始年度	−2 500	−23 000
20×1	530	5 000
20×2	580	6 000
20×3	600	6 500
20×4	610	7 000
20×5	620	7 500
5 年后的残值	2 000	25 000

当前年度的通货膨胀率 A 国为 2%，B 国为 10%。当前的即期汇率 A 国为 1.8 A/USD，B 国为 10B/USD。初始投入包括购买和装修房屋的成本加上项目的启动成本，在 A 国为 2 500 万 A 元，在 B 国估计达到 23 000 万 B 元。整个项目的投资寿命期为 5 年。表 7-3 中的年现金流量为考虑当地和美国的全部税收后的净现金流量。预计 5 年后房屋出售的售价(税后)为 2 000 万 A 元或 25 000 万 B 元。

A 国的通货膨胀率在过去几年中十分稳定，大约每年 2%，预计在以后年度中保持不变。B 国的通货膨胀率近几年持续上升，现在是每年 10%，预计未来几年也保持在 10%左右。未来 5 年内，美国的通货膨胀率为每年 3%。

当前的即期汇率是 1.8A/USD 和 10B/USD。X&W 公司对美国的分销中心要求的回报率为 10%。另外，该公司要求所有项目的净现值(NPV)用美元表示。

① 选择投资 A 国时项目的 NPV。

要计算在 A 国投资时项目的 NPV，我们需要估计项目预期的现金流量和美元的资本成本。为了把以 A 元计价的现金流量转换成等值的美元，我们需要预测未来 5 年每年年末的即期汇率(USD/A)，我们可以用购买力平价(PPP)关系来预测未来的即期汇率。购买力平价关系把预期即期汇率的变化与预期本国和外国的通货膨胀率联系起来。美国未来的通货膨胀率预期为 3%，A 国为 2%，我们把这些数值代入平价关系的公式中，就可计算出 20×1 年到 20×5 年期间，每年年末的即期汇率。

第一年：$E = \dfrac{0.555\,5 \times (1+3\%)}{1+2\%} \approx 0.560\,9\ \text{USD/A}$

第二年：$E = \dfrac{0.560\,9 \times (1+3\%)}{1+2\%} \approx 0.566\,4\ \text{USD/A}$

20×1 年到 20×5 年的相关计算结果见表 7-4。

表 7-4　选择投资 A 国时项目的预期现金流量

项　目	初始年度	第 1 年年末	第 2 年年末	第 3 年年末	第 4 年年末	第 5 年年末
预期以 A 元计价的现金流量：						
年现金流量/万 A 元	-2 500	530	580	600	610	620
残值/万 A 元						2 000
总现金流量/万 A 元	-2 500	530	580	600	610	2 620
用 PPP 估计的 USD/A 即期汇率：						
A 国预期的通货膨胀率/%		2	2	2	2	2
美国预期的通货膨胀率/%		3	3	3	3	3
当前汇率/(美元·A 元$^{-1}$)	0.555 5					
预期未来即期汇率/(美元·A 元$^{-1}$)		0.560 9	0.566 4	0.572	0.577 6	0.583 2
预期以美元表示的现金流量：						
以美元表示的总现金流量/万美元	-1 390	297.3	328.5	343.2	352.3	1 528

由表 7-4 中的数据，我们可以计算出净现值(10%) = 600.2 万美元。在 A 国投资时项目的净现值是正的，说明 A 国的项目可以为 X&W 公司的投资者创造价值。但这个项目能否创造更多的价值？

② 选择投资 B 国时项目的 NPV。

选择在 B 国投资该项目的预期现金流量价值的分析过程与选择在 A 国投资的分析过程是一样的。即我们估计项目预期未来现金流量的美元价值，然后按项目的资本成本将这些现金流量折现。相关的计算结果见表 7-5。

表 7-5　选择投资 B 国时项目的预期现金流量

项　目	初始年度	第 1 年年末	第 2 年年末	第 3 年年末	第 4 年年末	第 5 年年末
预期以 B 元计价的现金流量：						
年现金流量/万 B 元	-23 000	5 000	6 000	6 500	7 000	7 500
残值/万 B 元						25 000
总现金流量/万 B 元	-23 000	5 000	6 000	6 500	7 000	32 500
用 PPP 估计的 USD/B 即期汇率：						
B 国预期的通货膨胀率/%		10	10	10	10	10
美国预期的通货膨胀率/%		3	3	3	3	3
当前汇率/(美元·B 元$^{-1}$)	0.1					
预期未来即期汇率/(美元·B 元$^{-1}$)		0.093 6	0.087 7	0.082	0.076 9	0.072
预期以美元表示的现金流量：						
以美元表示的总现金流量/万美元	-2 300	468	526.2	533.6	538.3	2 340

如表 7-5 所示，我们计算出净现值(10%) = 781.8 万美元。若我们假设 B 国没有国家风

险，也就没有必要因汇率风险来调整项目的资本成本。这样，忽略国家风险，B 国的项目资本成本为 10%，因此我们得到选择投资 B 国时项目的净现值为 781.8 万美元。但是，如前面提到的，B 国政府会对项目的收入征收"外国税"，所以该项目存在国家风险。考虑到这一风险，大多数公司通常会在国内资本成本上系统地增加一个风险补偿。我们不赞成这种处理，原因有三：第一，若我们假设股东通过相当多样化的资产组合已经消除了国家风险，我们就没有必要对此进行调整。第二，对这种特殊风险没有一个合理的方法来估计风险补偿的大小。例如，选择 B 国风险补偿是 1%、2% 还是 10%？没有人知道。第三，简单地在国内资本成本上加上一个任意的假设因素，可能会妨碍管理者全面估计项目所含的国家风险。

在此，我们建议对国家风险的任何调整都要通过预期项目的现金流量，而不是资本成本来进行。预期的现金流量仅仅是对未来产生的现金流量的一个加权平均值，权重是现金流量产生的可能性。因此，我们可通过调整现金流量来反映发生任何形式的国家风险的可能性。这样做就不需要调整资本成本。另外，预期现金流将迫使管理者对国家风险做全面的分析。

假设对 B 国的经济趋势做了详细分析后，我们估计该投资项目寿命期内的某段时间内有 20% 的可能性会发生金融危机。我们预测发生这样的金融危机时，该投资项目获得的收益要交"外国税"，这种税的税率一般为 25%。为了避免过于复杂的计算，我们也可以假设该投资项目每年的收益为"外国税"征收前项目经营现金流量的 90%。考虑国家风险的项目预期现金流量见表 7-6。

表 7-6 考虑国家风险的项目预期现金流量

项 目	初始年度	第 1 年年末	第 2 年年末	第 3 年年末	第 4 年年末	第 5 年年末
不征收"外国税"时的预期现金流量：						
以 B 元计价的现金流量/万 B 元	−23 000	5 000	6 000	6 500	7 000	7 500
以 B 元计价的清算现金流量/万 B 元						25 000
总现金流量/万 B 元	−23 000	5 000	6 000	6 500	7 000	32 500
征收"外国税"时的预期营业现金流量：						
项目收益/万 B 元		4 500	5 400	5 850	6 300	6 750
"外国税"/万 B 元		1 125	1 350	1 462.5	1 575	1 687.5
税后营业现金净流量/万 B 元	−23 000	3 875	4 650	5 037.5	5 425	5 812.5
预期现金流量/万 B 元						
对收益征税的可能性/%		20	20	20	20	20
年营业现金流量/万 B 元	−23 000	4 757	5 730	6 207.5	6 685	7 162.5
清算时的现金流量/万 B 元						25 000
总现金流量/万 B 元	−23 000	4 757	5 730	6 207.5	6 685	32 162.5
预期现金流量：						
预期的即期汇率/(美元·B 元$^{-1}$)	0.1	0.093 6	0.087 7	0.082 1	0.076 9	0.072
以美元计价的总现金流量/万 B 元	−2 300	447.1	502.4	509.6	514.1	2 315.7

由表 7-6 得出，净现值(10%) = 693 万美元。表 7-6 列示了项目的预期现金流量的详细计算，并考虑了项目可能被征收"外国税"的风险。表 7-6 中第一部分是不征"外国税"的现金流量。第二部分是考虑征收"外国税"时的净经营现金流量。第三部分是考虑了项目被征税的可能性时，项目预期现金流量的计算。如果在项目生命周期内被征税的可能性为 20%，则项目预期的现金流量等于征"外国税"的净现金流量乘以 20%加上没有税的现金流量乘以 80%。最后一部分是预期现金流量的美元价值(用未来预期汇率折算)。按 10%的资本成本对现金流量进行折现，得到项目的净现值(NPV)。

根据以上分析可知，考虑国家风险时项目的 NPV 要比没有国家风险时项目的 NPV 低88.8 万美元，价值减少了 11%。选择 B 国与选择 A 国的 NPV 之差为 92.8(693 − 600.2)万美元，所以应该选择在 B 国进行投资。那么分销中心是否应该建在 B 国呢？这取决于我们计算出该结果所用假设的可信度。

我们用了两个关键的假设，它们对结果有重大影响：第一是美元和两种外币之间保持的购买力平价关系，第二是对项目征收"外国税"的可能性是可靠的。唯一增强我们对项目分析可信度的方法是进行敏感性分析，它可以反映假设变化对项目 NPV 的影响。例如，我们可以通过使购买力平价按一定百分比变化，或预测项目所投资国家不同形式的税收方式等，计算项目 NPV 的变化。只有对项目的风险进行全面考虑才可以做出正确的决策。

在投资项目比较简单的情况下，敏感性分析可以集中在项目征收"外国税"的可能性对项目 NPV 变化的影响上。重复表 7-6 的计算，计算出从 0 到 50%的一系列可能性的项目净现值，结果见表 7-7。

表 7-7　项目承受不同"外国税"可能性时选择 B 国进行投资获得的净现值

项目承受"外国税"的可能性/%	0	10	20	30	40	50
项目 NPV/万美元	781.8	737.3	693	648.9	604.7	560.5

从表 7-7 可以看出，B 国项目的 NPV 与 A 国项目的 NPV 相等的可能性大约是 40%。这个可能性是预期可能性(20%)的 2 倍，这个差别足够大，因此，尽管存在许多国家风险，但仍可做出决策：该项目应选择 B 国而不是 A 国去投资。

7.4.2　国际投资现金流量分析应注意的问题

国际投资现金流量分析应注意以下问题：

(1) 严格区分海外子公司投资项目的现金流量与母公司的现金流量；
(2) 东道国政府的税收政策、外汇管制、利润汇回限制等对现金流量有较大影响；
(3) 汇率、利率、通货膨胀率的变化会直接影响投资项目的预期收益；
(4) 国际投资中，政治风险的高低会使国际投资项目的价值及其现金流量发生根本性变化；
(5) 国际投资项目的资本结构及其变化对现金流量也有影响。

本 章 小 结

本章主要介绍了跨国公司与国际金融市场，外汇、汇率与国际经营风险，国际融资管理和国际投资管理。跨国公司是指具有全球性经营动机和一体化的经营战略，在多个国家拥有从事生产经营活动的分支机构，并且拥有统一的全球性经营计划的大型企业。跨国公司需要做出涉及国际投资、国际融资等国际财务管理决策，实现公司价值的最大化。对于企业成为跨国公司的经典的经济理论有比较优势理论、不完全市场理论和产品周期理论。国际金融市场是从事各种国际金融业务活动的场所，包括在居民与非居民之间或非居民与非居民之间实现如外汇、资金、有价证券、黄金和金融期货等金融性商品在国际范围内有效配置的场所，包括外汇市场、国际信贷市场、国际资本市场、国际黄金市场、国际金融期货市场、国际金融衍生市场。

外汇是以外币表示的，用来进行国际结算的支付手段。外汇主要包括外国货币、外币有价证券和外币支付凭证。汇率是指一国货币兑换成另一国货币的兑换价。不同国家和地区的货币具有不同的购买力，外汇汇率代表了不同币种购买力之间的比率。国际经营风险包括折算风险、经济风险和政治风险。外汇风险管理主要有利用远期合约、期货合约、货币市场以及期权套期保值。

国际融资是指跨国公司为实现其财务目标，通过一定的金融机构或金融市场，采取适当的融资方式在全球范围内筹措生产经营所需资金的一项管理活动。国际融资的渠道有跨国公司自有资金、来自本土国的资金、来自东道国的资金、来自国际金融机构或第三国的资金。国际融资方式有国际股权融资和国际债权融资(国际债券融资、国际信贷融资和国际租赁融资)。

跨国公司直接投资是跨国公司进行海外投资最常见的形式之一。跨国公司直接投资，是指投资者在国外设立并经营子公司，通过直接控制或参与其生产经营活动以获取利润的投资活动。跨国公司在对国际投资环境进行全面分析之后，会对海外投资项目的可行性进行分析，包括预期利润分析、预期现金流量分析、税收因素分析等。

思考与练习

1. 国际金融市场与国际财务管理的关系是什么？
2. 国际经营的主要风险有哪些？
3. 请说明汇率、通货膨胀率和利率的相互关系。
4. 国际费雪效应的理论含义是什么？
5. 掌握国际融资的渠道和方式有哪些？
6. 国际融资的战略目标是什么？
7. 国际投资现金流量分析应注意哪些问题？

第八章 公司财务能力分析

学习目标

(1) 熟悉公司战略分析；
(2) 了解偿债能力、营运能力、盈利能力和增长能力的内涵；
(3) 掌握偿债能力、营运能力、盈利能力和增长能力指标的计算及分析；
(4) 能够利用相关指标分析企业的偿债能力、营运能力、盈利能力和增长能力。

案例导读

比亚迪公司财务能力分析

1. 行业分析

2022年，中国汽车行业面临诸多困难挑战，芯片结构性短缺、原材料价格居高不下，汽车供给端节奏放缓，汽车消费需求亦受到压制。政府出台系列稳增长、促消费政策，以消费补贴、购置税减半等多种方式刺激汽车消费；汽车行业共同努力，应对供应链紧张，保证汽车生产和交付。根据中国汽车工业协会的数据，2022年中国汽车产销量分别为2 702.1万辆和2 686.4万辆，同比增长3.4%和2.1%。其中，新能源汽车持续爆发式增长，2022年中国新能源汽车产销量分别为705.8万辆和688.7万辆，同比分别增长达96.9%和93.4%，产销量连续八年位居全球第一。

2. 财务分析

1) 收入与成本

比亚迪公司2022年营业收入为42 400 000万元，与2021年的21 600 000万元相比大幅增长，增长了96.3%。2022年净利润为1 771 310.4万元，与2021年的396 726.6万元相比成倍增长，增长了3.46倍。

2022年其营业成本为35 200 000万元，与2021年的18 800 000万元相比大幅增长，增长了87.23%。2022年其销售费用为1 506 067.6万元，与2021年的608 167.8万元相比成倍增长，增长了1.48倍。2022年其管理费用为1 000 737万元，与2021年的571 019.3

万元相比大幅增长，增长了 75.25%。2022 年其财务费用为负 161 795.7 万元，与 2021 年的 178 692.7 万元相比，下降明显。

2022 年其新创造的可动用资金总额为 1 771 310.4 万元。

2) 资产与负债

比亚迪公司 2022 年总资产为 49 400 000 万元，与 2021 年的 29 600 000 万元相比大幅增长，增长了 66.89%。2022 年其流动资产为 24 100 000 万元，与 2021 年的 16 600 000 万元相比大幅增长，增长了 45.18%。

2022 年其负债总额为 37 200 000 万元，与 2021 年的 19 200 000 万元相比大幅增长，增长了 93.75%。2022 年其所有者权益为 12 100 000 万元，与 2021 年的 10 400 000 万元相比大幅增长，增长了 16.35%。

3) 偿债能力分析

比亚迪公司 2022 年营运资本为负 9 200 000 万元，与 2021 年的负 500 000 万元相比，下降明显。

2022 年其流动比率为 0.723 7，与 2021 年的 0.970 8 相比有较大幅度下降，下降了 0.247 1。2022 年其速动比率为 0.461 5，与 2021 年的 0.705 3 相比有较大幅度下降，下降了 0.243 8。当期速动比率有较大下降，已经低于行业低线，公司偿债能力较差。

4) 盈利能力分析

比亚迪公司 2022 年营业利润率为 5.08%，与 2021 年的 2.14% 相比有较大幅度增长，增长了 2.94 个百分点。2022 年其资产报酬率为 4.93%，与 2021 年的 2.54% 相比有较大幅度增长，增长了 2.39 个百分点。2022 年其净资产收益率为 15.74%，与 2021 年的 4.71% 相比大幅增长，增长了 11.03 个百分点。

2022 年其资产净利率为 4.48%，与上期相比，有上升趋势。公司权益乘数为 408.26%，与上期相比，有上升趋势。

2022 年其盈亏平衡点为 15 359 792.74 万元，从营业安全水平来看，公司拥有较强的承受销售下降的能力，经营业务的安全水平较高。

5) 营运能力分析

比亚迪公司 2022 年资金周转天数为 340.035 4 天，2021 年为 419.919 天，2022 年比 2021 年缩短 79.883 6 天。2022 年其流动资金周转天数为 175.182 8 天，2021 年为 234.884 3 天，2022 年比 2021 年缩短 59.701 5 天。2022 年其营业周期为 95.81 天，2021 年为 138.01 天，2022 年比 2021 年缩短 42.2 天。

6) 现金流分析

比亚迪公司 2022 年经营现金净流量为 14 000 000 万元，投资现金净流量为 -12 068 935.7 万元，筹资现金净流量为负 1 948 868.3 万元。

(资料来源：比亚迪 2022 年年报)

本案例从行业分析和财务分析两个维度对比亚迪公司的整体财务能力进行了分析，案例中涉及多项财务指标。那么，应该如何认识这些财务比率，怎样利用财务比率来进行分析呢？本章将告诉你答案。

8.1　战　略　分　析

在对企业进行财务能力分析之前我们需要对企业采取的经营战略进行分析。战略分析的主要目的是通过对企业所处行业和所采取的竞争战略进行分析，明确企业的行业性质、行业地位和经营模式。

不同的行业，其盈利水平和发展前景不一样，同一行业不同的企业所采取的竞争战略也可能存在差别。如果不了解企业的行业性质和竞争战略，那么企业财务能力分析就会失去其经济意义。战略分析是财务分析的基础和导向，只有先通过企业的战略分析，研究者才能深入了解企业的经济状况和经济环境，并进行客观、正确的财务分析。

战略分析是企业财务能力分析的逻辑出发点和基本导向，就是通过对企业所处行业的定性分析，确定企业在行业中所处的地位和面临的竞争环境，进而掌握企业的经营风险和发展潜力，尤其是价值创造的能力。企业战略分析的关键在于企业如何根据行业分析的结果，正确选择企业的竞争策略，使企业保持持久的竞争优势和高水平的盈利能力。

企业战略分析一般包括行业分析和企业竞争战略分析。

8.1.1　行业分析

为了了解企业的背景信息，就需要进行行业分析。行业分析的目的在于分析行业的盈利水平与盈利能力，因为不同行业的盈利能力和发展前景是不同的。行业分析主要包括行业特征分析、行业生命周期分析和行业盈利能力分析。

1. 行业特征分析

行业特征是指某行业在某一时期的基本属性，它综合反映了该行业的基本状况和发展趋势。了解行业的基本特征是对企业有个全面认识、进行战略分析的前提。评价行业的特征，主要是评价行业的竞争特征、需求特征、技术特征、增长特征、盈利特征等 5 个方面，在实际应用中，行业特征分析可通过对不同的特征因素评分，并且按照重要性程度设定不同的权重，然后进行加总得到该行业的总加权数。总加权数越大，说明行业的特征越好，越具有优势。

2. 行业生命周期分析

行业生命周期主要由市场对该行业的产品的需求状况所决定。行业的生命周期一般分为 4 个阶段：投入期、成长期、成熟期和衰退期。

1) 投入期

投入期新行业刚刚兴起，投资于这个行业的企业可能不多，对于相关产品的研发投入费用比较高，市场需求未得到开拓，因此销售收入较低，财务可能会出现亏损。在此阶段企业的经营风险比较大。

2) 成长期

当新行业的产品经过宣传和试用，得到消费者认可和偏好后便开始进入成长阶段。由于市场有发展前景，厂商便会逐渐增加，产品向多样化、优质化发展。由于市场需求扩大，厂商间的竞争也日益加剧。为了保持利润空间，厂商趋于积极提高生产技术、降低成本来打败对手，以便在市场上取得一席之地。

3) 成熟期

在成熟期，行业的发展速度停在一个适中的水平。此阶段相对较长，经过激烈竞争，产生少数大厂商来垄断整个行业的市场。厂商的竞争手段不再是价格战，而是转向质量的提高、服务的完善等。在这个阶段，行业的产出增长缓慢，甚至会出现下降。

4) 衰退期

由于替代品或新产品的出现，就像手机替换掉"大哥大"、呼机等，原行业的市场需求开始下滑。当整个行业呈现出萧条的时候，厂商为了寻求利润最大化，会慢慢把资金转移到更有利可图的行业；当正常利润都无法实现的时候，该行业也便退出了市场。对于财务报表使用者而言，需要根据相关的信息，判断和分析企业所处行业的发展阶段。

3. 行业盈利能力分析

行业盈利能力反映的是行业赚取利润的能力。进行行业盈利能力分析的目的是对企业获得正常收益的稳定性和成长性进行分析。不同行业的盈利能力存在差异，这是进行财务分析时不能忽视的客观事实。

显而易见，根据同一行业的对比，我们可以明确行业环境及其基本面，判断出评估企业所处的行业发展阶段，并可预测未来的发展趋势。同时，若出现与行业数据极端偏离的情况时，我们需要重点关注是何原因引起，这将会得到重要的评估信息。

20 世纪 80 年代初，迈克尔·波特提出了分析行业平均盈利能力的"五大力量理论"，包括现有企业间的竞争、新进入企业的威胁、替代产品的威胁、客户的议价能力和供应商的议价能力。也就是说，这 5 个因素是行业盈利能力的重要影响因素，在对行业的获利能力进行分析时可以从这 5 个因素着手。

一般来说，现有企业间的竞争程度越高，行业的平均盈利能力就越低。新进入企业的威胁越大，就会导致行业中的竞争者越多，这样就提高了同行业的竞争程度，降低了行业的平均盈利能力。当行业存在许多替代产品或替代服务时，其竞争程度加剧，同样可能导致产品价格降低，这样就会削弱行业的平均盈利能力。如果供应商的议价能力强，则有可能提升原材料的价格，从而增加企业产品的成本，同样也会削弱行业的平均盈利能力。

8.1.2　企业竞争战略分析

企业的盈利能力不仅受所处行业的影响，还与企业所选的竞争战略有关。即使是传统的行业，也会有佼佼者。竞争战略分析的关键在于根据行业分析的结果判断企业选择竞争战略的合理性。只有选择了合理的竞争战略，才有可能使企业保持竞争能力和高盈利能力。一般而言，给企业带来竞争优势的战略有两种：成本优势战略和产品差异战略。

对于价格弹性比较大的商品，采取成本优势战略效果将是很显著的。通过规模经济的投资、低成本模式的设计、管理费用等的降低使产品能维持低价格销售，这就是竞争中的优势。通过对市场的细分来实施产品差异战略也是一种有效的竞争战略。面对不同收入水平、不同年龄层次、不同性别的顾客，对产品的服务、外观、广告等进行差异化，以满足顾客的不同需求。当然在选择竞争战略的背后，也有许多不容忽视的问题，如企业的组织结构是否与所选择的竞争战略相适应、企业的竞争优势是否可持续等问题。

无论是定价策略的不同还是产品差异战略，企业的竞争战略实际上是根据企业的发展战略所制订的，适应于企业不同的市场定位和营销手段。合适的竞争战略将会为企业创造竞争壁垒，确立稳固的市场地位。

竞争战略分析的方法较多，常用的包括波特分析法、SWOT 分析法、PEST 分析法等。

8.2 财务能力分析概述

公司的财务能力主要是根据财务比率分析进行评价的，财务比率分析是把财务报表数据结合公司财务报告中的其他有关信息，将同一报表内部或不同报表之间的相关项目联系起来，通过计算比率，反映它们之间的关系，用以评价公司财务状况和经营状况。按照财务比率的意义，本节着重从公司偿债能力、营运能力、盈利能力和增长能力几个方面进行分析。

财务报表中有大量数据，可以计算公司有关的财务比率。为便于说明财务比率的计算和分析方法，本章将以 GL 电器股份有限公司(以下简称"GL 电器")的财务报表数据为例。该公司 2023 年合并资产负债表、合并利润表、合并现金流量表和所有者权益变动表如表8-1～表8-4 所示。

表 8-1 合并资产负债表

编制单位：GL 电器股份有限公司　　　　2023 年 12 月 31 日　　　　单位：人民币元

资　产	期末余额	期初余额	负债和所有者权益	期末余额	期初余额
流动资产			流动负债		
货币资金	88 819 798 560.53	54 545 673 449.14	短期借款	6 276 660 136.03	3 578 773 331.48
结算备付金			向中央银行借款	8 000 000	17 457 000
拆出资金			吸收存款及同业存放	566 612 235.82	806 513 124.48
以公允价值计量且其变动计入当期损益的金融资产			拆入资金		
衍生金融资产		84 177 518.23	以公允价值计量且其变动计入当期损益的金融负债		

续表一

资　产	期末余额	期初余额	负债和所有者权益	期末余额	期初余额
应收票据	14 879 805 537.96	50 480 571 355.46	衍生金融负债	1 189 028 366.37	215 703 496.13
应收账款	2 879 212 111.93	2 661 347 628.69	应付票据	7 427 635 753.74	6 881 963 087.81
预付账款	847 929 149.71	1 591 487 357.94	应付账款	24 794 268 372.47	26 784 952 481.63
应收保费			预收账款	7 619 598 042.86	6 427 722 358.11
应收分保账款			卖出回购金融资产款		586 000 000
应收分包合同准备金			应付手续费及佣金		
应收利息	1 109 776 449.77	1 242 145 987.65	应付职工薪酬	1 697 282 605.51	1 550 498 218.68
应收股利			应交税费	2 977 801 480.55	8 308 872·126
其他应收款	254 016 643	380 598 514.05	应付利息	48 386 709.75	36 177 925.9
买入返售金融资产	1 000 000 000		应付股利	707 913.6	707 913.6
存货	9 473 942 712.51	8 599 098 095.97	其他应付款	2 607 601 936.21	2 546 377 288.42
划分为持有待售的资产			应付分保账款		
一年内到期的非流动资产			保险合同准备金		
其他流动资产	1 684 833 479.54	558 378 915.97	代理买卖证券款		
流动资产合计	120 949 314 644.95	120 143 478 823.1	代理承销证券款		
			划分为持有待售的负债		
非流动资产			一年内到期的非流动负债	2 403 745 557.37	2 061 490 867.16
发放贷款及垫款	7 872 619 001.46	6 441 703 560.98	其他流动负债	55 007 851 867.48	48 585 312 868.93
可供出售金融资产	2 704 719 177.56	2 150 098 933.13	流动负债合计	112 625 180 977.76	**108 388 522 088.33**
持有至到期投资			非流动负债		
长期应收款			长期借款		2 258 969 252.88
长期股权投资	95 459 187.55	92 213 098.24	应付债券		
投资性房地产	491 540 849.66	507 901 502.13	其中：优先股		
固定资产	15 431 813 077.2	14 939 279 647.88	永续债		

续表二

资　产	期末余额	期初余额	负债和所有者权益	期末余额	期初余额
在建工程	2 044 837 830.02	1 254 347 204.1	长期应付款		
工程物资			长期应付职工薪酬	127 518 492	106 716 248
固定资产清理	22 010 122.57	7 721 410.44	专项应付款		
生产性生物资产			预计负债		
油气资产			递延收益	134 571 708.03	88 443 188.87
无形资产	2 656 143 811.74	2 480 294 029.03	递延所得税负债	244 136 559.35	256 846 691.62
开发支出			其他非流动负债		
商誉			非流动负债合计	506 226 759.38	**2 710 975 381.37**
长期待摊费用	8 182 375.95	20 948 267.49	负债合计	113 131 407 737.14	**111 099 497 469.7**
递延所得税资产	8 764 376 136.27	8 192 962 003.36	所有者权益(或股东权益)		
其他非流动资产	657 000 100.13		实收资本(或股本)	6 015 730 878	3 007 865 439
非流动资产合计	40 748 701 670.11	36 087 469 656.78	其他权益工具		
			其中：优先股		
			永续债		
			资本公积	185 950 626.71	3 191 266 065.71
			减：库存股		
			其他综合收益	−124 928 526.03	17 746 707.54
			专项储备		
			盈余公积	3 499 671 556.59	2 958 088 564.43
			一般风险准备	207 764 066.72	136 364 066.72
			未分配利润	37 737 187 489.78	34 841 323 981.28
			归属于母公司所有者权益合计	47 521 376 091.77	**44 152 654 824.68**
			少数股东权益	1 045 232 486.15	978 796 185.5
			所有者权益合计	48 566 608 577.92	**45 131 451 010.18**
资产总计	161 698 016 315.06	156 230 948 479.88	负债和所有者权益总计	161 698 016 315.06	**156 230 948 479.88**

表 8-2　合 并 利 润 表

编制单位：GL 电器股份有限公司　　　　　　　　2023 年　　　　　　　　单位：人民币元

项　　目	本期金额	上期金额
一、营业总收入	**100 564 453 646.56**	**140 005 393 975.58**
其中：营业收入	97 745 137 194.16	137 750 358 395.7
利息收入	2 816 215 388.45	2 254 051 643.7
已赚保费		
手续费及佣金收入	3 101 063.95	983 936.18
二、营业总成本	**86 134 609 086.8**	**123 258 979 560.09**
其中：营业成本	66 017 353 745.09	88 022 127 671.48
利息支出	652 352 307.92	709 764 677.17
手续费及佣金收入	399 791.57	325 646.9
退保金		
赔付支出净额		
提取保险合同准备金净额		
保单红利支出		
分包费用		
营业税金及附加	751 894 199.95	1 362 424 851.83
销售费用	15 506 341 694.21	28 889 995 658.43
管理费用	5 048 746 635.48	4 818 168 572.74
财务费用	−1 928 797 250.18	−942 244 684.38
资产减值损失	86 317 962.76	398 417 165.92
加：公允价值变动收益(损失以"−"号填列)	−1 010 322 499.17	−1 381 551 572.38
投资收益(损失以"−"号填列)	96 654 919.95	724 364 437.91
其中：对联营企业和合营企业的投资收益	3 246 089.3	−3 600 894.26
三、营业利润(亏损以"−"号填列)	**13 516 176 980.54**	**16 089 227 281.02**
加：营业外收入	1 404 291 659.85	706 063 784.96
其中：非流动资产处置利得	1 039 883.33	1 460 226.01
减：营业外支出	11 049 178.36	42 860 380.2
其中：非流动资产处置损失	9 118 859.43	15 064 547.24

续表一

项　目	本期金额	上期金额
四、利润总额(亏损总额以"-"号填列)	**14 909 419 462.03**	**16 752 430 685.78**
减：所得税费用	2 285 686 841.81	2 499 475 873.82
五、净利润(亏损总额以"-"号填列)	**12 623 732 620.22**	**14 252 954 811.96**
归属于母公司所有者的净利润	12 532 442 817.66	14 155 167 229.36
少数股东权益	91 289 802.56	97 787 582.6
六、其他综合收益的税后净额	**-139 722 316.44**	**21 182 412.93**
归属母公司所有者的其他综合收益的税后净额	-142 675 233.57	17 074 194.77
(一) 以后不能重分类进损益的其他综合收益	-17 952 049	-12 874 330
1. 重新计量设定受益计划净负债或净资产的变动	-17 952 049	-12 874 330
2. 权益法下在被投资单位不能重分类进损益的其他综合收益中享有的份额		
(二) 以后将重分类进损益的其他综合收益	-124 723 184.57	29 948 524.77
1. 权益法下在被投资单位以后将重分类进损益的其他综合收益中享有的份额		
2. 可供出售金融资产公允价值变动损益	-230 765 894.39	55 729 416.52
3. 持有至到期投资重分类为可供出售金融资产损益		
4. 现金流量套期损益的有效部分	5 565 251.27	-55 416 168.02
5. 外币财务报表折算差额	100 477 458.55	29 635 276.27
6. 其他		
归属于少数股东的其他综合收益的税后净额	2 952 917.13	4 108 218.16
七、综合收益总额	**12 484 010 303.78**	**14 274 137 224.89**
归属于母公司所有者的综合收益总额	12 389 767 584.09	14 172 241 424.13
归属于少数股东的综合收益总额	94 242 719.69	101 895 800.76
八、每股收益		
(一) 基本每股收益	2.08	2.35
(二) 稀释每股收益	2.08	2.35

表 8-3　合并现金流量表

编制单位：GL 电器股份有限公司　　　　　　2023 年　　　　　　　　　单位：人民币元

项　　目	本期金额	上期金额
一、经营活动产生的现金流量		
销售商品、提供劳务收到的现金	110 918 320 884.07	85 534 451 083.44
客户存款和同业存放款项净增加额	−239 900 888.66	264 247 628.74
向中央银行借款净增加额	−9 457 000	−19 956 972.46
向其他金融机构拆入资金净增加额		−300 000 000
收到原保险合同保费取得的现金		
收到再保险业务现金净额		
保户储金及投资款净增加额		
处置交易性金融资产净增加额		
收取利息、手续费及佣金的现金	2 793 577 944.23	2 015 284 122.18
拆入资金净增加额		
回购业务资金净增加额	−586 000 000	400 000 000
收到的税费返还	1 237 326 987.91	511 576 234.7
收到其他与经营活动有关的现金	4 682 640 196.09	2 134 366 849.23
经营活动现金流入小计	**118 796 508 123.64**	**90 539 968 945.83**
购买商品、接受劳务支付的现金	42 541 255 260.22	38 816 900 119.58
客户贷款及垫款净增加额	2 465 300 268.21	1 919 045 339.22
存放中央银行和同业款项净增加额	−1 050 510 263.03	1 826 853 861
支付原保险合同赔付款项的现金		
支付利息、手续费及佣金的现金	662 494 322.97	702 953 382.13
支付保单红利的现金		
支付给职工以及为职工支付的现金	5 590 514 442.03	5 730 237 588.82
支付的各项税费	13 773 887 181.66	13 334 358 630.39
支付其他与经营活动有关的现金	10 435 185 083.9	9 270 454 516.96
经营活动现金流出小计	**74 418 126 295.96**	**71 600 803 438.1**
经营活动产生的现金流量净额	**44 378 381 827.68**	**18 939 165 507.73**
二、投资活动产生的现金流量		
收回投资收到的现金	950 000 000	660 000 000
取得投资收益收到的现金	84 643 291.79	44 701 122.29

续表

项　目	本期金额	上期金额
处置固定资产、无形资产和其他长期资产收回的现金净额	1 228 803.43	2 486 624
处置子公司及其他营业单位收到的现金净额		1 754 209.96
收到其他与投资活动有关的现金	143 435 881.62	661 065 307.05
投资活动现金流入小计	**1 179 307 976.84**	**1 370 007 263.3**
购建固定资产、无形资产和其他长期资产所支付的现金	2 884 513 074.71	1 777 308 642.2
投资支付的现金	2 832 663 335.62	2 330 499 916.33
质押贷款净增加额		
取得子公司及其他营业单位支付的现金净额		
支付其他与投资活动有关的现金	175 286 430.99	124 336 597.02
投资活动现金流出小计	**5 892 462 841.32**	**4 232 145 155.55**
投资活动产生的现金流量净额	**−4 713 154 864.48**	**−2 862 137 892.25**
三、筹资活动产生的现金流量		
吸收投资收到的现金		
其中：子公司吸收少数股东投资收到的现金		
取得借款收到的现金	10 096 926 967.84	10 376 654 773.19
发行债券收到的现金		
收到其他与筹资活动有关的现金	1 257 485 012.71	235 620 087.87
筹资活动现金流入小计	**11 354 411 980.55**	**10 612 274 861.06**
偿还债务支付的现金	9 512 423 538.15	7 800 683 084.65
分配股利、利润或偿付利息支付的现金	9 525 010 447.46	4 675 905 628.06
其中：子公司支付给少数股东的股利、利润		
支付其他与筹资活动有关的现金		
筹资活动现金流出小计	**19 037 433 985.61**	**12 476 588 712.71**
筹资活动产生的现金流量净额	**−7 683 022 005.06**	**−1 864 313 851.65**
四、汇率变动对现金及现金等价物的影响	1 876 340 773.99	34 574 285.65
五、现金及现金等价物净增加额	33 858 545 732.13	14 247 288 049.48
加：期初现金及现金等价物余额	43 506 471 113.09	29 259 183 063.61
六、期末现金及现金等价物余额	77 365 016 845.22	43 506 471 113.09

表8-4 所有者权益变动表

2023年

编制单位：GL电器股份有限公司

单位：人民币元

项目	本期金额												
	归属于母公司的股东权益											少数股东权益	所有者权益合计
	实收资本（或股本）	其他权益工具			资本公积	减：库存股	其他综合收益	专项储备	盈余公积	一般风险准备	未分配利润		
		优先股	永续债	其他									
一、上年年末余额	3 007 865 439				3 191 266 065.71		17 746 707.54		2 958 088 564.4	136 364 066.72	34 841 323 981.28	978 796 185.5	45 131 451 010.18
加：会计政策变更													
前期差错更正													
其他													
二、本年年初余额	3 007 865 439				3 191 266 065.71		17 746 707.54		2 958 088 564.4	136 364 066.72	34 841 323 981.28	978 796 185.5	45 131 451 010.18
三、本期增减变动金额（减少以"-"号填列）	3 007 865 439				-3 005 315 439		-142 675 233.57		541 582 992.16	71 400 000	2 895 863 508.5	66 436 300.65	3 435 157 567.74
（一）综合收益总额							-142 675 233.57				12 532 442 817.66	94 242 719.69	12 484 010 303.78
（二）股东投入和减少资本													
1.股东投入资本													
2.股份支付计入股东权益的金额													
3.其他													
（三）利润分配									541 582 992.16	71 400 000	-9 636 579 309.16	-27 806 419.04	
1.提取盈余公积									541 582 992.16		-541 582 992.16		

续表

项目	本期金额											
	归属于母公司的股东权益										少数股东权益	所有者权益合计
	实收资本(或股本)	其他权益工具			资本公积	减: 库存股	其他综合收益	专项储备	盈余公积	一般风险准备	未分配利润		
		优先股	永续债	其他									
2. 提取一般风险准备										71 400 000	-71 400 000		
3. 对所有者(或股东)的分配											-9 023 596 317	-27 806 419.04	
4. 其他													
(四) 股东权益内部结转	3 007 865 439				-3 007 865 439								
1. 资本公积转增资本(或股本)	3 007 865 439				-3 007 865 439								
2. 盈余公积转增资本(或股本)													
3. 盈余公积弥补亏损													
4. 一般风险准备弥补亏损													
5. 其他													
(五) 专项储备													
1. 本期提取													
2. 本期使用													
(六) 其他					2 550 000								2 550 000
四、本期期末余额	6 015 730 878				185 950 626.71		-124 928 526.03		3 499 671 556.59	207 764 066.72	37 737 187 489.78	1 045 232 486.15	48 566 608 577.92

8.3　偿债能力分析

　　偿债能力是指企业利用经济资源偿还债务本金和利息的能力，企业的偿债能力和企业的资金协调性、资本结构情况一起反映企业的财务状况，因此，对企业偿债能力的分析是企业财务分析最主要的内容之一，通过对偿债能力的分析能揭示企业风险的大小。

　　企业偿债能力是企业债权人最为关心的问题。作为企业的债权人，最担心的是借款本金能否收回以及能否得到利息回报。因为债权人无权与企业所有者分享利润，也无权参与企业的经营管理，他只能期望企业按期还本付息。除此之外，债权人所拥有的唯一权利是在企业不能清偿债务时要求其破产清算，用清算后的资产抵偿其债务。即使如此，债权人在企业破产时并不能得到企业偿还其全部债务的保证。因此，债权人分析企业偿债能力的目的，就是预测其债权资金能否按期收回，以便事先采取必要的措施。

　　正在准备借款给企业的人，在借款前也要分析企业的偿债能力。企业可承受的借款额是多少，企业在什么时间有能力归还多少借款，归还的保障程度有多大，这些问题借款人在确定借款数额之前都要进行分析。在确定借款期限、借款利息时，也要考虑企业的偿债能力。因此，分析企业偿债能力的另一个目的是确定借款数额、借款期限和借款利率。

　　企业的投资者也非常关注企业的偿债能力。如果企业无力清偿到期债务，企业的信誉必将受到影响，企业就会面临破产风险。企业破产时，投资者的利益是最难得到保护的。因为企业破产首先清偿的是企业的债务，最后才向投资者按出资比例分配剩余财产。即使无破产风险，若缺乏偿债能力，企业也难以得到借款或延期支付信用，必然会影响其正常的生产经营和经济效益，对上市公司来说则会影响其股票价格。因此，投资者要分析企业的偿债能力。

　　对企业经营者来说，企业保持一定的偿债能力非常重要。企业偿债能力不足直接表现为企业日常现金支付的困难，直接影响到企业的生产经营。经营者对企业偿债能力的分析，既有监督、控制偿债能力的目的，又有保证生产经营过程正常进行的目的。保持适当的偿债能力，不但是正常生产经营的需要，而且也是企业借款的需要。企业能否筹集到所需资金，取决于偿债能力。企业保持一定的偿债能力，也是企业应对突发事件的需要。

　　由此可见，企业的偿债能力不但决定企业的借款能力，而且影响企业的信誉，还会给企业的生产经营带来直接影响。当企业偿债能力较差时，投资者可通过资本市场抛售企业的股票或债券，银行也会提出提高贷款利率的要求以补偿其承担的偿债风险，供货商则可能拒绝企业延期付款。当企业偿债能力较强时，企业较易筹集到所需资金，较易得到利率、付款期等方面的优惠。因而，企业偿债能力影响着企业的投资能力、发展能力和盈利能力。企业经营管理者、投资者、债权人和客户都应进行偿债能力分析。

　　偿债能力分析包括短期偿债能力分析和长期偿债能力分析两个方面。

　　第一，短期偿债能力。

　　短期偿债能力，就是企业以流动资产偿还流动负债的能力，它反映企业偿付日常到期债务的能力。企业能否及时偿付到期的流动负债，是反映企业财务状况好坏的重要标志。一个企业短期偿债能力的大小，一方面要看流动资产的多少和质量状况；另一方面要看流动负债的多少和质量状况。流动资产的质量是指其"流动性"和"变现能力"。流动性是指流动资产转换为现金所需要的时间。资产转换为现金需要的时间越短，则资产流动性越强，越能很快地转换为可以偿债的现金。变现能力是指资产能否很容易地转换为现金。如果流动资产的预计出售价格与实际出售价格的差额很小，就认为变现能力越强。有价证券容易变现，存货则差一些，预付账款也属于流动资产，一般情况下却不易变现。

流动负债也有质量问题。一般来说，企业的所有债务都是要偿还的，但是并非所有债务都需要在到期时立即偿还，债务偿还的强制程度和紧迫性被视为负债的质量。例如，与企业有长期合作关系的供应商的负债，在企业财务困难时比较容易推迟或重新进行协商。供应商对企业有业务上的依赖，他们要权衡保持业务关系与强行索债的得失，其债务的质量不高。有些债务则是到期必须偿还的，如应交税费，因税务机关拥有强大的税收征管权力，属于质量高的债务。企业大部分债务在这两者之间。

企业流动资产的数量和质量超过流动负债的数量和质量的程度，就是企业的短期偿债能力。

第二，长期偿债能力。

长期偿债能力，是指企业偿还长期债务的保障程度。企业的长期债务是指偿还期在1年或者超过1年的一个营业周期以上的债务。长期偿债能力主要是为了确定该企业偿还债务本金和支付债务利息的能力。经营良好的企业不仅要有足够的资金作为随时偿付短期债务的能力，也应具有偿还长期债务本金及定期支付长期债务利息的能力。企业的长期偿债能力主要取决于企业的资本结构及企业的获利能力。

8.3.1　影响公司偿债能力的因素

1. 短期偿债能力的影响因素

1) 流动资产及其质量

流动资产包括货币资金、交易性金融资产、应收款项、存货及预付账款等。各项流动资产的变现速度不同，对企业的短期偿债能力会产生不同的影响，因此，短期偿债能力分析特别强调流动资产的变现能力分析。

(1) 货币资金。

货币资金具体存在形式包括库存现金、银行存款和其他货币资金。现金是指一般通行的货币，作为一般等价物，是被普遍接受的交换媒介，因而是流动性最强的流动资产。银行存款被包含在广义的现金概念中，具有与现金类似的变现能力。但是，当银行存款被限定期限或用途时，其变现能力会受到影响，应将这部分存款从流动资产中剔除出去。例如，企业接受银行贷款时存入账户的补偿性存款余额，其存款期限必须与贷款期限保持一致，这实际减少了贷款企业用于偿还债务的可用现金，应在报表附注中单独列示。还有部分现金或其等价物被指定用于偿还某笔特定债务，这部分现金及其等价物也要从流动资产中予以剔除，以真实地反映可以用于偿还一般短期债务的流动资产，便于正确评价企业的短期偿债能力。

（2）交易性金融资产。

交易性金融资产是变现能力较强的流动资产，在分析时应注意两个方面：一是注意股票和债券投资在企业金融资产投资中的分类，避免企业为指标计算的需要将同一批证券在某个年度列为交易性金融资产，而在另一个年度又将其列为其他金融资产；二是注意交易性金融资产的合理价值与变现能力的确定。

（3）应收款项。

应收款项主要包括应收票据、应收账款与其他应收款等。由于应收款项是未来预期收入，在一定程度上存在不确定性，这就不可避免地产生对应收款项价值的评估问题。在分析时应注意结合会计报表附注中的有关项目，如对应收款项的明细资料进行分析。同时还要注意以下几点：

① 应收款项需经一定时间才能收回。企业在收回款项时可能要付出一定代价，如催款费用、贷款的利息等。

② 应收款项最终有可能全部无法收回或部分无法收回。对此，有的企业根据企业会计准则等有关会计规范，事先对可能发生的坏账计提资产减值准备。在进行分析时必须考虑不同会计政策对企业应收账款、应收票据及其他应收款项目的影响。

③ 销售政策的影响，采用分期收款销售方式、采用现销方式与采用赊销方式的企业，在应收账款的余额上会有较大的不同。同时，这三种销售方式也分别预示着不同的收款风险。

④ 应收账款具有一定的"固定性"，即只要企业的信用政策不变，企业总会保持一定的应收账款的余额。也就是说，企业只可能通过调整信用政策来调整应收账款的余额，但事实上不能期待应收账款全部收回来用以偿还债务。

（4）存货。

不同企业存货的类别不同，所占流动资产的比重不同。对于制造业企业来说，存货的比重一般比较高，往往占流动资产的一半以上，因此在偿债能力分析中存货是重要因素。① 应关注存货的计价问题。根据企业会计准则等相关会计规范，采用实际成本核算方法计价的企业，可在"先进先出法""加权平均法"和"个别计价法"等方法中任意选择。各种不同的存货计价方法，会使存货数额产生较大的差异。② 应关注存货的日常管理。企业存货的质量，不仅取决于存货的账面数字，还与存货的日常管理密切相关，只有恰当保持各项存货的比例，材料存货才能为生产过程所消化，商品存货才能及时实现销售，从而使存货顺利变现。③ 存货的库存周期长短也影响着存货的流动性。库存周期过长的商品，往往会存在款式过时、元件老化、质量不稳定等问题，使存货的变现能力降低。良好的存货日常管理应始终维持各项存货的比例在合理的范围内波动，对库存时间超过正常需要的存货及残损、变质、滞销商品定期组织处理，及时盘活其占用的资金，同时存货总量与同行业的先进企业保持大致相当的水平。报表使用者在进行存货变现能力的分析时，对于存货管理不够规范的企业，要按谨慎性原则，将其账面存货数额进行相应调整，以便于确定企业的短期偿债能力。

（5）预付账款。

预付账款是指已经支付、尚未失去效用的债权。预付账款在流动资产中所占比例很小，因此对企业的短期偿债能力几乎没有什么影响。由于预付账款已经支付，除了一些极特殊的情况如供货商未能按约提供货物等，将来只能取得存货不会导致现金流入，因此预付账款的变现能力较差。

2) 流动负债及其质量

流动负债是指在 1 年或超过 1 年的一个营业周期内偿还的、主要为交易目的而持有的债务。其主要项目有：短期借款、交易性金融负债、应付款项、应付职工薪酬、应交税费等。在分析时应注意以下问题：

(1) 与担保有关的或有负债，没有被列入报表。但是，如果它的数额较大，并且很有可能发生，就应将其列入需要偿还的债务。

(2) 经营租赁合同中的未来付款承诺，没有被列入报表。但是如果金额比较大，并且是不可撤销的合同，就应将未来最低租金支付额纳入需要偿还的债务。

(3) 建造或购买长期资产合同中的阶段性付款等，也是一种承诺，应当列入需要偿还的债务。

(4) 由于流动负债数据都来自账面资料，当低估流动负债的账面价值时，就会高估营运资本。反之，如果高估流动负债的账面价值，就会低估营运资本。

3) 流动资产与流动负债的对比关系

流动负债与流动资产存在紧密的内在联系，流动负债是企业最重要的短期资金来源，同样，流动负债以流动资产作为求偿对象，也最为合适。从短期偿债能力的定义可以看出，短期偿债能力的影响因素有很多，但以流动资产与流动负债的对比关系为基础。因此，流动资产与流动负债的对比可以反映短期偿债能力。流动资产和流动负债的对比有两种方法：一种是差额比较，两者相减的差额称为营运资本；另一种是比率比较，两者相除的比率称为流动比率，然后再考虑流动资产项目的变现能力情况，辅之速动比率、现金比率等反映企业短期偿债能力的指标。

4) 影响短期偿债能力的表外因素

上述项目都是从会计报表资料中取得的，还有一些会计报表资料没有反映出来的因素，也会影响企业短期偿债能力。

(1) 尚未使用的银行贷款指标。已取得银行同意，企业尚未办理贷款手续的贷款限额，可以随时增加企业的现金，提高支付能力，因而，可动用的银行贷款指标是企业流动性的潜在积极因素，它一般在报表附注中说明。

(2) 准备很快变现的长期资产。由于某些原因，企业可能有一些长期资产将迅速出售转变为现金，这将增加企业的流动性，但报表使用者对这种增加短期偿债能力的因素，必须特别谨慎。这是因为，一方面，长期资产是企业营运中的资产，企业必须根据其近期和长期利益的辩证关系，慎重决定是否出售长期资产；另一方面，闲置资产可能不易在短期内变现。所以，报表分析者必须谨慎确定企业是确实有立即可以变现的长期资产，还是只有某些长期投资项目，由于投资本身的性质，可能例外。

(3) 偿债能力的声誉。具有良好的长期债务关系和良好的偿债能力声誉的企业，在出现短期偿债困难时，通常有能力通过取得条件较为宽松的新贷款、发行债券或股票等方式筹集资金，从而可以在适当期限内，大大缓解其流动性问题，解决暂时的资金短缺，迅速提高短期偿债能力。这种增加企业变现能力的因素，取决于企业自身的信用、声誉和当时的筹资环境等因素。

上述三项均是增强变现能力的因素，而企业可能存在未在财务报表中反映，可能降低流动资产实际变现能力的一些或有负债。按照我国《企业会计准则》的要求，或有负债并不作为企业负债项目登记入账，也不在财务报表中反映，只作为报表附注予以说明。企业可能有未作记录的大额的其他或有负债，如售出产品后可能发生的质量事故赔偿、未决税款争议可能出现的不利后果、经济纠纷可能败诉引起的经济赔偿等。这些或有负债都没有在财务报表中反映，而其一旦成为事实上的负债，将会加大企业的偿债负担。因而未记录于报表上的或有负债应在报表附注或说明中尽量加以揭示，外部报表使用者也应适当加以注意。

另外，企业担保责任引起的连带责任也是一个常见的或有负债。企业可能用它自己的部分资产为他人向金融机构借款、为他人履行有关的经济责任及他人购物等提供经济担保，这种担保在被担保人未能按约履行所负义务时，有可能成为担保企业的负债，增加偿债负担。

2. 长期偿债能力的影响因素

由于长期债务的期限长，企业的长期偿债能力主要取决于企业资产与负债的比例关系，取决于获利能力。

1) 资本结构

资本结构是指企业各种长期筹资来源的构成和比例关系。长期资本来源，主要是指权益筹资和长期债务。资本结构对企业长期偿债能力的影响主要体现在两个方面：一方面权益资本是承担长期债务的基础，另一方面资本结构影响企业的财务风险，进而影响企业的偿债能力。

2) 获利能力

长期偿债能力与获利能力密切相关。企业能否具有充足的现金流入用来偿还长期负债，在很大程度上取决于企业的获利能力。一般来说，企业的获利能力越强，长期偿债能力就越强；反之，则越弱。

3) 其他因素

(1) 长期资产。资产负债表中的长期资产主要包括固定资产、长期投资和无形资产。将长期资产作为偿还长期债务的资产保障时，长期资产的计价和摊销方法对长期偿债能力的影响最大。资产的市场价值最能反映资产偿债能力，报表中固定资产的价值是采用历史成本法计量的，不反映资产的市场价值，因而不能反映资产的偿债能力。

(2) 长期负债。在资产负债表中，属于长期负债的项目有长期借款、应付债券、长期应付款、专项应付款和其他长期负债。在分析长期偿债能力时，应特别注意以下问题：会计政策和会计方法的可选择性，使长期负债额产生差异；分析时应注意会计方法的影响，特别是中途变更会计方法对长期负债的影响；应将可转换债券从长期负债中扣除；有法定赎回要求的优先股也应该作为负债。

(3) 长期租赁。融资租赁是由租赁公司垫付资金，按承租人要求购买设备，承租人按合同规定支付租金，所购设备一般于合同期满转归承租人所有的一种租赁方式。因而企业通常将融资租赁视同购入固定资产，并把与该固定资产相关的债务作为企业负债反映在资产负债表中。不同于融资租赁，企业的经营租赁不在资产负债表上反映，只出现在报表附注和利润表的租金项目中。当企业经营租赁量比较大，期限比较长或具有经常性时，经营租赁实际上就构成了一种长期性筹资。因此，必须考虑这类经营租赁对企业债务结构的影响。

(4) 退休金计划。退休金是支付给退休人员用于保障退休后生活的货币额。退休金计划是一种企业与职工之间关于职工退休后退休金支付的协议。退休金计划应包括以下内容：参与该计划职工的资格和条件、计算给付退休金的方法、指定的退休金受托单位、定期向退休基金拨付的现金额、退休金的给付方式等。

(5) 或有事项。或有事项是指过去的交易或事项形成的一种状态，其结果须通过未来不确定事项的发生或不发生予以证实。或有事项分为或有资产和或有负债。或有资产是指过去交易或事项形成的潜在资产，其存在要通过未来不确定事项的发生或不发生予以证实。

产生或有资产会提高企业的偿债能力，而产生或有负债会降低企业的偿债能力。因此，在分析企业的财务报表时，必须充分注意有关或有项目的报表附注披露，以了解未在资产负债表上反映的或有项目，并在评价企业长期偿债能力时，考虑或有项目的潜在影响。同时，应关注资产负债表日后的或有事项。

(6) 承诺。承诺是企业对外发出的将要承担的某种经济责任和义务。企业为了经营的需要，常常要做出某些承诺，这种承诺有时会大量地增加该企业的潜在负债或承诺义务，却没有通过资产负债表反映出来。因此，在进行企业长期偿债能力分析时，报表分析者应根据报表附注及其他有关资料等，判断承诺变成真实负债的可能性，判断承诺责任带来的潜在长期负债，并做相应处理。

(7) 金融工具。金融工具是指引起一方获得金融资产并引起另一方承担金融负债或享有所有者权益的契约。与偿债能力有关的金融工具主要是债券和金融衍生工具。

金融工具对企业偿债能力的影响主要体现在两方面：一是金融工具的公允价值与账面价值发生重大差异，但并没有在财务报表中或报表附注中揭示；二是未能对金融工具的风险程度恰当披露。报表使用者在分析企业的长期偿债能力时，要注意结合具有资产负债表表外风险的金融工具记录，并分析信贷风险集中的信用项目和金融工具项目，综合起来对企业偿债能力做出判断。

8.3.2　公司短期偿债能力分析

偿债能力的衡量方法有两种：一种是比较可供偿债资产与债务的存量，资产存量超过债务存量较多，则认为偿债能力较强；另一种是比较经营活动现金流量和偿债所需现金，如果产生的现金超过需要的现金较多，则认为偿债能力较强。

1. 可偿债资产与短期债务的存量比较

可偿债资产的存量，是指资产负债表中列示的流动资产年末余额。短期债务的存量，是指资产负债表中列示的流动负债年末余额。流动资产将在 1 年或 1 个营业周期内消耗或转变为现金，流动负债将在 1 年或 1 个营业周期内偿还，因此，两者的比较可以反映短期偿债能力。

流动资产与流动负债的比较有两种方法：一种是差额比较，两者相减的差额称为营运资本；另一种是比率比较，两者相除的比率称为短期债务的存量比率。

1) 营运资本

营运资本是指流动资产超过流动负债的部分。其计算公式如下：

$$营运资本 = 流动资产 - 流动负债$$

根据 GL 电器的财务报表数据：

$$本年营运资本 = 12\,094\,931 - 11\,262\,518 = 832\,413\ 万元$$
$$上年营运资本 = 12\,014\,348 - 10\,838\,852 = 1\,175\,496\ 万元$$

计算营运资本使用的"流动资产"和"流动负债"，通常可以直接取自资产负债表。正是为了便于计算营运资本和分析流动性，资产负债表项目才区分为流动项目和非流动项目，并且按流动性强弱排序。

如果流动资产与流动负债相等，并不足以保证短期偿债能力没有问题，因为债务的到期与流动资产的现金生成，不可能同步同量；而且，为维持经营，企业不可能清算全部流动资产来偿还流动负债，而是必须维持最低水平的现金、存货、应收账款等。

因此，企业必须保持流动资产大于流动负债，即保有一定数额的营运资本作为安全边际，以防止流动负债"穿透"流动资产。GL 电器现存 11 262 518 万元流动负债的具体到期时间不易判断，现存 12 094 931 万元流动资产生成现金的金额和时间也不好预测。营运资本 832 413 万元是流动负债"穿透"流动资产的"缓冲垫"。因此，营运资本越多，流动负债偿还越有保障，短期偿债能力越强。营运资本之所以能够成为流动负债的"缓冲垫"，是因为它是长期资本用于流动资产的部分，不需要在 1 年内偿还。

$$
\begin{aligned}
营运资本 &= 流动资产 - 流动负债 \\
&= (总资产 - 非流动资产) - (总资产 - 股东权益 - 非流动负债) \\
&= (股东权益 + 非流动负债) - 非流动资产 \\
&= 长期资本 - 长期资产
\end{aligned}
$$

根据 GL 电器的财务报表数据：

$$
\begin{aligned}
本年营运资本 &= (4\,856\,661 + 50\,623) - 4\,074\,870 \\
&= 4\,907\,284 - 4\,074\,870 \\
&= 832\,414^{①}\ 万元
\end{aligned}
$$

$$
\begin{aligned}
上年营运资本 &= (4\,513\,145 + 271\,098) - 3\,608\,746 \\
&= 4\,784\,243 - 3\,608\,746 \\
&= 1\,175\,497\ 万元
\end{aligned}
$$

当流动资产大于流动负债时，营运资本为正数，表明长期资本的数额大于长期资产，超出部分被用于流动资产。营运资本的数额越大，财务状况越稳定，当全部流动资产未由任何流动负债提供资本来源，而全部由长期资本提供时，企业没有任何短期偿债压力。

当流动资产小于流动负债时，营运资本为负数，表明长期资本小于长期资产，有部分长期资产由流动负债提供资本来源。由于流动负债在 1 年或 1 个营业周期内需要偿还，而长期资产在 1 年或 1 个营业周期内不能变现，偿债所需现金不足，必须设法另外筹资，这

---

① 计算过程因四舍五入，可能会导致小数结果略有差异，不代表真正不同。余同，不另注。

意味着财务状况不稳定。

营运资本的比较分析，主要是与本企业上年数据比较。GL 电器本年(2023 年)和上年营运资本的比较数据如表 8-5 所示。

表 8-5　GL 电器营运资本比较表

单位：万元

项　目	本　年		上　年		增　长		
	金额	结构/%	金额	结构/%	金额	增长/%	结构/%
流动资产	12 094 931	100%	12 014 348	100%	80 583	0.67%	100%
流动负债	11 262 518	93.12%	10 838 852	90.22%	423 666	3.91%	525.75%
营运资本	832 413	6.88%	1 175 496	9.78%	−343 083	−29.19%	−425.75%
长期资产	4 074 870		3 608 747		466 123		
长期资本	4 907 284		4 784 243		123 041		

从表 8-5 的数据可知：

(1) 上年流动资产 12 014 348 万元，流动负债 10 838 852 万元，营运资本 1 175 496 万元。从相对数看，营运资本配置率(营运资本/流动资产)为 9.78%，流动负债提供流动资产所需资本的 90.22%，即 1 元流动资产需要偿还 0.9 元的流动负债。

(2) 本年流动资产 12 094 931 万元，流动负债 11 262 518 万元，营运资本 832 413 万元。从相对数看，营运资本配置比例为 6.88%，流动负债提供流动资产所需资本的 93.12%，即 1 元流动资产需要偿还 0.93 元的流动负债。偿债能力比去年略有下降。

(3) 本年与上年相比，流动资产增加 80 583 万元(增长 0.67%)。营运资本的绝对数降低，"缓冲垫变薄"主要是因为流动负债的增长速度超过流动资产的增长速度，使得债务的"穿透力"增加了，即偿债能力降低了。新增的流动资产 80 583 万元并没有保持上年配置的营运资本比例，全靠增加流动负债解决。可见，营运资本政策的改变使本年的短期偿债能力下降了。

营运资本是绝对数，不便于不同历史时期及不同企业之间的比较。例如，A 公司的营运资本为 200 万元(流动资产 300 万元，流动负债 100 万元)，B 公司的营运资本与 A 公司相同，也是 200 万元(流动资产 1 200 万元，流动负债 1 000 万元)。但是，它们的偿债能力显然不同。因此，在实务中很少直接使用营运资本作为偿债能力指标。营运资本的合理性主要通过短期债务的存量比率评价。

2) 短期债务的存量比率

短期债务的存量比率包括流动比率、速动比率和现金比率。

(1) 流动比率。

流动比率是流动资产与流动负债的比值。其计算公式如下：

$$流动比率 = \frac{流动资产}{流动负债}$$

根据 GL 电器的财务报表数据：

$$本年流动比率 = \frac{12\ 094\ 931}{11\ 262\ 518} \approx 1.07$$

$$上年流动比率 = \frac{12\ 014\ 348}{10\ 838\ 852} \approx 1.11$$

流动比率假设全部流动资产都可用于偿还流动负债，表明每 1 元流动负债有多少流动资产作为偿债保障。GL 电器的流动比率降低了 0.04(1.07 − 1.11)，即为每 1 元流动负债提供的流动资产保障减少了 0.04 元。

流动比率和营运资本配置比率反映的偿债能力相同，它们可以相互换算：

$$流动比率 = \frac{1}{1 - \dfrac{营运资本}{流动负债}}$$

根据 GL 电器的财务报表数据：

$$本年流动比率 = \frac{1}{1 - 7.39\%} \approx 1.08$$

$$上年流动比率 = \frac{1}{1 - 10.85\%} \approx 1.12$$

流动比率是相对数，排除了企业规模的影响，更适合同业比较以及本企业不同历史时期的比较。此外，由于流动比率计算简单，因而被广泛应用。

但是，需要提醒注意的是，不存在统一的、标准的流动比率数值。不同行业的流动比率，通常有明显差别。营业周期越短的行业，合理的流动比率越低。过去很长时期，人们认为生产型企业合理的最低流动比率是 2。这是因为流动资产中变现能力最差的存货金额约占流动资产总额的一半，剩下的流动性较好的流动资产至少要等于流动负债，才能保证企业最低的短期偿债能力。这种认识一直未能从理论上证明。最近几十年，企业的经营方式和金融环境发生了很大变化，流动比率有降低的趋势，许多成功企业的流动比率都低于 2。

如果流动比率比上年发生较大变动，或与行业平均值出现重大偏离，就应对构成流动比率的流动资产和流动负债各项目逐一进行分析，寻找形成差异的原因。为了考察流动资产的变现能力，有时还需要分析其周转率。

流动比率有局限性，在使用时应注意：流动比率假设全部流动资产都可以变为现金并用于偿债，全部流动负债都需要还清。实际上，有些流动资产的账面金额与变现金额有较大差异，如产成品等；经营性流动资产是企业持续经营所必需的，不能全部用于偿债；经营性应付项目可以滚动存续，无需动用现金全部结清。因此，流动比率是对短期偿债能力的粗略估计。

(2) 速动比率。

构成流动资产的各项目，流动性差别很大。其中，货币资金、交易性金融资产和各种应收款项等，可以在较短时间内变现，称为速动资产；另外的流动资产，包括存货、预付款项、1 年内到期的非流动资产及其他流动资产等，称为非速动资产。

非速动资产的变现金额和时间具有较大的不确定性：存货的变现速度比应收款项要慢得多；部分存货可能已毁损报废、尚未处理；存货估价有多种方法，可能与变现金额相距甚远；1 年内到期的非流动资产和其他流动资产的金额有偶然性，不代表正常的变现能力。

因此，将可偿债资产定义为速动资产，计算短期债务的存量比率更可信。

速动资产与流动负债的比值，称为速动比率。其计算公式如下：

$$速动比率 = \frac{速动资产}{流动负债}$$

根据 GL 电器的财务报表数据：

$$本年速动比率 = \frac{8\ 881\ 980 + 1\ 487\ 981 + 287\ 921 + 84\ 793 + 110\ 978 + 25\ 402 + 100\ 000}{11\ 262\ 518}$$

$$\approx 0.97$$

$$上年速动比率 = \frac{5\ 454\ 567 + 8\ 418 + 5\ 048\ 057 + 266\ 135 + 159\ 149 + 124\ 215 + 38\ 060}{10\ 838\ 852}$$

$$\approx 1.02$$

速动比率假设速动资产是可偿债资产，表明每 1 元流动负债有多少速动资产作为偿债保障。GL 电器的速动比率比上年下降了 0.05，说明为每 1 元流动负债提供的速动资产保障下降了 0.05 元。

与流动比率一样，不同行业的速动比率差别很大。例如，采用大量现金销售的商店，几乎没有应收款项，速动比率大大低于 1 很正常。相反，一些应收款项较多的企业，速动比率可能要大于 1。

影响速动比率可信性的重要因素是应收款项的变现能力。账面上的应收款项不一定都能变成现金，实际坏账可能比计提的准备要多；季节性的变化，可能使报表上的应收款项金额不能反映平均水平。这些情况，外部分析人员不易了解，而内部人员则有可能做出估计。

(3) 现金比率。

速动资产中，流动性最强、可直接用于偿债的资产称为现金资产。现金资产包括货币资金、交易性金融资产等。与其他速动资产不同，它们本身就是可以直接偿债的资产，而其他速动资产需要等待不确定的时间，才能转换为不确定金额的现金。

现金资产与流动负债的比值称为现金比率。其计算公式如下：

$$现金比率 = \frac{货币资金 + 交易性金融资产}{流动负债}$$

根据 GL 电器的财务报表数据：

$$本年现金比率 = \frac{8\ 881\ 980 + 0}{11\ 262\ 518} \approx 0.79$$

$$上年现金比率 = \frac{5\ 454\ 567 + 0}{10\ 838\ 852} \approx 0.5$$

现金比率假设现金资产是可偿债资产，表明 1 元流动负债有多少现金资产作为偿债保障。GL 电器的现金比率比上年上升 0.29，说明企业为每 1 元流动负债提供的现金保障上升了 0.29 元。

2. 经营活动现金流量净额与短期债务的比较

经营活动现金流量净额与流动负债的比值，称为现金流量比率。其计算公式如下：

$$现金流量比率 = \frac{经营活动现金流量净额}{流动负债}$$

根据 GL 电器的财务报表数据：

$$本年现金流量比率 = \frac{4\,437\,838}{11\,262\,518} \approx 0.39$$

$$上年现金流量比率 = \frac{1\,893\,916}{10\,838\,852} \approx 0.17$$

公式中的"经营活动现金流量净额"，通常使用现金流量表中的"经营活动产生的现金流量净额"。它代表企业创造现金的能力，已经扣除了经营活动自身所需的现金流出，是可以用来偿债的现金流量。

一般来讲，该比率中的流动负债采用期末数而非平均数，因为实际需要偿还的是期末金额，而非平均金额。

现金流量比率表明每 1 元流动负债的经营活动现金流量保障程度。该比率越高，偿债能力越强。用经营活动现金净额流量代替可偿债资产存量，与短期债务进行比较以反映偿债能力，更具说服力。一方面，因为它克服了可偿债资产未考虑未来变化及变现能力等问题；另一方面，实际用以支付债务的通常是现金，而不是其他可偿债资产。

8.3.3 公司长期偿债能力分析

衡量长期偿债能力的财务比率，也分为存量比率和流量比率两类。

1. 总债务存量比率

长期来看，所有债务都要偿还。因此，反映长期偿债能力的存量比率是总资产、总债务和股东权益之间的比例关系。常用比率包括资产负债率、产权比率和权益乘数以及长期资本负债率。

1) 资产负债率

资产负债率是总负债与总资产的百分比。其计算公式如下：

$$资产负债率 = \frac{总负债}{总资产} \times 100\%$$

根据 GL 电器的财务报表数据：

$$上年资产负债率 = \frac{11\,313\,140}{16\,169\,802} \times 100\% \approx 70\%$$

$$本年资产负债率 = \frac{11\,109\,950}{15\,623\,095} \times 100\% \approx 71\%$$

资产负债率反映总资产中有多大比例是通过负债取得的。它可以衡量企业清算时对债权人利益的保护程度。资产负债率越低，企业偿债越有保证，贷款越安全。资产负债率还代表企业的举债能力，一个企业的资产负债率越低，举债越容易。如果资产负债率高到一定程度，没有人愿意提供贷款了，则表明企业的举债能力已经用尽。

通常，资产在破产拍卖时的售价不到账面价值的 50%，因此资产负债率高于 50%，则债权人的利益就缺乏保障。各类资产变现能力有显著区别，房地产变现的价值损失小，专用设备则难以变现。不同企业的资产负债率不同，与其持有的资产类别有关。

2) 产权比率和权益乘数

产权比率和权益乘数是资产负债率的另外两种表现形式，它们和资产负债率的性质一样。其计算公式如下：

$$产权比率 = \frac{负债总额}{股东权益}$$

$$权益乘数 = \frac{总资产}{股东权益}$$

根据 GL 电器的财务报表数据：

$$本年产权比率 = \frac{11\,313\,141}{4\,856\,661} \approx 2.33$$

$$上年产权比率 = \frac{11\,109\,950}{4\,513\,145} \approx 2.46$$

$$本年权益乘数 = \frac{16\,169\,802}{4\,856\,661} \approx 3.33$$

$$上年权益乘数 = \frac{15\,623\,095}{4\,513\,145} \approx 3.46$$

产权比率表明 1 元股东权益借入的债务数额。权益乘数表明 1 元股东权益拥有的总资产。它们是两种常用的财务杠杆计量指标，可以反映特定情况下资产利润率和权益利润率之间的倍数关系。财务杠杆表明债务的多少，与偿债能力有关，并且可以表明权益净利率的风险，也与盈利能力有关。

3) 长期资本负债率

长期资本负债率是指非流动负债占长期资本的百分比。其计算公式如下：

$$长期资本负债率 = \frac{非流动负债}{非流动负债 + 股东权益} \times 100\%$$

$$本年长期资本负债率 = \frac{50\,622}{50\,622 + 4\,856\,661} \times 100\% \approx 1.03\%$$

$$上年长期资本负债率 = \frac{271\,098}{271\,098 + 4\,513\,145} \times 100\% \approx 5.67\%$$

长期资本负债率反映企业长期资本的结构。由于流动负债的数额经常变化，资本结构管理大多使用长期资本结构。

2. 总债务流量比率

1) 利息保障倍数

利息保障倍数是指息税前利润对利息费用的倍数。其计算公式如下：

$$利息保障倍数 = \frac{息税前利润}{利息费用} = \frac{净利润 + 利息费用 + 所得税费用}{利息费用}$$

根据 GL 电器的财务报表数据：

$$本年利息保障倍数 = \frac{1\,262\,373 - 192\,880 + 228\,569}{-192\,880} \approx -6.73$$

$$上年利息保障倍数 = \frac{1\,425\,295 - 94\,224 + 249\,948}{-94\,224} \approx -16.78$$

长期债务不需要每年还本，却需要每年付息。利息保障倍数表明每 1 元利息支付有多少倍的息税前利润作保障，它可以反映债务政策的风险大小。如果企业一直保持按时付息的信誉，则长期负债可以延续，举借新债也比较容易。利息保障倍数越大，利息支付越有保障。如果利息支付尚且缺乏保障，归还本金就更难指望。因此，利息保障倍数可以反映长期偿债能力。

如果利息保障倍数小于 1，表明自身产生的经营收益不能支持现有的债务规模。利息保障倍数等于 1 也很危险，因为息税前利润受经营风险的影响，很不稳定，而利息支付却是固定的。利息保障倍数越大，公司拥有的偿还利息的缓冲资金越多。

2) 现金流量利息保障倍数

现金流量利息保障倍数，是指经营活动现金流量净额对利息费用的倍数。其计算公式如下：

$$现金流量利息保障倍数 = \frac{经营活动现金流量净额}{利息费用}$$

根据 GL 电器的财务报表数据：

$$本年现金流量利息保障倍数 = \frac{4\,437\,838}{-192\,880} \approx -23.01$$

$$上年现金流量利息保障倍数 = \frac{1\,893\,917}{-94\,224} \approx -20.1$$

现金流量利息保障倍数是现金基础的利息保障倍数，表明每 1 元利息费用有多少倍的经营活动现金净流量净额作保障。它比利润基础的利息保障倍数更可靠，因为实际用以支付利息的是现金，而不是利润。

3) 现金流量债务比

现金流量债务比，是指经营活动现金流量净额与债务总额的比率。其计算公式如下：

$$经营活动现金流量净额债务比 = \frac{经营活动现金流量净额}{债务总额} \times 100\%$$

根据 GL 电器的财务报表数据：

$$本年经营活动现金流量净额债务比 = \frac{4\,437\,838}{11\,313\,141} \times 100\% \approx 39.23\%$$

$$上年经营活动现金流量净额债务比 = \frac{1\,893\,917}{11\,109\,950} \times 100\% \approx 17.05\%$$

一般来讲，该比率中的债务总额采用期末数而非平均数，因为实际需要偿还的是期末金额，而非平均金额。

该比率表明企业用经营活动现金流量净额偿付全部债务的能力。比率越高，偿还债务总额的能力越强。

8.4 营运能力分析

8.4.1 企业营运能力概述

1. 企业营运能力的概念

企业的营运能力简而言之，就是除去财务杠杆能力以外的企业运作能力，主要包括企业管理者对企业的固定资产和流动资产的运作能力。它反映了一个企业在没有进行新的股权或者债券筹资的前提下，对现有资产的使用效率。在数值计算上，它一般表示为

$$使用效率 = \frac{流量指标}{存量指标}$$

需要注意的是，在上式中"流量指标"是由"存量指标"衍生的。例如：

$$营运资本周转率 = \frac{销售净额}{平均营运资本}$$

式中，销售净额之所以会产生，是因为企业拥有一定的营运资本，而营运资本使用的效率要看其产生的销售净额的大小。

因此，所谓的"能力"就是对资产的利用效率，就是某项特定的资产存量所能创造的相关现金流量的大小，单位资产存量创造的流量越大，则对该资产的使用效率就越大，其相关的"能力"也就越大。

一般而言，企业的营运资产可以分为流动资产和固定资产两大类，因此企业的营运能力分析主要包括流动资产管理效果分析和固定资产管理效果分析，以及将两者包括在内的总资产周转情况的分析等内容。

2. 企业营运能力分析的目的

从企业的外部来讲，需要对企业的营运能力进行分析的，主要是现实的和潜在的权益投资人。这是因为，一个企业的营运能力在很大程度上反映了该企业资产的质量。从权益投资人的角度看，权益投资的目的是资产的保值和增值，因此，时刻关注其所投资资产的质量是很有必要的。从债权人的角度看，无论是利息的按时收取还是本金的及时回收都和债务企业的资产质量息息相关。一般而言，债务人偿付利息的能力来源于其获利的能力，而获利的能力又主要取决于其营运的能力，因此，对于债权人而言，一个企业的营运能力是其债权有效回收的重要保障。

从企业内部来讲，企业的管理层也需要对企业的营运能力进行分析。这是因为，一方面，营运能力的分析是建立在财务数据上的，而财务数据本身就是为反映一定生产经营过程而采集加工的，因此，对营运能力的分析就是对财务数据的再加工，是综合考察企业营运状况的有力工具。另一方面，企业的管理层也需要通过对营运能力的分析发现企业营运过程中的问题和不足。

8.4.2　流动资产管理效果分析

流动资产是指企业在现金、短期有价证券、应收账款和存货等短期资产上的投资。流动资产具有周转周期短、变现能力强等特点，因此，对流动资产的管理在整个企业经营管理中占有重要的地位。

1. 现金和有价证券分析

1) 现金和有价证券管理概述

现金(这里将有价证券视为现金的替代品，是"现金"的一部分)是可以立即投入流动的交换媒介。它的优点是具有普遍的可接受性，即可以用来直接和企业所需要的各种资源进行交换，进而满足企业经营的需要。而从保值、增值的角度看，现金的缺点非常明显，那就是和其他的流动资产、固定资产相比，现金本身不具有营运意义上的增值能力，有的只是以银行利率为报酬率的时间价值。这是因为，从价值流的角度看，企业的资金流应该是沿着"现金—各种其他资产—现金"的轨道循环流动的，而企业之所以需要持有一定的现金，并不是出于生产经营的直接需要(直接需要各种其他资产)，而是基于以下几点考虑。

首先是交易需要。企业在日常的经营过程中收取的现金和支付的现金一般不会正好相等，因此一般会留有一定的现金余额。

其次是意外需要。企业有时会发生意外的现金支出，比如罚款等。一般而言，企业现金流的不确定性越大，需要留存的应对意外需要的现金越多。

最后是投机需要。投机主要是指企业寻找不同寻常的投资和经营机会。例如，企业可能会突然发现低价购买原材料的机会，这时就需要手头有较多的现金来大量购进。

正是基于以上原因，企业一般需要留有一定的现金。但是，需要特别指出的是：企业留有现金和企业留有其他营运资产的原因是不同的。就现金而言，一方面，现金本身不具有营运意义上的资产增值性，因此不应该持有现金；另一方面，又由于以上原因，企业又不能完全不持有现金。因此，企业留有现金更多的是一种两难选择的权衡。而企业其他的营运资产本身具有增值性，因此也就不存在这样的两难选择问题。

留有现金和其他营运资产的原因不同导致对两者使用效率的评价方式不同。就营运资产而言，由于其具有营运意义上的增值性，因此，对它的使用效率就表现为该项资产对营运的贡献，也就是对收入、利润等流量指标的贡献。而现金则不同，由于持有它是一种"权衡"，因此，对于现金更多的是评价其持有量是否"恰到好处"。

2) 最佳现金持有量管理

(1) 成本分析模式。

成本分析模式是通过分析持有现金的成本来找到持有成本最低的现金持有量。一般而言，企业持有现金和如下三类成本相关。

一是机会成本。企业持有的现金越少，则机会成本越低。这是因为，现金本身不具备营运意义上的增值性，因此，所持有的现金可换成其他具有增值性的营运资产的机会也就被剥夺了。

二是管理成本。企业拥有一定的现金，就一定会发生相关的资产管理费用，如人员的工资支出和设备(如保险箱)的购置等。但是这类成本一般是固定成本，与现金持有量之间没有明显的比例关系。

三是短缺成本。当企业由于相关原因需要现金支付而又缺乏相应的现金持有量时所导致的成本称为短缺成本。

图 8-1 所示为现金持有量的成本分析模式图。

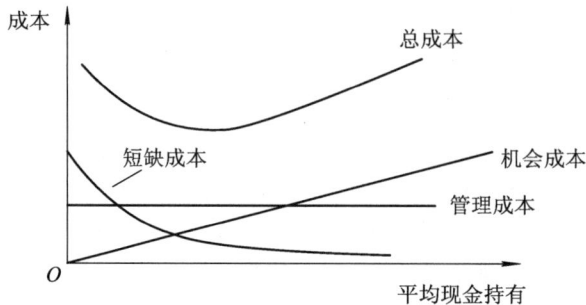

图 8-1　现金持有量的成本分析模式图

成本分析模式的基本思路就是要寻求持有现金的相关总成本最低时的现金余额。其中，持有成本中的管理成本是固定成本，与最佳现金持有量的决策无关，因此，管理成本不是最佳现金持有量的决策变量。运用成本分析模式确定现金最佳持有量时，只考虑持有现金产生的机会成本和短缺成本。

可以看到，现金持有量越大，机会成本就越高，而短缺成本或转换成本就越低；现金持有量越小，机会成本也越小，而短缺成本或转换成本就越高。其核心是机会成本，机会成本选择恰当与否，直接关系到方案的科学性与合理性。企业为了经营业务，需要有一定的现金，付出机会成本的代价是必要的，但现金拥有量过多，机会成本代价大幅度上升，就不合算了。现金持有量过多或过少对企业经营都不利。若现金持有量过少，则不能应付业务开支，由此造成的损失称为短缺现金成本。现金管理的目的就是要使持有现金的成本最低而效益最大。

(2) 存货模式。

从以上分析可以看到，企业对于现金的管理处于一个进退两难的环境。一方面，多持现金虽然能够降低短缺成本，但由于现金不能增值，因此就提高了资产的机会成本；另一方面，如果少持现金，则在降低机会成本的同时也提高了短缺成本。那么，企业是否能够寻找到一条折中的道路呢？

威廉·鲍曼提出的存货模型就是这么一条折中的道路。在该模型中，现金被视为"存货"，而与之相交换的是有价证券。选择有价证券作为交换对象主要是因为有价证券具有相对较高的流动性，它能比较顺利地和货币相交易，同时其本身又具有良好的增值性。(虽然也不是营运意义上的增值性，但和单纯的现金的时间价值相比而言还是更有投资的价值。)

因此，在存货模型中，企业手持一定的现金和有价证券，当企业需要的现金超过手中的现金的时候就卖出一定的有价证券以换回现金，当手中的现金过量的时候就购买一定的有价证券来降低机会成本。

在这个过程中会有一个问题产生：有价证券和货币的交换不是"免费"的，而是有一定的交易成本的，如果假设交易成本和交易的次数唯一相关，那么，企业在什么情况下应该将手中的现金(有价证券)换成有价证券(现金)？或者说，企业在一定期间内持有多少现金才是合理的？

存货模式的基本原理是权衡现金持有成本与转换有价证券的成本，使二者总成本最低时的现金余额为最佳现金持有量。利用存货模式计算现金最佳持有量时，对短缺成本不予考虑，只对机会成本和固定性转换成本加以考虑。企业现金持有总成本与机会成本、转换成本的关系如图8-2所示。

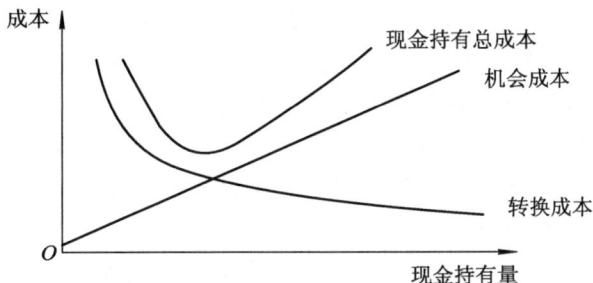

图 8-2　现金持有量的存货分析模式

假设 T 为一定时期内企业所需的货币总量，C 为合理的企业现金持有量，F 为每次交易的成本，K 为机会成本，则

$$交易成本 = \frac{TF}{C}$$

$$机会成本 = \frac{CK}{2}$$

当交易成本等于机会成本时，可求得最佳现金持有量 C，即

$$\frac{TF}{C} = \frac{CK}{2}$$

$$C = \sqrt{\frac{2TF}{K}}$$

综上所述，现金对于企业，就好比血液对于人体一样，是必不可少的一部分，对一个企业现金管理的分析，其重点并不在于企业对现金的利用率的高低，而在于判断企业是否合适地持有和利用现金。

(3) 随机模式。

随机模式是在现金需求难以预知的情况下进行的确定现金持有量的方法。企业可以根据历史经验和需求，预算出一个现金持有量的控制范围，制订出现金持有量的上限和下限。争取将企业现金持有量控制在这个范围之内。

随机模式的原理：制订一个现金控制区域，定出上限与下限，即现金持有量的最高点与最低点。当余额达到上限时将现金转换为有价证券，当余额降至下限时将有价证券换成现金。

这种对现金持有量的控制如图8-3所示。

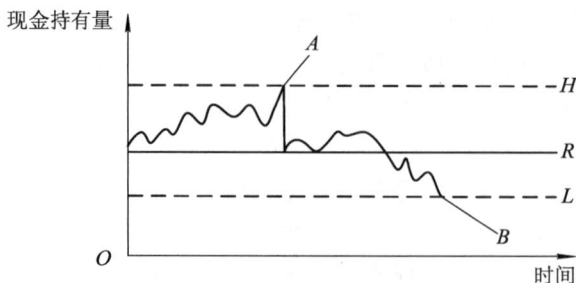

图 8-3　现金持有量的随机模式图

在图 8-3 中，虚线 H 为现金存量的上限，虚线 L 为现金存量的下限，实线 R 为最优现金返回线。从图 8-3 中可以看到，企业的现金存量是随机波动的，当其达到 A 点时，即达到现金控制的上限，企业应当用现金购买有价证券，使现金回落到最优现金返回线 R 的水平；当现金存量降至 B 点时，即达现金控制线的下限，企业应转让有价证券，换回现金，使其存量返回至现金返回线的水平。现金存量在上下线之内的波动属于控制范围的变化，是合理的，不予理会。

以上关系中的上限 H、现金返回线 R 可按下列公式计算：

$$R = \sqrt[3]{\frac{3b\delta^2}{4i}} + L$$

$$H = 3R - 2L$$

式中：b 为每次有价证券的固定转换成本；i 为有价证券的日利息率；δ 为现金流量的标准差，表示现金流量的波动程度。

2. 应收账款周转率分析

应收账款周转率(次数)是反映单位赊销额所能产生的现金流入的能力。它有三种表示形式：应收账款周转次数、应收账款周转天数和应收账款与收入比。其计算公式如下：

$$应收账款周转次数 = \frac{销售收入}{应收账款}$$

$$应收账款周转天数 = \frac{365}{\dfrac{销售收入}{应收账款}}$$

$$应收账款与收入比 = \frac{应收账款}{销售收入}$$

根据 GL 电器的财务报表数据可得

$$本年应收账款周转次数 = \frac{9\,774\,514}{(341\,611 + 86\,752)/2} \approx 45.64\ 次/年$$

$$本年应收账款周转天数 = \frac{365}{45.64} \approx 8\ 天/次$$

$$本年应收账款与收入比 = \frac{(341\,611 + 86\,752)/2}{9\,774\,514} \approx 2.19\%$$

应收账款周转次数，表明 1 年中应收账款周转的次数，或者说明每 1 元应收账款投资支持的销售收入。应收账款周转天数，也称为应收账款收现期，表明从销售开始到收回现金平均需要的天数。应收账款与收入比，则表明每 1 元销售收入需要的应收账款投资。

在计算和使用应收账款周转率时应注意以下问题。

(1) 销售收入的赊销比例问题。从理论上讲，应收账款是赊销引起的，其对应的流量是赊销额，而非全部销售收入。因此，计算时应使用赊销额而非销售收入。但是，外部分析人员无法取得赊销数据，只好直接使用销售收入进行计算，实际上相当于假设现销是收现时间等于零的应收账款。这样虽然在现销与赊销的比例保持稳定的情况下，不妨碍与上期数据的可比性，但高估了周转次数，而且在与其他企业比较时，不知道可比企业的赊销比例，也就无从知道应收账款周转率是否可比。

(2) 应收账款年末余额的可靠性问题。应收账款是特定时点的存量，容易受季节性、偶然性和人为因素的影响。在用应收账款周转率进行业绩评价时，可以使用年初和年末的平均数，或者使用多个时点的平均数，以减少这些因素的影响。

(3) 应收账款的减值准备问题。财务报表上列示的应收账款是已经计提坏账准备后的净额，而销售收入并未相应减少。其结果是，计提的坏账准备越多，应收账款周转次数越多、天数越少。这种周转次数增加、天数减少不是业绩改善的结果，反而说明应收账款管理欠佳。如果坏账准备的金额较大，就应进行调整，使用未计提坏账准备的应收账款进行计算。报表附注中披露的应收账款坏账准备信息，可作为调整的依据。

(4) 应收票据是否计入应收账款周转率。大部分应收票据是销售形成的，是应收账款的另一种形式，应将其纳入应收账款周转率的计算。

(5) 应收账款周转天数是否越少越好。应收账款是赊销引起的，如果赊销有可能比现销更有利，则周转天数就不是越少越好。收现时间的长短与企业的信用政策有关。例如，甲企业的应收账款周转天数是 18 天，信用期是 20 天；乙企业的应收账款周转天数是 15 天，信用期是 10 天。前者的收款业绩优于后者，尽管其周转天数较多。改变信用政策，通常会引起企业应收账款周转天数的变化。信用政策的评价涉及多种因素，不能仅仅考虑周转天数的缩短。

(6) 应收账款分析应与销售额分析、现金分析相联系。应收账款的起点是销售，终点是现金。正常情况是销售增加引起应收账款增加，现金存量和经营活动现金流量也会随之增加。如果一个企业的应收账款日益增加，而销售和现金日益减少，则可能是销售出了比较严重的问题，以致放宽信用政策，甚至随意发货，但现金收不回来。

总之，应当深入应收账款内部进行分析，并且要注意应收账款与其他问题的联系，才能正确评价应收账款周转率。

3. 存货周转率分析

存货主要由材料存货、在产品存货和产成品存货构成，这是流动资产重要的组成部分，通常能够达到流动资产总额的一半甚至更多。因此，对存货周转率的分析是整个营运能力分析不可缺少的一部分。存货周转率是销售收入与存货的比率，也有三种计量方式。其计算公式如下：

$$存货周转次数 = \frac{销售收入}{存货}$$

$$存货周转天数 = \frac{365}{\dfrac{销售收入}{存货}}$$

$$存货与收入比 = \frac{存货}{销售收入}$$

根据 GL 电器的财务报表数据可得

$$本年存货周转次数 = \frac{9\,774\,514}{(947\,394 + 859\,910)/2} \approx 10.82\ 次/年$$

$$本年存货周转天数 = \frac{365}{10.82} \approx 33.73\ 天/次$$

$$本年存货与收入比 = \frac{(947\,394 + 859\,910)/2}{9\,774\,514} \approx 9.24\%$$

存货周转次数，表明 1 年中存货周转的次数，或者说明每 1 元存货支持的销售收入。存货周转天数表明存货周转一次需要的时间，也就是存货转换成现金平均需要的时间。存货与收入比，表明每 1 元销售收入需要的存货投资。

在计算和使用存货周转率时应注意如下问题。

(1) 计算存货周转率时，使用"销售收入"还是"销售成本"作为周转额，要看分析的目的。在短期偿债能力分析中，为了评估资产的变现能力，需要计量存货转换为现金的金额和时间，应采用"销售收入"。在分解总资产周转率时，为系统分析各项资产的周转情况并识别主要的影响因素，应统一使用"销售收入"计算周转率。如果是为了评估存货管理的业绩，应当使用"销售成本"计算存货周转率，使其分子和分母保持口径一致。实际上，两种周转率的差额是毛利引起的，用哪一个计算都能达到分析目的。

根据 GL 电器的数据，两种计算方法可以进行如下转换：

$$本年存货(成本)周期次数 = \frac{销售收入}{存货} = 本年存货(收入)周转次数 \times 成本率$$

$$= \frac{销售收入}{存货} \times \frac{销售成本}{销售收入}$$

(2) 存货周转天数不是越少越好。存货过多会浪费资金，存货过少则不能满足流转需要，在特定的生产经营条件下存在一个最佳的存货水平，所以，存货不是越少越好。

(3) 应注意应付账款、存货和应收账款(或销售收入)之间的关系。一般来说，销售增加会拉动应收账款、存货、应付账款增加，不会引起周转率的明显变化。但是，当企业接受一个大订单时，通常要先增加存货，然后推动应付账款增加，最后才引起应收账款(销售收入)增加。因此，在该订单没有实现销售以前，先表现为存货等周转天数增加。这种周转天数增加，没有什么不好。与此相反，预见到销售会萎缩时，通常会先减少存货，进而引起存货周转天数等下降。这种周转天数下降，不是什么好事，并非资产管理的改善。因此，任何财务分析都是以认识经营活动的本质为目的的，不可根据数据的高低得出简单的结论。

（4）应关注构成存货的原材料、在产品、半成品、产成品和低值易耗品之间的比例关系。各类存货的明细资料以及存货重大变动的解释，应在报表附注中披露。正常情况下，它们之间存在某种比例关系。如果产成品大量增加，其他项目减少，则很可能是销售不畅，放慢了生产节奏。此时，总的存货金额可能并没有显著变动，甚至尚未引起存货周转率的显著变化。因此，在进行财务分析时既要重点关注变化大的项目，也不能完全忽视变化不大的项目，其内部可能隐藏着重要问题。

4. 流动资产周转率分析

流动资产周转率是销售收入与流动资产的比率，也有三种计量方式。其计算公式如下：

$$流动资产周转次数 = \frac{销售收入}{流动资产}$$

$$流动资产周转天数 = \frac{365}{\dfrac{销售收入}{流动资产}}$$

$$流动资产与收入比 = \frac{流动资产}{销售收入}$$

根据 GL 电器的财务报表数据可得

$$本年流动资产周转次数 = \frac{9\ 774\ 514}{(12\ 094\ 931+12\ 014\ 348)/2} \approx 0.81\ 次/年$$

$$本年流动资产周转天数 = \frac{365}{0.81} \approx 450.62\ 天/次$$

$$流动资产与收入比 = \frac{(12\ 094\ 931+12\ 014\ 348)/2}{9\ 774\ 514} \approx 123.33\%$$

流动资产周转次数，表明 1 年中流动资产周转的次数，或者说明每 1 元流动资产支持的销售收入。流动资产周转天数表明流动资产周转一次需要的时间，也就是流动资产转换成现金平均需要的时间。流动资产与收入比，表明每 1 元销售收入需要的流动资产投资。

通常，流动资产中应收账款和存货占绝大部分，因此它们的周转状况对流动资产周转具有决定性影响。

8.4.3　固定资产利用效果分析

固定资产是企业最重要的资产之一，对它的利用效果会直接影响整个企业经营的效果。在分析固定资产的利用效果的时候，一般使用固定资产产值率和固定资产收入率两个指标。

1. 固定资产产值率分析

固定资产是企业重要的生产资料，其利用的效率可以用其生产出的产品的产值来衡量。

将一定时期按不变价格计算的总产值与固定资产平均总值进行对比，就可以计算出固定资产产值率。其计算公式如下：

$$固定资产产值率 = \frac{总产值}{固定资产平均总值}$$

公式中的固定资产平均总值可以使用固定资产原值，也可以使用固定资产净值，应视具体情况而定。

当分析的内容和企业的规模有关的时候，一般使用固定资产原值，这是因为随着固定资产的折旧，其价值是不断下降的，但是，其生产能力却不会有大的变化。因此，当分析企业的生产规模的时候，宜使用固定资产原值来表征企业的生产能力。

当分析的内容和企业的价值有关的时候，一般使用固定资产净值，这时，固定资产产值率表示每 1 元钱固定资产所能生产的产品的价值。由于不同的行业对固定资产的依赖程度不同，在技术条件等方面存在差异，因此该指标跨行业的解释力较弱，一般用于同一行业内的比较分析。

2. 固定资产收入率分析

固定资产的产值虽然能够反映出公司对固定资产的利用效率，但这种效率是公司内部的效率，或者说是没有经过市场检验的效率。如果将市场检验这一约束条件一并考虑的话，那么应该将公司内部的"产值"改为经过市场检验的"营业收入"，其分析比率就是固定资产收入率。其计算公式为

$$固定资产收入率 = \frac{营业收入}{固定资产平均总值}$$

公式中的"固定资产平均总值"也可以分为固定资产原值和固定资产净值两种情况。在使用固定资产原值时，着重分析企业的生产规模和收入之间的联系；在使用固定资产净值时，着重分析企业的资本规模和收入之间的联系。

3. 固定资产比率分析的注意事项

从企业营运的角度看，分析固定资产时所用到的比率和分析流动资产时所用到的比率是不同的。

就流动资产而言，其营运过程有明确的逻辑联系。例如，我们在分析存货的时候用的指标是"营业成本"与"存货平均余额"之间的比，其中，"营业成本"与"存货"之间有明确的一一对应关系。然而固定资产则有所不同，其产出的流量和资产存量之间的关系相对较为间接。例如，固定资产产值率是"总产值"和"固定资产平均总值"之间的比，和分析流动资产时所用的比率不同的是，"总产值"和"固定资产"之间的联系不是一一对应的。换句话说，固定资产只是构成总产值的一个物质因素。在 1 元钱的存货中，除了固定资产的折旧转入外还有原材料等其他的物质构成。

这一点差异导致了两类比率的精确度不同(流动资产比率的精确度要大于固定资产比率的精确度)，而精确度的不同又导致了两类比率在解释企业营运状况能力上的差异。

当我们发现一个企业的存货周转率偏低的时候，如果忽略原材料存货和在产品存货的影响的话，几乎可以肯定地说，存货周转率偏低的直接原因是企业的销售部门业绩下滑。(当然，导致销售部门的业绩下滑的原因可能有很多。)

然而，当一个企业的固定资产产值率下降时，不容易做出直接的判断，这说明企业的某个营运部门或者程序出了问题。这是因为固定资产和总产值之间的联系更为曲折。为了找出原因，一般的方法是"让概念更清晰些"，将固定资产平均总值分解为"和生产直接相关的固定资产"和"其他固定资产"，于是固定资产产值率可以改写为

$$固定资产产值率 = \frac{总产值}{和生产直接相关的固定资产} \times \frac{和生产直接相关的固定资产}{固定资产平均总值}$$

$$= 生产设备使用率 \times 生产设备占有率$$

这样，当一个企业的固定资产产值率下降的时候，可能的原因有两个：一是工厂开工率不高，也就是生产设备使用率较低；二是资本使用效率较低，也就是生产设备占有率较低。这样对分析结果的解释方向可以更明确一些。

但必须指出的是，对于因精确度差而导致解释能力差的问题，采用指标分解的方法虽然有一定的效果，但并不能认为分解后的指标所产生的解释是"绝对正确"的。这是因为，当指标的内涵较丰富时，如固定资产总值其分解的路径并不是唯一的，从而导致分析结果具有非唯一性。例如，固定资产平均总值也可以分解为"A 分公司固定资产平均总值"和"B 分公司固定资产平均总值"，这样，分析结果就只和两个分公司对固定资产的使用率的差异有关了。

8.4.4　总资产营运能力分析

企业总资产营运能力主要指企业总资产的效率和效果。

1. 总资产周转率的计算和分析

总资产周转率是销售收入与总资产之间的比率。它有三种表示方式：总资产周转次数、总资产周转天数、总资产与收入比。

$$总资产周转次数 = \frac{销售收入}{总资产}$$

$$总资产周转天数 = \frac{365}{\dfrac{销售收入}{总资产}}$$

$$总资产与收入比 = \frac{总资产}{销售收入}$$

根据 GL 电器的财务报表数据：

$$本年总资产周转次数 = \frac{9\ 774\ 514}{(16\ 169\ 802 + 15\ 623\ 095)/2} \approx 0.61\ 次/年$$

$$本年总资产周转天数 = \frac{365}{0.61} \approx 598.36\ 天/次$$

$$本年总资产与收入比 = \frac{(16\ 169\ 802 + 15\ 623\ 095)/2}{9\ 774\ 514} \approx 162.63\%$$

总资产周转次数，表明 1 年中总资产周转的次数，或者说明每 1 元总资产支持的销售收入。总资产周转天数表明总资产周转一次需要的时间，也就是总资产转换成现金平均需要的时间。总资产与收入比，表明每 1 元销售收入需要的总资产投资。

总资产由各项资产组成，在销售收入既定的情况下，总资产周转率的驱动因素是各项资产。通过驱动因素分析，可以了解总资产周转率变动是由哪些资产项目引起的，以及什么是影响较大的因素，从而为进一步分析指出方向。

总资产周转率的驱动因素分析，通常使用"资产周转天数"或"资产与收入比"指标，不使用"资产周转次数"。因为各项资产周转次数之和不等于总资产周转次数，不便于分析各项目变动对总资产周转率的影响。

2. 总资产产值率的计算和分析

总资产产值率反映了企业总资产的使用效率，是企业总资产与总产值之间的对比关系。其公式如下：

$$总资产产值率 = \frac{总产值}{平均总资产}$$

该公式表明，总资产产值率越高，单位资产所创造的产品的产值就越高。之所以认为这是一个效率指标而非效益指标，是因为该指标只是反映了企业内部创造价值的能力，但这个能力并没有经过市场的检验。换句话说，该指标高只是证明了企业的单位资产能够生产足够多的产品，但不能证明这些产品能够为消费者所接受，如果最终消费者不能接受产品，那效率再高对企业来说也不会有相应的利益流入。因此，效率指标和生产能力挂钩，而效益指标还要和市场的选择挂钩。

另外值得注意的是，这里的总产值不但包括企业的存货，还包括半成品和其他在产品。当企业的总资产的规模在一定的时期内没有大幅变动的时候，其总资产可以认为是该段时间内企业的总产值。

该公式还能从另一个角度来看：

$$单位产值占用资金 = \frac{平均总资产}{总产值}$$

上式反映了企业创造每 1 元的产值，需要占用多少资产。该数值越小，企业的生产能力越强。

在具体分析时，可以将平均总资产分解为固定资产、流动资产等组成部分，然后利用连环替代法加以计算，则可以分析出各个不同的资产组成部分对企业总产值的贡献情况。

3. 总资产收入率的计算和分析

总资产收入率反映了资产的使用效益，是企业总资产和营业收入之间的比例关系。其计算公式如下：

$$总资产收入率 = \frac{营业收入}{平均总资产}$$

该指标反映了企业资产运营的整体能力，该指标越高，盈利能力越强。和总资产产值比率不同的是，总资产收入率不但表征了企业的生产能力，还涵盖了企业的销售能力，相对来说更全面地反映了企业的营运能力。

另外，总资产收入率和总资产产值率的关系如下：

$$总资产收入率 = \frac{总产值}{平均总资产} \times \frac{营业收入}{总产值}$$
$$= 总资产产值率 \times 产品销售率$$

8.4.5　其他分析指标

1. 营运资本周转率

营运资本周转率是销售收入与营运资本的比率，也有三种计量方式。其计算公式如下：

$$营运资本周转次数 = \frac{销售收入}{营运资本}$$

$$营运资本周转天数 = \frac{365}{\dfrac{销售收入}{营运资本}}$$

$$营运资本与收入比 = \frac{营运资本}{销售收入}$$

营运资本周转次数，表明 1 年中营运资本周转的次数，或者说明每 1 元营运资本支持的销售收入。营运资本周转天数表明营运资本周转一次需要的时间，也就是营运资本转换成现金需要的平均时间。营运资本与收入比，表明每 1 元销售收入需要的营运资本投资。

营运资本周转率是一个综合性的比率。严格意义上，仅有经营性资产和负债用于计算这一指标，即短期借款、交易性金融资产和超额现金等因不是经营活动必需的而应被排除在外。

2. 非流动资产周转率

非流动资产周转率是销售收入与非流动资产的比率，也有三种计量方式。其计算公式如下：

$$非流动资产周转次数 = \frac{销售收入}{非流动资产}$$

$$非流动资产周转天数 = \frac{365}{\dfrac{销售收入}{非流动资产}}$$

$$非流动资产与收入比 = \frac{非流动资产}{销售收入}$$

非流动资产周转次数，表明 1 年中非流动资产周转的次数，或者说明每 1 元非流动资产支持的销售收入。非流动资产周转天数表明非流动资产周转一次需要的时间，也就是非流动资产转换成现金需要的平均时间。非流动资产与收入比，表明每 1 元销售收入需要的非流动资产投资。

非流动资产周转率反映非流动资产的管理效率。分析时主要针对的是投资预算和项目管理，分析投资与其竞争战略是否一致，收购和剥离政策是否合理等。

8.5　盈利能力分析

8.5.1　盈利能力分析的目的与内容

盈利能力通常是指企业在一定时期内赚取利润的能力。盈利能力的大小是一个相对的概念，即利润是相对于一定的资源投入、一定的收入而言的。利润率越高，盈利能力越强；利润率越低，盈利能力越差。

企业经营业绩的好坏最终可通过企业的盈利能力来反映。无论是企业的经理人员、债权人还是股东(投资人)，都非常关心企业的盈利能力，并重视对利润率及其变动趋势的分析与预测。

1. 盈利能力分析的目的

从企业的角度来看，企业从事经营活动，其直接目的是最大限度地赚取利润并维持企业持续稳定地经营和发展。持续稳定地经营和发展是获取利润的基础；而最大限度地获取利润又是企业持续稳定发展的目标和保证。只有在不断地获取利润的基础上，企业才可能发展。同样，盈利能力较强的企业比盈利能力较弱的企业具有更大的活力和更好的发展前景。因此，盈利能力是企业经营人员最重要的业绩衡量标准和发现问题、改进企业管理的突破口。对企业经理人员来说，进行企业盈利能力分析的目的具体表现在以下两个方面。

第一，利用盈利能力的有关指标反映和衡量企业经营业绩。企业经理人员的根本任务，就是通过自己的努力使企业赚取更多的利润。各项收益数据既反映着企业的盈利能力，也表现了经理人员工作业绩的大小。用已达到的盈利能力指标与标准、基期、同行业平均水平、其他企业相比较，就可以衡量经理人员工作业绩的优劣。

第二，通过盈利能力分析，发现经营管理中存在的问题。盈利能力是企业各环节经营活动的具体表现，企业经营的好坏都会通过盈利能力表现出来。通过对盈利能力的深入分析，可以发现经营管理中的重大问题，进而采取措施解决问题，提高企业收益水平。

对于债权人来讲，利润是企业偿债的重要来源，特别是对长期债务而言。盈利能力的强弱直接影响企业的偿债能力。企业举债时，债权人势必审查企业的偿债能力，而偿债能力的强弱最终取决于企业的盈利能力。因此，分析企业的盈利能力对债权人也是非常重要的。

对于股东(投资人)而言，企业盈利能力的强弱更是至关重要的。在市场经济下，股东往往会认为企业的盈利能力比财务状况、营运能力更重要。股东们的直接目的就是获得更多的利润，因为对于信用相同或相近的几个企业，人们总是将资金投向盈利能力强的企业。股东们关心企业赚取利润的多少并重视对利润率的分析，是因为他们的股息与企业的盈利能力是紧密相关的。此外，企业盈利能力增加还会使股票价格上升，从而使股东们获得资本收益。

2. 盈利能力分析的内容

盈利能力的分析是企业财务分析的重点，包括财务结构分析、偿债能力分析等。其根本目的是通过分析及时发现问题，改善企业财务结构，提高企业的偿债能力、经营能力，最终提高企业的盈利能力，促进企业持续稳定地发展。对企业盈利能力的分析主要是对利润率的分析。虽然利润额的分析可以说明企业财务成果的增减变动状况及其原因，为改善企业经营管理指明了方向，但是，由于利润额受企业规模或投入总量的影响较大，一方面，不同规模的企业之间不便于对比；另一方面，它也不能准确地反映企业的盈利能力和盈利水平。因此，仅进行利润额分析一般不能满足各方面对财务信息的要求，还必须对利润率进行分析。

利润率指标从不同角度或从不同的分析目的看，可有多种形式。在不同的所有制企业中，反映企业盈利能力的指标形式也不同。在这里，我们对企业盈利能力的分析将从销售净利率、总资产净利率、权益净利率以及一些常见的市价比率开始。

8.5.2　影响盈利能力的主要因素

盈利能力受经营能力、成本水平、财务状况及风险等各方面因素的影响，分析和研究这些因素的影响对准确评价企业的盈利能力非常重要。影响企业盈利能力的主要因素有营销能力、成本费用管理水平、资产管理水平、财务状况及风险等。

1. 营销能力

营业收入尤其是主营业务收入是企业利润最重要的源泉，是企业发展的基础。企业的营销能力是扩大经营规模、增加营业收入的保证。科学有效的营销策略有助于形成良好的营业状况，为企业盈利提供最基本的条件。

2. 成本费用管理水平

利润是收入扣减费用后的差额。如果说营销能力是企业增收的保障，那么成本费用管理水平就是企业"节支"的基础。在企业营销能力一定的情况下，其成本水平越高，企业的盈利能力越差，抵御市场风险的能力越弱，则市场竞争能力越差；反之，当企业的营销能力一定时，成本水平越低，则获利空间越大，企业抵御市场风险的能力和市场竞争能力越强。因此，加强对成本费用的管理，不断挖掘成本潜力，是企业增加利润的重要手段。当然，降低成本费用应以不减少企业现在和未来的收入为前提。

3. 资产管理水平

资产是可以带来经济利益的资源。因此，资产规模适度与否、资产结构合理与否以及资产运用效率的高低直接影响着企业获取经济利益的能力，即盈利能力。有效的资产管理有助于确定适度的资产规模，安排合理的资产结构并不断提高资产效率。

4. 财务状况及风险

一个企业财务状况的稳定性及风险的高低对其盈利能力有着极其重要的影响。财务状况的稳定性取决于资本结构，而资本结构对盈利能力有重要影响，资本结构是风险与收益环节相权衡的结果，它对企业的经营具有重要的影响。由于长期负债的利息在税前列支，而且具有相对的稳定性，因此，它不仅影响税前、税后利润额，还发挥着财务杠杆的作用。即当长期资本报酬率高于长期负债利息率时，净资本报酬率随着负债率的增加而增加；反之，如果长期资本报酬率低于长期负债利息率，则净资本报酬率随着负债率的增加而减少，甚至由正值变为负值。可见，当资本结构变化时，企业股东权益报酬率就发生变化，这属于一种典型的理财收益。同时，它也反映了与高财务风险相关的盈利能力的易变性。因此，如果想要增强企业的盈利能力，就需要在尽可能减少资本占用的同时，妥善安排资本结构。

8.5.3　盈利能力一般分析

反映企业盈利能力的指标，主要有销售净利率、总资产净利率、权益净利率等。

1. 销售净利率

销售净利率是指净利润与销售收入的比率，通常用百分数表示。其计算公式如下：

$$销售净利率 = \frac{净利润}{销售收入} \times 100\%$$

根据 GL 电器的财务报表数据可得

$$本年销售净利率 = \frac{1\,262\,373}{9\,774\,514} \times 100\% \approx 12.91\%$$

$$上年销售净利率 = \frac{1\,425\,295}{13\,775\,036} \times 100\% \approx 10.35\%$$

$$变动 = 12.91\% - 10.35\% = 2.56\%$$

"净利润""销售收入"两者相除可以概括企业的全部经营成果。该比率越大，企业的盈利能力越强。

销售净利率的变动是由利润表的各个项目变动引起的。表 8-6 列示了 2023 年 GL 电器利润表各项目的金额变动和结构变动数据。其中，"本年结构"和"上年结构"是各项目除以当年销售收入得出的百分比，"百分比变动"是指"本年结构"百分比与"上年结构"百分比的差额。该表为利润表的通行报表，它排除了规模的影响，提高了数据的可比性。

(1) 金额变动分析：本年净利润减少了 162 922 万元。影响较大的有利因素是营业成本减少 2 200 478 万元，销售费用减少 1 338 366 万元，财务费用减少 98 656 万元。

(2) 结构变动分析：销售净利率增加了 2.56%。影响较大的不利因素是销售成本率增加了 3.64%；影响较大的有利因素是销售费用比率减少了 5.11% 和财务费用减少了 1.29%；影响较大的不利因素是管理费用增加了 1.67%。

表 8-6　2023 年 GL 电器利润表结构百分比变动

项　目	本年金额/万元	上年金额/万元	变动金额	本年结构/%	上年结构/%	百分比变动/%
一、营业收入	9 774 514	13 775 036	−4 000 522	100%	100%	0%
减：营业成本	6 601 735	8 802 213	−2 200 478	67.54%	63.9%	3.64%
营业税金及附加	75 189	136 242	−61 053	0.77%	0.99%	−0.22%
销售费用	1 550 634	2 889 000	−1 338 366	15.86%	20.97%	−5.11%
管理费用	504 875	481 817	23 058	5.17%	3.5%	1.67%
财务费用	−192 880	−94 224	−98 656	−1.97%	−0.68%	−1.29%
资产减值损失	8 632	39 842	−31 210	0.09%	0.29%	−0.2%
加：公允价值变动收益	−101 032	−138 155	37 123	−1.03%	−1%	−0.03%
投资收益	9 665	72 436	−62 771	0.1%	0.53%	−0.43%
二、营业利润	1 351 618	1 608 923	−257 305	13.83%	11.68%	2.15%
加：营业外收入	140 429	70 606	69 823	1.44%	0.51%	0.93%
减：营业外支出	1 105	4 286	−3 181	0.01%	0.03%	−0.02%
三、利润总额	1 490 942	1 675 243	−184 301	15.25%	12.16%	3.09%
减：所得税费用	228 569	249 948	−21 379	2.34%	1.81%	0.53%
四、净利润	1 262 373	1 425 295	−162 922	12.91%	10.35%	2.56%

进一步分析应重点关注金额变动和结构变动较大的项目，如 GL 电器的营业成本、销售费用以及财务费用等。确定分析的重点项目后，需要深入各项目内部进一步分析。此时，需要依靠报表附注提供的资料以及其他可以收集到的信息。

通常，销售费用和管理费用的公开披露信息十分有限，外部分析人员很难对其进行深入分析。财务费用、公允价值变动收益、资产减值损失、投资收益和营业外收支的明细资料，在报表附注中均有较详细披露，为进一步分析提供了可能。

2. 总资产净利率

总资产净利率是指净利润与总资产的比率，它反映每 1 元总资产创造的净利润。其计算公式如下：

$$总资产净利率 = \frac{净利润}{总资产} \times 100\%$$

根据 GL 电器的财务报表数据可得

$$本年总资产净利率 = \frac{1\,262\,373}{16\,169\,802} \times 100\% \approx 7.81\%$$

$$上年总资产净利率 = \frac{1\,425\,295}{15\,623\,095} \times 100\% \approx 9.12\%$$

$$变动 = 7.81\% - 9.12\% = -1.31\%$$

总资产净利率是企业盈利能力的关键。虽然股东报酬由总资产净利率和财务杠杆共同决定，但提高财务杠杆会同时增加企业风险，往往并不增加企业价值。此外，财务杠杆的提高有诸多限制，企业经常处于财务杠杆不可能再提高的临界状态。因此，提高权益净利率的基本动力是总资产净利率。

影响总资产净利率的驱动因素是销售净利率和总资产周转次数。

$$总资产净利润 = \frac{净利润}{总资产} = \frac{净利润}{销售收入} \times \frac{销售收入}{总资产}$$
$$= 销售净利率 \times 总资产周转次数$$

总资产周转次数是每 1 元总资产创造的销售收入，销售净利率是每 1 元销售收入创造的净利润，两者共同决定了总资产净利率，即每 1 元总资产创造的净利润。

2023 年 GL 电器有关总资产净利率因素的分解如表 8-7 所示。

表 8-7　2023 年 GL 电器总资产净利率因素的分解

单位：万元

项　　目	本年	上年	变动
销售收入	9 774 514	13 775 036	−4 000 522
净利润	1 262 373	1 425 295	−162 922
总资产	16 169 802	15 623 095	546 707
总资产净利率/%	7.81	9.12	(1.31)
销售净利率/%	12.91	10.35	2.56
总资产周转次数/次	0.6	0.88	(0.28)

GL 电器的总资产净利率比上年降低了 1.32%,其有利因素是销售净利率上升了 2.57%,不利因素是总资产周转次数下降了 0.28。

3. 权益净利率

权益净利率是净利润与股东权益的比率,它反映 1 元股东资本赚取的净收益,可以衡量企业的总体盈利能力。

$$权益净利率 = \frac{净利润}{股东权益} \times 100\%$$

根据 GL 电器的财务报表数据:

$$本年权益净利率 = \frac{1\ 262\ 373}{4\ 856\ 661} \times 100\% \approx 26\%$$

$$上年权益净利率 = \frac{1\ 425\ 295}{4\ 513\ 145} \times 100\% \approx 31.58\%$$

权益净利率的分母是股东的投入,分子是股东的所得,对于股权投资人来说,它具有非常好的综合性,概括了企业的全部经营业绩和财务业绩。GL 电器本年股东的报酬率减少了,总体盈利能力不如上一年。

8.5.4 其他常见的市场评价指标

盈利能力分析所用的指标很多,常见的市场评价指标主要有每股收益、股利支付率、市盈率、股利报酬率、每股净资产、市净率和市销率等。

1. 每股收益

每股收益是指普通股股东每持有一股所能享有的公司利润或需承担的公司亏损,是用来反映公司的经营成果、衡量普通股的获利水平及投资风险的重要指标。该指标也是投资者、债权人等信息使用者据以评价公司盈利能力、预测公司成长潜力,进而做出相关经济决策的一项重要的财务指标。

每股收益包括基本每股收益和稀释每股收益两类。基本每股收益仅考虑当期实际发行在外的普通股股份,按照归属于普通股股东的当期净利润除以当期实际发行在外的普通股的加权平均股数计算确定。其具体计算公式如下:

$$基本每股收益 = \frac{净利润 - 优先股股利}{加权平均的发行在外的普通股股数}$$

其中,加权平均的发行在外的普通股股数 = 期初发行在外的普通股股数 + 当期新发行的普通股股数 × (已发行时间/报告期时间) - 当期回购普通股股数 × (已回购时间/报告期时间)。

稀释每股收益是以基本每股收益为基础,假设公司所有发行在外的稀释性潜在普通股均已转换为普通股,从而分别调整归属于普通股股东的当期净利润以及发行在外的普通股的加权平均数计算而得的每股收益,即稀释每股收益要把可转换公司债券、认购权证、可转换优先股及股票期权等稀释性因素考虑进来。稀释每股收益的计算公式如下:

$$稀释每股收益 = \frac{调整稀释性因素影响后归属于普通股股东的净利润}{假定稀释性因素转换为普通股以后的加权平均普通股股数}$$

式中,分子应根据当期已确认为费用的稀释性潜在普通股的利息、稀释性潜在普通股转换时将产生的收益或费用等调整，归属于普通股股东的当期净利润；分母应为计算基本每股收益时的普通股的加权平均数与稀释性因素转换为已发行普通股而增加的潜在普通股的加权平均数之和。

稀释每股收益可以避免每股收益虚增可能带来的信息误导。例如，在公司发行可转换公司债券融资的情况下，由于转换选择权的存在，其利率低于正常同等条件下普通债券的利率，从而降低了融资成本，在经营业绩和其他条件不变的情况下，会相对提高基本每股收益金额。计算稀释每股收益，可以在一定程度上减少信息误导，提供一个更可比、更有用的财务指标。

在进行财务报表分析时，每股收益指标既可用于不同公司间的业绩比较，以评价某公司的相对盈利能力，也可用于公司不同会计期间的业绩比较，以了解该公司盈利能力的变化趋势，还可用于公司经营实绩与盈利预测的比较，以掌握该公司的管理能力。

2. 股利支付率

股利支付率是普通股每股现金股利与每股收益的比率，用来度量普通股的每股收益中有多少支付给了股东，反映了公司的股利分配政策和支付股利的能力。该指标的具体计算公式如下：

$$股利支付率 = \frac{每股现金股利}{每股收益} \times 100\%$$

股利支付率指标的高低并没有一个固定的标准，而且公司之间也没有可比性。在公司面临有利可图的投资机会时，可能会选择不分红或分配较少的股利。

3. 市盈率

市盈率是指公司普通股每股市价与每股收益的比率，它反映普通股东愿意为每 1 元净利润支付的价格。其中每股收益是指可分配给普通股东的净利润和流通在外的普通股的加权平均股数的比率，它反映每只普通股当年创造的净利润。其具体计算公式如下：

$$市盈率 = \frac{每股市价}{每股收益}$$

由上面的计算公式可知，在市价确定的情况下，每股收益越高，市盈率就越低，投资的风险就越小；反之亦然。而在每股收益确定的情况下，市价越高，市盈率也就越高，投资风险越大，反之亦然。当每股收益非常低或为负数时，市盈率会非常高或为负数，此时该指标没有分析的意义。

在计算与使用市盈率和每股收益时，应注意以下问题：

(1) 每股市价实际上反映了投资者对未来收益的预期。然而，市盈率是基于过去年度的收益。因此，如果投资者预期收益将从当前水平大幅度增长，那么市盈率相当高，也许是 20 倍、30 倍或更多；但是，如果投资者预期收益将由当前水平下降，那么市盈率将会相当低，如 10 倍或更少。成熟市场上的成熟公司有非常稳定的收益，通常其每股市价为每股收益的 10～12 倍。因此，市盈率反映了投资者对公司未来前景的预期，相当于每股收益的资本化。

(2) 对仅存有普通股的公司而言，每股收益的计算相对简单。在这种情况下，计算公式如上所示。

如果公司还有优先股，则计算公式如下：

$$每股收益 = \frac{净利润 - 优先股股利}{流通在外的普通股的加权平均股数}$$

由于每股收益的概念仅适用于普通股，优先股股东除规定的优先股股利外，对收益没有要求权，所以用于计算每股收益的分子必须等于可分配给普通股股东的净利润，即从净利润中扣除当年宣告或累计的优先股股利。

4. 股利报酬率

股利报酬率是反映普通股每股现金股利与市场价格之间的比例关系的指标，表示投资者在每股股票上所获的现金报酬。该指标的具体计算公式如下：

$$股利报酬率 = \frac{每股现金股利}{每股市价} \times 100\%$$

通常投资者从股票投资中获得的收益包括三个部分，即股利收入、溢价利得和特别分配权收益。上式反映的是以现行股价作为投资成本，以现金股利作为收益所计算的报酬率，比较好地体现了成本和报酬之间的关系。

5. 每股净资产

每股净资产是指公司期末净资产与期末普通股股数之比。每股净资产的计算公式如下：

$$每股净资产 = \frac{期末净资产}{期末普通股股数} \times 100\%$$

式中，净资产等于公司的总资产减去总负债，即等于公司期末股东权益。

每股净资产指标反映公司发行在外的普通股每一股所代表的净资本成本。理论上讲，如果公司的每股市价低于每股净资产，且成本接近可变现净值，则说明公司已无存在的价值，此时清算是公司股东的最佳选择。值得注意的是，除了"交易性金融资产""可供出售金融资产""交易性金融负债"等项目以公允价值计量以外，由于资产负债表中的大部分项目都是以历史成本计算的，因此该指标并没有体现公司净资产的公允价值或可变现价值。

6. 市净率

市净率也称为市账率，是指普通股每股市价与每股净资产的比率。它反映普通股股东愿意为每1元净资产支付的价格，说明市场对公司资产质量的评价。其中，每股净资产也称为每股账面价值，是指普通股股东权益与流通在外的普通股股数的比率。它反映每股普通股享有的净资产，代表理论上的每股最低价值。其计算公式如下：

$$市净率 = \frac{每股市价}{每股净资产}$$

既有优先股又有普通股的公司，通常只为普通股计算净资产。在这种情况下，普通股每股净资产的计算需要分两步完成。首先，从普通股权益总额中减去优先股权益，包括优先股的清算价值及全部拖欠的股利，得出普通股权益。其次，用普通股权益除以流通在外的普通股股数，确定普通股每股净资产。该过程反映了普通股股东是公司剩余所有者的事实。

在计算市净率和每股净资产时，应注意所使用的是资产负债表日流通在外的普通股股数,而不是当期流通在外普通股加权平均股数,因为每股净资产的分子为时点数,分母应与其口径一致,因此,应选取同一时点数。

7. 市销率

市销率又称为收入乘数,是指普通股每股市价与每股销售收入的比率。它反映普通股股东愿意为每 1 元销售收入支付的价格。其中,每股销售收入是指销售收入与流通在外的普通股的加权平均股数的比率。它只反映每只普通股创造的收入。其计算公式如下:

$$市销率 = \frac{每股市价}{每股销售收入}$$

8.5.5　盈利质量分析

1. 高质量盈利的基本特征

盈利质量是指企业财务报告上所披露的盈利(即会计利润)与企业真正的业绩之间的相关性,以及能为企业创造稳定的自由现金流。高质量盈利意味着企业的盈利应具备可靠性、稳定性、持续性、趋高性四个方面的特征。

(1) 盈利的可靠性。盈利的可靠性是指企业盈利的确定必须以实际发生的经济业务为基础并遵循会计准则和会计制度,从而使企业财务报告上披露的盈利数据能被信息使用者充分信赖。

首先,盈利的可靠性要求企业在计量、确认与列报盈利时从客观实际发生的经济业务出发进行核算,并且整个核算过程要贯彻一个原则——严格遵循会计制度和会计准则,排除一切可避免的误差,保证内容真实、准确;其次,盈利的信息要能让人充分信赖,就需要具备可证实性、可预测性两种特征;最后,盈利的可靠性要求盈利具有可预测性,即利用企业过去的盈利状况,可以相当准确地预测企业未来的盈利发展。

(2) 盈利的稳定性。盈利的稳定性是指企业盈利水平变动的基本态势比较稳定。一个企业在一定盈利水平的基础上,盈利水平不断上扬,应是企业盈利稳定性的现实表现,是企业可持续发展战略的体现;相反,如果企业盈利水平很高,但缺乏稳定性,则是一种不好的经营状况,盈利质量不会太佳。

盈利的稳定性首先取决于收支结构的稳定性。当收入和支出同方向变动时,只有收入增长不低于支出增长,或者收入下降不超过支出下降,盈利才会具备稳定性;当收入和支出反方向变动时,收入增长而支出下降,盈利稳定,反之,则不稳定。盈利结构也会影响盈利的稳定性。由于企业一般会力求保持主营业务利润稳定,因此企业主营业务利润的变动性相对非主营业务来说较小。另外,盈利商品的品种结构也会影响盈利的稳定性,如果企业的盈利主要是"明星"类(高销售增长率和市场占有率)和"现金牛"类(低销售增长率和高市场占有率)产品带来的,则盈利稳定。

(3) 盈利的持续性。盈利的持续性是指从长期来看,盈利水平仍能保持目前的发展态势。盈利的稳定性与持续性的区别是:盈利的持续性是指目前的盈利水平能较长时间地保持下去,而盈利的稳定性是指发展趋势中的波动性。

企业的盈利结构对盈利的持续性有很大的影响。企业的业务一般可分为长久性业务和临时性业务。长久性业务是企业设立、存在和发展的基础,企业正是靠它们才能保持盈利水平持久。临时性业务是由市场或企业经营的突然变动或突发事件所引起的，由此产生的利润不会持久。

(4) 盈利的趋高性。盈利的趋高性是指企业在保持现有盈利水平的同时，还能保持一种不断增长上升的趋势。也就是说企业不仅在当期，还应该在未来具备较高的盈利能力。量是质的前提，如果企业的净利润总是负数，没有一定的盈利能力，那么盈利的质量就无从谈起了。盈利的趋高性不仅要求企业当期和未来盈利的绝对值较大，同时也要求企业在净资产收益率、总资产报酬率、毛利率等相对指标方面也处于同行业平均水平之上。

保持盈利趋高性的关键在于企业经营要密切关注企业产品的品种结构，在产品变成"瘦狗"类(低销售增长率和低市场占有率)之前就要努力开发新产品，做好经营上的调整准备。对企业外部信息使用者特别是投资者而言，分析企业盈利能力是否具备趋高性时，要注意目前这个企业所处的生命周期。

2. 企业盈利质量分析

1) 信号分析法

对企业盈利质量进行分析是一个复杂的过程，要密切注意一些"信号"。因为，如果一个企业盈利质量不佳，则必然反映到企业的各个方面。对于企业的财务信息使用者而言，可以通过以下信号来判断企业的盈利质量。

(1) 企业扩张过快。企业发展到一定程度后，必然要在业务规模、业务领域等方面寻求扩张。然而，如果在一定时期内扩张太快，涉及的领域过多，则很可能面临资金分散、管理难度加大、管理成本提高等问题，从而导致这个时期企业的盈利质量趋于恶化。

(2) 企业的酌量性固定成本反常降低。酌量性固定成本也称为选择性固定成本或任意性固定成本，它是指企业管理层的决策可以改变其支出数额的固定成本，如广告费、职工教育培训费、技术研究开发费等。如果相对于企业总规模或者营业收入规模而言，酌量性固定成本在降低，则可能是企业为了保证当期的盈利规模而降低或推迟了本应发生的支出。

(3) 企业会计政策和会计估计非正常变更。由于不同企业经济环境的差异，会计准则在会计政策和会计估计上赋予了企业较大的判定与选择空间，以期企业能根据其实际情况选择最适宜的制度。当会计政策的调整和会计估计的变更能使企业扭亏为盈或能使企业收益达到某些合同规定时，这很可能就是会计政策和会计估计的非正常变更，被认为是企业盈利质量恶化的一种信号。

(4) 企业应收账款规模不正常增加。应收账款应该与企业的营业收入保持一定的对应关系，但同时与企业的信用政策有关。应收账款的不正常增加，有可能是企业为了增加营业收入而放宽信用政策的结果。过宽的信用政策，可以刺激企业营业收入迅速增长，但企业也面临着未来大量发生坏账的风险。

(5) 企业存货周转过于缓慢。存货周转速度快，说明存货变现能力强，其意义相当于流动资金投入的扩大，在某种程度上增强了上市公司的盈利能力，盈利质量相对较高。而存货周转速度慢，则需补充流动资金投入运营，从而形成了资金的占用和浪费，降低了企业的盈利能力。

(6) 企业无形资产规模不正常增加。根据新会计准则的规定，企业内部研究开发项目的支出，应当区分研究阶段支出与开发阶段支出。财务报表上作为"无形资产"列示的基本上应该是企业外购和开发阶段形成的无形资产。如果企业无形资产出现不正常增加，则有可能是企业为了减少研究支出对利润表的影响而将"研究支出"作为"开发支出"形成无形资产价值了。

(7) 企业的业绩过度依赖非营业业务以及"投资收益"与"公允价值变动损益"。新会计准则将公允价值计量变动带来的收益与投资活动带来的收益纳入营业利润的范畴，与企业从事正常经营活动取得的盈利一同视为营业利润，在分析企业与营业利润有关的指标及趋势时，应将公允价值变动收益和投资收益因素进行剔除，以便更好地反映企业的盈利能力。而营业外收支净额多数是由非流动资产处置损益以及补贴收入等一些偶尔发生的非正常损益项目引起的，通常情况下难以持久。在企业主要利润增长点潜力挖尽的情况下，企业为了维持一定的利润水平，有可能通过非营业利润来弥补营业利润和投资收益的不足。

(8) 企业计提的各种准备过低。在企业期望利润高估的会计期间，企业往往选择计提较低的准备和折旧，这就等于把应当由现在或以前负担的费用、损失人为地推移到未来，从而导致企业后劲不足。

(9) 企业过度负债，财务状况不佳。一个盈利能力强、盈利质量高的企业，一般来说，有充足的现金流量，尤其是以经营活动产生的现金流量作支撑，通常其偿债能力较强。对于那些早已过了高速成长期却历年来负债持续增长且数额巨大的企业要警惕，其历年业绩存在持续虚增的可能。

(10) 企业的现金流量表现与利润不够匹配。一个盈利质量优良的企业应该创造出比较充裕的自由现金量，特别是经营性活动产生的现金净流量应该是正值，而且具有稳定性和持续性，只有伴随着现金注入的利润才具有高质量。如果一个企业连续几年会计年度的净利润都为正值，而经营性活动产生的现金净流量却总为负值，那么就说明该企业对应收账款管理不善，造成现金回笼情况差，或者是企业利用权责发生制对"会计利润"进行了盈余管理，甚至有可能出现了利润操纵行为。

(11) 企业有足够的可供分配利润，但不进行现金股利分配。股利主要有现金股利和股票股利两种主要形式。由于现金股利的发放来源于上市公司的净自由现金流量，因而现金股利的发放水平和上市公司的经营业绩之间存在着紧密的联系。在对上市公司盈利质量进行评价时，应将其是否发放股利、发放何种股利、发放股利方式与其收益质量联系起来。

(12) 企业的财务报表公布时间偏晚，注册会计师变更，审计报告出现异常。财务状况不佳的企业，或者注册会计师和公司管理层对某些重大会计、审计问题意见很难达成一致的企业，其年报公布日期很容易偏晚。除因审计准则和相关职业道德而实行回避，或与企业管理层存在重大意见分歧难以继续合作，注册会计师认为审计风险过大要求解除审计聘约的情形外，应分析更换会计师事务所的原因。审计报告是注册会计师对上市公司进行审计后得出的结论，如果审计报告有异常的措辞，则表明注册会计师与公司管理层在报表某些方面存在分歧，企业盈利质量令人怀疑。

2) 结构分析法

企业的盈利结构是指构成企业盈利的各种不同性质的盈利的有机搭配和比例。从质的方面来理解，它表现为企业的利润由什么样的盈利项目组成，而不同的盈利项目对企业盈利能力的评价有着极为不同的作用和影响；从量的方面来理解，则表现为不同的盈利占总利润的比重，而不同的盈利比重对企业盈利所起的作用和影响程度也是不同的。

(1) 对会计准则中利润表的认识是结构分析法的前提。新会计准则的颁布实施，表明我国的会计理念已从"损益表观"向"资产负债表观"转变。这种转变将为企业盈利能力分析与盈利质量分析带来更高的难度，同时对报表使用者的专业水平也提出了更高的要求。例如，可供出售金融资产在非处置当期公允价值的变动直接计入所有者权益，而不计入当期损益，将在一定程度上影响报表使用者对盈利指标的判断；公允价值计量属性的引入以及我国目前的公允价值取得环境、债务重组收益的确认等，将给企业带来调节利润的空间，将对盈利能力的分析产生不利的影响；利润表中不再区分主营业务和其他业务，将公允价值变动损益、投资收益纳入营业利润范畴，将对企业的盈利质量的判断带来更高的难度。

(2) 盈利结构对盈利质量的影响。如前所述，企业盈利质量就是指盈利的可靠性、稳定性、持续性和趋高性。企业的盈利总额可以揭示企业的盈利总水平，却不能表明这一总盈利是怎样形成的，它无法揭示这一盈利的内在质量。因而，盈利质量这一对财务报表使用者来说最为重要的信息只能通过盈利结构分析来满足。

(3) 盈利结构的分析。对盈利结构的分析主要有以下几个方面：

① 盈利结构的内在质量分析。企业盈利结构的内在质量分析，就是对利润自身结构的协调性进行分析与评价。在对各项费用开支的合理性和核心利润与投资者收益是否存在互补性等基本问题做出初步判断之后，还需要就如下几个方面展开质量分析：企业自身经营活动的盈利能力、企业资产管理质量和盈余管理倾向、企业利润结构的波动性、企业盈利结构的持续性、企业盈利的实现质量。

② 盈利结构的资产增值质量分析。企业盈利结构的资产增值质量分析，就是对利润结构与资产结构的匹配性进行分析与评价。按照新会计准则所确定的利润，应该是建立在资产真实价值的基础上的资产利用效果的最终体现，应该更加体现企业资产在价值转移、处置以及持有过程中的增值质量。

③ 盈利结构的现金获取质量分析。企业盈利结构的现金获取质量分析，就是对盈利结构与对应的现金流量结构的趋同性进行分析与评价。

8.6　增长能力分析

企业增长能力通常是指企业未来生产经营活动的发展趋势和发展潜能，也可以称之为发展能力。从形成看，企业的增长能力主要是通过自身的生产经营活动，不断扩大积累而形成的，主要依托于不断增长的销售收入、不断增加的资金投入和不断创造的利润等。从结果看，一个发展能力强的企业，能够不断为股东创造财富，能够不断增加企业价值。

传统的财务分析仅仅是从静态的角度出发来分析企业的财务状况，也就是只注重分析企业的盈利能力、营运能力、偿债能力，这在日益激烈的市场竞争中显然不够全面，不够充分。理由如下：

第一，企业价值在很大程度上是取决于企业未来的获利能力，而不是企业过去或者目前所取得的收益情况。对于上市公司而言，股票价格固然受多种因素的影响，但从长远看，公司的未来增长趋势是决定公司股票价格上升的根本因素。

第二，增长能力反映了企业目标与财务目标，是企业盈利能力、营运能力、偿债能力的综合体现。无论是增强企业的盈利水平和风险控制能力，还是提高企业的资产营运效率，都是为了企业未来的生存和发展的需要，都是为了提高企业的发展能力。因此，要着眼于从动态的角度分析和预测企业的增长能力。

8.6.1 增长能力分析的内容

与盈利能力一样，企业增长能力的大小同样是一个相对的概念，即分析期的股东权益、收益、销售收入和资产相对于上一期的股东权益、收益、销售收入和资产的变化程度。仅仅利用增长额只能说明企业某一方面的增减额度，无法反映企业在某一方面的增减幅度，既不利于不同规模企业之间的横向对比，也不能准确反映企业的发展能力，因此，在实践中通常是使用增长率来进行企业发展能力分析。当然，企业不同方面的增长率之间存在相互作用、相互影响的关系，因此，只有将各方面的增长率加以比较，才能全面分析企业的整体发展能力。

企业增长能力分析的内容可分为以下两部分：

1. 企业单项增长能力分析

企业价值要获得增长，就必须依赖于股东权益、收益、销售收入和资产等方面的不断增长。企业单项增长能力分析就是通过计算和分析股东权益增长率、收益增长率、销售增长率、资产增长率等指标，分别衡量企业在股东权益、收益、销售收入、资产等方面所具有的增长能力，并对其在股东权益、收益、销售收入、资产等方面所具有的发展趋势进行评估。

2. 企业整体增长能力分析

企业要获得可持续增长，就必须在股东权益、收益、销售收入和资产等各方面谋求协调发展。企业整体增长能力分析就是通过对股东权益增长率、收益增长率、销售增长率、资产增长率等指标进行相互比较与全面分析，综合判断企业的整体发展能力。

过分地重视取得和维持短期财务结果，很可能使企业急功近利，在短期业绩方面投资过多，而在长期的价值创造方面关注甚少。在中国，甚至一些最优秀的企业都不能完全免除以财务结果为导向的短期行为。

很多类似案例向企业家提出一个深刻的问题：什么才是经营企业至关重要的东西——是利润？还是持续发展？的确，利润最重要，但对于高明的企业家，持续发展最重要，利润只是实现持续发展的基础。

8.6.2 单项增长能力分析

1. 股东权益增长率的计算与分析

1) 股东权益增长率的内涵和计算

股东权益增加是驱动剩余收益增长的因素之一，也可以采用比率表示。股东权益的增加就是期初余额到期末余额的变化，利用股东权益增长率就能够解释这种变化。股东权益增长率是本期股东权益增加额与股东权益期初余额之比，也叫作资本积累率。其计算公式如下：

$$股东权益增长率 = \frac{本期股东权益增加额}{股东权益期初余额} \times 100\%$$

股东权益增加表示企业可能不断有新的资本加入，说明股东对企业前景充分看好，在资本结构不变的情况下，也增强了企业的负债筹资能力，为企业获取债务资本打开了空间，提高企业的可持续增长能力。

股东权益增长率越高，表明企业本期股东权益增加得越多；反之，股东权益增长率越低，表明企业本年度股东权益增加得越少。

在实际中还存在三年资本平均增长率这一比率。三年资本平均增长率的计算公式如下：

$$三年资本平均增长率 = \left(\sqrt[3]{\frac{年末股东权益}{三年前年末股东权益}} - 1 \right) \times 100\%$$

该指标表示企业连续三期的资本累积增长情况，体现企业的发展趋势和水平。资本增长是企业发展壮大的标志，也是企业扩大再生产的源泉。在没有新的所有者资本投入的情况下，本指标反映了投资者投入资本的保全和增长情况。该指标越高，说明资本保值增值能力越强，企业可以长期使用的资金越充裕，应对风险和持续发展的能力越强。

对该指标的分析还应该注意所有者权益不同类别的变化情况。一般来说资本的扩张大都来源于外部资金的注入，反映企业获得了新的资本，具备了进一步发展的基础；如果资本的扩张主要来源于留存收益的增长，可以反映出企业在自身的经营过程中不断积累发展后备资金，既表明企业在过去经营过程的发展业绩，也说明企业具有进一步的发展后劲。

该指标设计的原意是为了均衡计算企业的三年平均资本增长水平，从而客观评价企业的股东权益发展能力状况。但是，从该项指标的计算公式来看，并不能达到这个目的。因为其计算结果的高低只与两个因素有关，即与本年度年末股东权益总额和三年前年度年末股东权益总额相关，而中间两年的年末股东权益总额则不影响该指标的高低。这样，只要两个企业的本年度年末股东权益总额和三年前年度年末股东权益总额相同，就能够得出相同的三年资本平均增长率，但是这两个企业的利润增长趋势可能并不一致。因此，依据三年资本平均增长率来评价企业股东权益增长能力存在缺陷。

2) 股东权益增长率分析

股东权益的增长主要来源于经营活动产生的净利润和融资活动产生的股东净支付。所谓的股东净支付就是股东对企业当年的新增投资扣除当年发放股利。这样股东权益增长率还可以表示如下：

$$
\begin{aligned}
股东权益增长率 &= \frac{本期股东权益增加额}{股东权益期初余额} \times 100\% \\
&= \frac{净利润 + (股东新增投资 - 支付股东股利)}{股东权益期初余额} \times 100 \\
&= \frac{净利润 + 股东的净支付}{股东权益期初余额} \times 100\% \\
&= 净资产收益率 + 股东净投资率
\end{aligned}
$$

公式中的净资产收益率和股东净投资率都是以股东权益期初余额作为分母计算的。从公式中可以看出股东权益增长率是受净资产收益率和股东净投资率这两个因素驱动的。其中，净资产收益率反映了企业运用股东投入资本创造收益的能力，而股东净投资率反映了企业利用股东新投资的程度，这两个比率的高低都反映了对股东权益增长的贡献程度。从根本上看，一个企业的股东权益增长应该主要依赖于企业运用股东投入资本所创造的收益。尽管一个企业的价值在短期内可以通过筹集和投入尽可能多的资本来获得增加，并且这种行为在扩大企业规模的同时也有利于经营者，但是这种策略通常不符合股东的最佳利益，因为它忽视了权益资本具有机会成本，并应获得合理投资报酬的事实。

为正确判断和预测企业股东权益规模的发展趋势和发展水平，应将企业不同时期的股东权益增长率加以比较。因为一个持续增长型企业，其股东权益应该是不断增长的，如果时增时减，则反映出企业发展不稳定，同时也说明企业并不具备良好的发展能力，因此仅仅计算和分析某个时期的股东权益增长率是不全面的，应利用趋势分析法将一个企业不同时期的股东权益增长率加以比较，才能正确评价企业的发展能力。

2. 资产增长率的计算与分析

1）资产增长率的内涵和计算

资产是企业拥有或者控制的用于经营并取得收入的资源，同时也是企业进行筹资和运营的物质保证。资产的规模和增长情况表明企业的实力和发展速度，也是体现企业价值和实现企业价值扩大的重要手段。在实践中凡是不断发展的企业，都表现为企业的资产规模稳定并不断地增长，因此把资产增长率作为衡量企业发展能力的重要指标。

企业要增加销售收入，就需要增加资产投入。资产增长率就是本期资产增加额与资产期初余额之比。其计算公式如下：

$$资产增长率 = \frac{本期资产增加额}{资产期初余额} \times 100\%$$

资产增长率是用来考核企业资产投入增长幅度的财务指标。资产增长率为正数，则说明企业本期资产规模增加，资产增长率越大，则说明资产规模增加幅度越大；资产增长率为负数，则说明企业本期资产规模缩减，资产出现负增长。

2）资产增长率分析

在对资产增长率进行具体分析时，应该注意以下几点：

(1) 企业资产增长率高并不意味着企业的资产规模增长就一定适当。评价一个企业的资产规模增长是否适当，必须与销售增长、利润增长等情况结合起来分析。如果资产增加，而销售和利润没有增长或减少，说明企业的资产没有得到充分的利用，可能存在盲目扩张而形成资产浪费、营运不良等现象。所以，只有在一个企业的销售增长、利润增长超过资产规模增长的情况下，这种资产规模增长才属于效益型增长，才是适当的、正常的。

(2) 需要正确分析企业资产增长的来源。因为企业的资产来源一般来自负债和所有者权益，在其他条件不变的情形下，无论是增加负债规模还是增加所有者权益规模，都会提高资产增长率。如果一个企业的资产增长完全依赖于负债的增长，而所有者权益项目在年度里没有发生变动或者变动不大，这说明企业可能潜藏着经营风险或财务风险，因此不具备良好的发展潜力。从企业自身的角度来看，企业资产的增加应该主要取决于企业盈利的增加。当然，盈利的增加能带来多大程度的资产增加还要视企业实行的股利政策而定。

(3) 为全面认识企业资产规模的增长趋势和增长水平,应将企业不同时期的资产增长率加以比较。因为一个健康的处于成长期的企业,其资产规模应该是不断增长的,如果时增时减,则反映出企业的经营业务并不稳定,同时也说明企业并不具备良好的发展能力。所以,只有将一个企业不同时期的资产增长率加以比较,才能正确评价企业资产规模的增长能力。

3. 销售增长率的计算与分析

1) 销售增长率的内涵和计算

市场是企业生存和发展的空间,销售增长是企业增长的源泉。一个企业的销售情况越好,说明其在市场所占份额越多,企业生存和发展的市场空间就越大,因此可以用销售增长率来反映企业在销售方面的发展能力。销售增长率就是本期营业收入增加额与上期营业收入净额之比。其计算公式如下:

$$销售增长率 = \frac{本期营业收入增加额}{上期营业收入净额} \times 100\%$$

需要说明的是,如果上期营业收入净额为负值,则应取其绝对值代入公式进行计算。该公式反映的是企业某期整体销售增长情况。销售增长率为正数,说明企业本期销售规模增加,销售增长率越大,说明企业销售收入增长得越快,销售情况越好;销售增长率为负数,说明企业销售规模减小,销售出现负增长,销售情况较差。

2) 销售增长率分析

在利用销售增长率来分析企业在销售方面的发展能力时,应该注意以下几个方面。

(1) 要判断企业在销售方面是否具有良好的成长性,必须分析销售增长是否具有效益性。如果销售收入的增加主要依赖于资产的相应增加,也就是销售增长率低于资产增长率,说明这种销售增长不具有效益性,同时,也反映企业在销售方面可持续发展能力不强。正常情况下,一个企业的销售增长率应高于其资产增长率,只有在这种情况下,才能说明企业在销售方面具有良好的成长性。

(2) 要全面、正确地分析和判断一个企业销售收入的增长趋势和增长水平,必须将一个企业不同时期的销售增长率加以比较和分析。因为销售增长率仅仅指某个时期的销售情况而言,某个时期的销售增长率可能会受到一些偶然的和非正常的因素影响,而无法反映出企业实际的销售增长能力。

(3) 可以利用某种产品销售增长率指标来观察企业产品的结构情况,进而可以分析企业的成长性。其计算公式可表示如下:

$$某种产品销售增长率 = \frac{某种产品本期销售收入增加额}{上期收入净额} \times 100\%$$

根据产品生命周期理论,每种产品的生命周期一般可以划分为四个阶段。每种产品在不同的阶段反映出的销售情况也不同。在投放期,由于产品研究开发成功,刚刚投入正常生产,因此该阶段的产品销售规模较小,而且增长比较缓慢,即某种产品销售增长率较低;在成长期,由于产品市场不断拓展,生产规模不断扩加,销售量迅速扩大,因此该阶段的产品销售增长较快,即某种产品销售增长率较高;在成熟期,由于市场已经基本饱和,销售量趋于基本稳定,因此该阶段的产品销售将不再有大幅度的增长,即某种产品销售增长率与上一期相比变动不大;在衰退期,由于该产品的市场开始萎缩,因此该阶段的产品销售增长速度开始放慢甚至出现负增长，即某种产品销售增长率较上期变动非常小，甚至表现为负数。根据这一原理，借助某种产品销售增长率指标，大致可以分析企业生产经营的产品所处的生命周期阶段，据此，也可以判断企业的发展前景。对一个具有良好发展前景的企业来说，较为理想的产品结构是"成熟一代、生产一代、储备一代、开发一代"。如果一个企业的所有产品都处于成熟期或者衰退期，那么它的发展前景就不容乐观。

4. 收益增长率的计算与分析

1) 收益增长率的内涵和计算

由于一个企业的价值主要取决于其盈利及增长能力，所以企业的收益增长是反映企业增长能力的重要方面。由于收益可表现为营业利润、利润总额、净利润等多种指标，因此，相应的收益增长率也具有不同的表现形式。在实际应用中，通常使用的是净利润增长率、营业利润增长率这两种比率。由于净利润是企业经营业绩的结果，因此，净利润的增长是企业成长性的基本表现。净利润增长率是本期净利润增加额与上期净利润之比。其计算公式如下：

$$净利润增长率 = \frac{本期净利润增加额}{上期净利润} \times 100\%$$

需要说明的是，如果上期净利润为负值，则应取其绝对值代入公式进行计算。该公式反映的是企业净利润增长情况。净利润增长率为正数，说明企业本期净利润增加，净利润增长率越大，说明企业收益增长得越多；净利润增长率为负数，说明企业本期净利润减少，收益降低。

如果一个企业销售收入增长，但利润并未增长，那么从长远看，它并没有创造经济价值。同样，一个企业如果营业利润增长，但营业收入并未增长，也就是说，其利润的增长并不是来自营业收入，那么，这样的增长也是不能持续的，随着时间的推移也将会消失。因此，利用营业利润增长率这一比率也可以较好地考察企业的成长性。营业利润增长率是本期营业利润增加额与上期营业利润之比。其计算公式如下：

$$营业利润增长率 = \frac{本期营业利润增加额}{上期营业利润} \times 100\%$$

同样，如果上期营业利润为负值，则应取其绝对值代入公式进行计算。该公式反映的是企业营业利润增长情况。营业利润增长率为正数，说明企业本期营业利润增加，营业利润增长率越大，说明企业收益增长得越多；营业利润增长率为负数，说明企业本期营业利润减少，收益降低。

值得注意的是，在实际应用中有人提出利用三年利润平均增长率这一指标分析企业收益增长能力。其计算公式如下：

$$三年利润平均增长率 = \left(\sqrt[3]{\frac{年末利润}{三年前年末利润总额}} - 1 \right) \times 100\%$$

从计算公式可以发现，该指标的设计原理与三年资本平均增长率一致。计算三年利润平均增长率是为了均衡计算企业的三年平均利润增长水平，从而客观地评价企业的收益增长能力状况。但是，从该项指标的计算公式来看，并不能达到这个目的。因为其计算结果的高低同样只与两个因素有关，即与本年度年末利润总额和三年前年度年末利润总额相关，而中间两年的年末实现利润总额则不影响该指标的高低。这样，只要两个企业的本年度年末利润总额和三年前年度年末利润总额相同，就能够得出相同的三年利润平均增长率，但是这两个企业的利润增长趋势可能并不一致。因此，依据三年利润平均增长率来评价企业收益增长能力是有缺陷的。

2）收益增长率分析

要全面认识企业净利润的增长能力，还需要结合企业的营业利润增长情况共同分析。如果企业的净利润主要来源于营业利润，则表明企业产品获利能力较强，具有良好的增长能力；相反，如果企业的净利润不是主要来源于正常业务，而是来自营业外收入或者其他项目，则说明企业的持续发展能力并不强。

要分析营业利润增长情况，应结合企业的营业收入增长情况一起分析。如果企业的营业利润增长率高于企业的销售增长率即营业收入增长率，说明企业正处于成长期，业务不断拓展，企业的盈利能力不断增强；反之，如果企业的营业利润增长率低于营业收入增长率，则反映企业营业成本、营业税费、期间费用等成本上升超过了营业收入的增长，说明企业的营业盈利能力并不强，企业发展潜力值得怀疑。

为了更正确地反映企业净利润和营业利润的增长趋势，应将企业连续多期的净利润增长率和营业利润增长率指标进行对比分析，这样可以排除个别时期偶然性或特殊性因素的影响，从而更加全面真实地揭示企业净利润和营业利润的增长情况。

8.6.3 整体增长能力分析

1. 整体增长能力分析框架

除了对企业增长能力进行单项分析以外，还需要分析企业的整体增长能力。其原因在于：其一，股东权益增长率、收益增长率、销售增长率和资产增长率等指标，只是从股东权益、收益、销售收入和资产等不同的侧面考察了企业的增长能力，不足以涵盖企业增长能力的全部；其二，股东权益增长率、收益增长率、销售增长率和资产增长率等指标之间相互作用、相互影响，不能截然分开。因此，在实际运用时，只有把四种类型的增长率指标相互联系起来进行综合分析，才能正确评价一个企业的整体增长能力。

那么，应该如何分析企业的整体增长能力呢？具体的思路如下：

(1) 分别计算股东权益增长率、收益增长率、销售增长率和资产增长率等指标的实际值。

(2) 分别将上述增长率指标实际值与以前不同时期增长率数值、同行业平均水平进行比较，分析企业在股东权益、收益、销售收入和资产等方面的增长能力。

(3) 比较股东权益增长率、收益增长率、销售增长率和资产增长率等指标之间的关系，判断不同方面增长的效益性及它们之间的协调性。

(4) 根据以上分析结果，运用一定的分析标准，判断企业的整体增长能力。一般而言，只有一个企业的股东权益增长率、资产增长率、销售增长率、收益增长率保持同步增长，且不低于行业平均水平，才可以判断这个企业具有良好的增长能力。

根据上述分析思路可形成企业整体增长能力分析框架，如图 8-4 所示。

运用这一分析框架能够比较全面地分析企业增长的影响因素，从而能够比较全面地评价企业的增长能力，但对于各因素的增长与企业增长的关系无法从数量上进行确定。

从企业整体的角度考虑企业的增长，就是保持企业的可持续增长能力，从某种程度上来讲就是保持和谐的财务策略和经营策略。对快速成长的企业而言，其资源会变得相当紧张，管理层需要采取积极的财务政策和经营政策加以控制，如发行新的股权资本，提

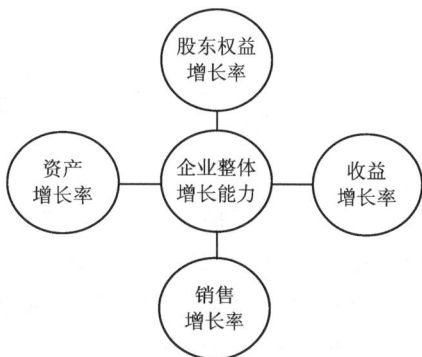

图 8-4　企业整体增长能力分析框架

高财务杠杆系数，减少股利支付比例来满足资金的需求，同时，调整经营政策来进行成长管理，如分流部分订单、改变销售策略、停止或减少入不敷出的经营项目来减少增长的现金压力等。对于成长过慢的企业来说，管理层面临的问题之一是如何解决处理现金顺差问题，根据自身的情况可以进行股票回购或增发股利，通过并购买入成长型企业，即在更有活力的行业寻找物有所值的成长机会。一般来说，企业可持续增长能力的评价指标是可持续增长率。

2. 整体增长能力分析框架的应用

应用企业整体增长能力分析框架分析企业整体增长能力时应该注意以下几个方面。

1）对股东权益增长的分析

股东权益的增长一方面来源于净利润，净利润又主要来自营业利润，营业利润又主要取决于销售收入，并且销售收入的增长在资产使用效率保持一定的前提下要依赖于资产投入的增加；股东权益的增长另一方面来源于股东的净投资，而净投资取决于本期股东投资资本的增加和本期股利的发放。

2）对收益增长的分析

收益的增长主要表现为净利润的增长，对于一个持续增长的企业而言，其净利润的增长应该主要来源于营业利润，而营业利润的增长又应该主要来自营业收入的增加。

3）对销售增长的分析

销售增长是企业营业收入的主要来源，也是企业价值增长的源泉。一个企业只有不断开拓市场，保持稳定的市场份额，才能不断扩大营业收入，增加股东权益，同时为企业进一步扩大市场、开发新产品和进行技术改造提供资金来源，最终促进企业的进一步发展。

4）对资产增长的分析

企业资产是取得销售收入的保障，要实现销售收入的增长，在资产利用效率一定的条件下就需要扩大资产规模。要扩大资产规模，一方面可以通过负债融资实现，另一方面可以依赖股东权益的增长，即净利润和净投资的增长。总之，在运用这一框架时需要注意这四种类型增长率之间的相互关系，否则无法对企业的整体发展能力做出正确的判断。

本 章 小 结

本章系统性地介绍了公司财务能力分析的具体方法。在分析公司财务能力之前对公司采取的经营战略进行了分析。战略分析的主要目的是通过对企业所处行业和所采取的竞争战略进行分析，明确企业的行业性质、行业地位和经营模式，具体包括行业分析和竞争战略分析两个方面。在明确了公司所处的行业和所采取的竞争战略之后，对公司的财务能力进行了分析。关于财务能力分析本章重点介绍了偿债能力、营运能力、盈利能力及增长能力的内涵，以及偿债能力、营运能力、盈利能力和增长能力常用分析指标的计算及分析方法。

战略分析是公司财务能力分析的逻辑出发点和基本导向。就是通过对企业所处行业的定性分析，确定企业在行业中所处的地位和面临的竞争环境，进而掌握企业的经营风险和发展潜力，尤其是价值创造的能力。企业战略分析的关键在于企业如何根据行业分析的结果，正确选择企业的竞争策略，使企业保持持久的竞争优势和高水平的盈利能力。

公司的财务能力分析是评价公司财务状况和经营状况的重要手段。偿债能力是指企业对到期债务清偿的能力和现金的保障程度。企业的偿债能力按照债务到期时间的长短可分为短期偿债能力和长期偿债能力。营运能力分析主要通过计算和分析反映企业资产营运效率与效益的指标，从而评价企业的营运能力，为企业提高经济效益指明方向。营运能力分析的主要内容包括流动资产营运能力分析、固定资产营运能力分析和总资产营运能力分析。盈利能力是指上市公司利用其拥有或控制的各种经济资源获取利润的能力，是公司财务结构和经营绩效的综合体现，评价公司的盈利能力是财务报表分析的一个重要方面。企业增长能力通常是指企业未来生产经营活动的发展趋势和发展潜能，也可以称之为发展能力，对企业增长能力的分析往往可以从单项增长能力分析和整体增长能力分析两个方面展开。

思 考 与 练 习

1. 简述偿债能力分析的目的与内容。
2. 试述利润和现金的含义，并结合两者的关系评价盈利质量分析的意义。
3. 流动比率与速动比率的优点与不足是什么？
4. 哪些人最关心企业的偿债能力？为什么？
5. 速动比率计算中为何要将存货扣除？
6. 为什么债权人认为资产负债率越低越好，而投资人认为应保持较高的资产负债率？
7. 在计算和使用应收账款周转率时应该注意哪些问题？
8. 企业为什么需要持有一定的现金？
9. 分析企业盈利能力的目的是什么？

第九章 公司价值评估

📋 **学习目标**

(1) 学习以现金流为基础的价值评估原理；

(2) 掌握现金流量折现模型的方法；

(3) 了解以经济利润为基础的价值评估方法；

(4) 学习以价格比为基础的价值评估方法。

◀ **案例导读**

小米、美团的估值之谜

在过去几年里，中国科技巨头小米和美团成为投资者瞩目的对象。然而，这两家公司的估值一直存在着一些谜团，让人们对它们的真实价值产生了疑问。

小米是一家以手机制造为主的科技公司，成立于 2010 年。它在中国市场迅速崛起，并在几年内成为全球最大的智能手机制造商之一。然而，小米的估值一直被投资者关注。在 2018 年，小米进行了首次公开募股，其估值达到了约 550 亿美元。然而，一些投资者认为这一估值过高，认为小米只是一个普通的手机制造商，没有足够的创新和技术实力支撑这一高估值。

美团是一家在线外卖和生活服务平台，成立于 2010 年。它在中国市场迅速崛起，并通过收购和并购扩大了其服务范围。然而，美团的估值也一直备受争议。在 2018 年，美团进行了首次公开募股，其估值达到了约 524 亿美元。然而，与小米一样，一些投资者认为美团的估值过高，认为它只是一个在线外卖平台，在激烈的竞争中很难实现高利润。

为了解决这个估值之谜，我们可以从多个方面进行分析。

首先，我们可以看公司的财务状况和盈利能力。一个公司的估值通常会受到其盈利能力的影响。如果一个公司能够持续盈利并具有增长潜力，那么它的估值可能会更高。然而，小米和美团的盈利能力一直备受质疑。小米的盈利能力主要依赖于手机销售，而美团则面临着激烈的竞争，使得其盈利能力受到了压力。

其次，我们可以看公司的市场份额和增长前景。一个公司在其所在市场中占据的份额越大，其估值可能会越高。此外，如果一个公司在其所在市场中有良好的增长前景，那么它的估值也可能会更高。对于小米和美团来说，尽管它们在中国市场中占据了一定的份额，并且有一定的增长前景，但它们都面临着激烈的竞争和市场不确定性。

最后，我们可以看公司的技术实力和创新能力。一个公司如果能够持续进行技术创新并保持竞争优势，那么它的估值可能会更高。然而，对于小米和美团来说，它们的技术实力和创新能力一直备受质疑。小米被认为只是一个普通的手机制造商，缺乏真正的技术创新。美团虽然拥有一定的技术实力，但在外卖和生活服务领域，竞争对手也不断涌现。

本案例中提到2018年小米估值约550亿美元，同年美团的估值约为524亿美元，这两个估值数据是怎么得出的呢？影响企业估值的因素有哪些？企业估值的方法有哪些？我们如何选取合适的方法对企业进行估值呢？

学完本章，相信这些问题都会得到解决。

公司作为一种特殊的资产，与股票、债券等金融资产一样，也需要对其进行价值评估。公司价值评估是财务管理的重要工具之一，具有广泛的用途，是现代财务的必要组成部分。因此，对公司价值进行评估与分析也就自然成为公司财务报表分析的衍生内容。

公司价值评估，简称价值评估，是一种经济评估方法，是指在所获取的信息(包括原始信息和加工整理后的信息)的基础上，利用价值评估模型对资产的内在价值进行评估的过程。这里的内在价值是指资产未来收益的现值。公司也是资产，具有资产的一般特征，但是它与实物资产有区别，是一种特殊的资产，公司价值评估与项目价值评估具有类似之处，也有明显区别。

从某种意义上看，企业也是一个大项目，是一个由若干个投资项目组合而成的复合项目，或者说是一个项目组合。因此，公司价值评估与项目价值评估有许多类似之处：① 无论是企业还是项目，都可以给投资者主体带来现金流量，现金流量越大则经济价值越大；② 他们的现金流都具有不确定性，其价值计量都要使用风险概念；③ 他们的现金流都是陆续产生的，其价值计量也要使用现值概念。公司价值评估与项目价值评估也有许多明显区别：① 投资项目的寿命是有限的，而公司的寿命是无限的，因此要处理无限期现金流折现问题；② 经典的项目投资有稳定的或下降的现金流，而公司通常将收益再投资并产生增长的现金流，它们的现金流分布有不同的特征；③ 项目产生的现金流属于投资人，而公司产生的现金流仅在管理层决定分配时才流向所有者，如果管理层决定向较差的项目投资而不愿意支付股利，则少数股东除了将股票出售外别无选择。这些差别，也正是公司价值评估比项目价值评估更难的地方。

价值评估在企业财务分析中处于核心地位，一般情况下，价值评估是企业财务分析的最终结果和最终目标，综合体现了企业的总体状况。价值评估可用于投资分析，提供决策依据；有助于企业兼并收购活动的定价，推动战略重组；可用于以价值为基础的管理实现理财目标；可用于银行、保险、投资银行等金融服务机构及金融分析师的合理定价；可作为政府相关部门的判断标准。

9.1 以现金流为基础的价值评估

1. 现金流量折现模型的基本思想及种类

现金流量折现模型是企业价值评估中使用最广泛、理论最健全的模型。现金流量折现模型认为，企业价值在本质上是其未来现金流量的现值。任何资产都可以使用现金流量折现模型来评估。其用公式表示为

$$价值 = \sum_{t=1}^{n} \frac{现金流量_t}{(1+资本成本)^t}$$

可以看出，价值是现金流量、资本成本和现金流量的持续年数(n)三个变量的函数。

1) 现金流量

现金流量是指各期的未来现金流量。不同资产的未来现金流量的表现形式不同，债券的现金流量是利息和本金，投资项目的现金流量是项目引起的增量现金流量。在价值评估中可供选择的企业现金流量主要有三种：股利现金流量、股权现金流量和实体现金流量。依据现金流量的不同种类，企业估价模型也分为股利现金流量模型、股权现金流量模型和实体现金流量模型三种。

(1) 股利现金流量模型。

股利现金流量模型的基本形式是：

$$股权价值 = \sum_{t=1}^{\infty} \frac{股利现金流量_t}{(1+股权资本成本)^t}$$

股利现金流量是企业分配给股权投资人的现金流量。

(2) 股权现金流量模型。

股权现金流量模型的基本形式是：

$$股权价值 = \sum_{t=1}^{\infty} \frac{股权现金流量_t}{(1+股权资本成本)^t}$$

股权现金流量是一定期间企业可以提供给股权投资人的现金流量，它等于企业实体现金流量扣除对债权人进行支付后剩余的部分。有多少股权现金流量会作为股利分配给股东，取决于企业的筹资和股利分配政策。如果把股权现金流量全部作为股利分配，则上述两个模型是相同的。

(3) 实体现金流量模型。

实体现金流量模型的基本形式是：

$$实体价值 = \sum_{t=1}^{\infty} \frac{实体现金流量_t}{(1+加权资本成本)^t}$$

$$股权价值 = 实体价值 - 债务价值$$

$$债务价值 = \sum_{t=1}^{\infty} \frac{偿还债务现金流量_t}{(1+同等风险资本成本)^t}$$

实体现金流量是企业全部现金流入扣除成本费用和必要的投资后的剩余部分，它是企业一定期间可以提供给所有投资人(包括股权投资人和债务投资人)的税后现金流量。

在数据假设相同的情况下，三种模型的评估结果是相同的。由于股利分配政策有较大变动，股利现金流量很难预计，所以股利现金流量模型在实务中很少被使用。假设企业不保留多余的现金，而将股权现金全部作为股利发放，则股权现金流量等于股利现金流量，股权现金流量模型可以取代股利现金流量模型，避免对股利政策进行估计的麻烦。因此，大多数的企业估价使用股权现金流量模型或实体现金流量模型。

2) 资本成本

资本成本是计算现值使用的折现率。折现率是现金流量风险的系数，风险越大则折现率越大，因此折现率要和现金流量相互匹配。股权现金流量只能用股权资本成本来折现，实体现金流量只能用企业实体的加权平均资本成本来折现。

3) 现金流量的持续年数

上述模型中 t 是指产生现金流量的时间，通常用"年"数来表示。从理论上讲，现金流量的持续年数应当等于企业的寿命。企业的寿命是不确定的，通常采用持续经营假设，时间越长，远期的预测越不可靠。为了避免预测无限期的现金流量，大部分股价将预测的时间分为两个阶段。第一阶段是有限的、明确的预测，称为"详细预测期"，或简称"预测期"，在此期间需要对每年的现金流量进行详细预测，并根据现金流量模型计算其预测期价值；第二阶段是预测期以后的无限时期，称为"后续期"，或"永续期"，在此期间假设企业进入稳定状态，有一个稳定的增长率，可以用简便方法直接估计后续期价值。后续期价值也被称为"永续价值"，或"残值"。这样，企业价值被分为两个部分：

$$企业价值 = 预测期价值 - 后续期价值$$

2. 现金流量折现模型参数的估计

现金流量折现模型的参数包括预测期的年数、各期的现金流量和资本成本。这些参数互相影响，需要整体进行考虑，不可以完全孤立地看待和处理。这里主要说明预测期的确定、利润表和资产负债表的预计以及现金流量的预计。

1) 预测期的确定

预测的时间范围涉及预测基期、详细预测期和后续期。

(1) 预测基期。

基期是指作为预测基础的时期，它通常是预测工作的上一个年度。基期各项数据被称为基数，它们是预测的起点。基数数据不仅包括各项财务数据金额，还包括它们的增长率以反映各项财务数据之间联系的财务比率。

确定基期数据的方法有两种：一种是以上年实际数据作为基期数据；另一种是以修正后的上年数据作为基期数据。如果通过历史财务报表分析认为上年财务数据具有可持续性，则以上年实际数据作为基期数据。如果通过历史财务报表分析认为上年数据不具有可持续性，就应适当进行调整，使之适合未来的情况。

(2) 详细预测期和后续期的划分。

实务中的详细预测期通常为 5~7 年，如果有疑问还应当延长，但很少超过 10 年。企业增长的不稳定时期有多长，预测期就应当有多长。这种做法与竞争均衡理论有关。竞争均衡理论认为，一个企业不可能永远以高于宏观经济增长的速度发展下去。各企业的销售收入的增长率往往趋于恢复到正常水平。高于或低于正常水平的企业，通常在 3~10 年中恢复到正常水平。

判断企业进入稳定状态的主要标志有两个：一、具有稳定的销售增长率，它大约等于宏观经济的名义增长率。二、具有稳定的投资资本回报率，它与资本成本接近。

预测期和后续期的划分不是事先主观确定的，而是在实际预测过程中根据销售增长率和投资回报率的变动趋势确定的。

【例 9-1】A 公司目前正处于高速增长期，2017 年的销售增长率为 18%，预计 2018 年可以维持 18% 的增长率，2019 年开始逐步下降，每年下降 3 个百分点，到 2022 年增长率下降为 6%，2023 年及以后各年按 6% 的比率持续增长。通过销售预测观察到 A 公司的销售增长率和净资本回报率在 2022 年恢复到正常水平(如表 9-1 所示)。销售增长率稳定在 6%，与宏观经济的增长率接近；净资本回报率稳定在 16.31%，与资本成本 16% 接近。因此，该企业的预测期为 2018—2022 年，2023 年及以后年度为后续期。

表 9-1 A 公司的增长率和净资本回报率

单位：万元

年份	基期	2018	2019	2020	2021	2022	2023	2024	2025	2026
销售增长率	18%	18%	15%	12%	9%	6%	6%	6%	6%	6%
经营利润	72	84.96	97.7	109.43	119.28	126.43	134.02	142.06	150.58	159.62
净资本	468	552.24	635.08	711.29	775.3	821.82	871.13	923.4	978.8	1 037.5
初期净资本回报率		18.15%	17.69%	17.23%	16.77%	16.31%	16.31%	16.31%	16.31%	16.31%

2) 利润率和资产负债表的预计

未来现金流量的数据需要通过财务预测取得。财务预测可以分为单项预测和全面预测。单项预测的主要缺点是容易忽视财务数据之间的联系，不利于发现预测假设的不合理之处。全面预测是指编制成套的预计财务报表，通过预计财务报表获取需要的预测数据。预测销售收入是全面预测的起点，大部分财务数据与销售收入有内在联系。预计报表主要包括预计利润表、预计资产负债表和预计现金流量表。

下面通过前述 A 公司的例子，说明预计利润表和预计资产负债表的编制过程。该公司的预计利润表和预计资产负债，分别如表 9-2 和表 9-3 所示，其中基期的数据和各年的各种比率是已知的。

表 9-2　A 公司的预计利润表

单位：万元

年　份	基期	2018	2019	2020	2021	2022	2023
预期假设							
销售增长率/%	18	18	15	12	9	6	6
销售成本率/%	68	68	68	68	68	68	68
(销售、管理费用/销售收入)/%	10	10	10	10	10	10	10
(折旧与摊销/销售收入)/%	6	6	6	6	6	6	6
短期债务利率/%	6	6	6	6	6	6	6
长期债务利率/%	7	7	7	7	7	7	7
平均所得税率/%	25	25	25	25	25	25	25
利润表项目							
经营利润：							
一、销售收入	600	708	814.2	911.9	993.98	1 053.6	1 116.8
－销售成本	408	481.44	553.66	620.09	675.9	716.46	759.44
销售与管理费用	60	70.8	81.42	91.19	99.4	105.36	111.68
折旧与摊销	36	42.48	48.85	54.71	59.64	63.22	67.01
二、税前经营利润	96	113.28	130.27	145.9	159.04	168.58	178.69
经营利润所得税	24	28.32	32.57	36.48	39.76	42.14	44.67
三、经营利润	72	84.96	97.7	109.43	119.28	126.43	134.02
金融损益：							
四、短期借款利息	7.02	8.28	9.53	10.67	11.63	12.33	13.07
＋长期借款利息	4.91	5.8	6.67	7.47	8.14	8.63	9.15
五、利息费用合计	11.93	14.08	16.19	18.14	19.77	20.96	22.21
－利息费用抵税	2.98	3.52	4.05	4.53	4.94	5.24	5.55
六、税后利息费用	8.95	10.56	12.15	13.6	14.83	15.72	16.66
七、税后利润合计	63.05	74.4	85.56	95.83	104.45	110.72	117.36
＋年初未分配利润	36	40.8	91.34	141.05	186.77	225.18	253.09
八、可供分配的利润	99.05	115.2	176.9	236.87	291.22	335.9	370.45
－应付普通股股利	58.25	23.85	35.86	50.1	66.04	82.81	87.77
九、未分配利润	40.8	91.34	141.05	186.77	225.18	253.09	282.68

表 9-3 A 公司的预计资产负债表

单位: 万元

年 份	基期	2018	2019	2020	2021	2022	2023
预期假设							
销售收入	600	708	814.2	911.9	993.98	1 053.6	1 116.8
(经营现金/销售收入)/%	1	1	1	1	1	1	1
(经营流动资产/销售收入)/%	38	38	38	38	38	38	38
(经营流动负债/销售收入)/%	11	11	11	11	11	11	11
(长期资产/销售收入)/%	50	50	50	50	50	50	50
(短期借款/净资本)/%	25	25	25	25	25	25	25
(长期借款/净资本)/%	15	15	15	15	15	15	15
项目							
经营资产:							
经营现金	6	7.08	8.14	9.12	9.94	10.54	11.17
经营流动资产	228	269.04	309.4	346.52	377.71	400.37	424.4
−经营流动负债	66	77.88	89.56	100.31	109.34	115.9	122.85
=经营营运资本	168	198.24	227.98	255.33	278.31	295.01	312.71
经营长期资本	300	354	407.1	455.95	496.99	526.81	558.42
−经营长期负债	0	0	0	0	0	0	0
=净经营长期资产	300	354	407.1	455.95	496.99	526.81	558.42
净经营资产总计	468	552.24	635.08	711.29	775.3	821.82	871.13
金融负债:							
短期借款	117	138.06	158.77	177.82	193.83	205.45	217.78
长期借款	70.2	82.84	95.26	106.69	116.3	123.27	130.67
净负债合计	187.2	220.9	254.03	284.51	310.12	328.73	348.45
股本	240	240	240	240	240	240	240
年初未分配利润	36	40.8	91.34	141.05	186.77	225.18	253.09
年末股东权益合计	280.8	331.34	381.05	426.77	465.18	493.09	522.68
净负债及股东权益	468	552.24	635.08	711.29	775.3	821.82	871.13

在编制预计利润表和预计资产负债表时，两个表之间有数据的交换，需要一并考虑。下面以 2018 年的数据为例，说明主要项目的计算过程。

(1) 预计经营利润。

① "销售收入"根据销售预测的结果填列。

② "销售成本""销售、管理费用"及"折旧与摊销"，使用销售百分比法预计。有关的销售百分比列示在"利润表预测假设"部分。

$$销售成本 = 708 × 68\% = 481.44 \text{ 万元}$$
$$销售、管理费用 = 708 × 10\% = 70.8 \text{ 万元}$$
$$折旧与摊销费用 = 708 × 6\% = 42.48 \text{ 万元}$$

③ 计算"投资收益"需要对投资收益的构成进行具体分析。要区分债权投资收益和股权投资收益。债权投资收益，属于金融活动产生的收益，应作为利息费用的减项，不列入经营收益。股权投资收益，一般可以列入经营性收益。A 公司投资收益是经营性的，但是数量很小，并且不具有可持续性，故预测时将其忽略。

④ "资产减值损失"和"公允价值变动收益"，通常不具有可持续性，可以不列入预计利润表。"营业外收入"和"营业外支出"属于偶然损益，不具有可持续性，预测时通常予以忽略。

⑤ "经营利润"。

$$税前经营利润 = 销售收入 - 销售成本 - 销售、管理费用 - 折旧与摊销$$
$$= 708 - 481.44 - 70.8 - 42.48$$
$$= 113.28 \text{ 万元}$$

$$税前经营利润所得 = 预计税前经营利润 × 预计所得税率$$
$$= 113.28 × 25\%$$
$$= 28.32 \text{ 万元}$$

$$税后经营利润 = 113.28 - 28.32 = 84.96 \text{ 万元}$$

接下来的项目是"利息费用"，其驱动因素是借款利率和借款金额，通常不能根据销售百分比直接预测。短期借款和长期借款的利率已经列入"利润表预测假设"部分，借款的金额需要根据资产负债表来确定。因此，预测工作转向资产负债表。

(2) 预计经营资金资产。

① "经营现金"。现金资产包括现金及其等价物。现金资产可以分为两部分，一部分是生产经营所必需的持有量，目的是应付各种意外支付，它们属于经营现金资产。经营现金的数量因企业而异，需要根据最佳现金持有量确定。A 公司的经营现金资产，按照销售额的 1%预计。超额部分的现金，属于金融资产，列为金融负债的减项。

$$经营现金 = 708 × 1\% = 7.08 \text{ 万元}$$

② "经营流动资产"。经营流动资产包括应收账款、存货等项目，可以分析预测，也可以作为一个"经营流动资产"的项目预测。预测时使用销售百分比法，有关的销售百分比已列在"资产负债表预测假设"部分。

$$经营流动资产 = 708 × 38\% = 269.04 \text{ 万元}$$

③ "经营流动负债"。表 9-3 将"经营流动负债"列在"经营流动资产"之后，是为了显示"经营营运资本"。在这里，经营营运资本是指"经营现金"加"经营流动资产"

减去"经营流动负债"后的余额。

$$经营流动负债 = 708 \times 11\% = 77.88 \text{ 万元}$$

$$经营营运资本 = (经营现金 + 经营流动资产) - 经营流动负债$$
$$= (7.08 + 269.04) - 77.88$$
$$= 198.24 \text{ 万元}$$

④ "净经营长期资产"。经营长期资产包括长期股权投资、固定资产、长期应收款等。A 公司假设长期资产随销售增长，使用销售百分比法预测，其销售百分比为 50%。

$$净经营长期资产 = 708 \times 50\% = 354 \text{ 万元}$$

⑤ "经营长期负债"。经营长期负债包括无息的长期应付款、专向应付款、递延所得税负债和其他非流动负债。它们需要根据实际情况选择预测方法。不一定使用销售百分比法。A 公司假设他们数额很小，可以忽略不计。

⑥ "净经营资产总计"。

$$净经营资产总计 = 经营营运资本 + 净经营长期资产$$
$$= (经营现金 + 经营流动资产 - 经营流动负债) +$$
$$(经营长期资产 - 经营长期负债)$$
$$= 经营资产 - 经营负债$$

$$净经营资产总计 = 198.24 + 354 = 552.24 \text{ 万元}$$

(3) 预计融资。

预计得出的净经营资产是全部的筹资需要，因此也可以称为"净资本"或"投资资本"。如何筹集这些资本取决于企业的筹资政策。

A 公司存在一个目标资本结构，即有息负债/净资本为 40%，其中短期负债/净资本为 25%，长期负债/净资本为 15%。企业采用剩余股利政策，需要筹集资金时按目标资本结构配置留存利润(权益资本)和借款(债务资本)，剩余的利润分给股东。如果其利润小于需要筹集的权益资本，在"应付股利"项目中显示为负值，表示需要向股东筹集的现金(增发新股)数额。如果有剩余现金，按照目标资本结构同时减少借款和留存利润，企业不保留多余的金融资产。在这种情况下，全部股权现金流量都作为股利分配给股东，股利现金流量和股权现金流量是相同的。

① "短期借款"和"长期借款"。根据目标资本结构确定应借款的数额：

$$短期借款 = 净经营资产 \times 短期借款比例 = 552.24 \times 25\% = 138.06 \text{ 万元}$$
$$长期借款 = 净经营资产 \times 长期借款比例 = 552.24 \times 15\% \approx 82.84 \text{ 万元}$$

② 内部融资额。根据借款的数额，确定目标资本结构下需要的股东权益：

$$年末股东权益 = 净经营资产 - 借款合计 = 552.24 - (138.06 + 82.84)$$
$$= 331.34 \text{ 万元}$$

根据期末股东权益比期初股东权益的增加，确定需要的内部筹资数额：

$$内部筹资 = 期末股东权益 - 期初股东权益 = 331.34 - 280.8 = 50.54 \text{ 万元}$$

企业也可以采取其他的融资政策，不同的融资政策会导致不同的融资额预计方法。

(4) 预计利息费用。

现在有了借款的数额，可以返回利润表，预计利息支出。A 公司的利息费用是根据当期期末债务和预期利率预计的。

$$利息费用 = 短期借款 \times 短期利率 + 长期借款 \times 长期利率$$
$$= 138.06 \times 6\% + 82.84 \times 7\%$$
$$= 8.283\ 6 + 5.798\ 8$$
$$\approx 14.08\ 万元$$

$$利息费用抵税 = 14.08 \times 25\% = 3.52\ 万元$$
$$税后利息费用 = 14.08 - 3.52 = 10.56\ 万元$$

(5) 计算税后利润。

$$税后利润 = 经营利润 - 税后利息费用 = 84.96 - 10.56 = 74.4\ 万元$$

(6) 计算股利和年末未分配利润。

$$股利 = 本年税后利润 - 股东权益增加 = 74.4 - 50.54 \approx 23.85^{①}万元$$
$$年末未分配利润 = 年初未分配利润 + 本年税后利润 - 股利$$
$$= 40.8 + 74.4 - 23.85$$
$$\approx 91.34\ 万元$$

将"年末未分配利润"填入 2018 年的资产负债表相应项目,然后完成资产负债表其他项目的预计。

$$年末股东权益 = 股本 + 年末未分配利润$$
$$= 240 + 91.34 = 331.34\ 万元$$
$$净负债及股东权益 = 净负债 + 年末股东权益$$
$$= 220.9 + 331.34 = 552.24\ 万元$$

由于利润表和资产负债表的数据是相互衔接的,要完成 2018 年利润表和资产负债表数据的预测工作,才能转向 2019 年的预测。

3) 现金流量的预计

(1) 现金流量的概念。

现金流量是财务管理中最重要的概念之一。在价值评估中,应注意使用实体现金流量和股权现金流量两个概念。

① 实体现金流量是指企业全部投资人拥有的现金流量总和,包括股东和债权人。它有如下两种衡量方法。

一是加总全部投资人的现金流量:

$$实体现金流量 = 股权现金流量 + 债权人现金流量 + 优先股股东现金流量$$

由于我国基本没有优先股,为了简化,下面不再讨论优先股问题,也就是假设企业没有优先股。即

$$实体现金流量 = 股权现金流量 + 债权人现金流量$$

二是以息前税后利润为基础,扣除各种必要的支出后计算得出。在正常的情况下,企业获得的现金首先必须满足企业必要的生产经营活动及其增长的需要,剩余的部分才可以提供给所有投资人。

---

① 注:由于在计算中间不断四舍五入,累计误差不断扩大,为了避免差别,这里显示的是更精确的结果,类似情况在本章还有许多,以后不再一一注明。

实际现金流量＝经营现金净流量－资本支出

　　　　　　＝税后经营利润＋折旧与摊销－经营营运资本增加－资本支出

　　　　　　＝税后经营利润＋折旧与摊销－总投资

　　　　　　＝税后经营利润－(总投资－折旧与摊销)

　　　　　　＝税后经营利润－净投资

公式中的"经营现金净流量"是指企业经营活动取得的息前税后利润，加上折旧与长期资产摊销等非付现费用，再减去经营营运资本的增加。如果企业没有资本支出，它就是经营活动给投资人(包括股东和债权人)提供的现金流量。

公式中的"资本支出"是指用于购置各种长期资产的支出减去无息长期负债增加额。长期资产包括长期投资、固定资产、无形资产和其他长期资产。无息长期负债包括各种不需要支付利息的长期应付款、专项应付款和其他长期负债等。购置长期资产支出的一部分现金可以由无息长期负债提供，其余的部分必须由企业实体现金流量提供(扣除)。因此，经营现金净流量扣除了资本支出，剩余部分才可以提供给投资人。

为了简化，本例假设 A 公司有无息长期负债，因此资本支出等于购置长期资产的现金支出，即等于长期资产增加额与本期折旧与摊销之和。

由于资本支出和经营营运资本增加都是企业的投资现金流出，因此它们的合计称为"本期总投资"。

总投资＝经营营运资本增加＋资本支出

企业在发生投资支出的同时，还通过"折旧与摊销"收回一部分现金，因此"净"的投资现金流出是总投资减去"折旧与摊销"后的剩余部分，称为"净投资"。

净投资＝总投资－折旧与摊销

第一种方法是从现金流量的形成角度计算的，是企业剩余或短缺的现金流量。第二种方法是从融资角度计算的，是企业提供给投资人或从投资人处吸收的现金流量，也可以称为"融资现金流量"。由于企业提供的现金流量，就是投资人得到的现金流量，因此它们应当相等。

② 股权现金流量与实体现金流量的区别，是它需要再扣除与债务相联系的现金流量。它有如下三种衡量方法。

第一种：

　　股权现金流量＝实体现金流量－债权人现金流量

　　　　　　　　＝实体现金流量－税后利息费用－偿还债务本金＋新借债务

　　　　　　　　＝实体现金流量－税后利息费用＋债务净增加

第二种：

股权现金流量＝实体现金流量－债权人现金流量

　　　　　　＝税后经营利润＋折旧与摊销－经营营运资本增加－资本支出－

　　　　　　　税后利息费用＋债务净增加

　　　　　　＝(利润总额＋利息费用)×(1－税率)－净投资－

　　　　　　　税后利息费用＋债务净增加

　　　　　　＝税后利润－(净投资－债务净增加)

第三种：如果企业按照固定的负债率为投资筹集资本，企业保持稳定的财务结构，"净投资"和"债务净增加"存在固定比例关系，则股权现金流量的公式可以简化为

股权现金流量 = 税后利润 − (1 − 负债率) × 净投资

(2) 预计现金流量表。

根据预计利润表和资产负债表编制预计现金流量表，只是一个数据转换过程，如表 9-4 所示。

表 9-4　A 公司的预计现金流量表

单位：万元

年　份	基期	2018	2019	2020	2021	2022	2023
税后经营利润	72	84.96	97.7	109.43	119.28	126.43	134.02
＋折旧与摊销	36	42.48	48.85	54.71	59.64	63.22	67.01
＝经营现金毛流量	108	127.44	146.56	164.14	178.92	189.65	201.03
－经营营运资本增加		30.24	29.74	27.36	22.98	16.7	17.7
＝经营现金净流量		97.2	116.82	136.79	155.94	172.95	183.33
－净经营长期资本增加		54	53.1	48.85	41.04	29.82	31.61
折旧与摊销		42.48	48.85	54.71	59.64	63.22	67.01
＝实体现金流量		0.72	14.87	33.22	55.26	79.92	84.71
融资流动：							
税后利息费用		10.56	12.15	13.6	14.83	15.72	16.66
－短期借款增加		21.06	20.71	19.05	16	11.63	12.33
－长期借款增加		12.64	12.43	11.43	9.6	6.98	7.4
＋金融资产增加							
＝债务融资净流量		−23.13	−20.99	−16.88	−10.78	−2.89	−3.06
＋股利分配		23.85	35.86	50.1	66.04	82.81	87.77
－股权资本发行		0	0	0	0	0	0
＝股权融资流量		23.85	35.86	50.1	66.04	82.81	87.77
融资流量合计		0.72	14.87	33.22	55.26	79.92	84.71

① 实体现金流量。

第一种：

经营现金毛流量。经营现金毛流量是指在没有资本支出和经营营运资本变动时，企业可以提供给投资人的现金流量总和。它有时也被称为"常用现金流量"。

经营现金毛流量 = 税后经营利润 + 折旧与摊销 = 84.96 + 42.68 = 127.44 万元

公式中的"折旧与摊销"是指在计算利润时已经扣减的固定资产折旧和长期资产摊销数额。

经营现金净流量。经营现金净流量是指经营现金毛流量扣除经营营运资本增加后的剩余现金流量。

$$经营现金净流量 = 经营现金毛流量 - 经营营运资本增加$$
$$= 127.44 - (198.24 - 168)$$
$$= 97.2 \text{ 万元}$$

实体现金流量。实体现金流量是经营现金净流量扣除资本支出后的剩余部分。它是企业在满足经营活动和资本支出后，可以支付给债权人和股东的现金流量。

$$实体现金流量 = 经营现金净流量 - 资本支出$$
$$= 经营现金净流量 - (净经营长期资产增加 + 折旧与摊销)$$
$$= 97.2 - (354 - 300 + 42.48)$$
$$= 0.72 \text{ 万元}$$

第二种：

$$本期总投资 = 经营营运资本增加 + 资本支出$$
$$= (198.24 - 168) + (54 + 42.48)$$
$$= 126.72 \text{ 万元}$$

$$本期净投资 = 本期总投资 - 折旧与摊销$$
$$= 126.72 - 42.48$$
$$= 84.24 \text{ 万元}$$

或者

$$本期净投资 = 期末净经营资产 - 期初净经营资产$$
$$= (期末净负债 + 期末股东权益) - (期初净负债 + 期初股东权益)$$
$$= 552.24 - 468 = 84.24 \text{ 万元}$$

实体现金流量 = 税后经营利润 - 本期净投资 = 84.96 - 84.24 = 0.72 万元

② 股权融资流量。

第一种：股权融资流量 = 实体现金流量 - 税后利息费用 + 债务净增加
$$= 0.72 - 10.56 + (21.06 + 12.64)$$
$$= 0.72 - 10.56 + 33.7 \approx 23.85 \text{ 万元}$$

第二种：股权融资流量 = 税后利润 - (净投资 - 债务净增加)
$$= 74.4 - (84.24 - 33.7)$$
$$\approx 23.85 \text{ 万元}$$

第三种：股权融资流量 = 税后利润 - (1 - 负债率) × 净投资
$$= 74.4 - (1 - 40\%) \times 84.24 \approx 23.85 \text{ 万元}$$

该公式表示，税后净利润是属于股东的，但要扣除净投资。净投资中股东负担的部分是"(1 - 负债率) × 净投资"，其他部分的净投资是由债权人提供。税后利润减去股东负担的净投资，剩余的部分成为股权现金流量。

③ 融资现金流量。

融资现金流量包括债务融资净流量和股权融资净流量两部分。

债务融资净流量 = 税后利息支出 + 偿还债务本金(或 - 债务增加) + 超额金融资产增加
$$= 10.56 - 21.06 - 12.64 + 0 \approx -23.13 \text{ 万元}$$

股权融资流量 = 股利分配 - 股权资本发行 = 23.85 - 0 ≈ 23.85 万元

融资流量合计 = 债务融资净流量 + 股权融资净流量 = -23.13 + 23.85 = 0.72 万元

④ 现金流量的平衡关系。

由于企业提供的现金流量就是投资人得到的现金流量，因此它们应当相等。"实体现金流量"是从企业角度观察的，企业产生剩余现金用正数表示，企业吸收投资人的现金则用负数表示。"融资现金流量"是从投资人角度观察的实体现金流量，投资人得到现金用正数表示，投资人提供的现金用负数表示。实体现金流量应当等于融资现金流量。现金流量的这种平衡关系，给我们提供了一种检验现金流量计算是否正确的方法。

⑤ 后续期现金流量增值率的估计。

后续期价值的估计方法有许多种，包括永续增长模型、经营利润模型、价值驱动因素模型、价格乘数模型、延长预测期法、账面价值法、清算价值法和重置成本法等。这里只讨论现金流量折现的永续增长模型。永续增长模型用公式表示如下：

$$后续期价值 = \frac{现金流量_{t+1}}{资本成本 - 现金流量增长率}$$

在稳定状态下，实体现金流量、股权现金流量和销售收入的增长率相同，因此，可以根据销售增长率估计现金流量增长率。

⑥ 企业价值的计算。

I. 实体现金流量模型。

续前例：假设 A 公司的加权平均资本成本是 16%，用它来折现实体现金流量可以得出企业实体价值，扣除债务价值后可以得出股权价值。有关计算过程如表 9-5 所示。

表 9-5　A 公司的实体现金流量折现

单位：万元

年　份	基期	2018	2019	2020	2021	2022
实体现金流量		0.72	14.87	33.22	55.26	79.92
平均资本成本/%		16	16	16	16	16
折现系数/%		0.862 1	0.743 2	0.640 7	0.552 3	0.476 1
预测期现金流量现值	101.52	0.62	11.05	21.28	30.52	38.05
后续期增长率						6%
期末现金流量现值	403.32					847.11
总价值	504.84					
债务价值	187.2					
股权价值	317.64					

$$预测期现金流量现值 = \sum 各期现金流量现值 = 101.52\ 万元$$

$$后续期价值 = \frac{现金流量_{t+1}}{资本成本 - 现金流量增长率} = 79.92 \times \frac{1+6\%}{16\% - 6\%} \approx 847.11\ 万元$$

后续期终值 = 后续期价值 × 折现系数 = 847.11 × 0.476 1 ≈ 403.32 万元

企业实体价值 = 预测期现金流量现值 - 后续期现值 = 101.52 + 403.32 = 504.84 万元

股权价值 = 实体价值 - 债务价值 = 504.84 - 187.2 = 317.64 万元

II. 股权现金流量模型。

假设 A 公司的股权资本成本是 22.725 9%，用它折现股权现金流量，可以得到企业股权的价值。有关计算过程如表 9-6 所示。

表 9-6　A 公司的股权现金流量折现

单位：万元

年　　份	基期	2018	2019	2020	2021	2022
股权现金流量		23.85	35.86	50.1	66.04	82.81
股权成本		22.726	22.726	22.726	22.726	22.726
折现系数		0.814 8	0.663 9	0.541	0.440 8	0.359 2
预测期现金流量现值	129.2	19.44	23.81	27.1	29.11	29.74
后续期现金流量增长率						6%
残值现值	188.44					524.63
股权价值	317.64					
债务价值	187.2					
公司价值	504.84					

3. 现金流量折现模型的应用

1) 股权现金流量模型的应用

股权现金流量模型分为三种类型：永续增长模型、两阶段增长模型和三阶段增长模型。

(1) 永续增长模型。

永续增长模型假设企业未来长期稳定、可持续增长。在永续增长的情况下，企业价值是下期现金流量的函数。永续增长模型的一般表达式如下：

$$股权价值 = \frac{下期股权现金流量}{股权资本成本 - 永续增长率}$$

永续增长模型的特例是永续增长率等于零，即零增长模型，在此种情况下，有

$$股权价值 = \frac{下期股权现金流量}{股权资本成本}$$

永续增长模型的适用条件：企业必须处于永续状态。所谓永续状态是指企业有永续的增长率和净投资回报率。使用永续增长模型，企业价值对增长率的估计值很敏感，当增长率接近折现率时，股票价值趋于无限大。因此，对于增长率和股权成本的预测质量要求很高。

(2) 两阶段增长模型。

两阶段增长模型的一般表达式如下：

$$股权价值 = 预测期股权现金流量现值 + 后续期价值的现值$$

假设预测期为 n，则

$$股权价值 = \sum_{t=1}^{n} \frac{股权现金流量_t}{(1 + 股权资本成本)} + \frac{\dfrac{股权现金流量_{n+1}}{股权资本成本 - 永续增长率}}{(1 + 股权资本成本)^n}$$

两阶段增长模型的使用条件：适用于增长呈现两个阶段的企业。第一个阶段为超常增

长阶段，增长率明显快于永续增长阶段；第二个阶段具有永续增长的特征，增长率比较低，是正常的增长率。

(3) 三阶段增长模型。

三阶段增长模型包括一个高速增长阶段、一个增长率递减的转换阶段和一个永续增长的稳定阶段。

假设高速增长期为 n，转换期为 m，则

股权价值＝增长期现金流量现值＋转换期现金流量现值＋后续期现金流量现值

$$= \sum_{t=1}^{n} \frac{增长期现金流量}{(1+资本成本)^t} + \sum_{t=n+1}^{n+m} \frac{转换期现金流量}{(1+资本成本)^t} + \frac{\dfrac{后续期现金流量_{n+m+1}}{资本成本 - 永续增长率}}{(1+资本成本)^{n+m}}$$

三阶段增长模型的使用条件：被评估企业的增长率应当与模型假设的三个阶段特征相符。

2) 实体现金流量模型的应用

在实务中使用实体现金流量模型较多，主要原因是股权资本成本受到资本结构的影响较大，估计起来比较复杂。债务增加时，风险上升，股权成本会上升，而上升的幅度不容易测定。加权平均资本成本受资本结构的影响较小，比较容易估计。债务成本较低时，增加债务比重使加权平均资本成本下降。与此同时，债务增加使风险增加，股权成本上升，使得加权平均资本成本上升。在无税和交易成本的情况下，两者可以完全抵销，这就是资本结构无关论。在有税和交易成本的情况下，债务成本的下降也会大部分被股权成本上升所抵消，平均资本成本对资本结构变换不敏感，估计起来比较容易。

实体现金流量模型，如同股权现金流量模型一样，也可以分为三种类型。

(1) 永续增长模型。

永续增长模型的一般表达式如下：

$$实体价值 = \frac{下期股权现金流量}{加权平均资本成本 - 永续增长率}$$

(2) 两阶段增长模型。

两阶段增长模型的一般表达式如下：

实体价值＝预测期实体现金流量现值＋后续期价值的现值

假设预测期为 n，则

$$实体价值 = \sum_{t=1}^{n} \frac{实体现金流量}{(1+加权平均资本成本)^t} + \frac{\dfrac{实体现金流量_{n+1}}{加权平均资本成本 - 永续增长率}}{(1+加权平均资本成本)^n}$$

(3) 三阶段增长模型。

假设高速增长期为 n，转换期为 m，则

实体价值＝高速增长期现金流量现值＋转换期现金流量现值＋后续期现金流量现值

$$= \sum_{t=1}^{n} \frac{成长期实体现金流量}{(1+加权平均资本成本)^t} + \sum_{t=n+1}^{n+m} \frac{转换期实体现金流量}{(1+加权平均资本成本)^t}$$

实体现金流量折现的上述三种模型，在形式上与股权现金流量折现的三种模型一样，只是输入的参数不同，以实体现金流量代替股权现金流量，以加权平均资本成本代替股权资本成本。具体计算不再详述。

9.2　以经济利润为基础的价值评估

企业既然以增加价值为目标，计量其价值的增加额就成为非常重要的问题。考察企业价值增加最直接的方法是计算其市场增加值。其计算公式如下：

$$市场增加值 = 企业市值 - 总资本$$

企业市值是投资人按当时的市价出售企业可获得的现金流入，包括股本市值和债务市值。总资本是指投资人投入企业的总现金，包括股权资本和债务资本。但是，在日常决策中很少使用市场增加值。一个原因是，只有上市企业才有市场价格，才能计算市场增加值，而上市企业只有少数；另一个原因是，短期股市总水平的变化大于企业决策对企业价值的影响，股市行情淹没了管理作为。

经过大量实证研究发现，经济利润(或称经济增加值、附加经济价值、剩余收益等)可以解释市场增加值的变动。经济利润不是什么新的理论，它的大部分内容已存在了很长时间。现实中日益严重的代理问题，使它成为越来越热门的理财思想。它的诱人之处在于把投资决策、业绩评价和奖金激励统一起来。他把企业的目标定位为经营业绩的尺度，资金的发放也可以根据创造多少经济利润来确定。这就使得基于价值的管理变得简单、直接，具有了逻辑上的一致性。

1. 经济利润模型的原理

1) 经济利润的概念

经济利润是指经济学家所持的利润概念。虽然经济学家的利润也是收入减去成本后的差额，但是经济收入不同于会计收入，经济成本不同于会计成本，因此经济利润也不同于会计利润。

经济利润是实际收益与资本成本之间的差额。计算经济利润的一种最简单的方法，是用息前税后营业利润减去企业的全部资本费用。复杂的方法是逐项调整会计收入使之变为经济收入，同时逐项调整会计成本使之变成经济成本，然后计算经济利润。斯特恩·斯图尔特公司设计了非常具体的经济增加值计算程序及向经理分配奖金的模型，被许多著名的公司采用。

下面通过例子介绍经济利润最简单的计算方法。

【例 9-2】B 企业期初投资资本为 2 000 万元，期初投资资本回报率(税后经营利润/投资资本)为 10%，加权平均资本成本为 8%，则该企业的经济利润为 40 万元。即

$$经济利润 = 税后经营利润 - 全部资本费用$$
$$= 2\,000 \times 10\% - 2\,000 \times 8\%$$
$$= 40 万元$$

计算经济利润的另一种方法是用投资资本回报率与资本成本之差，乘以投资资本，即

$$经济利润 = 期初投资资本 \times (期初投资资本回报率 - 加权平均资本成本)$$
$$= 2\,000 \times (10\% - 8\%)$$
$$= 40\ 万元$$

这种方法得出的结果与前一种方法相同，其推导过程如下：

$$经济利润 = 税后净利润 - 股权费用$$
$$= 税后经营利润 - 税后利息 - 股权费用$$
$$= 税后经营利润 - 全部资本费用$$
$$= 期初投资资本 \times 期初投资资本回报率 - 期初投资资本 \times 加权平均资本成本$$
$$= 期初投资资本 \times (期初投资资本回报率 - 加权平均资本成本)$$

按照最简单的经济利润计算办法，经济利润与会计利润的区别是它扣除了全部资本的费用，而会计利润仅仅扣除了债务利息。

2) 经济利润模型

根据现金流量折现原理可知，如果企业的投资回报率等于加权平均资本成本，则企业实体现金流量的净现值等于零。这时企业赚取的收益刚好等于债权人和股权投资人期望的报酬，这样，企业的经济利润为零，企业价值没有增加，还等于各方投资者原始投入的资本额。如果企业的投资回报率大于加权平均资本成本，则企业的现金流量用加权平均资本成本折现后，有正的净现值，引起企业价值增加。由此可见，企业价值能否增加取决于企业获得的经济利润，经济利润为零，也就是企业获得的现金流量刚好等于投资人期望的报酬，企业价值没有增加；经济利润大于零，表明企业获得的现金流量满足投资人期望后还有剩余，企业价值增加；如果小于零，企业价值减少。

因此，企业价值等于期初投资资本加上经济利润的现值：

$$企业实体价值 = 期初投资资本 + 经济利润现值$$

公式中的期初投资资本是指企业在经营中投入的现金：

$$全部投资资本 = 所有者权益 + 净债务$$

【例9-3】C企业年初投资资本为2 000万元，预计今后每年可取得税后经营利润200万元，每年净投资为零，资本成本为8%，则

$$每年经济利润 = 200 - 2\,000 \times 8\% = 40\ 万元$$

$$经济利润现值 = \frac{40}{8\%} = 500\ 万元$$

$$企业价值 = 2\,000 + 500 = 2\,500\ 万元$$

如果用现金流量折现法，可以得出同样的结果：

$$实体现金流量现值 = \frac{200}{8\%} = 2\,500\ 万元$$

经济利润模型与现金流量模型在本质上是一致的，但是经济利润模型可以计量单一年份价值增加，而现金流量模型却做不到。因为，任何一年的现金流量都受到净投资的影响，加大投资会减少当年的现金流量，推迟投资可以增加当年的现金流量。投资不是业绩不良的表现，而找不到投资机会反而是不好的征兆。因此，某个年度的现金流量不能成为计量

业绩的依据。管理层可以为了改善某一年的现金流量而推迟投资，但这样会使企业的长期价值创造受到损失。

经济利润之所以受到重视，关键是它把投资决策必需的现金流量与业绩考核必需的权责发生制统一起来了。它的出现，结束了投资决策使用现金流量的净现值评价，而业绩考核使用权责发生制的利润评价，导致决策与业绩考核标准分离的局面。

2. 经济利润模型的应用

以 9.1 节 A 公司为例，说明经济利润模型的应用。有关计算过程如表 9-7 所示。

表 9-7　A 公司的经济利润模型

单位：万元

年　份	基期	2018	2019	2020	2021	2022	2023
税后经营利润		84.96	97.7	109.4	119.3	126.4	134
投资资本(年初)		468	552.2	635.1	711.3	775.3	821.8
投资资本回报率/%		18.15	17.69	17.23	16.77	16.31	16.31
加权平均资本成本/%		16	16	16	16	16	16
差额/%		2.15	1.69	1.23	0.77	0.31	0.31
经济利润		10.08	9.35	7.82	5.47	2.39	2.53
折现系数(16%)		0.862	0.743	0.641	0.552	0.476	
预测期经济利润现值	24.8	8.69	6.95	5.01	3.02	1.14	
后续期增长率							0.06
后续期经济利润现值	12.04						25.29
期初投资资本	468						
现值合计	504.84						

1) 预测期经济利润的计算

以 A 公司 2018 年的数据为例：

$$经济利润 = 期初投资资本×(期初投资资本回报率 - 加权平均资本成本)$$
$$= 468 × (18.15\% - 16\%)$$
$$\approx 10.08 \ 万元$$

或者：

$$经济利润 = 税后经营利润 - 期初投资资本 × 加权平均资本成本$$
$$= 84.96 - 468 × 16\%$$
$$= 10.08 \ 万元$$

2) 后续期价值的计算

A 公司 2023 年进入永续增长的稳定状态，该年经济利润为 2.528 67 万元，以后每年递增 6%。

$$后续期经济利润终值 = \frac{后续期第一年经济利润}{资本成本 - 增长率} = \frac{2.528\ 67}{16\% - 6\%} \approx 25.29\ 万元$$

$$后续期经济利润现值 = 后续期经济价值终值 \times 折现系数$$
$$= 25.29 \times 0.476$$
$$\approx 12.04\ 万元$$

3) 期初投资资本的计算

期初投资资本是指评估基准时间的企业价值。估计期初投资资本时，可用以下三种方案：账面价值、重置价值或可变现价值。

举例采用的是账面价值，这样做的原因不仅仅是简单，而且它可靠地反映了投入的资本，符合经济利润的概念。

不采用重置价值主要是因为资产将被继续使用，而不是真的需要重置。此外，企业使用中的资产缺乏有效的公平市场，其重置价值估计有很大主观性。

可变现价值在理论上是一个值得重视的选择。不过，在实际应用中运用较困难。首先，如果使用市价计量投资资本，为保持计量的一致性，结果必然是将每年的资产收益(存量资产升值)计入当年的经济利润。然而，预计未来每年存量资产的市价变动是很难操作的。存量资产一般没有公开交易的市场，预计的可靠性难以评估。其次，事实上多数资产的可变现价值低于账面价值，在账面价值已经提取过减值准备的情况下，使用账面价值不会导致重大失真。当然，如果通货膨胀严重，资产的可变现价值超出账面价值很多，并且能够可靠估计可变现价值的时候，也可以采用可变现价值。

A 公司期初投资资本账面价值是 468 万元，我们以此作为投资资本。

4) 企业总价值的计算

企业的总价值为期初投资资本、预测期经济利润现值、后续期经济利润现值的合计。

$$企业总价值 = 期初投资资本 + 预测期经济利润现值 + 后续期经济利润现值$$
$$= 468 + 24.8 + 12.04$$
$$\approx 504.8\ 万元$$

如果假设前提一致，这个数值应该与折现现金流量法的评估结果相同。

9.3　以价格比为基础的价值评估

价格比率是指股票价格与公司特定变量之间的比值，如价格与收益比率、价格与账面价值比率以及价格与营业收入比率等，而这些公司特定变量被称为价格比率基数，如每股收益、资产账面价值和营业收入等。其公式为

$$企业价值 = 价格比率 \times 价格比率基数$$

$$\frac{V_1}{Y_1} = \frac{V_2}{Y_2}\ , \qquad V_1 = Y_1 \times \frac{V_2}{Y_2}$$

式中：V_1 表示被评估企业的价值；V_2 表示参照企业的价值；Y_1 和 Y_2 表示价格比率基数；

$\dfrac{V_1}{Y_1} = \dfrac{V_2}{Y_2}$ 表示价格比率。

常用的价格比率有三个，分别对应着一种评估模型：价格与收益比率(市盈率)，其公式是价格与收益比率 = 每股市价/每股收益；价格与账面价值比率(市净率)，其公式是价格与净资产的账面价值比率 = 每股市价/每股净资产；价格与营业收入比率，其公式是价格与营业收入比率 = 每股市价/每股营业收入。

1. 基于价格比率的价值评估步骤

(1) 选择价格比例模型，同一企业选择不同的价格比率，评估结果可能不同。

① 考虑相关程度，通常选取与股票价格相关程度最高的价格比率。

② 考虑相关价格比例基数信息的可靠性。

③ 考虑可行性。

④ 当被评估企业与参照企业的资本结构差异较大时，通常选取价格与营业收入比率。

(2) 选择可比公司，具有相似的经营和财务特征的公司，一般选同一行业企业，但并非同行业的所有公司都是可比的。

① 着重考虑可比企业的相似性。

② 财务比率分析可以用来评估可比企业的可比性，可作为可比性的一个检验方法。

(3) 估算目标企业的价格比率值。被评估企业的价格比率值的确定方法主要有可比公司参照法和回归分析法。

① 可比公司参照法。一是将同行业中企业的该价格比率比例进行平均，通过平均数将各企业的非可比因素抵消掉，而被评估企业成为该行业最具代表性的企业。二是选择行业中最相似的一个或几个企业作为可比企业，通过计算可比企业的价格比率的平均值，来确定被评估企业的价格比率。

② 回归分析法。其基本思路是运用统计方法，对同行业公司的历史基本数据进行回归分析，找出价格比率与基本数据之间的关系，将某一价格比率 Y 表示成若干基本因素 X_1、X_2、X_3 和 X_4 的代数和，即建立回归方程：$Y = aX_1 + bX_2 + cX_3 + dX_4$，进而通过确定基本数据来得出价格比率值。

(4) 预测价格比率基数。价格比率基数也就是相关价格比率的分母。对财务数据的调整通常采用统计方法进行或者直接调整。一种特定的调整是否合理，可通过考察调整前后价格比率的变化来检验，如果调整是成功的，它应该可以减少价格比率的波动。

(5) 计算评估企业价值。其计算公式如下：

$$企业价值 = 价格比率 \times 价格比率基数$$

2. 价格与收益比率

价格与收益比率，也被称为市盈率或 PE 比率，是指普通股的每股市价与每股收益之间的比率。其基本公式可以写作：

$$价格与收益比率 = \dfrac{每股市价}{每股收益}$$

(1) 稳定增长企业的价格与收益比率。根据高顿公式，我们可以推导出稳定增长企业

的价格与收益比率的理论计算公式

$$\frac{P}{E} = \frac{m \times (1+g)}{r-g}$$

可以看出：对于稳定增长的企业来说，其市盈率是股利支付率和增长率的增函数，是公司风险(通过贴现率 r 体现)的减函数。

(2) 两阶段增长公司的价格与收益比率。两阶段增长公司的理论市盈率为

$$\frac{P}{E} = \frac{m \times (1+g) \times [1-(1+g)^n/(1+r)^n]}{r-g} + \frac{m_n \times (1+g)^n \times (1+g_n)}{(r-g_n) \times (1+r^n)}$$

根据上式我们可以观察到，两阶段增长公司的市盈率受以下因素影响：

① 高速增长时期和稳定时期的股利支付比率，市盈率随着支付比例的增加而增加；

② 风险(通过贴现率 r 体现)，市盈率随着风险的增加而降低；

③ 高速增长阶段和稳定增长阶段的预期股利增长率，在两个阶段中，市盈率都随着股利增长率的增加而增加。

(3) 价格与收益比例模型的评估步骤：

① 估算目标企业的价格与收益比率。

可比公司参照法：参照的可比企业一般在同行业企业当中挑选，一般做法是首先选择出一组可比企业，计算出它们的平均市盈率，然后根据正在评估的企业和参照企业间的差异，对这个平均值进行主观调整，得出被评估企业的市盈率。

回归分析法：回归分析法可以将大量的数据浓缩到一个等式中，以反映市盈率基本财务数据之间的关系。

② 预测比率基数(收益)。

本量利分析法("成本－业务量/生产量/销售量－利润分析法")：

利润 = 销售收入 － 总成本 = 销售收入 － 变动成本 － 固定成本

相关比率法：

利润 = 预计销售收入 × 销售收入利润率

利润 = 预计平均资金占用额 × 资金利润率。

因素测算法：

计划期利润 = 基期利润 + 由计划期各因素的变动而增加或减少的利润

价格与收益比率模型是证券市场上的投资者在进行企业价值评估时最常用的一个价格比例模型。

其优点：第一，价格与收益比率将股票市场价格与公司盈利状况联系起来，突出了盈利状况对股票价格的影响作用；第二，计算资料容易取得，计算方法简便，即使不具备专业财务知识的投资者也可以使用该比率；第三，如果会计标准合理，并且不同企业之间对于会计标准应用的差异较少，那么该指标可以在同类企业之间进行比较；第四，价格与收益比率指标能够反映市场状况和前景预测。

其缺点：第一，当每股收益是负数的时候，价格与收益比率指标就失去意义了；第二，由于各个国家的会计标准不一样，不同企业对同一标准的运用情况也有所不同，限制了不

同市场、不同企业的价格与收益之间的可比性。

3. 价格与账面价值比率

价格与账面价值比率，也被称为市净率，或 P/BV 比率，是指普通股每股市价与每股账面价值的比率，也可以表述成股权的市场价值与账面价值的比率。

$$价格与账面价值比率 = \frac{每股市价}{每股净资产}$$

(1) 稳定增长企业的价格与账面价值比率：

$$\frac{P}{BV} = \frac{ROE \times m \times (1+g)}{r-g}$$

从公式中我们可以看出，价格与账面价值比率是关于净资产收益率、股利支付率和收益增长率的增函数，是关于公司风险的减函数。

(2) 两阶段增长公司的价格与账面价值比率：

$$\frac{P}{BV} = ROE \times \left\{ \frac{m \times (1+g) \times [1-(1+g)^n/(1+r)^n]}{r-g} + \frac{m_n \times (1+g)^n \times (1+g_n)}{(r-g_n) \times (1+r^n)} \right\}$$

可见，价格与账面价值比率取决于净资产收益率。市净率是关于净资产收益率的一个增函数。高增长阶段和稳定增长阶段的股利支付比率，市净率随着支付比率的增加而增加，风险通过折现率来表示，市净率随着风险的增加而降低。高增长阶段和稳定增长阶段的收益增长率，市净率随着两个阶段的增长率的增加而增加，

(3) 价格与账面价值比率模型的评估步骤。其基本步骤一致，比率基数、账面价值的预测可以通过编制预计资产负债表完成。

其优点：第一，市净率比市盈率能更好地释放风险，保证投资者的利益；第二，市净率指标用来反映企业的内在价值更加具有可靠性；第三，股价存在泡沫，使投资者根据市净率做出投资决策时，所承受的风险明显小于按市盈率做出的投资决策所承受的风险；第四，即使是收益为负的公司，既不能够用市盈率进行价值评估的公司，也可以使用价格与账面价值比率进行价值评估。

其缺点：第一，与收益一样，账面价值受折旧及其他因素的会计处理方法的影响，当公司之间的会计标准相差比较大的时候，各公司间的价格与账面价值比率就无法进行比较；第二，对于固定资产较少的服务性公司来说，账面价值可能没什么意义；第三，如果一家公司的收益长期是负的，那么股权的账面价值就会变成负的，价格与账面价值比率也会变成负的，价格与账面价值比率就会变得没有意义。

(4) 价格与账面价值比率的变形。

① 托宾(Tobin)Q 值。

托宾 Q 值，是市净率的一种变化形式，这种方法将企业的市场价值与资产的重置成本联系起来。当市场通货膨胀导致资产价格上升或技术进步导致资产价格下降的时候，重置

成本往往能够比账面价值更好地反映资产价值的真貌。所以托宾 Q 值能够提供对资产价值评估更好的判断标准。

$$托宾\ Q\ 值 = \frac{资产的市场价值}{资产的重置成本}$$

② Estep T 值。

Estep T 模型的输入参数是在前面反复强调的三个变量——净资产收益率、增长率和市净率，并将其结合成一个变量。

$$T = g + \frac{ROE - g}{PBV} + (1 + g) \times \frac{\Delta PBV}{PBV}$$

4. 价格与营业收入比率

价格与营业收入比率，是指普通股每股市价与每股营业收入之间的比率，也可以表述成股票的市场价值总额与营业收入总额的比值。

$$价格与营业收入比率 = \frac{每股市价}{每股营业收入}$$

(1) 稳定增长企业的价格与账面价值比率：

$$\frac{P_0}{营业收入_0} = \frac{P}{S} = \frac{销售净利率 \times m \times (1 + g)}{r - g}$$

可以看出，价格与营业收入比率是销售净利率、股利支付率以及增长率的增函数，是折现率的减函数。

(2) 两阶段增长公司的价格与营业收入比率：

$$\frac{P}{S} = 销售净利率 \times \left\{ \frac{m \times (1 + g) \times [1 - (1 + g)^n / (1 + r)^n]}{r - g} + \frac{m_n \times (1 + g)^n \times (1 + g_n)}{(r - g_n) \times (1 + r^n)} \right\}$$

价格与营业收入比率取决于以下变量：销售净利率，价格与营业收入比率是销售净利率的增函数。在高增长时期和稳定时期的股利支付比率，随着股息支出比率的增加，价格与营业收入比率也增加。公司的风险，通过贴现率 r 表示，随着风险的增加价格与营业收入比例降低。高增长阶段和稳定阶段的利润增长率，在这两个阶段，随着增长率的增加，价格与营业收入比率都增加。

其优点：第一，与市盈率和市净率不同，价格与营业收入比率不会出现负值，也不会因此出现没有异议的情况，即使对于身处困境的公司来讲，也可以得出一个有意义的比率；第二，与利润和账面价值不同，营业收入不会受公司的折旧存货等会计处理方法的影响，因而不容易被人为操纵；第三，价格与营业收入比率不像市盈率那样频繁剧烈波动，因此给人以可靠的印象；第四，价格与营业收入比率更能体现公司的价格政策变化以及公司战略方面的变化。

其缺点：当公司面临成本控制的问题时，尽管公司的利润和账面价值会大幅度下降，而营业收入可能会保持不变。因此，对于那些存在问题的公司，尤其是有负的利润和账面价值的公司，尝试采用价格与营业收入比率来进行评估，如果不能很好地考虑公司之间的成本和利润率的差别，评估出的价值可能会严重误导决策。

有一些人反对使用价格比率进行价值评估，因为存在利润质量问题和单一年度问题；也有一些人赞成使用价格比率进行价值评估，他们有一个非常简单的论点，因为这个方法被广泛使用，市场中许多公司的价值可能实际上都是基于价格比率确定的。不需要考虑那些认为这种情况不应该发生的理论观点，价格比率实际上决定了许多公司在市场中的价值，由于它被广泛使用，所以它通常被视为正确的方法。这两种观点都可能是正确的，我们能使用价格比率，只要我们理解了以下观点，即实际创造价值的是现金流，而价格比率分析是估计现金流价值的快捷工具，我们对价格比率的使用才是正确的。我们必须考虑被估值企业的会计方法、利润增长、资本结构，以及其他可能影响价格比率的因素，然后针对价格比率基数仔细选择合适的价格比率。

本 章 小 结

公司作为一种特殊的资产，与股票、债券等金融资产一样，也需要对其进行价值评估。公司价值评估是财务管理的重要工具之一，具有广泛的用途，是现代财务的必要组成部分。因此，对公司价值进行评估与分析也就自然成为公司财务报表分析的衍生内容。

价值评估在企业财务分析中处于核心地位，一般情况下，价值评估是企业财务分析的最终结果和最终目标，综合体现了企业的总体状况。价值评估可用于投资分析，提供决策依据；有助于企业兼并收购活动的定价，推动战略重组；可用于以价值为基础的管理实现理财目标；可用于银行、保险、投资银行等金融服务机构及金融分析师的合理定价；可作为政府相关部门的判断标准。本章主要介绍了以现金流为基础的价值评估、以经济利润为基础的价值评估和以价格比为基础的价值评估三种常用的价值评估方法的详细评估流程。

现金流量折现模型是企业价值评估中使用最广泛、理论最健全的模型。现金流量折现模型认为，企业价值在本质上是其未来现金流量的现值。任何资产都可以使用现金流量折现模型来评估。在价值评估中可供选择的企业现金流量主要有三种：股利现金流量、股权现金流量和实体现金流量。依据现金流量的不同种类，企业估价模型也分为股利现金流量模型、股权现金流量模型和实体现金流量模型三种。

经济利润模型与现金流量模型在本质上是一致的，但是经济利润模型可以计量单一年份价值增加，而现金流量模型却做不到。因为，任何一年的现金流量都受到净投资的影响，加大投资会减少当年的现金流量，推迟投资可以增加当年的现金流量。经济利润把投资决策必需的现金流量与业绩考核必需的权责发生制统一起来了，解决了决策与业绩考核标准分离的情况。

以价格比为基础的价值评估模型中常用的价格比率有三个，分别对应着一种评估模型：价格与收益比率(市盈率)，其公式是价格与收益比率＝每股市价/每股收益，价格与收益比率模型是证券市场上的投资者在进行企业价值评估时最常用的一个价格比例模型；价格与账面价值比率(市净率)，其公式是价格与账面价值比率＝每股市价/每股净资产；价格与营业收入比率，其公式是价格与营业收入比率 = 每股市价/每股营业收入。

思考与练习

1. 现金流量折现模型的基本原理是什么？
2. 如何应用现金流量折现模型对一家公司进行价值评估？
3. 经济利润模型的主要原理是什么？
4. 基于价格比率的价值评估步骤有哪些？
5. 如何应用价格与收益比例模型进行公司价值评估？

第十章 行为公司财务

学习目标

(1) 了解行为公司财务学的基本理论；
(2) 了解非理性投资者的实证模型的基本含义；
(3) 了解非理性管理者的实证模型的基本含义；
(4) 学习非理性的公司财务决策的基本行为。

案例导读

"世纪爆仓案"背后的行为财务学

1. 事件概述

韩国人对冲基金经理 Bill Hwang 管理的对冲基金 Archegos Capital 一直习惯使用高杠杆，并且重仓了 Viacom、Discovery、百度、腾讯音乐等相关股票和中概股。

2021 年 3 月 24 日，美国证券交易委员会(SEC)通过了《外国公司问责法案》最终修正案，随后中国境内加强了对于校外培训的监管，将电子烟参照卷烟管理，纳入烟草专卖法监管，引发了教育和电子烟等科技股价大跌，在一定程度上对中概股造成了利空。

2021 年 4 月 2 日，Viacom 股票宣布增发 30 亿美元 B 类普通股及可转换优先股，导致公司股价从 101.97 美元暴跌到 48 美元。

暴跌加上高杠杆，让 Archegos 基金游走在追保的边缘。当追保无法兑现后，基金便开始爆仓，带动一众中概股暴跌，小小的"蝴蝶效应"引发了瀑布行情。

2. 事件结果

股市：美国股市里许多中概股价格暴跌。如爱奇艺，自最高 29 一度跌至 14.6，三天时间就经历腰斩。此外，百度、新东方、唯品会也通通经历了一波暴跌。

基金：Archegos 基金持仓股一天之内亏损高达 150 亿美元，创下了人类史上最大单日亏损纪录，一周内遭到抛售的总金额达 190 亿美元，并且由于存在高杠杆，导致相关股票市值蒸发 330 亿美元。

银行：与 Archegos 做高杠杆交易的银行目前已知的有高盛、摩根士丹利、德意志银行、瑞士信贷、三菱 UFJ、野村证券。野村证券自曝涉及 20 亿美元"预估损失"，三菱 UFJ 银行也在 3 月 30 日收盘后公布称，预计亏损 3 亿美元。据市场预估，此次受牵连的银行损失可能在 50 亿至 100 亿美元。

3. 事件中的行为金融学——证实偏差理论

证实偏差：是指人们有时会把一些附加证据错误地解释为对他们有利，不再关注那些否定该设想的新信息，会有一种寻找某个假设的证据的倾向，这种证实而不证伪的倾向叫作证实偏差。

结合案例分析：与 Bill Hwang 发生合作关系的那些大投行，如高盛跨国投资银行，由于竞争越来越激烈，因此迫切地追求利益。这导致一方面银行给 Bill Hwang 加杠杆做多，另一方面自己买进十大股东，股价涨了赚双份。投资银行可以赚取贷款利息，同时坐享股价上涨带来的收益。但是此前由于内部交易，Bill Hwang 也一度被高盛拉入黑名单。不过后来，高盛眼馋 Bill Hwang 向其他交易商每年支付的数千万美元的佣金，忽视了这个"证据"，就把 Bill Hwang 从"小黑屋"放了出来。显然，高盛更着眼于 Bill Hwang 这个人的交易能力，将这些"证据"错误地认为对自己有利，不再关注那些对自己不利的因素以及信息。

导致证实偏差的心理因素：

(1) 信念坚持：人们坚持自己的假设，即使这个假设与现实相矛盾，即投资银行坚信 Bill Hwang 会为他们带来高收益，即使 Bill Hwang 旗下基金 Archegos 惯用 3～4 倍高杠杆以及曾经有内部操作。

(2) 锚定效应：人们在回忆中具有这样一种倾向，即将肯定的证据视为相关而且可靠的，而将否定证据视为不相关且不可信的，因此在价值判断中容易接受肯定的证据，而对否定的证据则吹毛求疵。他们甚至把与其假设对立的模糊性和概念错误看作对那些假设的基础进行修正的提示，甚至一些完全不一致的或随机的数据，被放置于一个合适的偏差模式进行加工时，仍能保持甚至加强某人的预期。所以高盛等多家大投行不惜铤而走险，甚至为 Bill Hwang 专门设计了一款高杠杆产品。

通过上述案例我们可以看出，不论是对于个人投资者还是公司来说，心理因素与各种行为效应都会对各类决策产生巨大影响，因此对各种心理效应和行为表现的探索和研究对于正确的财务决策具有重要作用。本章将从理论、实证以及行为财务学可能对投资和融资产生的影响来对行为公司财务进行一个基本的介绍。

10.1　行为公司财务学概述

1. 行为财务理论简介

行为财务理论是将行为学、决策科学和心理学等理论与财务分析相结合的研究方法与理论体系。它基于心理学的实验结果，通过分析人的行为、心理等因素对财务决策的影响，得出相关结论。

2. 行为财务理论与行为公司财务学的产生

1) 行为财务理论的产生

行为财务理论的产生与传统的经典财务理论发展陷入困境有密切的关系。随着财务市场和财务研究的发展，主流的传统财务理论的局限性也逐渐暴露，不能很好地解释越来越多的异常现象。

首先，传统理论关于"理性经济人"和"有效市场假设"的理论假定不符合实际情况，在分析实际问题的过程中暴露出越来越多的缺陷。而行为财务理论放宽了假设条件，将行为科学、心理学及财务学交叉综合，从更为真实的市场主体的角度分析、解释投资者的决策行为及其影响，从而得出更具说服力、更有指导价值的理论。

其次，传统理论在面对实践中大量出现的异常现象时不能给出合理的解释，更加削弱了它的地位及价值。例如，对于市场无效导致的股价异常现象、非理性经济人的异常投资行为、封闭式基金之谜、小公司效应等一系列问题，如果不从行为学、心理学的角度分析，将难以得到解释。

由此，在对个体行为、心理的研究日益成熟的情况下，行为财务理论应运而生。

2) 行为公司财务学的产生

行为公司财务学的目的是将行为经济学的基本研究范式应用到公司财务领域中。大多数关于行为公司财务学的重要研究是 20 世纪 90 年代以后才出现的。其中，Bondt 和 Thaler(1985 年)通过实证检验了美国资本市场存在过度反应，并且指出过度反应和反应不足都是过度自信的体现。Hersh Shefrin(2001 年)认为，公司内部的行为和公司外部的行为都对公司财务政策产生影响。公司管理者的认知不理性和情感影响容易导致决策失误。Black(1986 年)提出噪声交易理论，投资者凭借噪声而不是信息从事交易。Barberis、Shleifer 和 Vishny(1998 年)模型假定投资者在进行投资决策时存在偏差。这些重要的研究奠定了行为公司财务的研究基础，提出了有别于传统财务学的假设前提。基于以上这些人的贡献，行为公司财务已经迅速发展出很多模型来解释公司治理中出现的现象，并且也有很多相关的实证研究出现，随着时间的推移，用实证的方法来解决公司治理中的现象渐渐被主流经济学领域的研究人员接受，很多人也将自己早期对资本市场和公司治理的研究归结到行为公司金融的范畴。目前，该学科已经能够有力地解释一些现实中出现的很多公司治理问题，比如，企业的融资决策和投资决策的制订为什么有时候会偏离最大化公司基础价值的目标、为什么 IPO 在发行以后的后续收益不佳、企业跨行业兼并收购为什么有时候会不成功等长期困扰传统公司的金融学问题。行为公司财务学用更现实的假设来代替传统公司财务学。研究向两个方向展开：大体上讲，第一种方法强调投资者的行为不是充分理性的；第二种方法考察管理者的行为不是充分理性的。这两条支路的理论模型都是在不断放松经典假说各个方面的尝试中前进的，在两个研究方向的基本框架下，行为公司金融学的研究内容涉及企业的投资政策、融资决策、资本结构、兼并和收购、股利政策和盈余管理等方面。由于现实生活中投资者和管理者的心理特征纷繁复杂，因此研究框架下的每种理论在某种特定情景下有较强的解释力而缺乏理论的统一性。

3. 行为财务的主要理论

行为财务理论研究的重点在于对市场中的行为认知的偏差识别,目前关于投资者心理、认知偏差的相关理论主要有:

1) 有限理性

有限理论指由于环境的复杂性、交易的不确定性以及对环境的计算能力和认识能力的有限性,经济人在做决策时往往不能对所有的方案进行全面、细致、科学的评估和测算,因而无法达到完全理性的状态,做出的结论通常并非“最大”或“最优”,而仅仅是“满意”。

2) 过度自信

过度自信是指投资者常常对自己所拥有的知识具有很强的自信心,高估自己实际上所具有的知识的精确度。这就导致他们对事件进行概率估计时,常走向极端。过度自信的心理偏差现象常常发生在行为人擅长的领域中。

3) 锚定效应

锚定效应是指当投资者需要对某个事件做定量估测时会习惯性地把某些数值当作起始值,而起始值则会像锚一样制约估测值。而且,投资者在做决策的时候,会不自觉地给予最初获得的信息过多的关注。

锚定效应会对很多财务和经济现象产生影响。例如,证券市场的股票价值是不明确的,它们的真实价值很难被测评出来。因而,在没有充分信息以供参考的情况下,历史的价格(或其他可比价格)就可能是现在价格的重要影响因素,即通过锚定过去的价格来估计、确定当前的价格。锚定效应在现实中的一种表现为股票当前价格的确定会被过去的价格影响、束缚。

4) 后悔回避

后悔回避指投资者倾向于回避曾经做出的错误决策的遗憾或损失报告的尴尬,因而在面对相同结果的决策选择时,投资者倾向于选择遗憾感最小的决策。

5) 心理账户

投资者会根据自身心理感受的需要把资产归入不同的心理账户,并且对不同心理账户的资产采取不同的态度。也就是说,在投资者的心里,本质相同的资金并不都是可以相互替代的。投资者倾向于根据投资资金所在的账户做出相应的决策,并且有着不同的收益预期。

6) 期望理论

期望理论认为,大多数投资者并非完全理性的投资者,而常常是行为投资者,其行为不总是理性的,也并不总是回避风险的。投资者的决策还会受到复杂的心理机制的影响。期望理论将违反传统预期效用理论的现象归为三个效应:确定性效应、反射效应和分离效应。

10.2　核心理论与基本模型

10.2.1　非理性投资者的实证模型

引导案例 1

投资者非理性行为案例分析——以丰乐种业为例

2019 年 5 月 6 日丰乐种业(000713)的股价持续高涨，甚至出现了 10 个交易日 9 个涨停板、11 个交易日累计涨幅高达 135.19% 的异常情形。其股价从 7.59 元/股涨至 17 元/股，市值翻了一倍多。

丰乐种业股价飙升的原因不仅仅是其在种子行业中突出的实力，其上涨的原因还要追溯到 2019 年 5 月 2 日登陆纳斯达克的 Bevond Meat 在挂牌首日就创造了 21 世纪以来美国公司 IPO 首日最佳表现。该品牌主打人造肉，即用大豆或豌豆蛋白代替牛肉碎屑、鸡柳等肉类，它与动物蛋白的口感相似，但不含肉质、乳制品，无反式脂肪和胆固醇的植物性肉类代替品。由于其在模仿肉类口感方面较为成功，因此"人造肉"的概念盛行起来。丰乐种业的主营业务涉及种子类业务，其中就包含大豆业务，游资由此在市场上借机爆炒，其换手率高达 20%。

持续高涨的股价背后的真实情况是我国 A 股目前并没有真正的人造肉公司，也没有形成相应的产业，只是有主营业务涉及豆制品或者主营业务只是农产品的制造业，各大公司也纷纷澄清并不存在人造肉相关业务。同时丰乐种业的公司业绩平庸，从 2016 年开始，公司的现金流持续净流出，主营业务能力较弱，持续能力面临着较大的挑战，在 2018 年甚至出现了亏损的状况。

丰乐种业股价如此高涨，却没有相应的业绩作为支撑，那是什么原因导致它一路上涨呢？从行为财务学角度看，其主要原因包括：

第一，投资者的过度自信及证实偏差心理。

在丰乐种业暴涨的事件中，投资者高估了人造肉的投资价值，并对此深信不疑，当收集到丰乐种业可能会有投资于人造肉的计划时，便主观地认为其市值将会随着其投资计划而上涨。丰乐种业的表现也正如投资者所期待，此时大部分投资者存在过度自信的心理状态，将其获得收益的原因归结为自己的才能和投资天赋，反而更加频繁和活跃地进行交易。然而 2019 年 5 月 16 日丰乐种业的披露公告显示，其公司只有少量的大豆种子业务，并没有大豆产品深加工业务，更不存在人造肉相关业务，未来也没有从事人造肉的计划。但游资的大量买入使投资者盲目跟进，忽视了丰乐种业并没有相关业务的事实，并且由于投资者的证实偏差心理，不关注与其假设相背离的信息，自然地忽略了质疑丰乐种业的信息和声音而一味地寻求其他证据以求其选择丰乐种业是正确的选择，坚定投资该公司的心理，从而纷纷买进，造成了"十天九板"的现象。

第二，投资者的从众行为。

游资的炒作引起了大量股民的关注，这些股民纷纷跟进。由于从众心理的作用，机构投资者率先投入大量资金，成为这次暴涨的主导者。在丰乐种业出现暴涨的情况下，不乏投资者眼红于节节高升的股价而跟风买入，这样就吸引了大量的跟风盘，最后导致其股价不断攀升。但股价不可能一直处于上涨的状态，从众行为也可能会有负面效应，比如若投资者在 5 月 20 日继续跟风买入，则可能会遭受损失。

第三，投资者的处置效应。

自 5 月 3 日出现亏损状态后，丰乐种业的股东人数徘徊在 8 万人左右，没有出现明显的减少趋势。根据前景理论，我们已知价值函数在损失段是凸函数，因此在股价下跌时投资者不会立马确认损失，此时会表现出明显的风险偏好性，并尝试各种扳平的可能性。所以投资者面临丰乐种业的股价下跌时，大部分与赌徒在赌输情况下期望翻本的心理是一样的，愿意继续持有丰乐种业的股票，以期望股价回升。

本案例从投资者非理性的角度分析了投资者由于错误的信息对丰乐种业公司业绩做出了错误评估，并做出错误投资决策导致投资者自身遭受巨额损失。目前，在行为公司财务学理论发展的基础上，行为公司财务已经迅速发展出很多模型来解释公司治理中出现的现象，并且也有很多相关的实证研究出现，随着时间的推移用实证的方法来解决公司治理中的现象渐渐被主流经济学领域的研究人员接受。故本案例中投资者的一系列投资行为从实证的角度该如何解读，实证结果又如何解释投资者非理性投资行为对投资决策的影响呢？本节将从实证的角度对非理性投资者的实证模型做出简单的介绍，并根据实证结果讨论投资者在非理性市场中其决策的制订。

1. 基本模型

1) 假设

在非理性投资者的基本模型中，存在两条重要假设：首先，非理性的投资者能够影响有价证券的市场价格，从而导致财富在投资者之间转移。其本质是：套利是受限的，市场不是完全有效的。其次，管理者必须足够聪明，能够区别市场价格和基础价值。

第一条假设——非理性的投资人模型框架来自 Fischer 和 Merton(1984 年)，DeLong、Shleifer、Summers 和 Waldmann(1989 年)，Morck、Shleifer 和 Vishny(1990 年)，Blanchard、Rhee 和 Summers(1993 年)等的文章。Barberis、Shleifer 和 Vishny(1996 年)提出的模型假定投资者在进行投资决策时存在两种偏差：其一是代表性偏差(Representative Bias)或相似性偏差(Similarity Bias)，即基于近期数据与某种模式(比如股票上升或下降通道)的相似性来预测，过分重视近期数据；其二是保守性偏差(Conservatism Bias)，即不能及时根据变化了的情况修正自己的预测。代表性偏差会造成投资者对新信息的反应过度，认为近期股票价格的变化反映了其未来变化的趋势，从而错误地对价格变化进行外推，导致反应过度。保守性偏差会造成投资者对新信息的反应不充分，认为股票收益的变化只是一种暂时现象，未根据收益的变化充分调整对未来收益的预期，当后来的实际收益与先前的预期不符时，投资者才进行调整，导致反应不足。此外，投资者在代表性偏差和保守性偏差之间的状态转移过程遵循 Bayes 法则。上述模型可以很好地解释短期投资收益惯性、长期投资收益反转等现象。Hong 和 Stein(1999 年)提出的模型假定市场由两种有限理性投资者组成：消息观测者和惯性交易者。两种有限理性投资者都只能处理所有公开信息中的一个子集。信息观测者基于他们私自观测到的关于未来基本情况的信号来做出预测。他们的局限性是他们不能根据当前和过去价格的信息进行预测。惯性交易者正好相反，他们可以根据过去价格的变化做出预测，但是他们的预测是过去价格的简单函数。

除了对两种投资者信息处理能力方面的限制性假设，第三个重要的假设是私人信息在信息观测者之中逐步扩散。信息在投资者当中逐步扩散，价格在短期内存在反应不足。这种反应不足意味着惯性交易者可以从"追涨杀跌"中渔利。然而，这种套利企图必然导致长期的价格反应过度。Daniel、Hirshleifer 和 Subrahmanyam(1998 年)提出的模型假定投资者在进行投资决策时存在两种偏差：其一是过度自信(Overconfidence)，其二是有偏自我评价(Biased Self Attribution)或归因偏差。投资者通常过高地估计了自身的预测能力，低估自己的预测误差，过分相信私人信息，低估公开信息的价值。在 DHS 模型中，过度自信的投资者是指那些过高地估计私人信息所发出的信号的精度、过低地估计公开信息所发出的信号的精度的投资者。过度自信使私人信号比先验信息具有更高的权重，引起反应过度。当包含噪声的公开信息到来时，价格的无效偏差得到部分矫正。当越来越多的公开信息到来后，反应过度的价格趋于反转。关于投资者非理性的文献还有很多，综述性文章在 Barberis 和 Thaler(2003 年)以及 Shleifer(2000 年)的文章中有所总结。

第二条假设的成立，体现在以下三个方面：

首先，公司管理者相对于其他人拥有更多的自己公司的信息。Meulbroek(1992 年)、Seyhun(1992 年)和 Jenter(2004 年)在研究中发现，公司经理们在他们自己的交易中获得了超乎寻常的高收益。罗庚辛、蔡文贤、许明峰和简瑞廷(2005 年)的研究以 1993 年 1 月 1 日至 2002 年 12 月 31 日间中国台湾地区上市公司的内部人交易数据为样本，探讨内部人交易与交易后股票异常报酬、交易后公司的经营绩效及影响内部人交易形态的影响因素。研究结果发现，内部人买入交易后，在短期三个月内具有正的股票异常报酬，而内部人卖出交易后在长期具有负的股票异常报酬。在内部人交易后，公司买入组的经营绩效表现较卖出组为佳。

其次，在大规模的公司面临过去经营绩效不佳及成长机会少的情况下，若市场景气、呈现多头趋势，则内部人买进交易后公司的经营绩效会转好。

最后，在有关内部人交易形态的影响因素方面，他们发现当公司过去的经营绩效较好、空头景气、股价处于相对低点、为传统产业、规模较大及前一年度股价负异常报酬显著时，内部人较倾向于买进交易。Bradshaw、Richardson 和 Sloan(2003 年)的研究中指出管理者们也可以通过盈余管理，或是利用结论相悖的分析员来创造一种信息优势。此外，公司高层财务管理者面对的约束比中下层财务管理者要少得多。此处的约束体现在两个方面：一个是 DeLong、Shleifer、Summers 和 Waldmann(1990 年)提到的眼光的差别(Short Horizons)，比如 CFO 比一般财务管理者更能用长远眼光判断公司价值，他们看待市场价值的眼光是一般财务管理者无法具备的；另一个是 Miller(1977 年)提到的卖空约束(Short-sales Constraints)。卖空约束使得一般财务管理者不能像 CFO 那样。当公司价值被高估的时候，CFO 代表公司可以增发股票，而一般财务管理者没有这种权限。在缺乏真实信息优势的情况下，管理者们仅凭直觉和经验就能察觉到价格失真，也就是能够察觉到公司的市场价值是否偏离基础价值。Baker 和 Stein(2004 年)的研究指出，管理者们的成功经验之一就是在市场流动性较好的时候发行股票。因为存在卖空约束的时候，不正常的高流动性往往是市场充满非理性投资者的信号，也是公司价值被高估的信号。

2) 理论框架

投资者的非理性集中表现为：非理性使得股价会高于或低于公司的基本价值，并且这种价格失真能够持续一段时间，这就给了管理者利用这种非理性的机会。在存在非理性投资者的市场中，理性的管理者需要权衡三个互相有冲突的目标。

(1) 最大化公司的基础价值。这就意味着要选择合适的融资投资策略以提高未来现金流的风险折现值。为了使模型简单，不考虑税收、企业财务困境、替代问题和信息不对称问题。公司基础价值用 $f(K) - K$ 来表示，其中 f 是新增投资 K 的增函数和凹函数。

(2) 最大化当前公司股票的股价。在满足有效性的资本市场上，市场有效性意味着市场价值等于基础价值，管理者的前两个目标是等价的。一旦放松投资者理性的假设，则两个目标就产生一定的冲突。在最大化股价的目标下，管理者可能会通过特殊的投资项目或通过将公司及其股票包装起来以做到最大化地"迎合"投资者。那么，管理者就能够通过投资者造成短期暂时的价格失真，这种价格失真的程度用 $\delta(\cdot)$ 来表示。δ 的实际参数取决于投资者的特征。实际参数也许意味着投资于特定的技术、改变公司名称、管理收入(指利用会计手段调节收入)等。在现实中，决定价格失真的变量是随着时间而变化的。

(3) 利用当前的价格失真为目前的长期投资者获益。这个目标是通过叫作"市场时机"的操作实现的：短期，经理们在股价被高估的时候增发股票，然后在股价被低估的时候回购。这将使价值从新投资者或正退出的投资者的手中转移到长期投资者手中，而这种转移没有被短期投资者发觉的时候会被认为是长期价格调整。这里只关注短期资本市场的价格失真，δ 代表了股票当前市场价格和基础价值之间的差额。在更一般的情况下，每个公司的有价证券都存在一定程度的价格失真。e 代表了管理者卖出公司股份的比例，则长期投资者得到价值转移 $e\delta(\cdot)$。将三个目标合成起来就形成了非理性投资者类型下的管理者的目标函数，管理者们通过选择最优的投资和融资策略来最大化目标函数：

$$\max_{k,e} \lambda\left[f(k) - K + e\delta(\cdot)\right] + (1-\lambda)\delta(\cdot)$$

其中，$0 < \lambda < 1$，取决于管理者的眼光。当 $\lambda = 1$ 时，管理者只关心为长期股东创造价值，目标函数的第二部分没有了，也就不存在"迎合"行为的影响。然而在现实中，即使是具有极端长远眼光的管理者也难免因为"市场时机"而关注短期价格失真，因此也难免做出"迎合"的行为。不考虑任何形式的财务约束，下面讨论 e 对基础价值的影响。

假设管理者的眼光由其个人素质和其他因素外生给定，对目标函数求一阶条件得到理性管理者在非充分有效资本市场中的最优投资和融资策略：

$$f_K(K) = 1 - \left(e + \frac{1-\lambda}{\lambda}\right)\delta_K(\cdot), \quad -f_e(K) = \delta(\cdot) + \left(e + \frac{1-\lambda}{\lambda}\right)\delta_e(\cdot)$$

一阶条件表明，投资策略使得投资带来的边际价值等于资金成本(标准化为 1)，投资对价格失真的边际影响二者加权后的差。融资策略说明，改变公司现有资本结构(改变 e)而造成的边际损失是由直接"市场时机"策略和股票增发对价格失真的影响两部分加权相加构成的。

2. 讨论

1) 投资策略

如果 $\delta_K(\cdot)$ 和 $f_e(K)$ 等于零，则投资和融资策略互相独立。最优投资策略的原则与完美市场情况下一致，资本的边际价值等于其单位成本。Stein(1996 年)，Baker、Stein 和 Wurgler(2003 年)的研究中讨论的是 $f_e(K)$ 非零的情况。非零情况下存在一种最优资本结构或至少有一个负债上限。发行和回购股票的收益与由过度(或是过少)的财务杠杆产生的基础价值减少互相平衡。Polk 和 Sapienza(2004 年)，Gilchrist、Himmelberg 和 Huberman(2004 年)的文章都指出，不存在最优资本结构，但是 $\delta_K(\cdot)$ 非零：价格失灵本身是新增投资的函数。Polk 和 Sapienza 关注于"迎合"的效应，而 Gilchrist 发展了当管理者具有长远眼光时做出"市场时机"的决策模型(令 $\lambda = 1$)。

2) 融资策略

$e\delta(\cdot) < 0$，表示对公司股票的需求曲线是向下倾斜的。这时增发股票可以部分起到纠正价格失真的作用。如果投资和融资策略是分离的，那么管理者就像市场垄断者那样行为。具有长远眼光的管理者不停地沿着向下的需求曲线增发股票直到边际收益 δ 等于边际成本 $-e\delta(\cdot) < 0$。注意，在发行之后，市场价格始终保持在基础价值之上——"公司套利"使得市场的有效性增加。当 $\lambda < 1$ 时，管理者关注短期股价，会卖掉较少的股票。比如，Ljungqvist、Nanda 和 Singh(2004 年)指出，管理者指望着在公司 IPO 之后立即卖掉自己的股份，这样发行量就会减少。除了解释管理者如何进行投融资决策外，模型还可以解释其他问题。初发股利或增发股利会通过税收影响基础价值和价格失真。如果投资者像 Baker 和 Wurgler(2004 年)指出的那样将股票按分红策略分类，则权衡可以表示为 $-fd(k) = \left(e + \dfrac{1-\lambda}{\lambda}\right)\delta_e(\cdot)$。等式

左边是股利的税收成本，等式右边是"市场时机"的收益。原则上讲，类似的权衡取舍也约束着管理者盈余管理的决策。

3. 实证困境

基本模型描述了投资者非理性市场中的管理者投资、融资和其他一些决策的制订，对模型的实证检验难点主要是如何衡量价格失真。学术界已经找到了一些方法来进行价格失真的实证检验，但没有一种方法是完美无缺的。

1) 价格失真的事前估计

一种观点认为，应该进行一种事前对价格失真的衡量。最常用于衡量的比率是市账率，即市值与账面净值的比值。市账率较高，表明公司价值可能被高估了。与此观点一致的是，假设价格失真在长期中会得到纠正，Fama 和 French(1992 年)通过截面数据，Kothari、Shanken(1997 年)，Pontiff、Schall(1998 年)通过时间序列数据都发现市账率与股票未来长期收益负相关。另外，Vishny(1994 年)，La Porta(1996 年)，La Porta、Lakonishok、Shleifer 和 Vishny(1997 年)的研究发现，极端的市账率与投资者极端的预期有关。然而这种做法的

缺陷在于，包括市账率在内的一些事前比率都与公司的一系列特征相关。账面价值并不是公司基本价值的精确衡量，它所体现的更多是公司过去的会计表现。Dong、Hirshleifer、Richardson 和 Teoh(2003 年)，Ang 和 Cheng(2003 年)的研究抛开了分析家的盈余预测，建立了一种可论证的并且比市账率问题更少的衡量基础价值的方法。

另外一个因素也限制了事前比率的使用。一项特定的事前指标可能代表了一种有利可图的交易规则。有限套利使得理性投资者不能充分利用这种规则。不过从积极方面来看，当卖空约束和其他套利成本存在并且风险更高时，像市账率这样的变量从数据的角度来说还是更具有可靠性的。

2) 价格失真的事后估计

价格失真的事后估计利用的是影响未来收益的信息。该方法的思想是：如果股票价格总是有规律性地在宣布某件公司事件之后下跌，则可以推论说股价在事件发生的时候存在偏离基础价值的变化。然而，正像 Fama(1998 年)、Mitchell 和 Stafford(2000 年)详述的那样，这种方法受到了很多批评。主要的批评源于联合检验问题：一个可预测的超常回报很可能说明事前就存在对价值的错误估计。因为检验有效市场就是检验市场价值是否偏离基础价值太多，同时需要检验基本价值的定价(比如 CAPM)是否正确。也许用 CAPM 得出的正常预期收益率就是错的，也许公司事件系统性地与风险变化相关，则在有效市场内收益率自然会随风险变化而变化。这样就无法说明存在一个"价格失真"，事后的检验有可能因为事前错误而没有意义。

另一个批评指出了关于现实经济层面的问题。纽约证券交易所对公司的预测可能会降低异常收益率并且使它们消失。同样也存在统计的问题。比如，公司事件(Corporate Events)总是在时间和产业上聚集，那么超常的回报率可能缺乏独立性，比如 Brav(2000 年)提出，IPO 就是这样。Barber 和 Lyon(1997 年)，Barber、Lyon 和 Tsai(1999 年)证明由买入持有(Buy and Hold)收益率进行推断是不准确的。时间投资组合法(Calendar-Time Portfolio)在这方面具有较少的问题，但是投资组合构成的变化使得标准检验出现了新的复杂情况。Loughran 和 Ritter(2000 年)也认为事后估计价格失灵的方法并不理想，因为密集的公司事件总是伴随着糟糕的后续表现。最后，许多研究只覆盖了较短的时间。Schultz(2003 年)指出，一旦管理者陷于"伪"(Pseudo)市场时机——他们根据过往而不是未来的价格变化做出决策，数据容量问题就会导致小样本误差。

加总时间序列法(Aggregate Time Series)解决了部分问题，它类似于时间投资组合法，许多收益率时间序列数据分布都更具备独立性。另外，类似于 Stambaugh(1999 年)的研究也通过发明新的时间序列方法来处理小样本误差问题。然而，必要收益率随时间而变化，联合检验问题仍然存在。退一步说，即使计量问题能够被解决，解释问题仍然存在。比如，假设投资者可能会高估那些确实有好的增长前景的公司，这样一来，即使出现事后较低回报的投资项目也不一定是事前无效率的。投资者只是关注被忽略的投资机会，而不是出现了价格失真。

3) 截面交互

另一种鉴别价格失真的方法是利用好的截面数据进行预测，即截面交互(Cross-Sectional Prediction)。Baker、Stein 和 Wurgler(2003 年)进行了 $f_e(K) < 0$ 情况下的预

测,得出价格失真更主要影响的是受财务约束的公司。虽然不同公司的管理者的眼光和"迎合"成本是不同的,却是可量化的。使用这种方法仍难免要找到价格失真的事前或事后替代变量。

10.2.2　非理性管理者的实证模型

引导案例 2

管理者非理性行为案例分析——以巴林银行为例

英国巴林银行于 1763 年在英国伦敦建立。该公司由于业务经营灵活、擅长变通,因此很快在金融市场中占据了一席之位。作为一家老牌银行,其业务专长并不是为客户提供存款业务,而是对企业进行融资和投资管理。在 20 世纪 90 年代,亚洲及拉美国家也开始出现了巴林银行的经营网点。

1989 年,尼克·里森进入巴林银行工作。他由于能力出色,因此仅任职三年便被管理人员分派到新加坡任巴林银行新加坡期货部总经理,既管理期货交易,又管理交易清算,主要从事的期货种类为日经指数期货和日本国债期货。巴林银行一开始一直用名为"99905"的账户记录交易员的操作错误,后来伦敦总部要求新建立一个记录错误的账户,即"88888"。不久后伦敦总部要求继续使用之前的"99905"账户且忘记对"88888"进行撤销处理,于是这个未被撤销的"88888"账户给任职期间的里森提供了记录期货交易失误的暗道。此后,里森将期货交易操作过程中的失误都计入该账户。1992 年,下属的操作失误以及市场的剧烈波动致使交易部损失巨大,为了弥补这些损失,里森决定通过稳定的日经指数获利,但天不遂人愿,1995 年日本神户发生大地震,这次地震重创了日本经济,日经指数随之大幅度下降。里森预期日经指数在不久将会上涨,于是继续买入日经指数期货,但市场实情是日经指数一路下跌,里森所持有的期货合约出现巨幅亏损。短短几周,亏损额就超过了巴林银行股本的 2 倍,至此,巴林银行不得不申请资产清理并最终被荷兰国际集团收购。

巴林银行是如何在里森的决策下一步步从曾经的辉煌走向最后的破产的呢?从行为财务学角度分析,其主要原因包括:

第一,管理者过度自信。

里森因出色的实力受到巴林银行管理层的重用,作为一名二十多岁的青年,在总部仅任职三年就被派到新加坡分部担任总经理,公司的重用给了他很强的自信,使他确信自己可以大展宏图。在一系列操作失误后,他继续用"88888"账户隐瞒交易的真实情况,根据以往的市场趋势以及事件发生的概率预测日经指数未来一定会上涨,在本来就承受大幅度亏损的期货合约上继续加大赌注。这种过度自信让他忽视了金融衍生品交易背后存在的巨大风险,最终给巴林银行带来了破产危机,自己也面临了牢狱之灾。

第二,代表性启发偏差。

因为巴林银行的交易人员过去也曾通过金融衍生产品交易大赚一笔,再加上里森过去表现出的优秀的业务能力，所以管理层看好里森的低风险交易策略，认为里森抓住了像以前一样类似的交易机会。管理层只注意到里森利用金融杠杆获得交易套利与此前盈利的类似之处，却未充分考虑金融交易的风险会随着期限的延长而增加，也未意识到亚洲金融市场尤其是日本金融市场竞争愈来愈激烈，低风险套利机会已大大减少。

同 10.2.1 节一样，本案例从管理者非理性的角度分析了管理者尼克·里森的错误决策给巴林银行带来的破产危机。但本案例中管理者的一系列投资行为从实证的角度该如何解读，实证结果又是如何解释管理者非理性决策对企业的影响的呢？本节将从实证的角度对非理性的管理者的实证模型做简单的介绍，并根据实证结果讨论管理者在非理性市场中如何制订决策。

1. 基本模型

早期关于管理者乐观和过度自信的系统研究可以追溯到 Roll(1986 年)的研究。Langer(1975 年)、Weinstein(1980 年)、Alicke 和 Klotz(1995 年)的实验研究发现，高管人员通常比普通员工表现出更显著的过度自信。郝颖、刘星和林朝南(2005 年)采用高管人员在任期内持股数量的变化作为衡量是否过度自信的指标，将三年持股数量不变的高管人员归为适度自信，如果 2001—2003 年三年间持股数量增加且增加原因不是红股和业绩股，则视其高管人员过度自信。他们以上市公司整体的平均投资增长率作为标准值，对增持股票类公司的投资增长率进行了单样本 T 检验，得出的主要结论是：

(1) 在实施股权激励的上市公司高管人员中，四分之一左右的高管人员具有过度自信行为特征。

(2) 同高管人员适度自信行为相比，高管人员的过度自信行为不仅与公司的投资增长水平显著正相关，而且其投资的现金流敏感性更高。

(3) 我国上市公司过度自信高管人员的投资增长水平对股权融资数量的依赖程度更为显著，投资的现金流敏感性随股权融资数量的减少而上升。

(4) 在我国上市公司特有的股权制度安排和治理结构现状下，过度自信的高管人员更有可能引发配置效率低下的过度投资行为。

这里的基本模型使用的是 Heaton(2002 年)以及 Malmendier 和 Tate(2004 年)的研究成果。首先，假设管理者对于公司资产和投资机会的价值持有乐观的态度，他们需要在两个目标之间权衡取舍：最大化感知基础价值(Perceived Fundamental Value)和最小化感知资本成本(Perceived Cost of Capital)。

为了表明乐观的程度，用一个乐观参数 r 来表示。基础价值用 $(1 + r)f(K) - K$ 表示，其中 f 函数是 K 的增函数和凹函数。如果非有效市场引起 MM 定理失效，则融资会和投资同时进入 f 函数。假设管理者考虑到自己在公司中的地位和委托责任，从而关心既有投资者的利益，那么模型类似于非理性投资者的讨论，除了一点，即管理者从不相信发行股票存在好的时机。既然管理者相信市场是有效的，对公司的估价就是它的真实基础价值 $f - K$，那么他们认为公司被低估了 rf，如果卖掉了公司股份的一部分 e，则他们相信长期股东就损失了 $erf(K)$。

将管理者的两个目标相结合，不考虑预算约束，则他的最大化目标是：

$$\max_{K,\,e}(1+r)f(K)-K-\text{erf}(K)$$

对其取一阶导数,得到乐观的管理者在非有效资本市场的最优投资和融资策略:

$$f_K(K)=\frac{1}{1+(1-e)r}\ \text{和}\ 1+rf_e(K)=r\left[f(K)+ef_e(K)\right]$$

第一个一阶条件是投资决策。管理者并没有在资本边际收益等于边际成本(单位化为 1)的地方决策,而是过度投资了,他在资本边际收益小于 1 的地方投资。r 越大(管理者越乐观),他为投资进行的外部融资 e 越小,偏离有效率的情况就越多。Heaton(2002 年)证明了,即使没有信息不对称或理性代理成本存在(以往的研究认为主要是这两个原因导致过度投资现象发生的),管理者过分乐观或过分自信的企业也会产生过度投资问题。Shefrin(2001 年)发现,管理者在得知所投资项目有问题后,也不愿意放弃,而是坚持继续进行投资(Throw Good Money After Bad)。Guedj 和 Scharfstein(2004 年)有关药品开发的实证研究也说明了这一点,他们发现处于药品开发早期阶段的企业即使临床试验已经证明前景并不美妙,但仍然不愿意放弃药品申请计划。第二个一阶条件是关于融资决策的。改变公司现有资本结构的边际价值损失是由感知市场时机加权构成的。

2. 讨论

1) 投资策略

如果不存在最优资本结构,那么 $fe=0$,管理者不会发行股票,使 $e=0$,也不存在融资、内部资金(Internal Funds)和投资之间的相互作用。Heaton(2002 年)以及 Malmendier 和 Tate(2004 年)的研究表明,存在最优资本结构或者负债上限。如果管理者需要外部融资,$fe>0$,则过度投资会下降。现金流、利润和投资紧密相连,前者很大程度上制约着投资。当需要外部融资的时候,通常就是只有少量现金流能够支持投资的时候。管理者并不是出于得到个人好处,而是基于高估公司现有资源进行过度投资。财务杠杆的增加一定程度上减少了过度投资,这是因为通过 fe 的增加,增加了股票发行份额 e,从而减少了 K。在更复杂的情况下,结论可能会有所变化。投资者也许只对在用资产或称为现有资产(Assets in Place)持有乐观的态度,这样就不存在过度投资问题。企业趋近自身的负债能力的时候也许还会有投资不足。当现金流很小时,经理人不愿意进行外源市场融资意味着他们放弃了异常多的项目,从而导致投资不足。Gervais、Heaton 和 Odean(2003 年)以及 Goel 和 Thakor(2002 年)基于风险规避等其他一些假设,认为乐观态度使得投资从不足的水平移动到最优的水平。Hackbarth(2003 年)认为管理者的乐观和过度自信会减少与债务积压相关的投资不足。

2) 融资策略

除非必须,乐观的管理者从不卖掉公司的股份。如果 $fe>0$ 且财务杠杆有上限,则有一种特定的优序融资(Pecking Order)方式。管理者首先依靠内部资本和债务进行融资,把外部融资作为最后的选择。如果管理者是风险规避的,那么他必须对资产进行多样化,尽管他认为不值得也会发行股票。

3) 股利政策

如果管理者认为未来的投资机会很好的话,那么他是不愿意发放或增加股利的,他更愿意把利润留作内部融资。但是当管理者对公司未来现金流十分乐观的时候，便会认为发放股利也是可接受的。这个研究需要一个投资和现金流的动态模型，还需要将公司价值分解为现有资产和增长机会(Growth Opportunities)。

3. 实证困境

正如前面检验投资者非理性的难点在于找到一个合适的变量来衡量价格失真，管理者非理性的检验困难在于衡量乐观、过度自信或行为偏向的程度。由于缺乏实证的衡量手段，因此非理性管理者的研究方法很难与传统代理理论区分开。有的过度自信特征使得人们认为自己的表现好于平均水平，这种心态被称为比一般情况好(Better-than Average)。这时用于测量过度自信的方法就是让人们将自己相对于其他人的表现排序。也有的过度自信特征被称为控制幻觉(Illusion of Control)。控制幻觉使得人们认为自己比实际上更能够控制事情的发展。

Stein(2003 年)指出，一个扩张型的管理者会：$\max\limits_{k,e}(1+\gamma)f(K)-K-C(e)$。像 Jensen 和 Meckling(1976 年)以及 Grossman 和 Hart(1988 年)的文章中指出的那样，γ 在这里不代表乐观，而代表管理者指挥一个大公司能够带来的私人收益。理性投资者预期到会有代理问题存在，因此 C 反映了外部融资的成本。管理者和股东都要承担这种成本。Stein 的管理者目标函数和基本框架的目标函数基本相同，所以也会得出过度投资、投资不足和优序融资等结论。他进一步指出，代理模型本身很难与不对称信息下的外部融资成本模型区分开。为了检验行为的因素，研究者必须将过度自信的 γ 和非对称信息代理问题下的 γ 区分开。Oliver(2005 年)以消费者情绪指数来衡量管理者的过度自信程度。这个指数是由美国密歇根大学通过对美国消费者进行定期电话访问，调查公众对当前及预期的经济状况的个人感受，并以此为基础编制而成的。企业管理者对经济状况的预期可能与消费者对经济状况的预期存在一定的差异，因此，以消费者指数代表管理者的过度自信，可能导致研究结果存在偏差。Lin、Hu 和 Chen(2005 年)提出了另一种衡量管理者过度自信的方法。他们将那些预测的公司年度盈利水平超过实际的公司年度盈利水平的管理者视为过度自信的管理者，并发现这类管理者倾向于过度投资。

10.3　非理性的公司财务决策

在现实生活中，非理性的公司财务决策会对公司的投资行为和融资行为产生重要影响。非理性的公司财务决策对于投资决策的影响主要集中在影响实际投资决策、企业兼并和收购决策以及企业的多样化等方面；对于融资决策的影响主要体现在发行股票、回购、发行债券、跨国发行、资本结构以及股利决策和盈余管理等诸多方面。

10.3.1　投资决策

前面使用的是 Stein(1996 年)的模型来解释理性管理者会增发股票的行为，但是前面并没有指明经理们会用新的资金进行实体投资。实际上，Stein 在文中更细致地证明了经理不应将新获得的资本注入新的实体投资中，而应该以现金或其他正确定价的资本市场证券形式持有这些新获资金。因为，虽然投资者的热情意味着在他们看来该公司拥有很多净现值(NPV)为正的投资项目可供选择，但理性的经理人应该知道，事实上这些投资项目并非具有正的 NPV。而且从公司的真实价值来看，这些投资项目应该被放弃。反之，如果该经理人认为其公司的股价"非理性"地低，他就应该在这种有利的低价环境中回购股份，而非缩减实体投资。简言之，在 Stein 的模型中，非理性的投资者可能影响到企业证券发行的时机，但他们不会影响公司的投资行为。

非理性投资者理论中有一些关于市场非有效性的重要推论发展了基本模型框架的理论。推论之一是投资者的非理性对资本市场价格有影响，甚至也影响到企业融资政策。进一步，这种影响会导致投资者之间的财富转移。另一个重要推论是，价格失真导致投资不足、过度投资、资本的配置失误和经济上的无谓损失(Dead Weightloss)。这部分的综述总结的是非有效市场对实际投资决策、兼并和收购决策以及多样化和集中的问题。

1. 实际投资决策

价格失真在两个方面影响实际投资。首先，投资策略受价格失真的影响($\delta K > 0$)，投资者可能会高估他们所投资的项目的价值。其次，存在财务约束的公司($fe > 0$)或许会在存在投资价值低估的时候被迫拒绝掉从基础价值来说有价值的投资机会。

大多数的研究集中在价格失真的第一种影响方面。20 世纪 20 年代泡沫危机后，凯恩斯(1936 年)提出至少在短期内，短期投资者的心态是投资市场主要的决定性因素。最近几个时期可以被视作泡沫的包括：1959—1962 年的电子行业繁荣，1967—1968 年的增长股(Growth Stock)，70 年代早期"漂亮 50"（"Nifty Fifty"）的传奇，80 年代的自然资源、高科技和生物技术股票，90 年代晚期的互联网泡沫，等等。Malkiel(1990 年)对这些早期的泡沫现象进行了回顾，Ofek 和 Richardson(2002 年)对互联网泡沫进行了总结。Kindleberger(2000 年)试图通过几百年的数据来得出所有这些泡沫的一般性教训，并且对这些泡沫股戏剧性的实际业绩表现做出评论。这一领域最初的实证研究关注公司投资对股票价格高于资本边际产出直接衡量指标(比如现金流或盈利能力)的敏感性。他们论证，如果投资不是敏感的，那么投资和股票价格之间的单变量分析说明了标准的有效市场。然而这种方法并没有得出明确的结论。比如，Barro(1990 年)讨论了股票价格的高度独立影响，而Morck、Shleifer 和 Vishny(1990 年)以及 Blanchard、Rhee 和 Summers(1993 年)总结出增加效应(Incremental Effect)是微弱的。

近期的研究已经开辟了新的分析角度。研究者们试图用替代变量来表示股价的价格失真部分，并且检验它是否影响到公司的投资决策，而不再控制基础价格并寻求股价的残余影响(Residual Affects)。Chirinko 和 Schaller(2001 年，2004 年)，Panageas(2003 年)，Polk 和 Sapienza(2004 年)，以及 Gilchrist、Himmelberg 和 Huberman(2004 年)的研究都证明了投资对价格失真的替代变量的变化是敏感的。当然，一般认为价格失真的替代变量也仅仅代表了基础价值。为了否定这一点，Polk 和 Sapienza 的研究结论是，当管理者眼光更短浅的时候公司投资决策对短期价格失真更敏感。他们发现，当成交量很大的时候公司投资确实对价格失真的替代变量更加敏感。Polk 和 Sapienza(2001 年)发现了投资扭曲的强有力证据。

他们将具有高留利(即利润减去实际现金流)的公司和具有高的净股权发行的公司视为价值高估的公司。在尽可能准确地控制实际投资机会的前提下，Polk 和 Sapienza 发现，他们界定的价值被高估的公司确实比其他公司投资更多，而这间接地表明了投资者情绪会影响到企业的投资决策。不过，大股东的存在可以部分解决管理者代理难题(Shleifer 和 Vishny，1997 年)。由于大股东在公司的利益权重比较大，因此他们有激励也有能力去监督管理者的行为，减少管理者过度投资的行为。因而大股东的存在会降低投资的现金流敏感性。Stein(1996 年)指出对于股权依赖型公司，其投资政策对证券市场上的公司股价失真是非常敏感的。关于投资扭曲的进一步证据还来自 Baker、Stein 和 Wurgler(2001 年)对于一个证券横截面的预测模式，即"股权依赖型公司"(Equity Dependent Firms，通过出售股票取得投资于企业的资金)比非股权依赖型公司对股价的变动更加敏感的检验。不同于其他度量指标，他们采用低现金账户识别股权依赖型公司。他们发现这些公司的投资对股价的敏感性大约是非股权依赖型公司的三倍。这项研究为投资者情绪可能扭曲某些公司的投资行为提供了初步的证据，并且这种扭曲是通过股权依赖途径进行的。Baker、Stein 和 Wurgler(2003 年)后续的研究进一步检验了价格失真影响公司投资决策的方式。Baker 建立的模型使用了 Kaplan 和 Zingales(1997 年)研究成果中用来表示"股票依赖"的 KZ 指数。模型重要的横截面预测结果是股价变动确实会对公司投资决策产生强大的影响。他确定在那些"股票依赖型"的公司中，投资决策对非基础价值带动的股价变化非常敏感。特别地，那些 KZ 指数前五名的企业的投资几乎比 KZ 指数最低的一些企业的投资敏感三倍左右。包苏昱(2007 年)在文章中指出，由于企业长期价值考核标准难以量化，故对公司经理人员业绩考核指标倾向于短期化，而经理人员任期的不确定性更进一步强化了经理人行为的短视倾向。股权融资的低成本与预算软约束使企业将股权融资看作一种绝好的"圈钱"机会。由于公司的投资机会不容易为外界所观察，而经理人拥有私人信息，在经理人市场和以短期业绩评价为导向的用人体制导向下，为提高自己的职业声望，进而提高自己的报酬，经理人员就可能过分追求短期效果，将募集资金使用投向的承诺当作一纸空文，转而投向短平快项目。总体来说，最近的研究表明，一些股价对投资策略的影响可以归因于价格失真的作用。然而关键问题仍然没有得到解决甚至变得更严重了——价格失真的实际影响程度仍然不能得到量化。另外，推论的有效性仍然不足。例如，Titman、Wei 和 Xie(2004 年)以及 Polk 和 Sapienza(2004 年)通过截面数据的研究发现，较高的投资与较低的未来股票收益率是相关的。Lamont(2000 年)应用时间序列方法也得到了计划投资(Planned Investment)中类似的结论。然而，如果投资者心态和基础价值相关，则伴随着低收益率的投资也不一定是事前非理性的。最后，即便我们默认价格高估和投资之间确实存在某种联系，也很难确认"迎合"问题中管理者理性地对价格高估进行"煽风点火"的程度，也许管理者只是像投资者一样过分乐观而已。

2. 兼并和收购决策

Shleifer 和 Vishny(2003 年)提出了收购的"市场时机"模型。他们假设收购者高估股价，收购的目的不是合作而是为保护长期股东的利益而维持短期的高估。特别是通过收购被低估的目标，被高估了的收购公司就能用更优良的资产来抵制自身股价的下滑。正如 20 世纪 60 年代的收购浪潮那样，如果并购后的整个企业价值仍然会被高估，则并购行为就带来了长期抵制股价下滑的效应。

并购的市场时机策略使得并购中的一些特定事实得到了解释。正如 Golbe 和 White(1988 年)指出的那样，反收购的动机(Defensive Motive for the Acquisition)和"迎合"行为的获利会促进收购的观点有助于解释并购规模和股票价格时间序列间的关系。模型也预测到，现金收购能够得到正的长期回报而股权收购得到负的长期收益。这项预测与 Loughran 和 Vijh(1997 年)以及 Rau 和 Vermaelen(1998 年)的研究结论一致。Loughran 和 Vijh(1997 年)以发生于 1970—1989 年的 947 起并购事件为样本，考察了公司股票在并购后 5 年内的股价表现，发现收购公司的买入持有超常收益(BHAR)与公司并购支付方式及并购方式有关：现金支付方式在长期中具有显著的正的超常收益，兼并的财富损失达 15.9%，而要约收购(Tenderoffer)的 BHAR 达到 43%。在 Rau 和 Vermaelen(1998 年)的文章中，他们用统计方法证明，并购者在并购后表现不佳而在要约收购交易结束的 3 年后又表现突出。并购者的长期表现不佳主要是由并购后较低的账面市场比率(Book-to-market Ratio)引起的。他们认为，市场和经理们在评估某项收购价值的时候都高估了收购者过去的表现，BHAR 达到 43%。Gregory(1997 年)研究了 1984—1992 年发生于英国的 452 起并购事件，研究发现多元化并购在公告日后两年内平均累积超常收益显著为负。近期的研究对跟市场时机相关的并购有了更深入的发现。Dong、Hirshleifer、Richardson 和 Teoh(2003 年)以及 Ang 和 Cheng(2003 年)发现价格失真的替代变量和并购规模正相关。他们同时发现，通常低估目标的出价是有敌意的，并且收购者支付了更高的兼并溢价。Bouwman、Fuller 和 Nain(2003 年)研究了短期迎合效应。在高估的阶段，投资者更欢迎收购消息，然而收购者的后续期间股票收益率更糟。Baker、Foley 和 Wurgler(2004 年)发现 FDI(视作一种资本流出)随收购公司现有市账率的增加而增加，随该市场后续收益率的提高而减少。所有这些行为模式都跟并购行为中的过度估价一致。朱滔(2006 年)以 1998—2002 年发生于我国证券市场的 1 415 起并购事件为研究样本，考察了收购公司的短期和长期股价表现。结果表明：并购在短期内给收购公司带来了显著的超常收益，但长期内则使得收购公司股东遭受了显著的财富损失；收购公司的股价表现随公司的规模、财务杠杆、管理能力和政府关联程度的不同而变化，无论是短期内还是长期内市场都更认可小规模和低财务杠杆公司的并购。一个 Shleifer-Vishny 框架中未解决的问题是，为什么在相同的市场时机下，管理者更喜欢换股并购(Stock-for-stock Merger)而不是发行股票。一种解释是并购者认为换股并购更有效地向投资者隐藏了他们潜在的市场时机动机。Baker、Coval 和 Stein(2004 年)考虑了另一种可以解释这种偏爱的机制。首先，正如 Shleifer(1986 年)以及 Harris 和 Gurel(1986 年)提出的那样，并购者面临着一条向下倾斜的对本公司股票的需求曲线。其次，一些投资者采取一种最省事的方式——在他们甚至不会主动投资于新股增发的时候被动接受收购者的股份。在这两个前提下，价格对股票依赖型并购者的影响比对 SEO(Seasoned Equity offerings，指上市公司在首次公开发行后进行的股权再融资，主要是向市场增发新股和向原有股东配售新股)的影响要小得多。从经验的角度来说，在并购消息对股价影响较弱的情况下，投资者惯性起到了关键作用。

3. 多样化和集中

关于企业进入非相关领域的传统解释包括代理和合作问题等，比如内部资本市场和避税。另外，向更大的领域发展总被视为成功和有控制力的信号。当投资者非理性的时候，我们可以从新的视角对经营多样化的问题进行考察。首先要考虑的是，20 世纪 60 年代的第四次并购浪潮使得一些联合公司(Conglomerate)在其后几十年的时间里不断解决着破产等诸多复杂的麻烦，而这是否部分归咎于经理们迎合短期投资者心理的行为呢？虽然缺乏系统性的证据，但是兼并和后来的再集中浪潮很好地说明了"迎合"模型。投资者希望看到表面上兼并收购的心理在 1968 年达到高峰。Ravenscraft 和 Scherer(1987 年)发现 1965 年 7 月到 1986 年 6 月的 13 家最大的联合公司的平均回报率是 385%，而同时期标准普尔 425 种股票价格综合指数(S&P 425)的收益率只有 34%。多样化并购得到了正的并购公告股价效应，而 Matsusaka(1993 年)指出其他并购没能做到这一点。Klein(2001 年)发现在样本为 1966—1967 年的 36 家联合企业中，36%的企业获得了"多样化溢价"。Ravenscraft 和 Scherer 指出，也许正是这种价值的激励作用，1967 年并购加快发展并在 1968 年达到顶峰。联合企业的价值从 1968 年中期开始下滑。Ravenscraft 和 Scherer 跟踪的样本企业在 1968 年 7 月至 1970 年 6 月间损失了 68%，是 S&P 425 损失的三倍。公告股价效应同时也体现了投资者偏好的转变：并购公告在 70 年代中期到晚期得到一般的反响，而到 80 年代已经不受欢迎了(Morck，Shleifer，Vishny，1990 年)。Klein 发现，"多样化溢价"从 1969 年到 1971 年减少了 1%，从 1972 年到 1974 年减少了 17%。另外，Lang 和 Stulz(1994 年)、Berger 和 Ofek(1995 年)发现这种减少在 20 世纪 80 年代仍在继续。那么也许是对这种迎合激励效果下降的反应，非相关领域的部门开始被裁掉，长期趋向集中的过程开始了(Kaplan &Weisbach，1992 年)。包苏昱(2007 年)提出，管理者的眼光短浅常常表现为企业投资项目的选择中迎合投资者情绪的一面，上市公司为操纵股价，多与"庄家"联手，追逐投资热点，炮制公司成长题材，这多表现在企业扩张性的多元化经营之中。当企业管理层不顾本企业的基础与优势所在，追寻社会投资热点，盲目并购与转型，得到的往往不是丰厚的利润，而是在自己不熟悉的领域到处碰壁，这导致不少企业元气大伤。

10.3.2　融资决策

管理者在进行融资决策时往往会为了降低融资成本而对市场时机加以利用，在股价高估的时候发行股票而在股价较低的时候回购。与此同时，市场时机对股票发行、回购、股利政策的制订和资本结构等方面都有影响。

1. 发行股票

一些证据表明高估是发行股票的动机之一。Graham 和 Harvey(2001 年)通过对上市公司 CFO 的调查发现，2/3 的 CFO 声称"公司价值被高估或是低估的程度在发行股票时是非常重要的"。文章在提出其他一些股价影响时总结出，股价比发行普通股时需要考虑的十个因素中的其他九个因素都重要，在五个重要因素中，还需要慎重考虑的是发行可转换债券 (Convertible Debt)。实证上看，股票发行与看似可行的用来衡量高估的事前指标是正相关的。Pagano、Panetta 和 Zingales(1998 年)用大量的样本数据考察了 1982—1992 年间意大利私人企业决定进行初次公开发售(IPO)的状况。他们比较了公司在 IPO 前后的变量变化情况，认为公司进行 IPO 的可能性同公司的规模和市账率正相关。公司进行 IPO 很可能不是为了帮助未来投资和增长而进行融资，而是为了重新平衡过去较高的投资和增长带来的账面问题。另外，IPO 之后，企业的信用程度提高，融资成本也会下降，这也是促使公司进行 IPO 的原因。Lerner(1994 年)发现生物板块的 IPO 发行量与生物股票指数高度相关。Hovakimian、Opler 和 Titman(2001 年)也发现股价和再融资有强相关性。施东辉(2000 年)对沪市 1999 年实施了配股方案的 62 家公司的配股动机进行实证研究发现，配股动机与股票价格呈显著的正相关性，揭示出我国上市公司利用股票被高估的机会进行融资。市盈率越高，进行股权再融资的公司数量越多，表明我国证券市场确实存在着利用股票价格被高估这样的时机增发股票获得超额收益的现象。当然也有很多其他非行为的因素使得股票发行和市场估值正相关。新的发行总是伴随着较低的收益的现象更精确地证明了发行的市场时机问题。早些年的研究中，Stigler(1964 年)试图通过比较两个阶段(1923—1928 年和 1949—1955 年)中新股的事后报酬(ex post returns)衡量美国证券交易委员会(Securities and Exchange Commission，SEC)对证券市场监管的效果。如果 SEC 提高了股票质量，那么第二个时期的收益率应该更高，然而实际上，两个时期的股票表现都跟市场指数关系甚小，并且在发行之后的五年中收益率逐渐下降。五年过去，第一个时期的股票表现至少低于市场 40%，而第二个时期的股票的平均表现低于市场 30%。Stigler 意在研究美国证券交易委员会的作用，却在计量方面提供了市场时机的证据。Ritter(1995 年)研究的对象包括了 IPO 和 SEO 在内的相关问题，他的样本包括 1970—1990 年间 4 753 例 IPO 和 3 702 例 SEO。五年之内，IPO 的平均收益率要低于规模配对(Size-matched)公司收益率的 30%，而 SEO 的平均收益率低于规模配对公司的 31%。随着 1964—1990 年间的公司 IPO 和 SEO 数据逐渐被使用，从平均意义上讲，美国发行的新股票在五年内的表现低于市场 20%～40%。对于股票发行中是否存在市场时机问题，质疑的研究也向各个方向展开。有的研究集中在前面提到的联合检验问题上，提出 IPO 和 SEO 相伴的低回报率和低风险是相关的。Eckbo 和 Norli(2004 年)研究了多于 6 000 家在纳斯达克进行 IPO 的股票。虽然这些股票的平均长期组合回报较低，但是 IPO 却呈现出"远射"(Longshots)的现象，某些股票五年持有的收益率达到 1 000%，或是有更高的概率，比其他拥有相同规模和市账率却不是正在进行 IPO 的纳斯达克上市公司更高。他们还发现，IPO 的公司有相对较高的周转率和较低的负债率，这意味着公司有较低的系统性风险。最终的计量结果表明，不能拒绝 IPO 的实际回报率和风险正相关的假设，也就是说 IPO 的低回报率是与其低风险相关的。Schultz(2003 年)指出，尽管发行新股的公司在考察期内的长期表现是糟糕的，但是这仅仅表明进行 IPO 或是 SEO 的公司事后的表现相对低于之前对它们的预期。他认为，有可能公司在对自己的价值估计较高时就会决定发行股票，而这往往被视作是利用了市场时机。这就是伪市场时机(Pseudo Market Timing)问题，发行股票的公司在 IPO 或是 SEO 的时候并不知道自己的股价已经很高，如果价格持续走高，它们仍然会不断增发股票直到价格在现实中有所下降。小样本误差导致了对后续表现不佳的夸大。不过这个计量误差究竟有多大仍然没能很好地得到衡量。Schultz(2003 年，2004 年)认为这种误差很显著，而 Ang、Gu 和 Hochberg(2004 年)以及 Viswanathan 和 Wei(2004 年)却认为这种误差很小。市场时机在股票发行中所起的作用仍然需要进一步研究。总而言之，其对股票发行的作用是不可忽略的。

2. 回购

低估是回购的重要动因。Brav、Graham、Harvey 和 Michaely(2004 年)考察了 384 位 CFO，当股票处在低于其真实价格的时候进行回购得到了大部分 CFO 的赞同。其他研究发现，经理们普遍很好地把握了市场时机，因为他们在回购的时候大都取得了超常的回报。Ikenberry、Lakonishok 和 Vermaelen(1995 年)研究了 1980—1990 年间的 1 239 例回购。在接下来的四年中，回购公司平均收益比同样规模和市账率的公司收益高出 12%。Ikenberry、Lakonishok 和 Vermaelen(2000 年)发现加拿大的公司数据也呈现出类似的结果。经理们倾向于在低收益之前发行股票而在高收益之前将股票回购。那么对于这种行为方式所带来的融资成本的减少程度，是否存在粗略估计呢？因为资产成本在不同时期会变化，所以要估计融资成本的减少很困难。然而，假设必要报酬率固定，通过跟踪公司累积的资本流入和流出以及这种流动带来的收益变化，Dichev(2004 年)研究指出，在纽约证券交易所和美国证券交易所(NYSE/AMEX)市场上的投资者报酬率比年平均持有报酬率低 1.3%，比纳斯达克年平均持有报酬率低 5.3%，比全球 19 个资本市场年平均持有报酬率低 1.5%。换句话说，如果 NYSE/AMEX 的公司发行和回购股票在时间上是随机的，那么保持实际回报率不变，则这些公司应该为它们使用的资本多付 1.3%的回报率，也就是融资成本增加 1.3%。当然，融资成本的减少并不是每个公司都相同，像纳斯达克和 NYSE 显然就有差别。另外，公司类型也会影响融资成本下降的程度，比如很多成熟的公司并不依赖于外部融资，那么它们利用市场时机能够带来的融资成本下降幅度就不大，而对于一些依赖于资本市场进行融资的公司或者是进行股权并购的公司，融资成本下降的幅度就会很显著。

3. 发行债券

很少有研究关注利用市场时机来发行债券，比如在负债成本较低的时候举债。不过既然发行股票融资的成本指标是回报率，那么举债的成本指标就是利率，经理们也许会在利率较低的时候做出举债的决策。Graham 和 Harvey(2001 年)发现利率对于债务决策至关重要：CFO 在他们觉得"利率相当低"的时候发行债券。对未来收益曲线的期望也会影响新债的期限。当短期利率相对于长期利率更低或是长期利率要降低的时候，短期债券更受偏爱。显然，CFO 并不相信课本上的到期前债券成本不变的假设。同时，CFO 们不会说出他们关于信贷质量的私人信息，而是着重于强调一般债券市场的状况。在实证方面，Marsh(1982 年)利用英国公司样本发现在债券和证券之间的权衡取舍取决于收益率水平。Guedes 和 Opler(1996 年)研究并且在很大程度上证实了跟收益曲线的影响相关的研究结果。利用 1982—1993 年间 7 369 例美国债券发行的案例数据，他们发现债券期限与期限差价(Term Spread)负相关。其中期限差价是长短期债券间的利息差，有时可以用国债到期收益率和债券组合收益率的差额计算。

那么，债券市场上市场时机是否有所作为呢？Baker、Greenwood 和 Wurgler(2003 年)利用累计的数据检验了债券市场上债券发行的期限效应，并且把新发行债券的期限和之后的收益联系起来进行了研究。正像 Guedes 和 Opler 利用企业层面数据的研究结果，他们发现在 1953 年和 2000 年的美国资金流量(Flow of Funds)数据中，在长短期限的债券发行总额中，长期债券的比例与期限差价是负相关的。也许运用直觉，经理们就能够利用到期日的决策来把握时机，从而在短期利率低于长期利率的时候决定发行债券，进一步就可以降低负债成本。当然，这个结论是要通过考虑风险校正(Risk-adjustment)的。另外，虽然私人营利机构发行债券的数据和有关他们后续收益的数据很难像 IPO 或是 SEO 那样容易得到，但是已经发现了一种值得注意的现象——债券发行通常伴随着较低的权益收益。Spiess 和

Affleck-Graves(1999 年)研究了 1975—1989 年间的 392 例直接负债(Straight Debt)和 400 例可转换债券的发行。通过控制规模和市账率，他们发现直接负债企业的股票回报率比市场回报率低 14%，而发行可转换债券的企业股票回报率比市场回报率低 37%。这就是说，如果一个公司的股票表现较差，则其债券也可能表现不佳。运用更大的数据，Richardson 和 Sloan(2003 年)也发现，负债总是伴随着较低的股票回报率。

4. 跨国发行

在 Froot 和 Dabora(1999 年)的研究中，价格失真在跨国证券市场上，甚至在美国和英国这样都具有高流动性的资本市场之间也会发生。这意味着国际市场时机的产生。Graham 和 Harvey(2001 年)顺着这个思路调查了美国一些考虑过进行国外举债的 CFO。他们中的44%含蓄地在调查中拒绝了利率平价，并且表明，外国低利率可能是他们决策时非常重要的因素。

实际上，主要的跨国股票和债券发行都是在美国和英国资本市场上。Henderson、Jegadeesh 和 Weisbach(2004 年)发现当美国或是英国的发行总量增加的时候，后续股票收益总是很低的，特别是相对于本土收益率来说是较低的。同样，当外国利率相对于本土利率较低的时候，公司也会倾向于在外国发行债券。

5. 资本结构

每一个企业的资本结构都是一系列财务决策的累积结果，每一个财务决策都是由于需要为一些投资项目或是完成并购以及达成某种目的而产生的。市场时机对各种财务决策都有重要的影响，因此也有助于解释资本结构。如果基于市场时机做出的财务决策对资本结构的影响没能在短时间内得到恢复，则财务杠杆低的企业就会考虑在股价较高的时候进行外部融资，利用权益融资为过往的投资和并购提供资金支持。反之，财务杠杆高的公司也会同样利用市场时机。这种资本结构的市场时机理论由 Baker 和 Wurgler(2002 年)发展并且检验。为了用一个单变量来描述市场价格和外部融资需求的一致性，他们构造了一个叫作外部融资加权平均值的变量，这个变量跟公司过去的市净率相关。他们证明，当其他条件相同时，一家公司的加权平均历史市净率是对公司今天的资本结构中股权比例的一个很好的横截面预测指标。较高的加权平均历史市净率意味着公司在市净率较高的时候使用债券或证券进行外部融资，则他们的资本结构中就有更多的股权。他们认为如果市场时机对资本结构有持续的影响，则该变量与负债资产比(Debt-to-assets Ratio)负相关。1968—1999 年的大样本验证了这种显著的负相关关系。然而，这种证明也引来了争议。Hovakimian(2004 年)提出，发行证券对资本结构没有持续的影响，而且，加权平均市净率的解释力高是因为它包含了企业增长机会的信息——这信息很可能是选择财务杠杆目标时的决定性因素，先行的市净率并没有包含这个信息。Leary 和 Roberts(2003 年)以及 Kayhan 和 Titman(2004 年)也认为，公司向着某种财务目标来平衡资本结构。

6. 股利决策和盈余管理决策

1) 股利决策

上市公司为什么要支付股利？1961 年 Miller 和 Modigliani 提出了"股利无关论"，即著名的 MM 理论，构成了股利政策的理论基石。"股利无关论"认为在完美的市场上，股利与公司的价值无关。在这种情况下，理性投资者对股利和资本利得没有偏好，套利机制确保了股利政策的无关性。然而理论与实务的不符促使金融学家以无关性理论为研究框架，通过放松其严格的假设条件来研究基于不完美市场的股利问题。Lewellen、Stanley、Lease和 Schlarbaum(1978 年)的"客户效应理论"(Clientele Effect Theory)主要强调股利的税收影响，提出由于投资者对红利和资本收益偏好的不同，那么，承担高税率、希望通过持有证券来避免付税的投资者会选择低红利、高资本收益的股票，而承担低税率、需要现金收入的投资者会购买高红利的股票。Gordon(1961 年)的"一鸟在手理论"(Bird in the Hand Theory)从资金的时间价值和不确定性的角度来解释股利政策，认为在投资者的心目中，经由保留盈余投资而来的资本利得的不确定性要高于股利支付的不确定性，故投资者将偏好股利而不是资本利得。"信号传递理论"(Information Signaling Theory)认为股利的改变向社会公众传递着有关公司未来获利的信息。大量实证研究表明股利的改变有助于预测公司未来的盈利情况。Jensen(1986 年)的"代理成本理论"(Agency Cost Theory)从代理成本的角度来研究股利政策，认为不仅股利的改变会传递有关公司的信息，股利本身就可以传递公司的信息。由于代理成本的存在，经理可能滥用公司的自由现金流。支付股利能向外部股东传递这样一种信息：经理没有滥用这些自由现金流量。然而税收理论、信号模型以及代理假说等公司股利政策理论实际上都没能最终完整地解释清楚这个"股利之谜"。利用股利政策迎合投资者的理论可以从一个角度对其进行解释。股利分两种：一种是现金股利(Cash Dividend)，另一种则是股票股利(Share Dividend)。Long(1978 年)研究了美国民用设备公司(Citizens Utilities Company)的两类普通股股东的行为。他提出，即使法律规定两类股股的投资价值是相同的，股东也会偏好发放现金股利的股票。研究表明，投资者可能会将每股现金股利视作股票价值重要的特征，这样就刺激了公司经理们去迎合投资者——投资者对股利(现金股利和股票股利两种)的特殊偏好会驱动公司的股利政策变化。Baker 和 Wurgler(2004 年)利用 1962—2000 年 Compustat 数据库里的上市公司数据证明发展了股利迎合理论——认为公司之所以支付股利，其主要原因在于管理者必须理性地满足股东对股利不断变化的需求。投资者通常对公司进行分类：支付现金股利的公司和不支付现金股利的公司被视为两类。投资者对这两类公司的兴趣及股利政策偏好时常变化，对股票价格产生影响。公司管理者通常迎合投资者偏好制订股利政策，迎合的最终目的在于获得股票溢价(Dividend Premium)。当投资者倾向风险回避，并且对支付现金股利的股票给予溢价时，管理者就支付现金股利；当投资者偏好股票股利，对股票股利给予溢价时，管理者就改为股票股利。如果股票价格与公司管理者补贴收入相关，管理者更有可能取悦投资者，抓住股票溢价机会改变股利政策。他们还通过实证证明，股利迎合政策能够更好地解释为什么公司股利政策随时间变化。Baker 和 Wurgler(2004 年)还证明了如果不能从股利发放中获得任何溢价，那么企业就倾向于不发股利。

　　国内关于公司股利政策的研究主要集中于股利政策的信息传递效应、股利政策的影响因素两个方面，目前的研究认为股利政策整体上存在信息传递效应，但不同股利分配形式的信息传递效应存在差异，股利政策传递信息的内容还存在争论(陈晓、陈小悦和倪凡，1998年；魏刚，1998 年；陈浪南和姚正春，2000 年；俞乔和程滢，2001 年；等等)。股利政策的影响因素主要涉及股权结构、盈利能力、公司规模、成长能力、货币资金充足性、股利政策连续性、行业因素等，对于各因素的具体影响作用还存在一定分歧(吕长江和王克敏，1999 年；原红旗，2001 年；等等)。吕长江(2001 年)将公司是否发放股利问题的研究转化为研究股利分配倾向，根据股利分配倾向与股利决策的关系，引入 Logistic 模型来预测股利分配倾向的高低和由此所做出的股利分配决策，研究结果表明，Logistic 模型能较好地刻画股利分配倾向与股利决策的关系。吕长江等(1999 年)，魏刚(1998 年)的研究发现：我国上市公司无论是从股利支付形式还是从股利支付数量来看都遵循不稳定的股利政策，与发达国家的股利政策行为存在显著的差别。曹媛媛(2001 年)对我国上市公司 1994—2001 年间的股利支付情况进行了统计，与国外股票市场相比，我国上市公司股利分配形式呈现出以下几个特点：① 不分配公司的比重逐年上升，1999 年达到最高(不分配的公司占样本总数的 64.42%)，此后该比重略有减少，但平均达到 43.49%，远远高于发达国家和发展中国家的平均水平。② 股票股利与混合股利在支付股利的公司中占有较大的比重，平均为 33.56%，而同一样本期间内，美国的股利分配方案中包含股票股利的只占 10%～15%。③ 上市公司采取现金股利支付形式的平均占 32.95%，这一比例也低于美国等发达国家和土耳其等发展中国家。饶育蕾和李湘平(2006 年)结合迎合理论的思想，运用 Logistic 模型来探讨我国社会公众投资者的现金股利需求和上市公司是否发放现金股利的关系，他们的研究结果显示：我国社会公众投资者对现金股利的需求表现为股利折价，即投资者愿意花相对较高的价格来购买不发放现金股利的公司股票。这一特征对上市公司是否发放现金股利具有重要影响。体现在投资者股利需求的回归系数均为负值，说明这种需求导致了公司不发放现金股利的概率比发放现金股利的概率要大。黄娟娟和沈艺峰(2006 年)认为 Baker 和 Wurgler 提出的股利迎合理论忽略了上市公司股权结构的特征，在一个中小股东法律保护较弱的市场中，对于股权相对集中的上市公司，大股东存在利用股利剥削中小股东的动机，作为股利供给方的上市公司所制订的股利政策往往只迎合了大股东的股利需要，而忽视了中小投资者的股利需要。他们以 1994—2005 年间我国深圳和上海的 1 300 多家上市公司为样本，从股利迎合理论的重新检验入手，基于我国上市公司股权结构特殊性进行了深入研究。研究结果表明，我国上市公司的股利支付与流通股股东的偏好是相背离的；研究进一步证明，公司的股权越集中，不但支付股利的可能性越大、支付现金股利的可能性越大，而且可能支付的金额也越多；从各年总体上看，公司的股权越集中，股利支付倾向和现金股利倾向也越明显。我国的上市公司股利政策没有考虑广大中小股东的利益，而仅仅考虑如何迎合大股东的需要。另外，他们从制度缺陷和投资者预期心理两方面解释了我国特殊的股利迎合现象。Baker(2004 年)在文章中指出，股利迎合理论的研究有几点局限：第一，对公司究竟为什么发放股利的解释仍然处于描述性的状态，至少使用美国的数据股票溢价没能解释股利的波动。第二，迎合理论对首发股利的解释力要好于对股利中断的解释力，并且该理论没有解释投资者对股利政策的坚持。他认为，迎合理论最好仅仅被视为股利政策理论的组成之一。

2) 盈余管理决策

经理们给股东报告的现金流通常不等于实际的经济现金流，而是包括许多经过选择的非现金应计项目。Graham、Harvey 和 Rajgopal(2004 年)的综述指出，CFO 们相信，比起现金流，投资者更关心每股收益。假设现金流难以操纵，则降低或是提高应计项目就成了利润操纵的唯一方法。正像非理性投资者理论预测的那样，短视的经理们总是喜欢进行盈余管理。Bergstresser 和 Philippon(2004 年)发现当 CFO 对股价更敏感的时候，应计项目管理更多。Sloan(1996 年)发现，应收项目越高的公司后续回报越低。这说明盈余管理或许对股价升高或是维持高估有作用。和经理们会运用盈余管理来愚弄投资者的想法一致，Teoh、Welch 和 Wong(1998 年)发现首次发行或是再次发行股票的公司中，那些最积极地在发行前进行盈余管理的公司后续表现最差。那么应计项目的正常水平或基准是多少呢？Jones(1991 年)提供了相关研究方法。首先是确定哪些应计项目是非相机处理的(即通常与业务活动的水平相关)，哪些应计项目是相机处理的。与早期研究不同，早期的研究多集中于具体的应计项目，如 McNichols 和 Wilson(1988 年)仅分析了坏账调节，Jones 的研究包容了与税收相关变量之外的所有应计项目。但就不同公司业务活动水平的差异而言，Jones 只根据资产规模衡量差异大小，而未假定相机处理应计项目的水平是恒定的。作为解释变量的有形资产的水平不适用于知识型公司，对这种公司而言，以有形资产质量作为测度是不准确的。其他学者对相机处理应计项目的测度主要采取了以下几种方法：① 以一定期间内的均值来估计非相机处理应计项目；② 以行业平均水平来衡量非相机处理应计项目；③ 以标准化期初总资产、综合收入和固定资产的增长来计算非相机处理应计项目。

中国股票市场 IPO 抑价率是全球最高的几个国家之一。孙铮等(1999 年)，陆建桥(1999 年)，陈小悦(2000 年)，陆宇建(2002 年)，陈国欣等(2004 年)对上市公司中存在的保盈、保配、保增现象进行研究，证明我国上市公司为避免被摘牌及取得配股和增发资格等有进行盈余管理的倾向。陈国欣(2004 年)利用管理后盈余分布法证实 2001—2003 年我国上市公司在[0，1%]的保盈区间、[6%，8%]的保配区间、[10%，12%]的保增区间存在盈余管理现象。林舒和魏明海(2000 年)通过实证研究发现工业类公司总体上在 IPO 前运用盈余管理手段大幅度美化了报告盈余，导致募股后报告盈余表现相对募股前大幅下降。熊艳(2003 年)提出，新股并不是有目的地定价偏低，抑价是因为二级市场上的投资者不能识别企业 IPO 前的盈余管理行为。于是她采用美国证券市场 1998 年 1 月至 2000 年 12 月间的首次公开发行的数据，对 IPO 前的盈余管理能否合理解释 IPO 抑价现象进行了研究。基于 IPO 前的盈余管理对一级市场和二级市场的影响不一样，一级市场上的投资团体或个人能够识别 IPO 前的盈余管理行为，并由此使得 IPO 首发价格接近其内在价值，那么 IPO 前实际盈余的估量值比 IPO 前的报告盈余更能预测 IPO 的发行价。而二级市场上投资者并不能识别 IPO 前的盈余管理行为，主要依靠报表数据来进行投资决策，那么 IPO 前报告盈余更能预测首日收盘价。研究中提出三个假设并进行验证。假设一：IPO 首日价格的变化与 IPO 前的盈余管理水平是正相关的。假设二：发行价与 IPO 前实际盈余的相关性要胜过与 IPO 前报告盈余的相关性。假设三：首日收盘价与 IPO 前报告盈余的相关性要胜过与 IPO 前实际盈余的相关性。陈共荣和李琳(2006 年)的研究结果跟以上几位学者研究的基本结论一致。同时，他们还提出中国市场股票首日价格变化与公司规模显著负相关，与发行规模显著正相关。与流通股比率显著负相关。这都反映出，投资者既关心股本的绝对规模，也关心公司的股本结构，因此现在的股权分置改革——股票全流通方案也能从一定程度上降低新股上市价格大幅上涨的问题。而换手率与首日价格变化显著正相关，说明我国证券市场上充斥着短期寻利者，二级市场过度投机。因此，要解决新股抑价问题，除了应创新新股发行定价方式，强化信息披露机制，还应规范上市公司行为，改善投资者结构，完善证券市场法治建设。李仙和聂丽洁(2006 年)采用单变量检验和 Logistic 回归，检验目的是比较"十大"和"非十大"

本组及特定行业专业和非专业审计师样本公司的非预期应计利润。因此，在回归分析中，将非预期应计利润作为因变量，反映事务所类型即是否聘请"十大"会计师事务所作为审计质量替代指标的控制变量，反映是否为专业审计师的虚拟变量和其他若干控制变量作为解释变量。Logistic 回归结果表明"十大"与"专业审计师"对于非预期应计利润具有显著影响。高质量的审计人员约束了上市公司 IPO 过程中盈余管理的产生。"十大"会计师事务所更能抑制上市公司 IPO 过程中盈余管理动机的产生，同时提供了更准确可靠的信息。研究带来了一个问题，盈余管理对投资者是否有严重的影响。Griffiths(1986 年)认为"每一家公司都在乱弄利润，每一个报告都是建立在被轻微加工甚至完全粉饰的报表之上的"。由于经理、实际控制股东和其他利益相关者间存在信息不对称，经理和控制性股东常利用信息优势误导其他投资者，以降低公司资本成本。在大众媒体中，创造性会计和收入平滑被描述为"欺骗性的""误导性的"和"不道德的"。Naser(1993 年)出版了《创造性财务会计》(Creative Financial Accounting)一书，对创造性会计的原因和结果进行了系统研究，包括其对利润的影响、对债权人和股东的影响、对财务风险结构的影响等。直接用于衡量迎合作用对市场造成损失大小的证据很难找到，Jensen(2004 年)列举了一系列例子来说明这个问题。实证研究包括 Teoh 等(1998 年)，Erickson 和 Wang(1999 年)，Bergstresser、Desai 和 Rauh(2004 年)，以及 Pshisva 和 Saurez(2004 年)。这几篇文章指出盈余管理总是在股权收购之前增加。

本 章 小 结

行为公司财务学是将行为经济学的基本研究范式应用到公司财务领域中。随着研究的不断深入，行为公司财务已经迅速发展出很多模型来解释公司治理中出现的现象，并且也有很多相关的实证研究出现。目前用实证的方法来解决公司治理中的现象渐渐被主流经济学接受，很多人也将自己早期对资本市场和公司治理的研究归结到行为公司财务的范畴。

行为公司财务学研究向两个方向展开，大体上讲，第一种方法是强调投资者的行为不是充分理性的，第二种方法是考察管理者的行为不是充分理性的。行为公司财务学的研究内容涉及企业的投资政策、融资决策、资本结构、兼并和收购、股利政策和盈余管理这些方面。

本章主要介绍了行为公司财务的相关概念、产生以及主要理论，并从模型的角度介绍了行为公司财务学里非理性投资者和非理性管理者的基本模型与实证。非理性投资者基本模型描述了投资者非理性市场中的管理者投资、融资和其他一些决策的制订，对模型的实证检验难点主要是如何衡量价格失真；而管理者非理性的检验困难在于衡量乐观、过度自信或是行为偏向的程度。

另外，本章对非理性的公司财务决策进行了介绍，公司非理性的投资决策会直接影响企业的真实投资、兼并和收购以及多样化和集中等诸多方面。公司非理性的融资决策也会对公司股票发行、回购、债券发行和资本结构等产生较大影响。同时，将行为财务理论融合到资本结构的研究中，通过对企业决策层的心理研究，重新定位企业资本结构决策中人的作用，更加贴近现实状况，更具指导意义。因此，行为公司财务学对公司财务治理以及财务决策均发挥着不可忽视的作用，是公司财务未来需要深入探讨的话题之一。

思考与练习

1. 行为公司财务学与传统公司财务学的理论前提有什么不同？
2. 非理性投资者的实证模型主要研究公司财务的哪些方面？
3. 非理性管理者的实证模型主要研究公司财务的哪些方面？
4. 非理性的公司财务决策主要体现在哪些方面？
5. 行为公司财务学如何在传统公司财务理论基础上改进我们对于公司财务决策的认识？

参 考 文 献

[1] 肖万. 公司财务管理[M]. 3 版. 北京：中国人民大学出版社，2018.

[2] 刘淑莲. 高级财务管理理论与实务[M]. 大连：东北财经大学出版社，2005.

[3] 郑亚光，饶翠华. 公司财务[M]. 3 版. 成都：西南财经大学出版社，2019.

[4] 王长江. 公司金融学[M]. 北京：北京大学出版社，2018.

[5] 杨俏文. 资本市场运作[M]. 成都：西南财经大学出版社，2020.

[6] 丁琪琳. 公司金融学[M]. 2 版. 北京：中国经济出版社，2020.

[7] 汤谷良，王珮. 高级财务管理学[M]. 2 版. 北京：清华大学出版社，2017.

[8] 王涛. 财务报表分析[M]. 西安：西安电子科技大学出版社，2019.

[9] 马崇明，杨俏文. 高级财务管理[M]. 成都：西南财经大学出版社，2020.

[10] 董志勇. 行为金融学[M]. 北京：北京大学出版社，2009.

[11] 徐光华，柳世平，刘义鹃. 财务报表解读与分析[M]. 北京：清华大学出版社，2008.

[12] 徐光华，柳世平. 财务报表解读与分析：理论·实务·案例[M]. 北京：人民邮电出版社，2017.

[13] 刘淑莲. 公司理财[M]. 北京：中国金融出版社，2005.

[14] 中国注册会计师协会. 财务成本管理[M]. 北京：经济科学出版社，2007.

[15] 杨丹. 中级财务管理[M]. 2 版. 大连：东北财经大学出版社，2013.

[16] 中国注册会计师协会. 财务成本管理[M]. 北京：经济科学出版社，2008.

[17] 杨丹. 中级财务管理[M]. 3 版. 大连：东北财经大学出版社，2016.

[18] 中国注册会计师协会. 财务成本管理[M]. 北京：中国财政经济出版社，2011.

[19] 中国注册会计师协会. 财务成本管理[M]. 北京：中国财政经济出版社，2013.

[20] 中国注册会计师协会. 财务成本管理[M]. 北京：中国财政经济出版社，2016.

[21] 中国财政经济出版社培训中心. 财务成本管理[M]. 北京：中国财政经济出版社，2014.

[22] 中国注册会计师协会. 财务成本管理[M]. 北京：中国财政经济出版社，2015.

[23] 刘淑莲，牛彦秀. 企业财务管理[M]. 大连：东北财经大学出版社，2007.

[24] 阮萍. 高级财务管理[M]. 4 版 成都：西南财经大学出版社，2019.

[25] 阮萍. 高级财务管理[M]. 3 版. 成都：西南财经大学出版社，2017.

[26] 阮萍. 高级财务管理[M]. 2 版. 成都：西南财经大学出版社，2015.

[27] 王涛. 公司理财[M]. 西安：西安电子科技大学出版社，2016.

[28] 中国注册会计师协会. 财务成本管理[M]. 北京：经济科学出版社，2006.

[29] 曲远洋，吕超. 财务管理[M]. 上海：上海财经大学出版社，2017.

[30] 中国注册会计师协会. 财务成本管理[M]. 北京：中国财政经济出版社，2010.

[31] 胡元木，姜洪丽. 高级财务管理[M]. 北京：中国经济出版社，2013.

[32] 杨丹. 中级财务管理[M]. 大连：东北财经大学出版社，2010.

[33] 董淼，张彦明，王海东. 现代企业财务管理[M]. 哈尔滨：哈尔滨工程大学出版社，2013.

[34] 阮萍. 高级财务管理[M]. 成都：西南财经大学出版社，2009.

[35] 王毅，王宏宝. 财务管理项目化教程[M]. 2版. 北京：北京理工大学出版社，2015.

[36] 郑亚光，饶翠华. 公司财务[M]. 2版. 成都：西南财经大学出版社，2011.

[37] 中国注册会计协会. 财务成本管理[M]. 北京：中国财政经济出版社，2012.

[38] 胡元木，姜洪丽. 高级财务管理[M]. 北京：经济科学出版社，2006.

[39] 王华兵. 高级财务管理[M]. 杭州：浙江工商大学出版社，2013.

[40] 周首华，陆正飞，汤谷良. 现代财务理论前沿专题[M]. 大连：东北财经大学出版社，2000.

[41] 贺志东. 企业财务管理操作实务大全[M]. 北京：企业管理出版社，2018.

[42] 中国注册会计师协会. 财务成本管理[M]. 北京：经济科学出版社，2005.

[43] 汤谷良，韩慧博. 高级财务管理学[M]. 北京：清华大学出版社，2010.

[44] 刘淑莲. 公司理财[M]. 北京：北京大学出版社，2007.

[45] 曾江洪. 资本运营与公司治理[M]. 3版. 北京：清华大学出版社，2019.

[46] 胡建忠. 全国注册会计师执业资格考试考点采分：财务成本管理[M]. 北京：中国人民大学出版社，2011.

[47] 刘淑莲. 公司财务管理[M]. 北京：中国财政经济出版社，2001.

[48] 池国华，王玉红，徐晶. 财务报表分析[M]. 3版 北京：清华大学出版社，2017.

[49] 池国华，王玉红，徐晶. 财务报表分析[M]. 2版 北京：清华大学出版社，2011.